社會心理學

SOCIAL PSYCHOLOGY

Eighth Edition

John D. DeLamater
Daniel J. Myers 著
Jessica L. Collett

陳增穎 譯

SOCIAL PSYCHOLOGY

Eighth Edition

JOHN D. DELAMATER

DANIEL J. MYERS

JESSICA L. COLLETT

作者簡介

John D. DeLamater

　　John D. DeLamater 是威斯康辛大學麥迪遜分校社會學系教授，曾就讀於加州大學聖塔巴巴拉分校和密西根大學，並於 1969 年獲頒社會學博士學位。自 1970 年起，即在大學部教授社會心理學，1981 年起在社會學領域開設研究所課程和專題討論。他主持研究生的教學研討會，獲獎無數，其中更包括校級教學優良教師（Chancellor's Award for Distinguished Teaching）。他是《社會心理學大全》（*Handbook of Social Psychology*） 第二版的共同作者。他的研究與論文著述重點是生命歷程轉換在性方面的影響，以及生兒育女、雙薪、離婚等對年過 45 歲的男女性慾和性行為的影響。近年來他的研究重點放在年長者的性行為，包括荷爾蒙對性慾和性行為的影響。

Daniel J. Myers

　　Daniel J. Myers 是聖母大學（University of Notre Dame，又稱諾特丹大學）社會學系教授、學術副校長。他曾在俄亥俄州立大學和威斯康辛大學麥迪遜分校就讀，並於 1997 年獲頒社會學博士學位。他教授的課程有：社會心理學、統計與研究方法、抗爭學等，2007 年更榮獲聖母大學最高榮譽教學獎（The Rev. Charles E. Sheedy Award）。他也為聖母大學的研究生教學助理發展出一套教學訓練實習課程方案。他的研究興趣是：種族與抗爭、社會現象擴散、都市貧窮問題，以及小團體的協商策略。

Jessica L. Collett

　　Jessica L. Collett 是聖母大學社會學系副教授。在她就讀溫索普大學（Winthrop University）社會學系期間，就時常捧讀本書之前的版本.。溫索普大學畢業後，她進入亞利桑那大學社會學研究所深造，並在 2006 年取得社會學博士學位。她在大學部和研究所開設社會心理學、社會不平等、社會化與生命歷程等多門課程，榮膺教學優良教師。她的研究興趣為：小團體歷程、自我與認同，以及上述兩者間的關聯。

譯者簡介

陳增穎

現職： 南華大學生死學系所副教授

學歷： 國立臺灣師範大學教育心理與輔導學系博士

美國伊利諾大學香檳校區訪問學生

經歷： 諮商心理師高考及格

國高中輔導教師

諮商與心理治療實務工作者及督導

譯作：《敘事治療入門》（2008，心理出版社）

《諮商概論：諮商專業的第一本書》（2012，心理出版社）

《團體諮商：概念與歷程》（2014，心理出版社）

《諮商技巧精要：實務與運用指南》（2015，心理出版社）

《悲傷諮商：原理與實務》（2016，心理出版社）

《40 個諮商師必知的諮商技術》（2017，心理出版社）

《社會心理學》（2019，心理出版社）

《兒童與青少年諮商：理論、發展與多樣性》（2021，心理出版社）

作者序

關於本書

修訂教科書時，作者群必須對先前的版本去蕪存菁、增添新的內容，期能反映學科領域的發展現況與社會變化，同時又能完整涵蓋本書的主題。在過去的版本中，我們廣泛介紹社會心理學家感興趣的現象，不只詳細說明內在心理歷程，也論述社會互動、團體歷程，以及大規模的社會現象，如：團體衝突和社會運動。本書的一貫宗旨是：解說當代社會心理學的論點和研究發現，讓這個領域與時俱進，引人入勝。我們博覽多位著名社會心理學家的論著，兼顧社會學和心理學的觀點，傳統經典研究和當代重大發現並重。本書摘述嚴謹的實徵研究（調查、實驗、觀察、質性研究、後設分析等）結果，闡釋各種社會心理學的論點。

新版特色

本書前一版（此指原文第 7 版）的設計，力求兼容並蓄、化繁為簡，以符合社會心理學入門課程。不過，收到眾多讀者對前一版的回饋後，我們發現讀者希望能加深加廣內容，也較喜歡稍早版本的編排方式。為回應讀者的需求，我們把「利他與利社會行為」和「攻擊」分成獨立的兩章（第 9 章和第 10 章），並恢復「情緒」這一章（第 4 章）。

本書亦包含最新的研究、資料和範例，強調多元族群的經驗。在之前的版本中，我們已特別納入能反映多元族群（如：種族、性別、性取向）的研究報告，指出其中的限制。當然，難免有遺珠之憾，還望讀者見諒。

內容與組織架構

採用舊版上課的教師，肯定注意到本書前幾章的內容更動。雖然舊版的理論仍舊經典，但卻無法反映當代社會心理學的主流觀點。新版的第 1 章導論包含心理學取向的認知理論、演化論、雙向歷程模式，以及社會學取向的符號互動論、團體歷程論、社會結構與人格論。社會心理學的理論觀點是理解其後章節不可或缺的基礎。

本書共分成三大部分。第一部分專門探討個人的社會行為，包括：社會化、自

我與自我表現、情緒、社會知覺與認知、態度等。第二部分關注社會互動，這也是社會心理學的精髓。這部分會討論個體如何與他人互動、如何深受彼此影響，涵蓋的主題有：溝通、社會影響與說服、利他與利社會行為、攻擊、人際吸引等。第三部分著重團體，包括：團體凝聚力、服從、團體衝突，概述當代對於團體社會心理狀態方面的研究，如：身分地位特徵與期望狀態理論、團體決策、社會交換、分配與程序正義等。

易讀活用

雖然我們以合理的方式編排本書的章節順序，不過，授課教師當然也可以做各種靈活變化。因此，本書各章完備獨立。閱讀後面的章節時，不必擔心得從頭看起（不過我們還是會適時提醒讀者參閱相關章節）。這樣的劃分讓教師可自主安排授課順序。

章節都以固定的格式編排。為引發讀者的閱讀興趣，每一章的引言皆提出四到六個焦點問題，這些問題即為該章討論的核心議題。各章的內文亦包含四到六個主要節次段落，每一節探討一個引言問題，章末的摘要則回顧該章重點。因此，每一章都針對一個主題陳述幾個關鍵議題，接著以有助於讀者學習的架構來思考這些問題。

此外，本書還有幾個學習利器。例如：以圖表說明重要研究的結果和社會心理歷程；重要名詞以粗體呈現，並在章末列表呈現；名詞釋義彙編於書末。

本書新版的主要特色是著重培養讀者的思辨能力。思辨能力是提升教育品質的重要目標，意指有能力運用認知技巧和策略以達事半功倍之效。Diane Halpern 是培訓思辨能力的專家，我們特別參考她的著作。具有思辨能力的人言之成理、符合邏輯，不會剛愎自用。讀者學習社會心理學時，也會學到日常生活中充斥著各種偏見，甚至自欺欺人的想法。培養思辨能力技巧並將之運用在日常生活裡，才能做出更好的決定，迎向更美好的人生。

每章末都有「思辨能力技巧」一節，教導讀者可以應用到社會心理學的特殊技巧，一生受用無窮。讓我們一起出發吧！

譯者序

　　受心理出版社之邀翻譯本書時，拿到原文的同時也倒抽一口氣：「哇！這也太厚了吧，我一個人真的可以嗎？」近來做事有拖延毛病的我，嘆口氣幾天認命後，也就硬著頭皮開始振作了。一栽進書中，宛如進入新天地。以往學諮商心理，著重的是個體內在的心理動力，但社會心理學教導我們也要考量社會情境對個人和團體行為的影響力。其中，服從權威、從眾、刻板印象、旁觀者效應、團體衝突等社會心理學經典實驗最讓我印象深刻。有些人說，這些實驗赤裸裸地顯示人性的本質；也有些人說，實驗室的設定不等同於外在世界。不管如何，我覺得這就是人類心靈奧妙的地方，值得有志投入社會科學領域的人繼續一探究竟。

　　身處於社群網路幾乎無所不在、手機片刻不離手的時代，他人對個體的影響力只會有增無減。這股浪潮將會把個體推向何處呢？尤其當今社會變遷之快、資訊如此普及之世代，也讓人不禁好奇這樣的社會情境，會不會翻轉出另一個截然不同的心理現象？這時我們又該用什麼理論來解釋，又該用什麼實驗來證明？我可以想像自我表現、社會影響與說服、符號溝通與語言、人際吸引與關係、團體歷程等，要探究的面向和範圍勢必較往日複雜許多。和我在各個層面互有差異的各位讀者，你們的想法又是如何呢？

　　感謝心理出版社林敬堯總編輯和陸洛教授推薦本書，執行編輯林汝穎小姐細心的校對，讓這本好書得以順利問世，與讀者見面。社會心理學是心理師證照考試的科目內容之一，相信透過本書，能幫助各位讀者掌握重要的社會心理學內涵與未來的發展趨勢。我在運用本書上課時，會先請學生分組，選出一重要名詞上臺解說報告。另外，參考書上的經典實驗範例，請學生設計小活動、小實驗，以此觀察參與者的反應，也讓參與者有發表意見的機會，說明自己在那當下的想法和感受。授課教師亦可播放相關的社會心理學電影，帶動學生省思劇中人物的背景和反應。本書的內容如同豐富的食材，每位老師依其擅長的教學手法，定能烹煮出一桌好菜以饗莘莘學子。

增穎

於南華大學學海堂

目次
contents

Chapter ④ 情緒 ·· **145**

Chapter ⑤ 社會知覺與認知 ······························· **171**

Chapter ⑥ 態度 ·· **211**

本書索引及參考文獻可於心理出版社網站下載使用
https://reurl.cc/Dl1QR
解壓縮密碼：9789861918600

chapter **1**

社會心理學導論

2

引 言

- 為什麼有些人較具備領導效能？

- 人何以會墜入愛河和失戀？

- 在哪些情況下，人們較願意攜手合作，哪些情況則否？

- 重大生活事件，如：大學畢業、結婚或失業，對生心理健康有哪些影響？

- 為什麼有些人會願意服從社會規範和法律，有些人不願意？

- 團體間產生衝突的原因為何？為什麼有些衝突會平息，但有些卻升高到無法調停的地步？

- 為什麼人們會在各種不同的社交場合（真實情境或虛擬線上社群）展現不同的自我樣貌？

- 哪些原因會引發破壞或攻擊行為？哪些動機會促成助人或利他行為？

- 有些人為什麼更具說服力、更容易影響他人？

- 即便相互矛盾的證據擺在眼前，為什麼有些刻板印象依然歷久不衰？

上述問題或許令你百思不得其解。其實很多人跟你一樣，被這些問題困擾已久。你會思考上述問題，可能是因為你想更瞭解周遭的世界，也有可能是因為你想學以致用，例如提升你和他人互動的效能。

上述問題的解答管道各不相同。其中一個管道是個人經驗——也就是從日常互動習得的經驗。由此而獲得的領悟雖然深具個人洞見，但通常難以類推到其他人身上，甚至有些偏頗。另一個管道是我們從別人自身經驗得出的知識或建議，以此獲得的答案未必可靠。第三個管道是哲學家、小說家、詩人等數世紀以來作家撰寫的文章。他們的回答經過去蕪存菁，已成為大眾常識。例如，我們都聽過眾志成城之類的故事（「人多好辦事」），以及骨肉至親勝於友朋（「血濃於水」）。這些諺語反映出某些真相，有時也成為行動的準則。

常識雖有優點，但也有缺點，更別說常有相互牴觸之處。例如，有人說「物以類聚」，但也有人說「異性相吸」；常言道「三個臭皮匠，勝過一個諸葛亮」，但古有明訓「三個和尚沒水喝」。這些南轅北轍的警世格言在特定的情況下名實相符，但在一些情況下卻犯了以偏概全的毛病。例如，面臨需冒風險的抉擇時，到底要遵從「不

入虎穴，焉得虎子」的說法，還是告誡自己「小心駛得萬年船」呢？

　　既然以個人經驗和常識為出發點的解答參考價值不高，那麼我們該從何瞭解社會 ³
互動與人際關係呢？社會心理學家解決這個問題的方法是──應用科學方法獲取社會
行為的正確知識。也就是說，透過系統性的行為觀察，驗證和闡述理論，以此來確認
與全面理解人類的社會關係。

　　本書的目標之一，是呈現某些社會心理學家系統性研究的重大發現。在本章中，
我們要先回答下列問題，為往後的章節奠定基礎：

1. 社會心理學究竟是什麼？社會心理學的核心議題為何？
2. 當代社會心理學常見的理論觀點為何？每種理論觀點有何優缺點？這些觀點如何
   相輔相成？

何謂社會心理學？

●● 社會心理學的定義

　　在本書中，社會心理學（social psychology）的定義是：系統性的研究人類社會
行為的本質與成因。這個定義有三大要素。第一，社會心理學的焦點是人類的社會行
為，包括：個體在眾目睽睽和特殊情境之下的行動、人際互動的歷程、個體與所屬團
體的關係。這個定義中很重要的一點是：行為不只是外顯的行動，也包括情緒（感
覺）和認知（想法）。換句話說，社會心理學家關注的不僅是人們表現於外的行為，
也重視個體內在的感覺與想法（Fine, 1995）。

　　第二，社會心理學家不光記錄社會行為的本質而已；相反地，他們還要探討這些
行為的成因，這是區辨社會心理學和新聞學之所在。新聞工作者描述人類行為，但社
會心理學家還想進一步瞭解行為的起因緣由。在社會心理學裡，各變項的因果關係是
建構理論的重要基石。反過來說，理論也是預測和控制社會行為的關鍵。

　　第三，社會心理學家以系統性的方法研究社會行為。社會心理學是一門社會科
學，運用科學方法與正規的研究，如：實驗、結構性觀察和抽樣調查，建構出嚴謹的
學問。

●● 社會心理學的核心議題

要回答「社會心理學究竟是什麼？」這個問題，還有另一個途徑，就是說明社會心理學實際研究的主題為何。想當然耳，社會心理學家研究的是人類行為，而且是社會脈絡下的人類行為。社會心理學的五大關注重點及核心議題為：（1）個體對另一個體的影響；（2）團體對成員的影響；（3）個體對所屬團體的影響；（4）團體對另一團體的影響；（5）社會脈絡與社會結構對團體和個體的影響。這五個關注重點，如圖 1.1 所示。

5

1. 個體對另一個體行為與信念的影響

2. 團體對成員行為與信念的影響

3. 個體對團體活動與結構的影響

4. 團體對另一團體活動與結構的影響

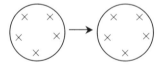

5. 社會脈絡對團體和個體的影響

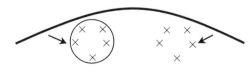

圖 1.1 社會心理學的核心議題

個體對另一個體的影響

4

個體在許多方面受到其他人的影響。日常生活與他人的互動，深切影響了個人對周遭世界的理解。單是透過觀察，就足以概括多數的例子。藉由聆聽和觀察他人的一舉一動，個體即學會該如何表現行為、思考和感覺。

這類影響有時更為直截了當，即某人試圖說服他人改變世界觀和對其他個體、團體或事物的看法。例如，蜜亞想要說服艾西莉核能發電廠危險有害，應該關掉核電廠。如果蜜亞的說服策略奏效，她就能改變艾西莉的想法，還可左右她未來的行動（抗議核電廠設立、倡導非核能源等等）。

5

除了影響力和說服外，他人的行動往往也會影響個體日常生活的際遇。例如，陷入危急的時候得到路人甲的出手相助，另一個場景是，某人被他人攻擊而受傷。社會心理學家既要研究利他和攻擊行為的本質與起因，也要探討別的人際行為，如合作與競爭等。

其他各種相關的人際情感也是社會心理學家研究的重點。某個人會對他人抱持強烈的感情（喜歡、不喜歡、愛、恨），端視此人是誰，以及他的所作所為。社會心理學家要研究這些問題，期能瞭解個體為何對某些人心醉神迷、對某些人卻是恨之入骨。

團體對個體的影響

社會心理學家亦關注團體對個人行為的影響。由於個體隸屬於家庭、職場、學習場所、社交圈等許多不同的團體，每週都要花上數個小時與團體互動。團體以規範來影響和調節個體的行為，要求成員服從，令其遵守團體規則。例如，大學裡的兄弟會和姊妹會制定諸多條文規矩和潛規則，指定成員的穿著打扮、聚會種類、約會對象、社交舉止等等。透過這些規定，成員的言行漸趨一致。

團體也會經由社會化過程，對成員灌輸必備的知識、價值觀和技能，達成潛移默化、難以磨滅的長期影響作用。社會化過程意指經由適當的訓練，確保成員在團體和更大的社會中扮演應有的角色。社會化讓我們從屬於各種團體（兄弟會、姊妹會、家族、郵局員工），也讓我們被歸類為某個社會類別（女性、拉美裔、勞工階級、美國人）。社會化的結果不一，從語言學習到政治、宗教信仰、自我概念等，都是社會化的影響範疇。

6

個體對團體的影響

社會心理學關注的第三個重點，是個體對團體歷程與效能的影響。如同團體會影響成員的行為，個體也會影響團體。例如，個體在團體生產力與團體決策中占有一席之地。此外，有些成員具備領導統御能力，發揮規劃、動員、駕馭的功能，是團體成就表現不可或缺的人才。缺乏有效能的領導，成員間的整合將窒礙難行，導致團體瓦解。再者，個體與少數人結盟常引發團體結構和運作程序改變。領導與改革有賴於個體主動積極、前瞻洞見和冒險犯難的能力。

團體對另一團體的影響

社會心理學家也會探討某一團體如何影響另一個團體的行動與結構。兩個團體的關係有可能禮尚往來或相看兩厭、互助合作或互別苗頭。兩方的關係部分取決於成員的認同，也牽涉到團體刻板印象的作用，從而影響各個團體的結構與動向。其中最讓人在意的是團體間的衝突，伴隨的緊張與敵意不可言喻。例如：幫派為搶地盤引爆街頭火拚、不同族群為競爭有限的工作機會而相互仇視。此種衝突不但影響團體間的關係，也會衝擊團體內的互動。社會心理學家一直致力於研究團體間衝突的緊急事態、持續時間和化解之道。

社會脈絡與社會結構對個體和團體的影響

社會心理學家明白個體的行為深受個人所處的情境脈絡影響。如果你一邊開車一邊聽廣播，此時若聽到你喜歡的歌曲，你可能會調大音量，跟著大聲哼唱。但若是在舞廳聽到同一首歌，你或許不只會跟著哼唱，更會聞之起舞了。如果你的社會心理學教授在上課第一天用這首歌當開場白，你不太可能因此就在課堂上引吭高歌、手舞足蹈，反而會跟同學面面相覷、不明所以。你對這首歌的喜愛程度並未改變，但你所處的場合會形塑你的角色（舞客、學生），進而表現符合該角色的行為。你對這首歌的反應會隨情境脈絡因素調整。

這些反應乃學自你過去與他人互動的經驗和團體的社會化過程，也就是前面提到的社會影響力。然而，隨著成長與發展，這些規則、信念系統和類別差異，對我們的日常生活表現影響深遠，造成各個反應之間的差異。這些看似合乎常情的事，其實是社會建構出來的產物（Berger & Luckmann, 1966）。

●● 社會學、心理學，或兩者兼有之？

社會心理學與數門學科領域息息相關，特別是社會學和心理學。

社會學是研究人類社會的科學。它探討社會機制（家庭、宗教、政治）、社會階層（階級結構、種族、性別角色）、基本社會歷程（社會化、偏差行為、社會控制）、社會單位的結構（團體、網路、官方組織、官僚體制）。

相對而言，心理學是研究個體與個人行為的科學。有些行為符合社會所需、有些則否。心理學探討的議題諸如：學習、知覺、記憶、智力、情緒、動機和人格。

社會心理學連結社會學和心理學。20 世紀中期，社會心理學尚在發展之初，社會心理學家與心理學家即在研究上合作無間。事實上，某些頂尖學系頒授的是「社會關係」或「社會心理學」學位，而非社會學或心理學學位。但隨著時間過去，社會學取向的社會心理學家與心理學取向的社會心理學家，研究興趣漸行漸遠，雙方的合作關係不似早期熱絡。多數學生只被授予其中一門專業學位，或僅潛心研究社會心理學。也就是說，許多人仍認為這是兩種不同的學科。

社會學家和心理學家均對社會心理學的知識成就貢獻不少心力。社會學取向的社會心理學家運用調查、實驗和觀察法蒐集資料，這類研究者向來對個體和所屬團體間的關係很感興趣。他們重視社會化、服從與偏差行為、社會互動、自我表現、團體內互動、領導、合作與競爭的歷程。心理學取向的社會心理學家則特別強調實驗室研究，但近來也常使用調查法與問卷法。他們不若社會學取向的社會心理學家那麼常使用觀察法。此類型的研究者看重社會刺激（通常指他人）對個體行為和內在狀態的影響，研究的主題有：自我、個人知覺與歸因、態度與態度改變、社會行為的人格差異、社會學習與楷模、利他與攻擊、人際吸引力等。

因此，社會學取向和心理學取向學者的焦點與重視層面不一。可以預見的是，這些差異會引導他們推演出不同的理論和研究方向。但這些差異正可截長補短，而非矛盾互斥。社會心理學也因結合兩種取向，更豐富了它的內涵。

社會心理學的理論觀點

昨天上班時，華倫跟老闆報告，說他無法如期完成一項重要的工作計畫。令華倫吃驚的是，老闆竟然怒不可遏，命令他要在下星期一前完成，否則就等著被炒魷魚！

華倫丈二金剛摸不著頭緒，不知道該如何解讀老闆的行為，但也只能相信老闆的話可不是鬧著玩的。

當天傍晚，華倫對女友梅蒂森說他因為要加班，所以必須失約，無法陪她參加星期五晚上的聚餐。梅蒂森當場發飆，強調她一定得出席餐會，而且華倫早就答應她不下數次，所以她才不要自己一個人去。梅蒂森還拿紙鎮砸向華倫。事已至此，華倫的無助與為難真是可想而知。

回頭看看這兩件事，華倫注意到幾個共同點。為了解釋老闆和女友的行為，華倫的想法是：「如果無法兌現承諾，別人就會不高興。」他原本對這個簡單的推理沾沾自喜。直到隔天一早，他被後方的車子按喇叭，才知道交通號誌已轉綠。他踩下油門向前，卻遭到後方駕駛超車，還狠狠瞪了他一眼。華倫尋思此事，決定修正他原來的理論。亦即，雖然他沒有對後方駕駛做出任何承諾，但駕駛還是很不高興，對華倫的行為非常不滿。華倫的新理論於焉改成：「如果某人的目標受阻，挫折感會油然而生；如果某人的挫折感加重，就會產生攻擊性。如果某人具有攻擊性，極可能將怒氣發洩在害他受挫的對象，或遷怒於就近無辜的代罪羔羊。」

華倫的推論方式和社會心理學家有異曲同工之妙，但社會心理學家的推論過程更加考究和系統化。從觀察某些社會行為開始，華倫試圖建構一套理論來解釋他所觀察到的事實。此處的用語——理論（theory），即是一套相關的論點，串連與解釋一系列眼前所見的現象。理論不僅適用於某特定事件，還可延伸說明整體同類的事件。此外，從華倫的例子亦可看出，透過假設驗證變項間的因果關係，理論能解釋的範圍不只眼見的事實而已。換句話說，理論不僅可說明外顯行為，也能闡述背後的原因。假如理論合理正確，不但有助於闡明現象，還能預測尚未發生的事件。

在社會心理學中，沒有哪種單一理論能解釋所有的現象；相反地，它涵蓋許多不同的理論。本書稍後將探討這些理論。中程理論（middle-range theories）指出特定社會行為發生的條件，其中一例即為挫折—攻擊假說。有點近似上述華倫的想法，它說明目標受阻、挫折與攻擊的關聯。然而，社會心理學也包括了理論觀點（theoretical perspectives）。理論觀點解釋的範疇比中程理論廣，能對不同情境下的社會行為提出廣泛的解釋。這些廣泛的解釋各有其具體的人性觀。理論觀點在社會心理學中占有相當重要的地位。理論觀點對人性提出特定假設，據此檢視各種社會行為。任一理論側重的面向不同，也使我們更清楚地「看到」某些社會行為的特徵。理論觀點的主要價值在於可類推應用到諸多情境，它提出的參考架構，足以闡釋形形色色的社會環境與行為。

社會心理學擁有數種獨具一格的理論觀點。對研究社會心理學的社會學家而言，這些理論觀點立基於三大傳統派別：符號互動論、團體歷程論、社會結構與人格論。James House（1977）稱之為社會心理學的三大「面貌」（faces），每種面貌各有獨特的觀點與重點，這些面貌和相關的理論將於稍後介紹。以下也會說明近 20 年來主宰心理學取向的社會心理學理論觀點，即：認知理論（包含訊息處理的雙向歷程模式與社會認同理論）和演化論。

●● 符號互動論

早期引領社會學取向社會心理學家的理論是符號互動論（symbolic interactionism）（Charon, 1995; Stryker, 1980, 1987），就算是現代也相當舉足輕重，有時亦稱為**符號互動理論**（symbolic interaction theory），可說是其他理論的領頭馬車。符號互動論的基本前提是：人性和社會秩序都是人與人之間用符號溝通的產物。社會（不論是文化、機構或自我本身），是我們以語言為媒介和對語言的詮釋，與他人互動下產生的結果與衍生品。符號互動論的三大前提是（Blumer, 1969）：

1. 人們依事情的意義而行動。
2. 意義並非與生俱來，而是在與他人互動的過程中協商而成。
3. 意義可以透過互動而修正與改變。

人之所以能和他人有效溝通，靠的是賦予物體相似的意義。物體的意義因人而異，與物體本身的特性無太大關係，而是和個人對該物體的作為有關。以一個空杯子

根據符號互動論的說法，物體的意義依使用者如何使用該物體而定。如圖所示，相同的瓶子可用來盛裝液體、廢料，當成花瓶、武器使用，亦可作為遊戲物件。放置瓶子的桌子，依計畫用途不一（遊戲臺、書桌、座椅、小憩片刻的地方），它的意義也隨之變化。

©Tamas Panczel, Eross/Shutterstock

為例,單獨來看並沒有任何意義存在。瓶子的意義取決於計畫用途。如果在瓶子內倒入液體,就變成酒精飲料的容器;若把它放進資源回收桶中,就成了廢棄物。假使某人把它從資源回收桶中拿出來,插入幾朵花,它又變成了花瓶。若拿來鬥毆,就變成武器;但若將它放在人群環繞的桌上,反成為轉瓶遊戲的物件。事情的意義——不管是瓶子、微笑、紡織品和花花綠綠的棉布——都是與他人互動的結果。這些意義依社會互動的差異而與時推移和改變。

意義協商

符號互動論視人為主動積極且追求目標的個體,個體會構想行動計畫以達成目標。當然,惟有透過合作,許多計畫才得以實現完成。要與他人建立合作關係,則需共享事情的意義、達成共識。若意義不清不楚或百家爭鳴,就要經由互相遷就與讓步的過程,使彼此的意見趨於一致,方有合作的可能。例如,一對男女在下班後共飲一杯,某天晚上,女方邀請男方到她的住處,這個提議究竟有何含義呢?無論如何,在

這張漫畫描繪凱文和他幻想中的好朋友虎伯之間的意義協商過程。他們對相同的生理反應下了不同的定義。透過對話,虎伯向他解釋何謂愛情,但凱文以為那是被跳蚤叮到的感覺。

雙方一起行動前，他們都必須對此一邀約形成共識。用符號互動論的用語來說，他們須對該情境的定義有共同的認識。不管是透過開門見山的協商或隱微、非語言的溝通方式皆可。女方可以解釋說她想讓他看看新買的吉他，或想在他開車回家前泡杯咖啡給他喝，或在邀約時對他頻送秋波、嫣然一笑。但雙方若對情境的定義沒有共識，男方可能難以決定是否接受邀約，而女方覺察到男方的困窘，也會尷尬不安，結果就是合作破局。

符號互動論認為社會互動具有試探性和進行中的特質。意義會隨時間或情境改變。例如一位小男孩自第一天上學的幼兒園回家，他告訴媽媽班上有位名叫梅芙的女生。看得出來小男孩很喜歡大眼睛、長髮、唇紅齒白、有蘋果臉的梅芙，但當他跟媽媽形容時，說的是梅芙看起來像一隻狗，媽媽聽了大吃一驚。對她來說，把女生形容為狗是出言不遜。不過，兒子正經八百的聲調顯示他並不是要侮辱梅芙，這可把媽媽搞糊塗了。仔細思考一會兒之後，媽媽終於明白兒子說梅芙是狗，其實是稱讚而非羞辱，這種愛憐的感情就跟他喜歡家中養的小狗一樣。對小男孩而言，狗是疼愛和珍惜的對象，他並不認為說別人是狗是種羞辱。為使彼此的行動趨於一致和達成共識，與他人的互動必須不斷地協商新意義，或再次確認舊的意義。在上例中，媽媽要去瞭解兒子的意義，才能讓互動順利進行下去。也就是溝通的對象要協商出共識，才能有效溝通與互動。在協商的過程中，每個人都要擬定行動計畫並加以實踐，再依對方的反應調整行動。因此，社會互動總帶有某些不期然性和不確定性。

為了使人際互動更順暢，就必須對**情境身分**（situated identity）──即個人與他人在情境中的身分──有一致的看法。換言之，互動時每個人都要知道自己和他人在情境中的身分。再以上述的男女為例，他們是朋友，但女方是否想更進一步呢？或他們僅是同事關係？只有詳細回答這個問題，才能使雙方都瞭解對方行動計畫裡的暗示（意義）。

關係中的自我

隨著年齡增長，我們學到**自我**（self）也是一種社會客體，其意義也在互動中形成與協商。與他人互動時，我們會想像對方如何看待我們，以及該如何看待自己（Cooley, 1902）。為此，我們會致力於**角色取替**（role taking）：想像自己身處他人的位置，包括他人眼中的自己是什麼樣子。這個過程有兩個目的。第一，角色取替提高了合作的可能性。根據先前的經驗，我們會想像他人對特定情境的反應。假設一位青少年的母親問他寫完回家功課了沒。在回答之前，他會先從媽媽的角度思考。如果

他告訴媽媽他只顧著玩電動遊戲，媽媽可能會對他失望或動怒。如果他說謊，說作業都做完了，媽媽應該會很滿意——除非她發現真相，那時媽媽可能會氣炸了。透過角色取替，他會明白接下來的互動該如何進行。然而，角色取替還有另一個更重要的目的。在想像媽媽的反應時，這位青少年也正在學習認識自己。如果他不做回家功課，反倒去玩電動，他會認為自己是懶散、沒有學習動力的人，因為他知道別人（就像他媽媽）就是這樣看他的。如果他說謊，他會認為自己是個騙子。自我在符號互動論中占有關鍵地位。社會秩序在某種程度上得仰賴自我控制。人會努力維護自尊，那是因為持續進行角色取替，從別人的眼光審視自己。要想維護自尊，必須在某種程度上達到他人設定的標準。

12

當然，比起其他不相干的人，個體最在意的還是某些人的意見和標準，這些人就是個體的**重要他人**（significant others）。一般說來，就是握有重要的酬賞權力或位居團體要職的人。由於看重他們的意見，重要他人對個人的行為更具影響力。

從上述的討論即可看出符號互動論的主張，強調個體行為表現的對象不僅向著他人，還有自己。也就是說，個體會進行自我覺察、自我評價和自我控制，就像他也會覺察、評價與控制他人一樣。此種看待自我、同時兼具角色取替的能力，是人類獨有的特質。符號互動論的始祖 George Herbert Mead（1934）把這種能力稱為**自我反思**（reflexive self）。

總而言之，符號互動論的學者強調幾個強而有力的論點。它看到自我在社會互動的重要性，重申符號溝通和語言在人格與社會中占據的關鍵位置，探討達成共識與合作的互動過程。它闡明人為何會想維持正面的自我形象，避免尷尬的場面。這些議題將於本書諸多章節詳細討論，如：第 3 章的自我、自我表現、印象管理，第 4 章的尷尬等其他社會情緒，第 7 章的符號溝通與語言。

符號互動論的限制

符號互動論的批評者直指其數項缺點，其中之一就是理性與感性之間的平衡問題，過於強調理性、自我意識思考，忽略了潛意識或情緒狀態。第二個批評則和符號互動論主張的個體模型有關。把個體的人格特徵侷限在以他人導向，為了維護自尊，而去符合他人設定的標準。符號互動論的第三個缺點是太過推崇共識與合作，因而忽視衝突的存在。不過符號互動論者也明白，儘管個體努力達成共識，但仍有落空的時候。要分析個體與重要他人之間流動變化的互動時，符號互動論是最好的說法，但並不適合用來解釋自私行為或有原則的行動。

●● 團體歷程論

社會心理學家長久以來便相當關注個體與團體互動的方式。在這整本書裡，各位讀者會看到幾個探討團體對個人行為影響力的獨到社會心理學實驗。其中最有名的實驗即為第 9 章中 John Darley 與 Bibb Latané 的急難助人行為，以及第 12 章中 Solomon Asch 在多數人對團體的影響力方面的研究。如同這些早期的研究一般，現今對團體歷程的研究偏好採用實驗法，較少採用調查法或觀察法。當代的團體歷程研究傾向於社會學取向的社會心理學觀點，擷取吸收數種理論，本書第 13 章將有詳細討論。不過在此先介紹兩個最主要的前導概念——社會交換與身分地位。

14

社會交換

和符號互動論一樣，許多學者把交換觀點視為理論，嚴格說來並不正確。社會交換是一種概念架構，裡頭包含幾個中程理論（如權力依賴理論、情感理論、互惠理論）。社會交換（social exchange）（Cook, 1987; Homans, 1974; Kelley & Thibaut, 1978）結合與納入各種理論觀點，有其獨特的概念和假設。社會交換含括：（1）交易者；（2）可運用的資源；（3）交易過程；（4）交易制度（Molm, 2006）。資源可為具體的物品或行為（如一個人可能會用錢、一個微笑或簡單地說聲「謝謝」，換得一塊餅乾），並透過各種不同的歷程交換（如學生得到教師贈與的餅乾，或以議價的方式購買）。這些交換依交易網絡大小和交易者間的關係類型制定。根據社會交換論，社會關係都是建基在人際間的物品或服務交換上。

社會交換論認為人有選擇的自由，得時常面臨必須在多種行動中做出選擇的社會情境。任何行動都會帶來某種酬賞，相對地也要付出代價。社會性的酬賞很多種，如：金錢、物品、服務、特權或地位、他人的讚美等等。社會交換論主張人都是享樂主義者——得到的甜頭越多越好、付出的代價越少越好。因此，人會採行帶來好處的行為，迴避引發壞處的行動。此一觀點看似充分合理，經過精心算計，但社會交換論亦指出這些通常是不自覺的選擇，也就是制約（conditioning）下的結果——即學習是行為得到正增強或負增強的結果（Mazur, 1998; Skinner, 1953）。

若特定行為的直接結果是愉悅的獎賞或移除嫌惡刺激，個體會傾向於繼續表現該行為。同樣地，如果特定行為的直接結果令人不快或剝奪好處，個體也會不想再繼續表現該行為。個體之所以會維持某一交易關係，原因在於能從中得到好處。若交換不再能帶來好處，且有其他的關係能提供類似的利益時，個體就會停止與特定人士交

易。

交換論也能用來預測在哪種情況下，人會試圖改變或重新建構關係。其中的核心概念即為公平（equity）（Adams, 1963）。公平是指關係中的各方人士皆認為他們得到的酬賞與付出的成本比例相符。例如，大廚賺的錢比二廚多，工作福利也較好。但二廚還是覺得這是公平的，因為主廚負擔的責任較重，教育程度與訓練水準也比較高。

假如因為某個理由，個體認為關係的酬賞與代價分配不均，此一關係極可能陷入岌岌可危的境地。不公平令人難以忍受──個體覺得被占便宜或被剝削了，頓時怒由心起。社會交換論預見個體會想修正不平等的關係，重新分配代價和酬賞，確立公平機制。不過，個體也可能中斷關係，轉而尋求另一個更為公平的協議。

身分地位

社會心理學家也很關注身分地位的差距。與二廚相較，主廚的薪水較高、福利較好，受人敬重又很優秀，故具較高的身分地位（status）（Ridgeway, 2006）。社會學取向的社會心理學家探討此種因性別、種族和教育程度造成的社會差異。和女性比較起來，為什麼男性普遍得到的尊重較多、看起來能力較好呢？和黑人比較起來，為什麼白人常被視為有效的領導者、各項任務都能迎刃而解呢？瞭解社會上身分地位差異的形成、延續和衰退情況〔例如，愛爾蘭性（Irishness）如何喪失其在美國的重要地位〕，有助於洞悉團體間和團體內的不公平現象（Ridgeway, 2011）。

早期社會心理學對身分地位的研究，重點都放在團體內的地位差異浮現過程。舉例來說，想像你被指派和一群學生一起完成社會心理學課堂報告。你們互不相識，但性別、種族或年級各異，這會如何影響你在團體的行為呢？隨著時間過去，彼此間的貢獻度會逐漸產生差別。某些團體成員變得較會發表意見。在那群人當中，有些人又更具影響力。如果他們提出看法，團體成員會傾向採納他們的意見，也不太會在那群人發表高見時插嘴。根據研究，這些核心成員擁有的高地位特質較多（白人、男性、高年級）。他們之所以能左右團體，是因為我們對高地位的人抱持較高的表現期望。我們認為他們每件事情都會做得很好，除非有明確的證據顯示情況恰恰相反，或該項任務被認為由低地位的團體成員去做就好。例如，團體中有位名叫理查的白人學長，他的社會心理學被當掉了，就會降低我們對他在團體中的表現期望。同樣地，如果這門課是家政，而不是社會心理學，團體報告作業是裁縫，團體就會根據文化信念，認為女性較適合完成這份報告，把它指派給其中一位女性成員了。

總之，傳統的團體歷程研究集中在幾個有趣的社會生活核心層面，例如社會交換與身分地位，都是日常互動中無所不在的現象，善用理論即可清楚說明這些歷程。傳統的學說理論掌握團體和關係在形塑個體經驗時的關鍵，兼論團體內和團體間的互動歷程，揭櫫社會的不公平問題。本書稍後將在各章節闡述這些主題，例如第 2 章將詳述團體在社會化過程中扮演的角色，第 5 章討論社會屬性如何形塑個體的經驗。至於第 12 章與第 13 章，則探討團體內和團體間的衝突與凝聚過程。

16

團體歷程論的限制

對團體歷程與相關理論的最大批評聲浪是：其實驗研究主要以北美洲的大學生為研究對象，令人擔憂其研究結果的來源很怪（WEIRD）——即以西方（Western）、受過良好教育（Educated）、工業化（Industrialized）、富有（Rich）、民主（Democratic）國家的人為研究參與者，如此一來無法將研究結果類推到其他社會團體或文化（Henrich, Heine, & Norenzayan, 2010），且研究參與者在實驗室人為情境的行為，亦不足以代表個體在日常生活中的反應。雖然這些批判值得深思，但在本書裡，於實驗研究中建構發展出的理論仍以「真實世界」的事件為本。此外，也有越來越多的社會心理學家併用非實驗研究為主的研究方法，兼容多樣化的研究對象和研究場域（Collett & Avelis, 2011; Correll, Benard, & Paik, 2007）。

●● 社會結構與人格論

社會心理學的第三個傳統學說，主張每個人在社會結構中都有一特定位置。例如，柯蕾特教授是位已婚的白人女性，育有一子。她出生於西雅圖，中學畢業於 1990 年代早期，她的父母親並沒有大學學歷。柯蕾特教授還是小學生時，她的雙親開了一家小餐館，也因此她有較多時間在外面逗留，隨後在餐館打工。採社會結構與人格論點的社會心理學家即認為，柯蕾特教授位處的社會結構特性和經驗，會影響她的人格——態度、價值觀、目標等。例如，我們可以假設，柯蕾特教授之所以關心教育，因為她任教於大學，且有學齡期的兒子。我們也知道西雅圖是個自由開放的城市，會假定出身於當地的人喜歡喝咖啡、微軟電腦或下雨天。至於 1990 年代早期，則讓人聯想她喜歡超脫樂團（Nirvana）或珍珠果醬合唱團（Pearl Jam）的程度，更勝於喜歡麥可莫（Macklemore）（譯注：來自西雅圖的饒舌歌手）。另外，雙親的教育程度和餐館事業，可能會影響她對大學和工作的態度。雖然社會心理學家較常描述

大趨勢而非個體的人格屬性，但社會學取向的社會心理學正適合探討這類議題。個體在社會結構的位置，如何影響其人格呢？

Melvin Kohn 與 Carmi Schooler 提出的論點對社會結構與人格（social structure and personality, SSP）具有深遠影響（Kohn, 1969; Kohn & Schooler, 1973），更多細節將於本書第 2 章詳述。研究發現育兒方式有明顯的社會階級差異──例如中上階級的父母親較強調自主性與好奇心，而非服從──這些差異與家長的工作條件有關。勞動階級的父母親多半受雇於製造業，順從者有賞；中上階級的家長多數位居要職，重視自主性、創造力與求知慾。工作環境的酬賞條件強化父母親的價值觀，進而影響他們的育兒風格，並將這類價值觀傳遞給下一代。這些價值觀也會影響子女對工作的態度，最終影響他們接下來選擇的工作型態，重現階級、工作、價值觀和教養方式之間的關聯（Kohn & Schooler, 1982）。

社會階級僅是社會心理學家探討社會結構時的眾多面向之一，其他的面向還包括：職業、性別、婚姻與親職狀況、教育程度等。此外，人格──如同抱持此一論點的社會心理學家設想的──不限於關於行為和身心健康的價值觀與信念。本書接下來的章節將探討這些議題。第 2 章說明如何透過社會化歷程習得價值觀；第 5 章和第 6 章詳述我們在社會結構中的位置，如何影響個體覺察事件的方式與抱持的態度。第 9 章和第 10 章則論述社會結構和利社會行為（利他與助人）、反社會行為（攻擊）之間的關係。

社會結構與人格論的限制

某些學者堅稱社會結構與人格的論點，是社會心理學取向中最強調社會學的，因為它考量到巨觀社會結構（Kohn, 1989）。社會結構與人格論亦有其弱點，最大的抨擊是多數的研究只描述相關性──如有吸引力的人比沒有吸引力的人快樂、已婚者比單身者長壽、團體成員越相似，則越具有向心力──鮮少說明或解釋因果關係。不過，閱讀本書時，讀者會發現這項指摘並不公平。社會心理學當然也探討因果關係，然而，社會結構與人格論著重調查法，很難推論因果關係。另外，社會結構與人格取向也無法解釋個體為何會背離趨勢與平均值。例如，不是每個出身西雅圖的人都自由奔放，或欣賞來自這個地區的音樂家。

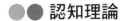

●● 認知理論

心理學取向的社會心理學家強調認知理論。認知理論（cognitive theory）的基本前提是：個體的心理活動是社會行為表現很重要的決定因素（Operario & Fiske, 1999）。這些心理活動稱為認知歷程（cognitive processes），包括：知覺、記憶、判斷、問題解決、決策過程等。認知理論並不否認外在刺激的重要性，但它認為刺激與反應之間的連結並非如直達車一般。相反地，個體的認知歷程會干預外在刺激與行為反應之間的連結。個體不僅會主動詮釋刺激的意義，還會選擇行動作為反應。

回溯歷史，社會心理學的認知取向深受 Koffka、Kohler 與眾多完形心理學者的理念影響。完形心理學的中心要旨即：人是對整體，而非單一、個別的刺激做出反應。換句話說，個體是從整個系統（完形）的脈絡去瞭解刺激的意義。例如，專業棋士不會只評估棋盤上單一棋子的重要性，而是考量各個棋子的相對位置和戰術策略。若想理解任一組成分子的意義，必須以整體角度觀之。

認知理論學者認為人會主動選擇與詮釋刺激（Fiske & Taylor, 1991; Moskowitz, Skurnik, & Galinksy, 1999）。根據這個觀點，人內心想的比實際做出來的反應還多，會主動地以認知建構外在世界。首先，人可說是認知精算家（cognitive miser），因為不可能注意到周遭所有的刺激，只能選擇重要或有用的，忽略其他的刺激。第二，人握有要用哪些類別或概念來詮釋刺激的主導權。可用的認知策略不計其數，就看他要選擇採取什麼對策（Operario & Fiske, 1999）。人其實是「深謀遠慮的戰略家」（Fiske & Taylor, 1991），意思就是，不同的人對同一環境裡形形色色的刺激，會形成各種截然不同的印象。

舉例來說，有幾個人看到一間掛著「吉屋出租」招牌的房子。建築承包商經過時，注意力會放在房屋的建造品質，眼中所見盡是木材、磚塊、木瓦、玻璃或其他待修之處。想租屋的人看房子的角度則完全不同，他注意到的是房子離他工作的地方多近，也會觀察社區安全與否、冬天耗費的暖氣貴不貴等等。房地產經紀人則會用資金周轉、租出率、折舊率、債權、分期付款等，與前述兩者大相逕庭的詞彙來分析此屋。住在附近的小男孩想到的是房子已經好幾個月沒人住了，這一定是間鬼屋。

認知結構與基模

認知理論的核心概念是認知結構（cognitive structure），泛指任何形式的認知（概念與信念）組織。由於認知間相互關聯、交互影響，認知理論因而特別強調個體

18

如何在腦海中建構與組織認知，以及認知如何影響個人的判斷評價。

　　社會心理學家指出，個體運用特殊的認知結構（即：基模）來理解他人、團體與各種情境等複雜的資訊。基模（schema）這個詞源於希臘文的「形式」（form），意指對人事物的概括瞭解。例如，我們對「法學院學生」的基模可能是聰明、善於分析、邏輯能力強、能言好辯（甚至會強詞奪理）、目光銳利、長袖善舞、有時頗具正義感等特質。毫無疑問的，這個基模反映出我們對律師和法學院學生的看法，以及該具備哪些特質才能在法律界大放異彩。但持有這一基模，並不表示每個具備這些特質的人就是法學院的學生，或法學院的學生就該具備上述所有特質。不過，若有人不按牌理出牌、不合邏輯、孤僻內向、不善詞令、漫不經心、敷衍塞責，長得也不是一副聰明樣，但後來卻發現他是法學院學生，就讓人跌破眼鏡。

　　基模在社會關係中占有舉足輕重的位置，有利於快速解讀外在環境。通常第一眼見到一個人時，很快地就會產生第一印象。這麼做的同時，我們不僅觀察他人的行為，還會搜尋過去與類似人物交流的經驗，也就是運用和此類人物有關的基模。基模協助我們處理資訊，識別哪些個人特質是互動所需、哪些則否，架構和組織有關此人的訊息，記住更多的資訊，快速處理訊息。基模還有助於填補知識的缺口，推論和判斷他人的行動。

　　再以一位法學院教授的例子進一步說明，她面臨了一項工作任務是決定哪些學生可以入學。為了加速處理申請書的速度，根據以往認定的在學生和畢業生的成就特

許多喜劇都使用基模。電影《金法尤物》（*Legally Blonde*）的女主角 Elle Woods 為了申請哈佛法學院，引發一連串笑料。剛開始時，她完全不符合法學院學生的基模。在這部電影裡，Woods 與那些符合法學院基模的學生，對比出相當大的反差，令觀眾捧腹大笑。

© Bureau L.A. Collection/Sygma/Corbis

質,她啟動了「優秀的法學院學生申請者」的基模。這位教授毫不遲疑地把注意力放在與她心目中的法學生基模相符的訊息,忽視其他無關的訊息。LSAT(法學院入學考試)的分數和大學的平均成績就很重要,至於眼睛是什麼顏色、橄欖球的擲遠能力等等則無關緊要。

　　基模既不完美,也不是預報程式。招生負責人難免犯錯,錯誤接受某些無法完成學業的學生,或錯誤拒絕原本有成功潛力的申請者。更有甚者,另一位持有全然不同基模的招生負責人,則接受了一批特質迥異的學生入學就讀。基模亦在刻板印象和歧視心態上占有重要位置。例如,招生負責人只認定「白人」為心目中會成功的法學院學生基模,較不願錄取非裔學生。即使基模有上述缺點,但比起毫無頭緒章法,基模不失為處理社會訊息的有效方式。因此,即便非盡善盡美,但基模一直是重要的認知機制。本書將在第 5 章詳細討論。

訊息處理的雙向歷程理論

　　心理學取向的社會心理學近來採雙向歷程模式(dual-process models)。如同稍早提到的社會學取向一般,雙向歷程模式也是種理論觀點,涵蓋數種特殊的理論在內。與此一觀點有關的理論乃基於兩種訊息處理的途徑——自動化與深思熟慮——會影響知覺、印象形成與歸因(第 5 章)、態度(第 6 章)、說服(第 8 章)、吸引力(第 11 章)、刻板印象(第 5 章與第 12 章)及其他社會心理歷程。

　　知覺的自動化歷程發生時迅雷不及掩耳,連個體本人都很難察覺。自動化歷程靠的是**捷思法**(heuristics)——根據經驗快速取得訊息的認知捷徑——加快訊息處理。上述提及的基模就是個絕佳範例。經過一段時間後,個體逐漸學會各種基模的內容,如:男性和女性、法學院學生和姊妹會、黑人與白人。初識某人就利用捷思法,從外貌特徵、行為舉止等標籤去歸類,馬上就能進入狀況。分類好之後,捷思法還能協助我們判斷該如何待人接物——這麼一來就不用絞盡腦汁分門別類或推敲半天。這些都是自動化的過程,不用花費太多心力。

　　然而,如果繼續進行訊息處理,就是更具意識覺察與慎思的歷程。此種耗費心思的系統化處理印象形成的歷程,如圖 1.2 所示。這張圖顯示的是碰到較不相關的人的情形。例如在深夜與路人擦肩而過,就得思考迎面而來的人是否值得信任。他是危險人物嗎?還是好心腸的人?為使判斷更為精準,必須進行額外的訊息處理,不能僅靠下意識的猜測。還有一個原因是捷思法和眼前的訊息牴觸矛盾〔例如 Elle Woods 不符合法學院學生的基模、哼著韋瓦第協奏曲朝我們走近的黑人也是(Steele, 2011)〕。

20

21

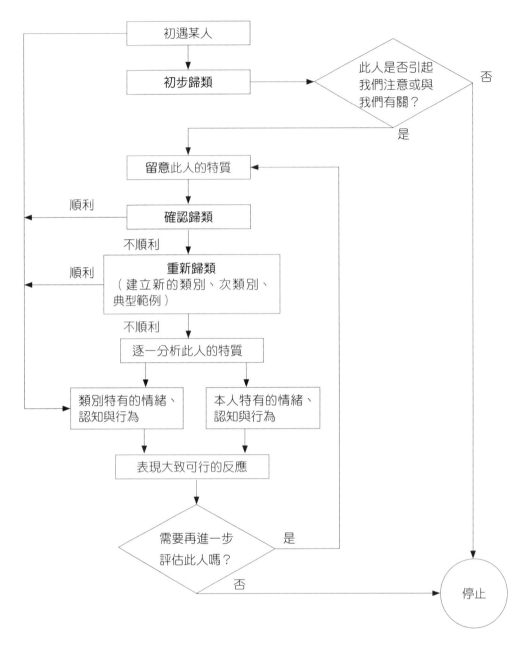

圖 1.2 印象形成的連續性模式

這個模式闡述初遇某人時,第一印象形成的雙向歷程模式。漫不經心的初步歸類,在見面的當下已然成形。但假使這個人和我們切身相關,就會花較多心思、撥出更多的注意力,再次確認我們對他的歸類是否正確,或是否需要重新歸類。這些歸類引發我們對他人的反應(情緒、想法和行為)。不過,若此人無法歸類(或得重新歸類),就只好執行特質分析,來判斷該如何做出反應,以及是否要付出額外的心思留意。

資料來源:改自 Fiske、Lin 與 Neuberg (1999), *The Continuum Model: Ten Years Later* 的圖 11.1。

根據雙向歷程論，人並非像自動駕駛般地那麼節省認知思考。人有能力進行縝密的 20
訊息處理，但必須有充分的理由，方能啟動費神的訊息處理（Moskowitz, Skurnik, & Galinksy, 1999）。

社會認同理論

有鑑於心理學過於化約主義、只關心個體，社會認同理論（social identity theory）主張我們的所思、所感與行動，多半以所屬的社會團體為依歸（Operario & Fiske, 1999）。身為最具社會取向的心理學觀點，社會認同理論主張個體對社會結構（如：團體、組織、文化）的認同，在在影響其認知歷程（Markus, Kitayama, & Heiman, 1996）。認同是核心概念。如果不認同該團體，它在個體的心目中根本無足輕重（Hogg, 2006）。這就是為什麼社會認同理論被視為認知理論的一種。自我歸類（self-categorization）──一種認知歷程──在社會認同過程中起了關鍵作用（Turner, 1987）。

我們用原型（prototype）這個基模來自我歸類和歸類他人。會認定自己是某團體的一分子，是因為符合該團體設定的基模。此種分類不但會影響自我概念，還會影響對他人的觀感。我們偏愛和自己同屬一樣團體的人，油然興起志同道合的情誼和團體 22
的向心力。不過，同樣的心理歷程也會把和我們不屬同一社會團體的人區隔開來。此種認知捷徑會誇大彼此間的差異。

本書數個章節將探討社會認同過程。第 3 章說明社會認同對自我概念形成的重要性，第 5 章闡述原型與刻板印象，第 12 章討論團體內和團體間的動力，如：凝聚力與服從、我族優越感、歧視等等。

簡而言之，認知理論是目前社會心理學極為活躍的觀點，它對個體和社會行為的論點與預測令人驚豔，是當今社會心理學中相當受歡迎和備受矚目的取向。

認知理論的限制

認知理論的缺點之一是簡化，有時甚至把本就複雜多樣的訊息處理過程看得太簡單了。另一個缺點是認知過程無法直接觀察，只能從個體的言行推論。意思就是想從認知理論得出有力且明確的驗證與預測實有難度。然而，方法學的進步──包括深入到下意識原始區塊、測量毫秒反應時間、使用 fMRI（功能性核磁共振造影）掃描儀──使得研究的發展突飛猛進，指日可待（Operario & Fiske, 1999）。

●● 演化論

本章要說明的最後一個理論是演化論（evolutionary theory）。雖然演化論並非當代社會心理學的主流，但這整本書都有它的身影，由此可見它仍是重要且前瞻的理論觀點。一提到達爾文（Charles Darwin）和演化論，很快地就會聯想到外表特徵的進化。例如，人如何發展出雙眼視覺或能直立行走？有些動物的嗅覺為何如此敏銳，有些動物則具有夜視能力？但演化心理學家和生物社會學家研究的可不只有外表特徵。他們延伸演化的概念，用它來解釋許多社會行為，包括：利他、攻擊、擇偶、性行為，甚至看似神祕難解的話題，如：為什麼美國總統比一般男性高（Buss & Kenrick, 1998）。

行為的演化基礎

演化心理學（evolutionary psychology）認為社會行為的根源在基因。因此，心理、社會、生物因素三者密切相關（Buss, 1999; Symons, 1992; Wilson, 1975）。事實上，社會行為或某些行為的本質，早就鑲嵌在基因的密碼裡，代代傳遞下去。在生理外觀的演化中，有助於生物存活的特徵和基因在數量上漸居上風。例如，會利用保護色騙過掠食者的動物，比較有可能存活下來並繁衍後代，也就是子代從親代遺傳到保護色。同物種中不具保護色的易被捕食，在還沒有繁衍能力前就死了。因此，隨著時間過去，這些具有保護色的物種在數量上後來居上，其他物種的數目則漸次減少。

演化心理學家主張同樣的過程也會發生在社會行為上。某些行為特質被編入基因裡，這些預設好的心理模組程式會影響後代的行為（Donald, 1991）。以演化心理學家最感興趣的擇偶為例。心理學家發現男性非常重視女性的外貌和年齡，但女性看重的卻是男性能提供多少養育資源（Buss, 1994）。為什麼會有這些差異？從演化心理學的角度觀之，這些分歧的策略各自讓男性和女性成功繁衍出後代。差異的源頭在於生殖能力——男性的生殖能力幾乎是終生到老，但女性的生育能力卻有時間限制。因此，男性若與過了生育期的女性交往，往往生不出後代。時間一久，偏好與年長女性交往的基因，因為沒有後代，便從群體中淘汰出局。但與年輕女性交往的男性則較有機會生出後代，此一社會行為便左右了男性的擇偶態度。

相反地，女性較不在乎男性的年齡，就算是年紀較大的男性，也能使女性受孕。女性在意的是對方能否使她成功懷孕，並具備養育後代長大的必要資源。根據 Buss 與 Kenrick（1998）的說法，女性的生殖策略是選擇願意在懷孕和生產後提供照顧資

當代許多學者主張人類的行為是基因與環境互動的產物。不過，早期的演化心理學家（包括 1970 年代的社會生物學）做出大膽的聲明，直指基因的影響力不容小覷。基因幾乎主宰所有人類的行為。

© Bettyphoto/Shutterstock

源的男性。沒有採用此一策略的女性，或找不到這種男性的女性，幾乎沒有成功受孕和養育兒女的經驗。因此，女性對擁有豐富資源男性的偏好，最終成為主流。

　　從這個擇偶進化的觀念出發，演化心理學家擴而大之的解釋林林總總的社會行為。例如，助人或利社會行為看似與演化論背道而馳。為什麼個體會願意減少生存和繁衍的機會、捨己為人呢？許多研究得出的結論是，個體較樂意幫助跟自己的基因有關聯的人（Dawkins, 1982）。由於和受助者共享基因的緣故，即使犧牲自己的生存機會，個體的基因也能藉由助人行為傳遞下去。

　　演化論亦有助於解釋親職行為。例如，比起女性懷胎九月和忍痛生產，男性只需進行一次性行為，投入親職教養的精力相對較少。成人虐待繼子女的情況比親生子女的情況多（Lennington, 1981），同樣地，演化心理學家會說這是因為親生子女共享的基因比繼子女還要多的緣故（Piliavin & LePore, 1995）。本書其他章節也會用演化論的觀點來檢視諸多議題，特別是第 2 章（社會化）、第 5 章（社會知覺與認知）、第 9 章（利他與利社會行為）、第 10 章（攻擊）和第 11 章（人際吸引與關係）。

25

演化論的限制

　　雖然演化論對社會心理學仍有其影響力，但依然無法取代其他理論觀點，且不乏飽受爭議之處（Caporeal, 2001; Rose & Rose, 2000）。炮火最猛烈的是批評演化心

理學家犯了循環論證（circular reasoning）的邏輯謬誤（Kenrick, 1995）。觀察到某些社會特徵後，演化心理學家照例將其解釋為基因的適應能力。命題的邏輯如下：為什麼這個行為會發生？因為它能增加基因傳遞的機率；如何得知基因傳遞的機率提升了？因為該行為發生了。就某種意義上看來，無從跳脫此一邏輯陷阱，因為沒辦法讓時光倒流，去觀察社會行為的實際演進過程。

若思考其他可能演變的結果，上述的問題更是一目暸然。例如，男性似乎比女性更為接受一夜情。演化論的解釋是男性要盡可能地播種，擴大基因傳遞的機率；女性則想知道孩子的父親是誰，好從他那裡得到育兒的資源，確保自己的基因能順利延續。不過，假設女性比男性更為接受一夜情，也可以用演化論輕易解釋這個現象。男性無法確定孩子是他的，因此若能維持單一性伴侶關係，就能保證他的基因傳給後代；但女性總能確知自己的基因百分百傳給子女，用基因的適應能力術語來說，應該不必在乎孩子的親生父親是誰。但這些都是事後諸葛的說法，說來容易、證明困難，與其他理論觀點難分軒輊。因此，演化論的支持者雖然為數眾多，但要成為最讓人接受的社會行為解釋論點，恐怕還有一些障礙待克服。

前面提到的五種理論觀點——符號互動論、團體歷程論、社會結構與人格論、認知理論、演化論——各有其擅長說明的議題、概念和關注的行為。前三者從社會學的角度出發，著重社會如何影響個體，強調外在的結構和人際歷程。後二者從心理學的角度出發，注重個體內在的認知歷程（Stryker, 2001）。不過，這些理論觀點倒可以相輔相成，不必針鋒相對。例如，認知理論強調基模和認知結構在下判斷時占有重要地位；但若結合符號互動論，又可說明基模和認知結構是從社會互動中習得；再加上社會結構與人格論，即可看出這些基模和認知結構，依個體在社會結構中的位置與角色而定。

為避免連篇累牘，本書稍後各章節將不再贅述以何種理論觀點詮釋。社會心理學集社會學家與心理學家之大成，照例會擷取雙方的論點（Thoits, 1995）。本書的特色是搭起兩門學科的橋樑——讓社會學取向和心理學取向同臺發聲——帶領社會心理學迎向新的世代。無論讀者側重什麼學科取向，期能藉此統整並創新。

摘　要

本章介紹社會心理學的基本特徵及重要的理論觀點。

■ 何謂社會心理學？

　　有幾種方法可以描述社會心理學的特色：（1）社會心理學，顧名思義，是指系統化的研究人類社會行為的本質與成因。想到行為，社會心理學家不只關心人類的外顯行為表現，也重視內在的感覺與想法。（2）社會心理學關注的核心議題包括：個體對另一個體行為和信念的影響、個體對團體活動與結構的影響、團體對另一團體活動與結構的影響、社會脈絡對個體和團體的影響。（3）社會心理學與其他社會科學息息相關，特別是社會學和心理學，雖然彼此著重的議題相異，也常採用不同的研究方法，但心理學家和社會學家同樣對社會心理學的貢獻斐然，是為跨領域的學術成就。

■ 社會心理學的理論觀點

　　理論觀點是指對人性提出若干特定的假設，能解釋多數的社會行為。本章探討五個理論觀點：符號互動論、團體歷程論、社會結構與人格論、認知理論、演化論。（1）符號互動論認為人性與社會秩序都是人際溝通的產物，強調自我、角色取替，以及在社會互動中形成共識的重要性。最適合用來解釋人際間變動不拘的互動接觸。（2）團體歷程論關注社會或網絡的互動，多採用實驗研究闡明團體結構如何影響個體的行為。（3）社會結構與人格論聲稱個體在團體結構中的位置會影響其思考、情緒和行為。有些學者更堅信這是所有理論中最像社會學的觀點，因為它考量到巨觀的社會結構對個體的影響。（4）認知理論指出知覺、記憶、判斷等歷程是社會行為的重要決定因素。認知的差異，包括自動化與深思熟慮的認知歷程，都可用來說明個體的行為表現為何因情境而異。（5）演化論主張社會行為是長期演化適應的結果。人類的行為習慣，歸根究底都是祖先為了增加生存與繁衍的機會。

27

重要名詞與概念列表

中程理論（8頁）	公平（14頁）	自我（11頁）
自我反思（12頁）	角色取替（11頁）	身分地位（14頁）
制約（13頁）	社會心理學（3頁）	社會交換（13頁）
重要他人（12頁）	基模（18頁）	情境身分（11頁）
捷思法（19頁）	理論（8頁）	理論觀點（8頁）

符號互動論（9 頁）　　　演化心理學（22 頁）　　　認知理論（17 頁）

認知結構（17 頁）　　　認知歷程（17 頁）

思辨能力技巧　思辨能力簡介

　　各種各樣的利害關係人，包括：資方、研究生、教職員工、行政人員等，都很關心大學生是否具備優秀的思辨能力（critical thinking）。為了協助學生培養此類能力，本書各章末另闢「思辨能力技巧」一節。這些練習作業不但能提升學生的社會心理學思辨能力，還可將之應用在其他學科和生活領域。

　　根據思辨能力專家 Diane Halpern 的定義：

　　　　思辨能力意指運用認知能力和策略，獲得令人滿意的效果。它具有明確、合理的目標，以解決問題、分析推理、計算可能性、做決定等等。……思辨能力也涉及評估思考歷程——以理性做出結論，或考慮各種因素後做成決定。（Halpern, 2002, p. 93）

　　思辨能力以邏輯與事實為基礎，致力於克服偏見，避免自欺欺人。最重要的是，若能好好學習思辨能力，一生受用無窮。認真學以致用的話，有助於對各種情境做出較佳的判斷決定，成就正向經驗（Halpern, 1998）。

　　由於思辨能力的好處不勝枚舉，越來越多的大學想教導學生思辨能力技巧，協助他們處理日新月異的資訊。要在資訊爆炸、競爭激烈的知識經濟社會中生存並大放異彩，以理性、慎重的態度評估資訊也日形重要。

28

　　每項思辨能力練習作業都可以將一個特殊的思辨能力技巧應用到社會心理學上。不過，這些技巧若能舉一反三運用在日常生活中，使自己成為一位擅長思辨的人，你的收穫將不同凡響。

■ 瞭解各種偶發的影響力

　　我們很少注意自己的日常行為、感覺和想法。想像你正在看電影。依美國文化，我們會安靜地坐在電影院的座位上，一邊吃爆米花、甜食和汽水，心情隨劇情起伏，時喜時悲。我們以為這些行動是出於自由意志，但真的是這樣嗎？

　　如本章提及的理論觀點所述，我們其實極少仔細斟酌每天的行動。想學好社會心

理學、釐清心理學的社會本質,最好的方法之一,就是開始質疑一向被視為理所當然的行為背後的動機,「識別尋常行為的社會意涵」(Fine, 1995, p. 6)。理解想法、感覺和行為的開端源頭,也是思辨能力的重心。自我覺察才能瞭解我們還有哪些偏見和理性。

再想想每天都要做的事:吃飯。我敢打賭你囫圇吞棗今天的早餐(或根本沒吃早餐)。不過,早餐的選擇其實有社會意涵。依 Gary Alan Fine 所言,人類的行動涵蓋四個面向:身體、心智、他人與文化。

以我個人為例。今早我喝了一杯咖啡、吃了一碗牛奶麥片。我會吃早餐,是因為**身體**發出飢餓的信號,使我的肚子咕嚕咕嚕叫。我的**心智**把肚子的咕嚕咕嚕叫解釋成該吃東西了。我會這麼詮釋肚子咕嚕咕嚕叫的感覺,是從與**他人**的互動中學來的,因為母親總不忘叮嚀我吃早餐。不管有意無意,她和其他人常告訴我該吃什麼樣的早餐才恰當,說咖啡裡的咖啡因可以讓我的頭腦清醒。也就是說,透過教導何者是適當的早餐、何者則否,他人用這種方式影響我處理訊息的方式。**文化**也影響我對早餐的看法。即使知道喝湯可以緩解飢餓,但我還是不大喝湯,因為我的文化背景使然。來自亞洲文化背景的人可能會以湯來當早餐,但美國人不會。文化的觀念也會隨時間改變。我的祖父母早餐從不喝牛奶麥片,他們吃的是熱騰騰的麥片粥。

該停下來思考的不僅是我為什麼要吃早餐,還有我為什麼選擇這類食品當早餐。從這裡可以看出生理運作過程、內在想法或我個人特有的信念與喜好,其實跟行動無太大關聯。相反地,是社會的影響力在左右我的想法、感覺和行為。你早餐都吃什麼?這四個面向如何影響你的行動?同樣地,你如何決定今天的穿著?你在哪裡讀到這一章?讀書的時候,你還會同時做什麼事?若用這四個面向的架構思考,你還有哪些尋常行為具有社會意涵?

稍停片刻思考與評估尋常行為的開端源頭,不僅可瞭解社會心理歷程和互動的重要性,也能藉此訓練自己——檢視所有的行動(不限於尋常行為),做出較佳的詮釋與判斷,也進一步瞭解作用在其中的人為因素。

29

chapter **2**
社會化

引　言

　　我的女兒金柏莉在中學時代是樂團的打擊樂手。9 月一入學，樂團指揮召募志工，馬上就有六個男孩舉手大叫：「我！」、「選我！」個個互不相讓。指揮接著問道：「誰會彈鋼琴呀？」金柏莉和兩位女孩舉手。樂團指揮面試三位女孩後，決定樂團需要一位會讀樂譜的打擊樂手。真是個好主意。

　　金柏莉被錄取了。她立刻熱切地投入樂團活動，放學後留在學校練習大鼓、小鼓、管鐘。我們得去學校接她，因為等她練習完後，校車早開走了。有時她會在週末把鼓帶回家練習（星期五我得開車去把那些鼓運回來，星期一一早再載回去）。說真的，我很訝異。我完全沒有音樂天賦，但卻見到金柏莉每週一點一滴的進步。

　　我曾就讀的學校很小，但行政單位卻想成立一個大樂團。我知道我沒有才華，也不想練習，可是**每個人都要接受面試**。樂團指揮遞給我一支單簧管，說：「跟著音樂動動手指就好了。」我撐過了兩場演奏會，他才心不甘情不願地承認我不適合，請我離開樂團。當然，95% 的學生還繼續留著沒走，害我有幾週的時間像活在地獄裡。因此看到金柏莉不僅加入樂團，而且練習得有模有樣、青出於藍，讓我好生高興。真不敢相信，她完全不像我，可是我以她為榮！

　　10 月下旬，樂團舉行第一次公開表演。我坐在第二排，視野真好！他們演奏〈美國國歌〉（Star Spangled Banner）及幾首短曲，例如 John Philip Souza 的〈暴風雨〉（The Tempest），最後以《神鬼奇航》（*Pirates of the Caribbean*）電影主題曲壓軸。棒得沒話說！她真是我的驕傲。聽眾（絕大多數是團員的家長）無不陶醉其中、心滿意足。隨後我留在後臺，等金柏莉結束表演。

　　其他團員都走了之後，金柏莉最後才出現。我喜不自勝，走向她，給她一個大大的擁抱。沒想到她竟然哭著說：「爸，我搞砸了。」我當下一愣，結結巴巴地說：「不，妳表現得很好呀。」金柏莉說：「演奏國歌時我漏了一拍，沒有跟上速度。」我對她說：「我沒注意到，我相信其他人也沒有。」

　　她就跟我一樣，是個完美主義者。有音樂才華是件好事，但她也遺傳到我的完美主義。

　　社會生活最引人注目的特徵是世代間的一脈相承——從外貌到行為皆薪火相傳。遺傳基因是傳承的來源之一，但造成這些代間相似性（intergenerational similarity）

最主要的因素是社會化（socialization），也就是個體學習與表現技巧、知識、價值觀、動機和角色，以適應團體或社會的過程。

　　嬰兒如何進化成「人」，成為社會的一分子呢？答案就是「社會化」。從出生伊始，我們就不斷地與他人互動。我們學說話——這是進入社會的必備條件，學習基本的互動禮儀，如：和陌生人握手、和親人互碰臉頰打招呼。我們也學習以社會可接受的方式達成目的，獲取物質報酬（如：食物、衣服、住處）和社會歸屬（如：尊重、愛、助人）。我們學以致用，再舉一反三，並視特殊情況調整。

　　社會化讓我們不約而同地越來越像社會上其他人，但社會化同時也塑造出個我的獨特性。自我與自發表現（見第 3 章）也是社會化的結果。

　　本章第一部分將探討兒童期的社會化。所謂兒童期，是指出生到青春期之間這段時期。兒童期是一個社會概念，受歷史、文化與政治因素影響（Elkin & Handel, 1989）。當代的美國社會將孩童視為不成熟的個體——需接受家庭教育和正規教育的訓練。第二部分將檢視兒童期之後的社會化歷程。

67

　　本章將重點討論下面五個問題：

1. 社會化有哪些基本觀點？
2. 當代美國社會的社會化媒介為何？
3. 社會化的過程為何？
4. 兒童期社會化的結果為何？
5. 青春期和成年期的社會化本質為何？

社會化的觀點

　　什麼對行為的影響最大——遺傳還是環境呢？研究兒童發展時，這個問題的重要性不言自明。雖然遺傳和環境都很重要，但其中一個陣營強調生理發展（遺傳），另一陣營則著重社會學習（環境）。

●● 發展論

　　顯而易見的，人類的幼兒需經歷一段成熟的過程。隨著生理發展，依序培養肢體動作技巧，開始學習各種許多同齡兒童該有的社會行為。

回應他人、產生互動在人生早期即已開始。四
個月大的幼兒即會對人微笑；七個月大的幼兒
能區辨照顧者和陌生人。

© video 1/iStock

　　有些學者認為社會化和生理與心理的成熟過程密不可分，也就是生物決定論。
Gesell 與 Ilg（1943）詳實記載動作與社會技巧發展的順序，以及一般幼兒發展出新
技能的平均年齡。他們認為諸多社會行為的發展主要是生理與神經系統成熟的結果，
與社會因素無關。例如，如廁訓練是因為幼兒能自主控制括約肌，覺察膀胱和下腸道
的壓力線索。根據發展論，兩歲半左右的兒童都能自主養成如廁技巧，不受環境影
響。

　　表 2.1 列出已獲觀察研究證實的各項能力發展順序。表中的年齡是平均值；某些
兒童的行為較早出現，有些則稍晚一些。

　　再舉對他人的反應為例。滿月的嬰兒即能放鬆地享受親密的肌膚接觸。四個月
大時，幼兒就能辨識人臉並報以微笑，也能認出常見照顧者的聲音。七個月大的幼兒
能清楚地辨別人臉，回應不同的臉部表情。周歲時，幼兒會對他人的行為表現各類情
緒。經由爬行、走路或拉扯成人或手足的衣服，希望能和他們有更多的互動。因此，
辨識、回應與面朝成人，都遵循一定的發展模式。與他人互動的能力有賴於視覺與聽
覺辨識能力的發展。

　　發展是終其一生的事。青春期、懷孕期、更年期／晚年等，均會引發重大的生理
與荷爾蒙變化，影響個人的動機與行為。終生發展是生命進程的一環，本章將於稍後
詳述。

●● 社會學習論

　　雖然發展論的重點是說明兒童自身的能力，但社會學習論強調的卻是兒童從與
環境的互動中習得認知和行為技巧。若要順利達成社會化，兒童須知道關於這世界的
大量訊息。兒童要學習許多物理或自然事實，如：哪些動物是危險的、哪些東西可以

表2.1 發展歷程

	四個月	七個月	一歲	兩歲	三歲
視覺活動	視線隨物體移動；依物體距離而對焦調距	專心注視活動的物體；手眼協調	喜歡觀看移動的物體（例如電視畫面）	回應視野周邊的刺激；長時間專注凝視	
人際關係	對人臉微笑；回應照顧者的聲音；需要他人的關注	回應各種聲調；區辨不同的人（害怕陌生人）	進行互動遊戲；表達情緒、焦慮；喜歡跟某些人在一起	偏好獨自遊戲；所有權的觀念萌芽	可與年長的兒童玩合作遊戲；渴望討好他人；選擇玩具和媒材時會考慮性別差異
口語活動	發出歡愉聲（咕咕聲、咯咯聲、笑聲）；牙牙學語（發出一連串音節般的聲音）	發出母音與子音；嘗試模仿聲音	發出音節；練習說出二到八個認識的詞彙	發出連續性的聲音；直呼物名；重複字詞	說出含三個字詞以上的句子；喜歡新奇的字詞
肢體動作	抬頭、轉頭	坐起	站立、爬行、下樓	跑；喜歡推、拉、滾等大動作活動	動作流暢、平順，協調性佳
雙手靈巧度	碰觸物件	用單手抓住並操弄物件	連續操弄物件	手與手臂控制得宜	手指、姆指、手腕動作控制精巧

資料來源：Caplan, 1973; and *The Infant and Child in the Culture of Today* (1943) by Arnold Gesell and Frances L. Ilg. Used with permission of the Gesell Institute of Human Development.

吃。兒童也要瞭解社會環境，學習周遭人使用的語言，溝通彼此的需要。他們也需明瞭照顧者不同行為代表的意涵，辨識身旁形形色色的人，明白該對他人的行為抱持何種期待，以及他人對其個人行為的期待。

根據社會學習論，社會化是指兒童透過學習歷程，瞭解所屬團體共同持有的意義（Shibutani, 1961）。不同的團體、次文化、社會各有其獨特的意義。雖然該學習的內容因團體而異，但社會學習卻是無所不在的過程。社會學習論強調社會化的適應。嬰幼兒學習必要的語音與人際技巧，才能順利與他人互動。這個過程亦與增強理論有關。習得必要的技巧後，兒童即能記住不忘所屬社會團體的意義，甚至依個人的創意發想增添或修改意義。

近來有關社會化的研究兼重發展歷程和社會學習的觀點。兒童的發展年齡顯然會影響他們能表現的行為，如小於六個月的嬰幼兒還不會走路。所有的文化均會顧及發展的限制，依據兒童的成熟能力調整表現期待。不過，單用發展歷程不足以說明複雜的社會行為何以會出現。除了發展準備度外，社會互動——即學習——是語言發展的要件。以 Isabelle 的案例來看，她在六歲半前跟聾啞媽媽離群索居。等到她被發現時，除了發出粗啞的呱呱聲外，什麼話都不會說。幸好經過兩年的系統化教育方案，她的詞彙量已經可以增加到 1,500 字以上，也具備六歲兒童該有的語言能力（Davis, 1947）。

因此，遺傳與環境同樣會影響行為。生理發展為某種行為表現做好準備，但要學習哪些行為則由社會學習決定——也就是受到文化的影響。

●● 詮釋論

社會化主要是經由社會互動而形成。但社會學習論強調的是學習的過程（例如，增強在學習行為上扮演的角色），而詮釋論著重的卻是互動本身（Corsaro & Fingerson, 2003）。詮釋論吸收符號互動論的觀點（見第 1 章），主張兒童的任務就是探索社會團體（如：家庭或學校樂團）的共享意義。探索時須具備與雙親、其他成人或孩童溝通的能力。最重要的是兒童要遵守**文化常規**（cultural routines），也就是參與日常社會生活重複和可預測的活動（Corsaro & Fingerson, 2003）。招呼問候、通俗遊戲、餐桌禮儀等，都是文化常規，這些常規提供安全感和團體歸屬感。於此同時，常規的可預測性也讓兒童得以應用、類化所學到的文化知識和技巧。本章一開始提到的金柏莉就是很好的例子。演奏樂器有一套文化常規，但金柏莉和其他年輕的音樂家一樣，在演奏小鼓時也要發展個人的特色。

根據詮釋論的說法，社會化是詮釋與複製的過程。兒童不僅學習文化，在日常互動中，他們也運用習得和發現的語言和詮釋技巧。等他們越來越會溝通，越來越瞭解家庭和學校的共享意義，兒童對文化的理解就更深刻。經由互動，兒童習得與複製了文化。

當兒童與他人溝通時（不管是在學校或遊戲時），他們不僅模仿既有的文化，還會舉一反三，創造獨特的同儕文化。以騎馬打仗遊戲為例，兒童會改變規則以契合他們的需求、遊戲所需的體力和社會背景。1950 年代時，開打的雙方是牛仔與印第安人；到了 2000 年代，交戰隊伍變成警察與黑人（Goffman, 2014）。改變的規則成了

騎馬打仗遊戲的新規定。因此，在很小的時候，兒童就不只在模仿文化，也在創造文化。

●● 社會結構的影響力

社會結構論強調社會結構的影響。社會化不是隨機偶發的過程。教導新成員遊戲規則，其重要性大意不得。社會化是由一連串的角色所組成，通常是初來乍到這個社會的人需經歷的角色。在美國，這些角色包括：家庭角色（如：子女）、教育場域角色（如：學齡前兒童、小學生、中學生等），這些都是和年紀有關的角色，按照年齡從一個角色轉換到另一個角色。每種角色各有其須達成的社會化結果。因此，我們會期待幼兒學會說話和基本的生活自理能力，像是吃飯、穿衣、如廁訓練等。如果沒有學會這些技巧，多數的學齡前教育機構是不會准許幼兒註冊入學的。

再者，社會結構會指派他人或組織負起教育的責任，成就令社會滿意的結果。在一個複雜的社會（如美國），總有一系列的角色任務待學習，也依序安排相對應的社會化媒介。從出生到青春期，主要是由家庭擔負兒童社會化的重任。6～12歲時，兒童成了小學生，我們期待小學老師負起教導責任。到了青春期進入中學後，又交給其他團體繼續培養青少年的知識與技能。成年期時，男性和女性組成搭檔與同事，須再從他人身上學習這些角色內涵。

社會結構論是社會學取向的觀點，主張社會化是團體生活的產物。它提醒我們社會化的內容與責任並非終生不變，這也是生命歷程論的要旨，本章稍後再詳加討論。

兒童期社會化的媒介

社會化有四個要素，包含：（1）媒介——提供學習資源者；（2）學習過程；（3）對象——接受社會化教導的人；（4）結果——學習的成果。這一節要來探討兒童期社會化的四大媒介——家庭、同儕、學校、大眾媒體，稍後再把重點放在兒童期社會化的過程與結果。

71

●● 家庭

出生伊始，嬰兒關心的就只有自己的身體。飢餓、口渴或疼痛，都會帶來不快的感受和身體不適。嬰兒亟欲祛除這些疼痛，滿足生理需求。為了滿足小寶寶的需要，照顧者須學習正確解讀嬰兒發出的信號（Ainsworth, 1979）。另外，嬰兒也漸漸明白照顧者能夠滿足他的需求。這些早期經驗充滿互動的色彩（Bell, 1979）。成人學會如何好好照顧嬰兒，嬰兒與照顧者形成穩固的情感依附關係。

母親的存在是必要的嗎？

由誰來回應嬰兒的需求和建立照顧關係有差別嗎？真的需要一位主要照顧者，才能促使嬰幼兒期的社會化順利發生嗎？

Freud 創立的心理分析論堅稱，嬰兒與照顧者（Freud 認為就是母親）間親密的情感關係，是健全人格發展的必備條件。這是實徵研究提出的第一個假設。為了檢視缺乏單一、親密照顧者的影響，研究者觀察被收養在機構內的嬰兒。Spitz（1945, 1946）研究由 6 名護理人員照顧 45 位 18 個月以下的嬰兒。這些護理人員可以滿足嬰兒的基本生理需求，可是與小寶寶的接觸時間有限，雙方的情感連結不夠強。在短短一年之內，這些嬰兒的發展分數就從平均 124 分，急遽降至 72 分；兩年之內，就有三分之一的嬰兒死亡，9 個離開機構，其餘還留在機構的 21 個嬰兒發展嚴重遲緩。近期研究出生後住在育幼院約 16 個月的兒童，結果發現相較於一般家庭的控制組兒童，四歲半時，他們依然難以將故事人物的臉部表情和情緒配對（Fries & Pollak, 2004）。這些研究發現強力支持照顧者的情感回應，對嬰幼兒來說可是生死攸關的事。

由此可看出嬰兒需要一個安全的**依附關係**（attachment）── 與成人間溫暖、親近的關係，能提供安全感和激勵作用 ── 培養健全成長所需的人際和認知技巧（Ainsworth, 1979）。此外，這樣的照顧關係也是嬰兒自我感覺發展的基石。

數十年來，美國社會認定的性別角色是：母親負責育兒，父親的親職責任是出外工作，維持家庭生計。家務分工完全符合這樣的定義，導致許多學者也認為母嬰之間溫暖、親密、持續的關係是正常兒童發展不可或缺的條件（Bowlby, 1965）。也許只有母嬰關係才能提供嬰兒必要的安全感與溫情。據此，其他可能的照顧者對嬰兒的興趣遠不及母親，所以不適合取代母親。

親子互動關係的研究顯示，如果母親在孩子誕生的第一年，能敏感覺察子女的需要，回應他們的痛苦，幼兒較能發展出安全的依附關係（Demo & Cox, 2001）。這個

結果在雙親家庭和單親家庭皆同。在生命最初兩年，能與母親建立安全依附關係的嬰幼兒，不但問題行為較少，而且 4～10 歲時的合作行為較多。因此，安全的母嬰依附關係具有正向的影響效果。研究亦顯示父親對 13 個月大孩子的敏感度，可以預測未來三歲時的父子依附關係（Brown, Manglesdorf, & Neff, 2012）。也就是說，親子依附關係非由父母親的性別決定。

　　與之有關的問題是，由兩位男性或兩位女性組成的家庭，是否有利於兒童成長 —— 亦即，雙親的性別重要嗎？學者（Biblarz & Stacy, 2010）比較同性戀家庭、異性戀家庭和單親家庭，發現異性戀家庭的親子教養與兒童發展和女同性戀家庭相仿，少數男同性戀家庭的研究亦顯示相同結果。一般說來，在單親家庭中，被單親媽媽養育的孩子，發展狀況要比被單親爸爸養育的孩子好。但這些家庭在組成狀態、子女性別、家庭收入等重要面向上各不相似，不能一概而論。

　　自 1960 年以來，性別角色的定義已逐漸產生變化。有越來越多已婚育有子女的女性出外工作（見圖 2.3，76 頁）。母親就業對孩子的影響，一直是社會大眾關注的議題。

母親就業的影響

　　母親就業對兒童究竟有何影響？ 69 個研究的後設分析顯示，對兒童的 IQ 分數和問題行為幾乎沒有顯著影響（Lucas-Thompson, Goldberg, & Prause, 2010）。提早就業對單親家庭最有利。在嬰兒出生第一年就業，會帶來些微負面效應。

　　弱勢家庭與兒童福利（Fragile Families and Child Wellbeing）的研究者蒐集白人、非裔與拉美裔的家庭資料，分析母親在嬰兒出生第一年和第三年的就業狀況及影響。結果顯示母親就業的白人幼兒識字率低，但非裔或拉美裔家庭並無此現象。不過拉美裔家庭的兒童問題行為較多（Berger, Brooks-Gunn, Paxon, & Waldfogel, 2008）。從這些結果看不出母親的壓力或親職行為。研究嬰幼兒出生後前幾年母親就業的影響，發現母子間的正向互動較少，兩歲與四歲幼兒的親子共讀時間也寥寥可數（Nomaguchi, 2006）。

　　許多研究探討母親就業對兒童期與青春期學業成就的影響。68 個研究的後設分析檢視成就測驗、智力分數、學業成績、教師評定認知能力等四個層面的影響（Goldberg, Prause, Lucas-Thompson, & Himsel, 2008）。比較母親就業（包括兼職和全職）的兒童和母親沒有就業的兒童後，發現這四個層面並沒有顯著差異。兼職工作和這四個層面成正相關；在女孩身上更能看到正面效果。

74

母親就業對年長兒童的影響部分取決於工作性質。非典型工作（如：夜班或輪班制）會損害親子的親密關係，延誤認知發展（Crosnoe & Cavanagh, 2010）。母親的工作若有危害身體和工作壓力升高之虞，也會妨礙兒童的認知與行為發展（Felfe & Hsin, 2012）。父親若從事高風險和高壓力的工作，可能會造成類似的負面效應。

幼兒園的效果又是如何呢？這得依幼兒園的類型、品質良窳與照顧時間多寡而定。一項涵蓋美國 10 個區域、從出生即開始追蹤 1,000 名兒童的大規模研究計畫顯示，接受高品質托育中心服務的四歲半兒童，認知能力與語言表現相當優秀。幼兒園的品質由觀察者依標準化觀察記錄表判定。三個月到四歲半期間待在幼兒園較久的兒童，照顧者評定的問題行為分數較高（113 題的兒童行為檢核表）。這 1,000 名兒童中包含 24% 的有色人種樣本，顯示研究結果不因種族而有所差異（NICHD Early Child Care Research Network, 1997a, 1997b, 2002; Belsky, 2006）。

研究者持續追蹤這些年輕人。15 歲時，兒童期經驗到的托育品質和待在幼兒園的時間仍與青春期問題有關。高品質的日托服務可以預測往後較佳的認知與學業成就，青少年也自述較少課業和行為問題（Vandell et al., 2010）。

父親參與育兒的程度

由於母職的定義從家庭擴及出外工作，社會大眾對父親的期待也隨之變化。關於父職的新思維，在電視與電影的推波助瀾下，父親也主動投入育兒的行列（Parke, 1996）。有些男性已欣然接受這些期待。研究發現 1998 年已婚男性花在育兒上的時間，遠比 1965 年多了不少（Sayer, Bianchi, & Robinson, 2004）。父親最常見的功勞就是加入打鬧遊戲，這種遊戲可以促進兒童的肢體動作發展。另外，父親也積極投入幼兒照顧與發展活動，這些現象在歐裔、非裔、拉美裔的雙親家庭都有目共睹（Parke, 1996）。

有幾個變項會影響父親參與育兒的程度。其一是母親的態度。若有母親的鼓勵和支持，父親就會更賣力。母親就業也是另一個影響因子。妻子出外工作的丈夫較願意參與幼兒照顧，有些男性甚至樂意擔任全職奶爸。同樣地，也有研究發現低壓力的工作和同事的支持協助，能鼓舞父親益發投入育兒（Volling & Belsky, 1991）。由此亦可看出工作壓力源皆不利於父親與母親參與育兒。一項針對墨西哥裔家庭的研究發現，夫妻關係和父親的育兒品質呈正相關（Formoso, Gonzales, Barrera, & Dumka, 2007）。最後，雙親花在育兒的時間和親職教育亦呈正相關（Guryan, Hurst, & Kearney, 2008）。

多元社會下的親職教養

今日美國社會的兒童居住狀態越來越多元。從表 2.2 可看出 2000 年時兒童的居住狀態（Lichter & Qian, 2004）。61% 的兒童與父母同住，15% 與單親媽媽同住，值得注意的是有超過兩百萬的兒童與單親父親同住（U.S. Bureau of the Census, 2005）。居住狀態的安排因種族而異，如表 2.2 右半邊所示。2007 年時，非裔兒童與單親媽媽同住的比例（50%），高於白人（16%）與亞裔（9%）。與親生父母親同住的以亞裔兒童最多（82%），其次為白人（68%）、拉美裔（61%）和非裔（31%）（Krieder & Ellis, 2011）。

表 2.2　兒童的居住狀態（2000, 2007）

兒童 居住狀態	比例	同住對象	種族			
			白人	非裔	亞裔	拉美裔
男主外／女主內	21%	父母	78% 75	38% 34	87% 86	68% 63
雙薪家庭	41	親生父母親	68	31	82	61
單親父親	2.3	父親	3.6	3.3	2	2
單親母親（結過婚）	10	母親	16	50	9	26
未婚女性	5					
同居伴侶	4.1					
祖父母	6	祖父母	1.4	5.4	0.5	2
未知	10.6					

資料來源：Lichter and Qian. (2004). *Marriage and Family in a Multiracial Society*. New York Russell Sage Foundation, Table 6. By race/ethnicity: U.S. Bureau of the Census (2007). Survey of Income and Program Participation, 2004 Panel, Wave 2, Table 1.

育兒方式或親職教養風格對兒童認知與社會發展的影響，一直是社會化研究的重點。研究結果不斷地顯示威信型（authoritative）教養風格（高溫暖與高控制並重）對兒童最好。在此種教養風格下成長的兒童，學校成就和人際關係的表現均可圈可點。專斷型（authoritarian）（包括體罰）和放任型（permissive）教養風格下的兒童適應能力則較差（Demo & Cox, 2001）。

會體罰一到三歲的兒童，原因可能是孩子調皮搗蛋、母親心情不好和家庭社經地位低落（Hahlweg et al., 2008）。大致說來，不管是什麼種族，體罰一到兩歲的幼兒，都會引發在學的行為問題（Slade & Wissow, 2004）。研究低社經地位的白人、非裔和墨西哥裔家庭中被體罰的一歲幼兒，即可預見兩歲時的攻擊行為和三歲時的心

智發展落後（Berlin et al., 2009）。

依上述研究的負面結果，很容易讓人下結論說體罰和專斷型的教養風格是不適當的育兒方式。但少數民族的研究者質疑這個結論能否推論到少數民族的家庭（McLoyd, Cauce, Takeuchi, & Wilson, 2001）。貧窮家庭的白人和非裔母親較易實施體罰，部分原因在於長期的經濟困境（Demo & Cox, 2001）。Deater-Deckard 與 Dodge（1997）的研究顯示非裔家庭雖常實施體罰，但他們認為這是正向的管教方式。有的研究者（Chao, 1994）認為亞裔父母相當看重紀律訓練，下達清楚明確的行為指令，但不該將之歸類為專斷型的教養風格。

提到價值觀，白人父母看重培養自主性（Alwin, 1990），與主流文化推崇個體性和獨立性不謀而合。少數民族的兒童則多被教育成要互助合作與相互扶持（Demo & Cox, 2001）。非裔父母大多獨斷強硬；墨西哥裔則講求家庭團結，整個家族休戚與共；亞裔父母則教導孩子要尊重長輩。不出所料，不同種族的社會化重點，依其重視的價值觀而定。

當代學者強調育兒方式的差異與對兒童的影響，應考量文化背景、家庭結構和社會脈絡。我們應該把目光放在具體特定的育兒方式，而非族群差異（Crosnoe & Cavanagh, 2010）。學者也指出把種族內的差異類推為種族差異（如非裔或拉美裔）並不合理（Burton et al., 2010）。

離婚的影響

40～50% 的婚姻以離婚收場（Cherlin, 2010）。受過大學教育的女性婚姻觸礁的可能性較低，約半數的離婚家庭內尚有未滿 18 歲的孩子。離婚通常會對兒童的生活帶來幾個重大的變化：家庭結構、居住地、家境，還有可能要轉學。因此，很難將離婚的效應（即家庭結構改變）和其他改變區分開來。研究一致發現孩子經歷的變化越多，結果越不利（Cherlin, 2010）。另一個值得警惕的事實是，離婚不是單一的危機事件。婚姻失和的過程是本來住在一起的伴侶，經歷分居、法律訴訟，最後畫下句點。也就是曾經如膠似漆的伴侶，結局卻是漸行漸遠、分道揚鑣（Amato, 2001）。

研究比較父母離異和父母未離異的兒童，得出的結果往往是父母離異的兒童學業成就（如成績）、心理適應、自尊和長期生理健康等狀況低落（Amato, 2001）。某些研究（如 Hetherington, 1999）亦指出這些害處早在離婚前數年就已浮現，因此也有學者認為是兒童的行為問題導致父母離異。然而，若將離婚視為漸進過程，婚姻失和才是問題發生的起因。少數研究指出離婚對某些兒童反倒帶來正面影響。有些孩

子，特別是女兒，和取得監護權的母親感情特別好（Arditti, 1999）。

主張離婚是單一危機事件的學者暗指隨離異時間加長，兒童的生活功能也逐漸改善。有些研究（如 Jekielek, 1998）認為兒童的身心健康反倒是漸入佳境。另一方面，長期的縱貫研究卻發現：父母離異的兒童和雙親俱在的兒童，彼此的身心健康差距正逐漸擴大（Cherlin, Chase-Lansdale, & McRae, 1998）或維持原樣（Sun & Li, 2002）。某研究記錄離婚的跨世代效應，報告顯示子代與孫代的學業成就不佳、婚姻出現裂痕、和雙親的連結薄弱（也就是影響遍及子女和孫子女）（Amato & Cheadle, 2005）。

77

雖然大多數人都知道離婚不好，但他們又會義正詞嚴地說與其在婚姻、社會和經濟問題叢生的家庭下成長，父母離異造成的傷害還小些。但真的是這樣嗎？英國學者長期追蹤數以千計的兒童，研究他們從出生到 33 歲的狀況。研究者比較父母離異時成年子女的年紀（分成 7～16 歲、17～20 歲或 21～33 歲三組）（Furstenberg & Kiernan, 2001），發現比起父母離異時年歲已長的子女，7～16 歲父母就離異的人中斷學業和心理症狀的比率較高，且女性成年後更容易酗酒。研究者也發現雙親太早離婚，這些子女過早懷孕或未婚懷孕的比例也較高。這些結果和美國的研究結果毫無二致（Demo & Acock, 1988; Garfinkel & McLanahan, 1986）。接受教育時間縮短、提早為人父母和進入婚姻等，都是成長於單親家庭者容易陷入貧困的原因（McLanahan & Booth, 1989）。

回顧低社經地位家庭（通常是單親家庭）的研究可發現，單親家長需長時工作以賺取足夠的生活費，導致家務勞動轉嫁到孩子身上（通常是女兒）。這些家務勞動包括：照顧年幼弟妹、煮飯、洗衣等等，使得孩子沒有精力再專注於課業，缺乏課外活動經驗，提前栽進育兒與婚姻生活（Dodson & Dickert, 2004）。極少研究探討非歐裔家庭父母離異的影響，因此無從得知上述結果可否推論到其他少數族群上。

●● 同儕

隨著兒童年齡漸長，同儕逐漸成為社會化的重要媒介。同儕團體和家庭有幾個相異處，這些差異影響人際互動的形式，出現各種各樣的社會化內容。

家人的權力位階各不相同，而同儕團體的成員相對來說地位較平等。從小時候開始，大人就教導小孩要尊敬和順從父母，做不到的話就會被訓斥，再藉機灌輸恭敬聽話的重要性（Cahill, 1987; Denzin, 1977）。與同儕間的互動較能敞開心胸、自在奔

放，毋須區分地位尊卑與察言觀色。因此，四歲大的兒童會心直口快地拒絕他不喜歡的人，不要跟他一起玩。和同儕在一起時，可能會脫口而出成人聽了覺得不妥的話，如：「你這個醜八怪。」這種你來我往的互動方式是友誼的基本樣貌（Corsaro & Fingerson, 2003）。

我們無法選擇家人，但與同儕的互動卻是自願性質的（Gecas, 1990）。亦即，同儕團體提供兒童第一個練習選擇要跟誰交朋友的經驗。這種選擇機會有助於兒童發展社交能力，在相知相惜的友伴互動中建立認同感。

與家庭不同的是，學齡和兒童中期（6～10 歲）的同儕團體，在性別和年齡上多半同質相近。一項研究調查 2,299 位小學三年級到高中三年級的學生，測量他們對團體的歸屬感、團體大小，以及種族和性別的同質程度（Schrum & Creek, 1987）。結果發現歸屬感在小六時達到最高峰，其後逐漸下滑消退。同儕團體的規模從小三起到高三，呈穩定縮小的態勢。男孩團體的規模通常比女孩團體大（Rose & Rudolph, 2006）。另一個以三年級到八年級學生為對象的研究，在控制各年級男女生的人數後，發現男女生的交友網絡有極大的性別同質性（Neal, 2010）。性別同質性從三年級到九年級幾乎沒什麼變化；種族同質性則在國中時期爆增。其他研究亦顯示，不管是非裔、拉美裔或白人，國中生都傾向和同種族的人做朋友（Quillian & Campbell, 2003）。

同儕團體對兒童的認同感發展，其重要性自不待言。兒童學習如何以朋友的角色與同儕互動，加強自我分化（Corsaro & Rizzo, 1988）。同儕與其他家庭外的人際關係，是培養獨立自主的基石。兒童不再只擔任子女、手足、孫子女和表親等角色。這些另類、沒有血緣關係的認同對象，是他們挺身對抗家長管教的堡壘（Stryker & Serpe, 1982）。例如，父母親欲強迫孩子遵守某些規定，但孩子卻抵死不從，因為怕友伴會嘲笑他（Kyratzis, 2004）。玩扮家家酒的時候，就可以模仿父母親倚老賣老的語氣和用詞，還可藉由扮演「老媽」的角色，享受掌權的滋味，握有誰可以加入遊戲、誰不可以加入的生殺大權。

雖然同儕文化多半與當下的經驗有關，但它卻能協助兒童和青少年做好轉換角色的準備。一項針對義大利學齡前兒童的觀察研究發現，上小學是他們常見的討論與爭辯話題（Corsaro & Molinari, 2000）。

●● 學校

不像同儕團體，學校是刻意設計用來教導兒童社會化的機構。在教室裡，通常會有一位成人和一群年齡相近的小朋友，老師和學生的地位差距涇渭分明。老師有權決定要教給小朋友哪些技能，並運用各種教育學習技巧，如：讚賞、責罰、特殊優待等，以此形塑學生的行為（Gecas, 1990）。學校是兒童第一個接受正式和公開評價的場所，每位兒童的行為和表現都依同一套標準考核，評定結果還會公布給班上其他同學和家長知道。

社會大眾期待學校教導學生閱讀、寫作、算術等知能，但其實學校做的事遠多於此。教師運用獎賞機制增強某些人格特質，如：守時、不屈不撓、機智圓融。學校教導兒童成人喜歡或厭惡哪些特質，兒童也因此學到該用什麼詞彙褒貶自己和他人（Denzin, 1977）。這些成人中意的特質，恰是該文化或社會認為有助於社會互動的品格。從這個意義上來說，學校的功能正是要教化兒童。

美國社會的重要特徵之一，就是凡事講求證據、實話實說。日常生活對話亦需言之成理。在立法機關和法庭上，發言者個個據理力爭，展現多元觀點。學校，特別是需要上臺報告和辯論的課程與社團等，正是學生學習和磨練這些技巧的絕佳場域（Fine, 2000）。

社會比較對學齡兒童的影響力不容小覷。由於教師會公開評論兒童的表現，每位兒童都能判斷自己和他人的表現孰優孰劣。為了跟上班級同學的進度，這些比較對兒童來說可是大事一件。即使教師不刻意強調兒童的聽寫分數很低，但他還是會知道自己的表現和其他同學比較起來差多了。表現成績穩定與否會影響兒童身為一個學生的自我形象。

某研究觀察幼兒園以及小一、小二和小四的兒童，記錄他們在班上的社會比較發展過程（Frey & Ruble, 1985）。在幼兒園時期，兒童比較的是個性──例如，誰喜歡吃冰淇淋。上小學一年級以後，成就表現比較遽升；起初是明目張膽的比較，到二年級和四年級時，則慢慢演變成不動聲色的暗中較勁。

●● 大眾傳播媒體

數十年來，大眾傳播媒體儼然成為最具影響力的社會化媒介。新聞報導、電視節目、視頻、電影、網路等媒體描繪的內容，呈現包羅萬象的日常生活和廣袤世界的

資訊。這些內容塑造我們對人物、地點和事件的印象，由此影響我們對這些事情的態度。這些內容也形塑了我們的**人生腳本**（scripts）、對他人的看法，以及各種關係型態下應有的行為表現。

媒體描繪的內容也在影響兒童身為男孩或女孩的概念，根據性別（當然還有種族與年紀）調整待人接物的方式。從觀賞電影、電視或 YouTube 上的家庭劇、愛情劇、職場劇當中，較大的兒童與青少年學到各種不同關係型態的基模和腳本。例如，Ward 與 Friedman（2006）的研究顯示青少年的性態度與性行為，跟電視播放的性別內容有關。黃金時段的電視節目特別偏好異性戀劇情，其中不乏陷入浪漫愛情的男女該有的感覺、想法與行為法度（Kim et al., 2007）。

討論攻擊的時候（見第 10 章），本書會摘述幾個暴力傳播媒體和攻擊行為間的相關和實驗證據。有人擔心觀看暴力色情節目會導致攻擊女性。另一個讓人憂心忡忡的是充斥暴力、謀殺或大屠殺的電玩遊戲。有傳言指出近來造成大量受害者死於槍殺的案件，大多是「生存遊戲」電玩迷所犯下。

傳播媒體的社會化影響效應更是銳不可當，因為許多兒童和青少年每天花數個小時接觸媒體。根據一項針對全美六歲（含）以下兒童代表性樣本調查顯示，75% 看電視、32% 看影片、16% 看電腦，另有 11% 玩電動遊戲（Rideout & Hamel, 2006）。超過 40% 的 2～6 歲兒童，每天花在看電視的時間多於兩小時。8～18 歲的青少年平均每天待在螢幕前的時間如圖 2.1 所示。注意，8～10 歲的兒童每天幾乎有八小時的時間在接觸這些媒體，年紀稍長的兒童花在媒體上的時間更超過 11 個小時。

社會化的過程

社會化是如何發生的？在此要分別說明三個特別重要的過程：工具制約、觀察學習、內化。

●● 工具制約

今天早晨著裝時，你選好上衣、褲子、連身裙，或穿上需要扣鈕扣、拉拉鍊的上衣。小時候，要學習如何扣鈕扣、拉拉鍊、繫鞋帶，得花好長一段時間、一再嘗試錯誤，在成人的讚賞下慢慢進步。工具制約（instrumental conditioning）就是習得這些

82

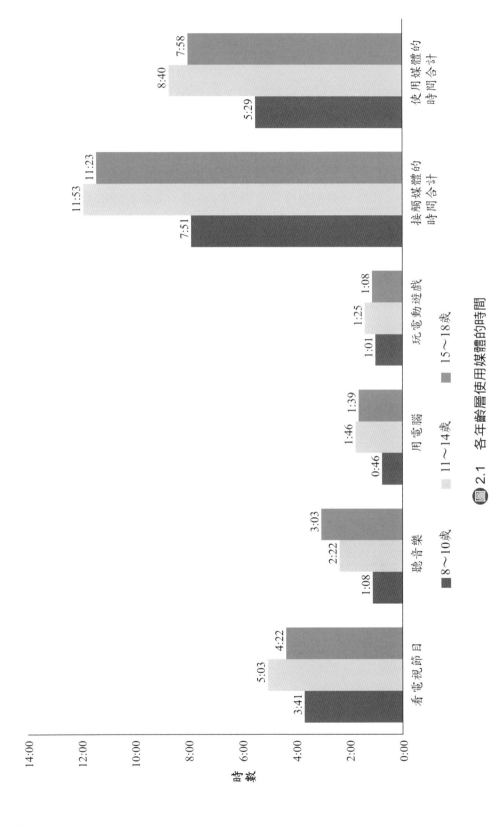

圖 2.1 各年齡層使用媒體的時間

資料來源：Rideout, Foehr, & Roberts (2010). *Generation M2: Media in the Lives of 8-to 18-year-olds*. Menlo Park, CA: Kaiser Family Foundation (p. 9).

81 技能的過程，個體學習該在何種情境表現何種行為，以獲得正增強或避開負增強。之所以稱為工具制約，乃因個體的行為出現與否，在某種程度上取決於行為是否得到獎勵或懲罰。

習得諸多技能最重要的工具制約學習方法之一，就是「行為塑造」（Skinner, 1953, 1957）。行為塑造（shaping）意指先增強較不像期望反應的行為，稍後則在給予增強前，進一步要求學習者的行為和期望的反應趨於一致。行為塑造亦即循序漸進地使學習者的行為越來越近似期望的特定反應。

在社會化的過程中，指導者會根據學習者過去的表現，來判斷現在看到的反應和期待反應間相似的程度。也就是說，行為塑造具有交互影響的特性。以教導兒童整理房間為例，爸爸媽媽會先獎勵孩子撿起玩具的行為。如果持續表現良好，接下來爸媽就會要求孩子把玩具收進櫃子裡，這樣才能得到獎勵。如果兒童的能力和表現水準不謀而合，行為塑造較能奏效。因此，兩歲的幼兒可能僅因拿蠟筆畫直線就得到獎勵，

83 但五歲的孩童卻被期待要畫出可辨識的物體或人物才行。

行為塑造是由許多複雜的行為依序建立而成。以拉小提琴為例，剛開始時，只要出現近似期待的反應，社會化執行者（老師或父母）就會給予獎勵。隨著學習益發熟練進步，若想得到讚美等獎勵，行為和反應間的協調得再改善加強。

© Bill Oxford/iStock

增強時序

進行行為塑造時，指導者可採正增強或負增強的方式。正增強能促發學習者的反應。可用的正增強物有：食物、糖果、金錢、高分數。負增強物是指撤除不快的刺激後，學習者的反應才會增加（Shaw & Costanzo, 1982）。

日常生活中，學習者表現期待行為後，極少有求必應、每次都得到增強。相反

地，增強出現的狀況不等。實際上，增強學習時，通常會建構一套增強時序。

幾種常見的增強時序如下。固定間隔（fixed-interval）增強時序意指增強第一個正確反應後，過一段固定的時間後再增強。若學習者知悉增強間隔時間，他們就只會在時間快到時才表現反應，因此這種增強時序能引起的正確反應最少。有趣的是，許多學校的考試時程都是一成不變的，例如期中考和期末考，或許這就是學生只會在考前臨時抱佛腳的原因。變動間隔（variable-interval）增強時序是指增強第一個正確反應後，即不定期的給予增強，使個體難以預測增強何時發生，只好規律地表現反應。三不五時就舉行隨堂考試，就是採用變動間隔方式評分。

固定比率（fixed-ratio）增強時序是指完成一定數量的正確反應後才給予增強。例如，按件計酬付給勞動者薪水，每做好三件產品就賺得五塊錢等等。若獎賞充沛有餘，行為出現的頻率將大幅提高。最後，變動比率（variable-ratio）增強時序則在反應出現數次之後才給予增強。增強的反應數目是未定數。以賭徒為例，他們花了數小時不停地投幣、荷包失血，只為等待不期然中獎的機率。

懲罰

懲罰（punishment）是指（社會化執行者）施加痛苦或不快的刺激，或移除正向的刺激，欲減少（學習者）再度表現某行為的可能性。懲罰是父母管教孩子的主要手段之一。蓋洛普（Gallup）調查公司於 1995 年時曾訪談全國代表性的父母親樣本（Straus & Stewart, 1999; Straus & Field, 2003），發現實施體罰（捏、掌摑、毆打）的比例，依孩子的年齡而異。有 94% 的父母親說曾體罰 3～4 歲的幼兒，孩子 5～17 歲時體罰頻率才穩定下降。超過 85% 的父母親表明曾動用精神懲罰的方式（咆哮、辱罵、威嚇）對待孩子（不管孩子年齡大小）。調查結果見圖 2.2。

84

懲罰在美國屢見不鮮，可見美國文化能容許甚至鼓勵懲罰。如前所述，非裔和低收入戶家長較常施以體罰（Straus & Stewart, 1999），但精神懲罰卻不因種族或社會人口變項而有所差異（Straus & Field, 2003）。

既然如此，懲罰有效嗎？研究顯示某些情況有效，其他則否。時機是關鍵：實施懲罰的時間越接近行為發生當下，效果越好。當兒童伸手碰玩具時，立即出聲喝止，效果要比事先警告或事後訓誡好得多（Aronfreed & Reber, 1965）。此外，懲罰的效果也受限於特定情境。由於通常由特定人士實施懲罰，因此只有當此人在場時，懲罰才有效果。這點也可用來說明為什麼小孩常會趁父母不在時故態復萌，重演之前被處罰的行為（Parke, 1969, 1970）。

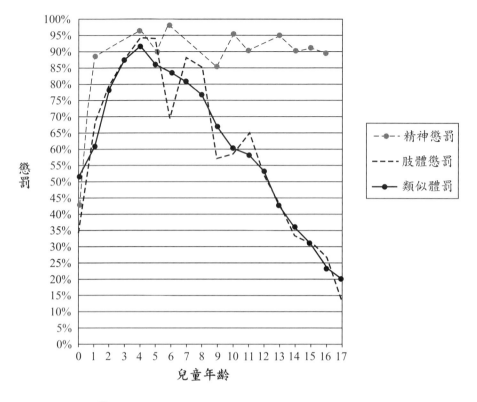

圖 2.2　父母施以肢體懲罰和精神懲罰的百分比

1995 年，蓋洛普調查公司訪談 991 對代表性的父母親樣本，詢問他們是否及多常施以肢體懲罰
（打屁股、打手腳、捏、用力搖晃、打頭、打耳光等）和精神懲罰（咆哮、怒吼、尖叫、恐嚇、
詛咒、威脅趕出家門、辱罵、嘲弄等）。多數父母親承認兩種方式都用過。孩子 4 歲時，體罰飆
上高峰，接著才穩定下降，直到孩子 17 歲為止。相較而言，精神懲罰在孩子 17 歲和 1 歲時一樣
常見（90%）。

資料來源：Straus and Stewart, 1999; Straus and Field, 2003.

　　懲罰能否收效的另一個影響因素是懲罰的理由（Parke, 1969）。說明理由能讓孩
童類化受到訓誡的行為與情境。當孩子的手伸向火爐時，光是大吼：「不可以！」只
是暫時嚇阻該行為而已。告訴孩子不要碰火爐是因為它「很燙」，才能使他們學會避
開相關熱燙的物體。最後，父母親的管教態度一致和以身作則，方能使懲罰的效果立
竿見影（Mischel & Liebert, 1966）。

　　懲罰的長期效果又是如何呢？父母親和照顧者當然想控制兒童的行為。於此同
時，他們也必須明白體罰可能會引發兒童往後的反社會行為。懲罰的重點應該放在行
為而非對兒童做人身攻擊，且別忘了讚美和獎勵，恩威並施。

85

自我增強與自我效能

　　兒童經由工具制約學到多不勝數的行為。某些行為表現要靠**外在動機**（extrinsically motivated）──也就是依行為受到獎賞或懲罰而定。不過，有些行為卻由**內在動機**（intrinsically motivated）激發──亦即，行為表現是因為個體內心認為值得去做（Deci, 1975）。研究證實外在動機不一定能改善行為表現。獎勵內在動機驅使的行為（如：畫畫），反而會降低該行為表現的頻率和品質（Lepper, Greene, & Nisbett, 1973）。

　　與內在動機最相關的概念是**自我增強**（self-reinforcement）。在兒童社會化的過程中，他們不只要學會某些行為，還要達到表現水準。例如不僅要學會寫字，還要寫得整齊乾淨。這些標準成為自我的一部分。一旦學到這些標準，兒童就會用它們來評價自己的行為，擁有自我增強的能力（Bandura, 1982b）。小朋友畫了一間房子，興沖沖地拿給爸爸，笑著說：「看，我畫的。」其實他內心早就覺得自己畫得很好。如果爸爸頷首同意，孩子便會確信自己的標準和評價正確無誤。

　　逐漸累積某一活動的成功經驗後，勝任感或自我效能感（self-efficacy）於焉萌芽（Bandura, 1982b），反過來也會讓個體更願意找機會表現，想一展所長。自我效能感越佳，個體越願意花心力在某項任務上，即使面對困難也樂於鍥而不捨地克服。例如，自認籃球打得很好的女生更想參加校隊選拔。相反地，無能完成任務的失敗經驗，或無法達到預期的表現結果，自我效能感就變得搖搖欲墜、不堪一擊。對某項任務自覺缺乏效能，往往也會對它避之唯恐不及。自認拼寫很差的男孩恐怕不會想參加學校的拼字比賽。

●● 觀察學習

　　兒童很喜歡玩盛裝打扮的遊戲。小女孩穿上長裙、高跟鞋，在房間裡搖搖晃晃地走來走去；小男孩則穿上運動外套、在脖子打上領帶。藉由觀察周遭大人的模樣，兒童學會何謂社會認可合宜的穿著。同樣地，兒童也常透過觀察他人的行為表現和身體力行，習得人際互動技巧，如：握手或揮手道再見。

　　觀察學習（observational learning）或模仿，意指透過觀察他人的行為及行為後果而習得行為（Shaw & Costanzo, 1982）。許多行為和技巧都是經由觀察學習而來。觀察他人（楷模）表現的嫻熟行為，兒童也藉此精進自己的技巧。模仿最大的好處是

比起嘗試錯誤學習，它的效率好多了。

86　　觀察學習會直接導致習得的行為表現出來嗎？答案是否定的。研究顯示，習得行為和表現行為間仍有一段時間差。觀察他人而習得的行為，通常要等到適當的時機出現，行為才會外顯出來。誘發刺激出現到觀察者表現行為前，中間可能存在一段空窗期。做事落東落西、習慣把「該死」掛在嘴邊的父親，聽到三歲的女兒不小心灑翻牛奶，說出「該死」二字時，才驚覺事態嚴重、懊惱不已。兒童透過觀察學習暗暗記住許多情境特徵與成人行為間的關聯，等到他們和成人處於相同的角色和情境時，才會表現這些行為。

　　即使適當的刺激出現，個體也不一定會表現觀察學習的行為，因為還要看示範者的行為後果。例如，在一項研究中（Bandura, 1965），研究者讓幼兒園的兒童觀看成人猛擊、踢打、用球丟不倒翁充氣玩偶（Bobo doll）的影片。三組兒童觀看三種影片。第一組兒童看到示範者的行為得到獎勵（拿到飲料和糖果）；第二組兒童看到示範者被處罰（被另外一個人拿雜誌拍打）；第三組兒童看到示範者沒有得到獎勵或處罰。稍後，實驗者把每位兒童單獨留在有不倒翁充氣玩偶的遊戲室裡，透過單面鏡觀察兒童的行為。相較其他兩組，那些看到示範者被處罰的兒童比較不會攻擊不倒翁。

　　其他兒童是不是沒有學到攻擊行為呢？還是他們觀察學習到了，但卻沒有表現出來？為了回答這個問題，實驗者再次回到房間，讓兒童看到他們給三位示範者獎賞。做完這個動作後，三組兒童竟然不約而同地表現示範者方才的攻擊行為。由此可知，如果看到示範者的行為招致惡果，兒童表現該行為的可能性將大為降低。

　　兒童是否願意觀察學習，也要看示範者的特質。兒童較願意模仿社會地位高又體貼關懷的示範者，較不願模仿社會地位低又漠不關心的示範者（Bandura, 1969）。若給學齡前兒童象徵同儕、大朋友和成人等三種類型的玩偶，會發現他們把成人玩

觀察學習或模仿是兒童學習適當行為的重要途徑。

© Images_Bazaar/iStock

偶當作可以求助的對象，大朋友玩偶當作可以求教的對象（Lewis & Brooks-Gunn, 1979）。兒童也比較願意模仿溫柔貼心的人，不願模仿冷酷無情之徒。也就是說，如果兒童在照顧者的呵護關愛下長大，社會化的過程會更順利。

●● 內化

內在的道德義務感常驅策我們表現某些行為。有時候，我們內心也清楚知道某一行為是錯的。若違反道德規矩或禁令，罪惡感通常會不請自來。

內化（internalization），意指將原本為外在的行為規範（例如：父母親的價值觀）轉變成內在指引個人日後行為的過程。依內在規範採取行動的個體，不會那麼在意可能獲得的獎賞或懲罰。雖然解釋內化發生過程的說法不一，但這些說法幾乎都認為兒童最易內化強勢或撫育型照顧者設定的標準。

內化是一個相當重要的社會化過程，是練習自我克制的好機會。即使沒有他人在旁監督、不會得到任何獎賞，還是一樣遵守內在的尺度。那些願意投入不被看好的政治或宗教活動，為信念而奮不顧身、受人景仰的有志之士，就是因為這些信念已經被內化了。

87

社會化的結果

透過社會化，個體學到許多新的知識、技能和行為。這一節要來探討社會化的結果，包括：性別角色、語言與認知能力、道德發展與工作傾向。

●● 性別角色

「恭喜你，是女兒！」助產士這一聲宣告，可是撼動新生兒的生命重大事件。嬰兒的性別——男孩或女孩，對其社會化和生活經驗帶來的影響甚鉅。

每個社會對男性和女性的特質與行為各有不同的期待。在美國社會中，咸認男性要能力超群——競爭心強、條理分明、當機立斷、胸懷大志；女性則應溫暖和真情流露——溫柔、感性、乖巧（Broverman, Vogel, Broverman, Clarkson, & Rosenkrantz, 1972）。父母親把這些期待照單全收，當作教養孩子的準則。從出生伊始對待方式

就顯現差異。抱男寶寶的時候可以粗魯用力一點，抱女寶寶時就要小心呵護（Lamb, 1979）。從嬰幼兒期開始，男孩與女孩的打扮就天差地遠，給的玩具也是截然不同。

此外，母親和父親跟嬰兒互動的方式也不一樣。母親傾向於滿足孩子的生理與情感需求（Baumrind, 1980）；父親則和孩子打打鬧鬧、玩耗費體力的遊戲（Walters & Walters, 1980）。父親和男孩玩鬧的時間也比女孩多。歐裔、非裔和拉美裔家庭都可看到此種差異（Parke, 1996）。也就是說，幾乎從出生開始，嬰兒就會接觸到男性化與女性化的行為典型。母親和父親與孩子的交談情況也不同。母親跟子女說話的時間較父親跟子女說話的時間多；母親的談話偏向社交情感話題（贊成或反對）；父親的話題則偏重實用性內容（Leaper, Anderson, & Sanders, 1998）。

兒童的性別認同（認為自己是男生還是女生）在兩歲以前就確立了（Money & Ehrhardt, 1972）。在這個年紀，男孩與女孩各展現不同偏好的遊戲媒材類型。2～3歲時，雙方的攻擊性差異更是明顯；男孩表現肢體與口語攻擊的情況比女孩多（Hyde & Else-Quest, 2012）。此一差異延續到3～5歲（Lussier, Corrado & Tzoumakis, 2012）。九個國家的資料顯示，7～10歲的小男生，比小女生還常爆發肢體與關係攻擊行為（Lansford et al., 2012）。四歲時，男孩與女孩玩的遊戲通常已有清楚的分野；女孩玩扮家家酒，男孩玩騎馬打仗。至兒童期中期，性別隔離的遊戲狀況幾呈普世現象（Edwards, Knoche, & Kumru, 2001）。

本章稍早曾提到「遺傳」在兒童發展上的重要性。以 4,000 對雙胞胎和異卵手足配對的研究顯示，基因與共享環境（家庭）對男女孩的性別組型行為（遊戲活動）一樣起影響作用（Iervolino, Hines, Golombok, Rust, & Plomin, 2005）。在一項相關研究中，Hines 及同僚（2002）測量女性懷孕時血液中的睪丸素濃度和子女三歲半的性別角色行為，發現睪丸素濃度和女孩的男性化行為呈正相關，但在男孩上卻無此現象。

父母在學習**性別角色**（gender role）（與性別有關的行為期待）發揮了重大的影響力。透過觀察雙親的互動，兒童藉此學習合乎性別的行為。在與父母親互動的過程中，兒童也在學習哪些符合期待的行為會得到獎賞、哪些會受到懲罰。兒童最早與異性互動的經驗就是來自父親／母親。女性如果跟父親的關係是溫暖、親近的，長大後她和男性也較可能發展出相似的關係（Appleton, 1981）。

當然，不是所有的男孩和女孩都像一個模子刻出來的。兒童的行為與個性部分來自於父母親教導的性別角色期待，這些期待也是傳承自龐大的家族親友網絡（祖父母、姨嬸伯叔等）。這些親友抱持的期待又受到像是教會和職場等所屬團體的影響

（Stryker & Serpe, 1982）。在宗教的影響方面，研究顯示近數十年來各教派的社會化手法和成果（如性別角色態度）差距已漸趨縮短（Alwin, 1986）。出席教會活動的程度比隸屬哪個教派更具影響力。

　　性別角色的定義依文化而異。某些研究發現，比起美國其他種族，拉美裔家庭對男女性的行為表現期待較傳統。拉美裔家庭較重視家庭責任，這種觀念雖可將孩子留在家庭，但也阻礙了教育和職業的流動變化（Crosnoe & Cavanagh, 2010）。其他的研究也發現，隨著教育程度和女性參與勞動市場的機會增加，家庭對行為和決策的態度越趨平等（Ginorio, Gutierrez, Cauce, & Acosta, 1995）。值得留意的是，所謂的「拉美裔」其實涵蓋數個相異的文化背景，包括：墨西哥裔、波多黎各裔、古巴裔等。亞洲文化是父權社會，父母親會教育女孩要為家人犧牲奉獻，不要太愛表現自己的個性（Root, 1995）。同樣地，所謂的「亞裔」包括來自中國、台灣、日本、韓國、越南等，這些文化盛行的性別角色定義也不能一概而論。

　　學校也會教導性別角色，如：教師會嘉許合宜的性別角色行為。但較不易為人察覺的社會化影響力，其實是幼兒園和低年級時期閱讀和聽聞的故事。許多故事把男性和女性描寫得天差地遠：男性是統治者、冒險家和探險家，女性只是家庭主婦

89

© AP Photo/J. Pat Carter

兒童與青少年在與成人的互動中學習性別角色期待和行為。見到心儀的英雄──籃球明星 Dwyane Wade（外號「閃電俠」），或許會在這些男孩女孩及年輕人的一生留下難以磨滅的影響。

（Weitzman, Eifler, Hokada, & Ross, 1972）。一項調查 1995 年到 1999 年的得獎兒童讀物研究發現，男性和女性擔任主角的比例雖然相當，但男性的角色變化多端，且極少參與育兒、購物或家務勞動（Gooden & Gooden, 2001）。分析 200 本繪本後，發現男性是主角的次數為女性的兩倍；女性多被描繪為：體貼細心、居家生活的場景、從事無給職的工作（Hamilton et al., 2006）。取樣 56 本當代出版的圖畫書後，也發現男性的形象較積極主動、成熟穩重，還能當超級英雄（Fitzpatrick & McPherson, 2010）。

大眾傳播媒體是性別角色社會化的最大推手。媒體塑造的男子氣概和女性氣質形象能迅速引發模仿風潮。研究者分析電視節目、廣告、劇情片和其他媒體報導對成年男女、青春期男女孩的描述，發現這些內容會激化傳統性別角色的定義。分析 41 部電視卡通的 175 個片段後，也發現男性角色多被描寫成：獨立自主、體格健壯、野心勃勃、幹勁十足，而女性角色則被描寫成：依賴心重、感情脆弱、操持家務、浪漫情懷（Thompson & Zerbinos, 1995）。分析 160 個小時的兒童卡通後，發現形容超級英雄的詞彙都是說多有男子氣概云云（Barker & Raney, 2007）。研究 *Seventeen* 和 *Teen* 這兩本最暢銷的青少女雜誌，可以看到裡面的故事都在鞏固傳統的觀念（Peirce, 1993）。半數的衝突場面和關係不佳有關，半數的女性角色得靠別人來解決問題。故事裡的成年男性不是醫生、律師，就是銀行家，成年女性只不過是護理師、店員和祕書。或許最老套的是音樂影片拍出來的形象。分析 40 首音樂影片後，顯示男性的主導性強、敢作敢為，女性則常成為公開或暗中性騷擾與性侵害的目標（Sommers-Flanagan, Sommers-Flanagan, & Davis, 1993）。

分析 2004 年 MTV 和 MTV2 音樂台播放的影片，發現其中的性別表現內容會加劇女性是性感尤物的刻板印象：男性「性」致勃勃，女性唯命是從（Wallis, 2010）。另一項研究分析 120 首非裔音樂風格（rap、hip-hop）或以黑人表演者為主角的視頻，發現相較於白人的音樂風格，其所顯示的性意涵濃厚，女性穿著火辣挑逗（Turner, 2011）。

現代的研究把焦點放在迎合年輕人喜好的媒體上。研究者詢問 190 位一、二年級的兒童，請他們說出最喜歡的前三名電視節目。研究分析最受歡迎的六個節目中描述性別的內容，顯示男性角色較常回答問題、支配他人和達成目標。喜歡典型男性角色的男孩更推崇努力工作的價值觀。偏好非傳統女性／男性特質內容的男女孩，亦坦言受這些女／男角色的吸引（Aubrey & Harrison, 2004）。研究調查非裔高中生的媒體使用習慣和性別角色態度，稍後請他們觀賞四部描述性別刻板印象的音樂影片或四部

不具性別刻板印象的音樂影片。結果顯示常看音樂影片的青少年，性別角色態度越傳統。觀賞刻板印象影片者的性別觀念和性關係態度更是保守（Ward, Hansbrough, & Walker, 2005）。顯而易見地，性別角色描述內容和兒童與青少年的性別角色態度息息相關。

兒童期與青春期成長階段，孩子被明確教導各種性別角色規範，且因表現出與性別角色規範相符一致的行為而獲得獎賞。他們也從各種不同管道觀察到典型的行為舉止。兒童不僅會模仿父母親、手足或 MTV 裡的演員。如詮釋論所言，兒童學習性別角色行為，再加以複製重現，調和至個人的社會脈絡。Williams（2002）稱此為性別嘗試的過程——實驗、抗拒與預演，逐漸長大成為女性或男性。

●● 語言與認知能力

社會化的另一個重要結果是習得有效與他人溝通的能力。在此討論兩個特別的能力：語言和以認知表徵世界的能力。

語言

運用語言和他人溝通是加入社會團體的先決條件（Shibutani, 1961）。兒童學習語言的過程，反映出其知覺與動作技巧發展完備，以及社會學習的影響（Bates, O'Connell, & Shore, 1987）。

語言的三大組成要素為：聲音系統（音韻）、字詞和相關意義（詞彙），以及依規則串連字詞表達意義（文法）。兒童循序漸進習得這些技能。首先練習發出有意義的聲音，接著學習字詞，最後終於學會句子。事實上，語言的習得是三種要素同時並進的過程，且持續整個兒童時期。

出生後三年的語言學習包含四個階段（Bates et al., 1987）。前語言期（pre-speech stage）約歷時十個月，包括語言知覺（speech perception）、語言產出（speech production）、早期有意的溝通（early intentional communication）。剛出生的前幾週，嬰兒就能覺知所有的口語聲音，二到三個月時開始練習發出聲音，四到七個月時會發出特定的聲音回應父母親的話。語言產出意指模仿聽到的聲音。至於有意的溝通，觀察研究資料顯示，四個月大的嬰兒和母親間的對話已具雛型（Stevenson, Ver Hoeve, Roach, & Leavitt, 1986）。嬰兒或母親發出聲音後，緊接著是一段留待對方反應的沉默。其中一方出聲後，再換另一方出聲，如同成人的對話模式一般。

91

　　約九個月大時，會開始有意的使用姿勢。這個年紀的幼兒會定睛看著成人，而不是看著他喜歡的物體（如餅乾）。此外，如果成人沒有依幼兒的姿勢做出他所期待的行為，幼兒就會一再地重複動作，或嘗試用其他動作吸引成人的注意。

　　10～14個月時，幼兒開始說出字詞。此時的幼兒知道每樣物體都有名字。第一個字詞通常是稱呼特定物體的名詞（Marchman, 1991）。直呼物名這項能力顯現幼兒的認知與語言發展。

　　約18個月大時，幼兒的詞彙量突然在極短時間內衝高。這種詞彙暴增（vocabulary burst）的現象，顯示幼兒的某些認知能力已經成熟，反過來也加深詞彙的複雜度，在18～22個月時說出第一個句子，如：「看車，媽咪」、「來一輛」。這就是電報式語言——也就是對成人說話時，用字量極為簡略（Brown & Fraser, 1963）。同時，這種說話方式又比一歲小孩的單字用法精準。

　　第四階段是24～30個月的語法化（grammaticization）時期。此時兒童的用語反映出文法的基本規則。這個年紀的孩子通常會過度類化、濫用規則。例如，胡亂為新學到的字添加字根，雖然這麼做是不正確的。比方會說成：「He runned」（譯注：正確用法應是He ran），這種用法顯示兒童知道語言有文法規則。約同年齡的兒童也會把一系列動作依照發生順序放進句子裡——例如，脫下娃娃的衣服、幫娃娃洗澡、擦乾身體、再穿上衣服。上述兩例可看出幼兒將散亂的字詞排序的能力已臻成熟。

　　學習正確語句的一個重要過程就是語言擴展（speech expansion），亦即成人用較長的句子重複幼兒的話。如當孩子說：「伊芙飯」，媽媽就回應：「伊芙正在吃飯」。研究顯示母親擴充了兩歲幼兒30%的言語表達（Brown, 1964）。成人擴展幼兒口語表達的用意是瞭解他們話語中的意思。透過語言擴展，成人示範如何更有效地傳達意義，有助於幼兒的語言學習。

92

　　語言發展的下一個階段最特別之處是出現「自言自語」（private speech）的現象，亦即兒童自說自話一段很長的時間。自言自語始於三歲，五歲前屢見不鮮，約七歲時消失不見。自言自語有三個功能。第一，有助於兒童發展自我。自言自語將自我視為客體、賦予自我意義，如告訴自己「我是女生」。第二，自言自語協助兒童培養覺察環境的能力，例如指出物理環境和社會環境的名稱，反覆說出這些名稱能強化兒童對環境的瞭解。兒童自言自語時亦常採取適當的行動，反映出他們正在理解物體或他人的社會意義。所以兒童可能會把洋娃娃叫成「寶寶」，幫她穿上衣服、餵她吃東西。第三，從事老師或父母親指派的新奇或開放式任務（Kyjonkova & Lacinova, 2010），或自我選擇的活動時（Winsler, Carlton, & Barry, 2000），兒童的自言自語

情況會增加，顯示自言自語能激發兒童的自律學習行為。

慢慢地，兒童開始與他人或自我進行對話。這些對話反映兒童發展出採納第二種觀點的能力。六歲時，若兒童想要另一個孩子手上的玩具，他會想辦法找東西來交換。他知道如果他硬搶走別人的玩具，這個小朋友一定會生氣。此種跳脫自我中心觀點的做法也反映兒童的思考漸趨成熟。對話即是兒童運用語言與他人協商的過程。

語言在性別社會化中扮演吃重的角色。從父母親與兒童對話的後設分析觀察研究，可看出母親與父親的溝通型態差異。例如，相較於父親，母親的用語較具激勵性，但較不具指導性。再者，母親和父親對女兒和兒子的說話方式也有差別（Leaper, Anderson, & Sanders, 1998）。因此當兒童觀察父母或照顧者並與他們互動時，他們也在語言的使用中形成性別社會化的差異。

語言的社會化顯示說話不只是說話，也和思考、行為表現、感受有關（Garrett & Baquedano-Lopez, 2002）。如同詮釋論所言，兒童在與成人的日常互動中潛移默化地學習語言，並和當地的價值觀、社會組織和（次）文化特徵相呼應。

認知能力

兒童須發展出向周遭表達個人內心世界的能力。此一能力和語言發展息息相關。

兒童的基本任務就是學習物理環境和社會環境的規則，儲存過去的經驗以備不時之用。在錯綜複雜的社會裡，兒童不可能一一記住所有的人事物（連成人也辦不到），因此才要將人事物分門別類（如：狗、房子、女生）。分類與對該物體的認識理解（如：「狗」）組成了基模。總而言之，基模是我們用來理解周遭世界的。

兒童也須學習基模（見第 1 章）。語言學習是不可或缺的過程，因為語言才能提供基模發展所需的名稱。值得注意的是，兒童說出的第一個字詞通常是身邊所見的名詞。一開始，兒童只懂得少數幾種普通的基模。12～14 個月時，有些兒童就學會「狗」這個字，然後把所有的動物——狗、貓、鳥、牛——都叫做「狗」。及至漸長累積經驗後，才發展出關於「動物」的抽象基模，學著去分辨狗和貓。

研究者要求兒童分類物體，藉此研究兒童運用基模的能力。 6～8 歲的兒童仰賴視覺線索（如：顏色或字的長度），結果分類繁多雜亂。10～12 歲的兒童漸以功能或上層概念分類（如：食物），將物體分成少數幾類（Olver, 1961; Rigney, 1962）。隨年紀增長，兒童越來越熟於分類不同的物體。每種類別等同視之，無高低上下之分。

這些技巧影響社會互動。唯有具備分類的能力，方能判斷該如何應對進退。與

93

人有關的基模和意義，更是能讓互動順利進行。即使是幼兒，都知道人可用年齡分類（Lewis & Brooks-Gunn, 1979）。給兩歲左右的幼兒看照片，他們就能正確的分辨誰是小寶寶、誰是成人。五歲左右的兒童還會分成四類：小朋友、大朋友、父母（13～40 歲）和祖父母（40 歲以上）。

當兒童學會將物體分類為有意義的基模，他們學到的不只是分類，還有他人對這些類別的感受。例如兒童不只學到天主教徒深信聖父、聖子、聖靈三位一體，也知道爸媽喜不喜歡天主教。亦即，兒童在理解各種社會客體的同時，亦對之形成正面或負面的態度。兒童學到的特殊基模與評價，受其所屬的社會階級、宗教、種族和其他次文化團體影響。

●● 道德發展

這一節將探討兒童與成人的道德發展，特別是習得社會規則的知識與過程，使兒童逐漸擁有道德判斷的能力。

社會規則的知識

想要有效地與他人互動，就必須學習並遵守調節互動的社會規則。明瞭對特定人士、特定場合而言，哪些行為可接受、哪些不可接受，統稱為規範（norms）。沒有規範，卻希冀彼此的行動協調一致，無異緣木求魚，遑論相互合作達成目標。因此，每個團體、組織和社會都會發展管理行為的規則。

美國小孩很早就學會要說「please」（請），法國小孩說的是「S'il vous plait」，塞爾維亞小孩則說「Molim te」。無論是哪種情況，兒童皆須學習服從。語言學習訓練兒童依循語法規則，是學習其他規範的樣板。透過工具制約與觀察學習，兒童也逐漸學到服從規範、有效與他人互動和達成目標間的關係通則。

有哪些因素會影響兒童學習何種規範呢？其一是文化。所有的美國兒童都知道公共場合不可赤身裸體。其二是家庭的社經地位。雙親的期待傳達了他們對社會階級、宗教與種族的看法。因此，每個家庭教導孩子的規範不一。有趣的是，父母親將自身認可的規範，以獨到的方式傳遞給孩子。父母親期待自己的子女表現某些行為，但不見得對別人家的孩子抱持一樣的期待（Elkin & Handel, 1989）。例如，要求自己的孩子跟成人互動時，須比別人家的孩子更客氣有禮貌。雙親的期待並非一成不變，而是隨孩子成長而有所改變。例如，孩子十歲時，會期待他要比五歲時更彬彬有禮。最

94

學校是兒童首度接觸普世規則的場所——對每個人的行為期待都一樣。雖然雙親和親友視兒童為獨一無二的個體，但老師可不這麼想。
© monkeybusinessimages/iStock

後，父母親會依兒童的特殊狀況調整期待。他們會考慮各個孩子的能力水準和經驗。例如，以前表現就不錯的孩子，會期待他們的學業成就要比曾在學校惹事生非的孩子優秀。透過這種種方式，每個孩子各自接受稍微不同的規範教導。結果就是，年輕人的行為舉止和社會背景相似的人不謀而合，但在某些方面又保有其獨特性。

四歲左右，兒童開始玩合作遊戲，此時同儕要求遵守規範的壓力就來了。同儕的期待和父母親的期待，有兩個最大的不同點。第一，兒童的家教各不相同，引進了新的期待。兒童從同儕那裡得知原來還有其他的規矩。在某些情況下，同儕的期待甚至與父母親的期待牴觸。例如，很多家長不允許孩子玩玩具刀、劍、槍，但和同儕接觸後，兒童才發現其他小朋友常玩這些玩具，不足為奇。某些兒童親身經歷規範衝突，才驚覺有必要想出新的策略以解決此種衝突。

第二，同儕的規範反映出兒童的觀點（Elkin & Handel, 1989）。父母親的期待多半是教導孩子像個大人（社會化為成人角色），但兒童友伴間的互動才沒有想那麼遠。亦即，同儕酷愛當下衝動、自發的行為，而不是邁向長期目標的行為。同儕規範重視團體活動參與，而父母親的規定卻是強調完成家庭作業、參加教育活動，才有助於提升學業成就。

兒童入學後，即接觸到第三個重要的社會化媒介——教師。在學校裡，兒童面臨一體適用的規則——所有學生一律遵守規範。教師不太可能像父母親一樣，允許兒童表現與眾不同的自我；兒童必須學會輪流等候、控制衝動行為、在沒有嚴密監督支持的情況下完成作業。在這點上，學校是第一個把個人當作團體一分子的場所，而不會考量個人的特色。不過，兒童也可能會反抗學校的威權結構。

因此，學校是兒童首度接觸統一樣式規則的場所，定期採用酬賞制度（如：成績）制約學生。這類情境在青春期和成年期屢見不鮮，與家庭重視個體的獨特性恰恰相反。

95

道德判斷

我們不僅要學習社會團體的規範，也須培養在特定情況下運用某些標準評估行為的能力。兒童具備道德判斷能力的過程，稱為**道德發展（moral development）**，它包含兩個要素：（1）遵守社會規範的理由；（2）自我或他人判斷行為好壞的根據。

兒童如何判斷行為的好壞呢？第一個回答並詳細研究這個問題的學者是瑞士著名的發展心理學家皮亞傑（Piaget）。皮亞傑對兒童朗讀主角違反社會規範的故事，例如在某個故事中，有位不聽話的小女孩拿剪刀刺破衣服。皮亞傑請兒童評判主角的行為（指出哪個主角比較頑皮），並說明判斷的理由。根據研究結果，皮亞傑總結出三個道德判斷的標準：造成傷害／獲得好處的程度、主角的意圖、採用一致同意的規則或規範（Piaget, 1965）。

柯柏格（Kohlberg, 1969）延伸皮亞傑的研究，進一步分析道德判斷的理由。他的研究範例故事呈現需求和社會規範或法律的衝突。範例故事如下：

在歐洲，有位女性罹患癌症，死期將近。剛好鎮上的藥商最近才研發出某種放射性藥物，可以拯救她的生命。但藥商開出天價 2000 美元，足足是製藥成本的十倍。這位太太的丈夫漢斯挨家挨戶地借錢，可惜只能籌措一半的費用。他告訴藥商說妻子快死了，請求藥商大發慈悲，把藥便宜些賣給他或晚點再付錢。但藥商堅持不肯。絕望的漢斯只好闖入藥局，把藥偷走給太太治病（Kohlberg, 1969）。

研究參與者要回答下面這些問題：「漢斯可以偷藥嗎？漢斯的行為是對還是錯？漢斯與藥商各有何道義責任？漢斯應該被懲罰嗎？」

柯柏格提出三層次的道德推理發展模式，每個層次又包含兩個階段，如表 2.3 所示。柯柏格主張從階段 1 到階段 6 是依序推進、普世皆然的準則。多數成人的推理程度只到階段 3 或階段 4，少數人能達到階段 5 或階段 6。有幾個研究證實存在此種階段順序（Kuhn, Langer, Kohlberg, & Haan, 1977）。如果這個過程是普世原則，即使兒童來自不同文化，他們應該也會以同樣的順序經歷同樣的階段。資料再次顯示分析結果亦同（White, Bushnell, & Regnemer, 1978）。在這樣的立論基礎上，柯柏格聲稱這些階段順序就是人類天生的道德發展模式。他也堅信致力於實現高層次的道德發展是較令人滿意的結果。

柯柏格試圖建構一套放諸四海皆準的道德發展模式，是一項了不起的成就。不過，限制在所難免。首先，就像皮亞傑一樣，柯柏格把道德判斷的決定因子限定在個人身上，沒有考慮情境因素的影響力。攻擊行為認定（Berkowitz, Mueller, Schnell, &

表 2.3　柯柏格的道德發展模式

道德成規前期（preconventional morality）
依據行為的外在、自然結果進行道德判斷。
階段 1：服從與懲罰取向。遵守規則是為了逃避處罰與麻煩。
階段 2：享樂主義取向。遵守規則是為了讓自己得到獎賞。
道德成規期（conventional morality）
依據行為的社會結果進行道德判斷。
階段 3：「好孩子」取向。遵守規則是為了取悅他人，避免招致批評。
階段 4：權威與維護社會秩序取向。遵守規則代表尊重權威，維持社會秩序。
道德自律期（postconventional morality）
依據普世道德與倫理準則進行道德判斷。
階段 5：社會契約取向。遵守規則是因為規則代表多數人的意見，避免侵犯多數人的權益。
階段 6：普世倫理準則取向。依個人信守的道德標準來遵守規則。

資料來源：改自 Kohlberg, 1969, Table 6.2.

Pudberg, 1986）、酒駕（Denton & Krebs, 1990）和酬賞分配（Kurtines, 1986）的研究皆發現，道德階段與情境特性都會影響道德判斷。

　　第二，柯柏格的模式一直以來常被批評為性別歧視意味濃厚──不適用於女性的道德推理發展。Gilligan（1982）指出道德有兩個概念：正義道德與關懷道德。正義取向的道德關注的是遵守規則和公正公平，而關懷道德著眼的卻是關係和滿足他人的需要。Gilligan 認為正義道德是男性的特色，也是柯柏格模式的立論依據，但Gilligan 相信關懷道德才是女性偏好的特質。某些後設分析研究檢視這兩種模式的預測度，發現女性的確依關懷原則為判斷依據，男性則以正義考量為判斷基準，兩者皆呈中度顯著傾向（Jaffee & Hyde, 2000）。從這些實驗研究可看出道德兩難的情境內容（比起性別）才是判斷的條件，因此男女兩性在進行道德判斷時，尚知靈活變通，不至於因循守舊（Crandall, Tsang, Goldman, & Pennington, 1999）。

　　第三，柯柏格不甚在意社會互動對道德推理的影響。為回應此一限制，Haan（1978）提出人際道德模式（interpersonal morality）。道德抉擇與行動通常是人與人之間為達到「道德平衡」（moral balance）的目標而協商出來的結果。研究參與者衡量情境特徵（如：有哪些選項可用？），加上個人的利害考量，做出仍感覺自己是個有道德的人的決定。Haan（1978, 1986）給一群互為朋友的研究參與者看道德兩難的故事，詢問他們會如何做決定。在某些情況下，道德抉擇較受個人道德觀影響，其他情況則受團體互動影響。

近期對兒童道德判斷的研究發現，評價行為對錯還會受到情緒的影響。也就是說，犯規者在事發後的感覺如何（Malti et al., 2010）。抽樣五歲、七歲和九歲的兒童進行研究，發現年紀較大的兒童在評論犯規者時，較會陳述理由，認為犯規者有罪惡感。其他研究則顯示自青春期（15～16 歲）起到青年期（25～26 歲），利社會的道德推理呈上升趨勢（Eisenberg, Cumberland, Guthrie, Murphy, & Shepard, 2005）。

●● 工作傾向

工作是社會生活的重心。不可否認地，工作主宰經濟和資源分配。我們用工作來界定他人；事實上，每遇到剛認識的人，我們的第一個問題通常是：「你是做什麼的（你的職業是……）？」

絕大多數成人都需要工作以賺取薪資或其他報酬。難怪社會化最主要的內容之一，就是學習如何選擇職業。兩歲左右的幼兒就知道大人「要去工作」，還會問「為什麼要工作？」常聽到的回答是：「因為要賺錢。」一項針對 900 位小學生的研究，發現 80% 的一年級生都明白工作和金錢間的關係（Goldstein & Oldham, 1979）。反過來，兒童也學到錢可以買食物、衣服和玩具。醫師或護理師可能會告訴他們的孩子：「媽媽出門工作是為了幫助生病的人。」因此，成人很早就教導兒童工作的社會意義。

每個工作的特徵有所不同，其中一個向度是受監督的程度。自己開店的汽車修理技師自由度較大，但生產線的作業員則受制於嚴密監管。工作的性質也大不相同：技師修護機械、業務員面對客戶、律師處理案件等。最後，某些職業（如：律師）需自主和獨立判斷，但生產線的工作則不用。所以工作的意義視職業的型態而定。

不同行業的成人對工作抱持的看法不一，進而影響他們社會化子女的方式。根據這個假設，有研究探討不同社會階級的價值觀，如何透過社會化傳遞給下一代（Kohn, 1969）。首先交給父親一張列出：有禮貌、成功、自制、服從、負責任等特質清單，接著請他們指出希望且看重孩子擁有哪些特質。這些特質可大致歸納為一個向度——「自我管理 vs. 服從」。資料分析發現，隨社會階級提高，子女年齡 3～15 歲的父親看重自我管理和依循內在標準的程度也越高。價值觀與社會階級的關聯不僅見於美國父親，連日本父親和波蘭父親亦做如是想（Kohn, Naoi, Schoenbach, Schooler, & Slomczynski, 1990）。

對特質的差異評價，反映工作條件狀況有別。一般說來，中產階級的職業屬管

理職，工作少有人監督，因此擔任這些工作角色的人需自我管理，以專業知識和內在標準做出決策。勞工階級的職業較一成不變、受人監督，員工因而需要服從命令。Kohn 主張父親會希望子女能擁有他在某行業成功的特質。

父母親重視自我管理的價值觀差異，會影響他們鼓勵孩子參與活動的類型嗎？研究 460 位青少年及其母親（Morgan, Alwin, & Griffin, 1979），檢視母親對自我管理的重視程度如何影響子女的學業成績、選修課程和課外活動參與。研究者的結論為：重視自我管理的家長會鼓勵子女選讀大學預備課程，因為大學教育是進入高度自主性的行業之必要條件。同樣地，重視自我管理的母親會鼓勵孩子多參與課外活動，因為課外活動提供不少發展人際技巧的機會。研究者也發現學業成績並無顯著差異。研究結果與上述三個預測變項相符。因此，偏好某些特質的家長的確會鼓勵孩子參加他們認為會培養那些特質的活動。以本章開頭的引言為例，我太太在金柏莉四年級時，就幫她報名了鋼琴課，因為她本人很看重音樂，因此我女兒也習得錄取樂團打擊樂手所需的能力。

98

16 歲左右，許多青少年已經想好成年後想從事的工作。英國的縱貫研究發現，16 歲時設定的期望，受到雙親和老師的影響；他們的期待，加上青少年的教育程度，跟成年後 23 歲、33 歲、42 歲時達到的工作成就有關（Brown, Sessions, & Taylor, 2004）。因此，青少年的期望目標為教育和生涯選擇提供了基礎。

根據 9,000 名年齡介於 18～56 歲的美國男女性參與者的資料分析，職業選擇也跟性別和性取向有關。異性戀男性最偏好：運動員、汽車修護、水電工、高中球隊教練、警察等職業；男同志則偏好：演員、藝術家、美容師、護理師、小說家等職業；異性戀女性則偏好會計師、美容師和 CEO 等工作（Ellis & Ratnasingam, 2006）。

生命歷程

社會化貫穿人的一生。成熟與社會學習、雙親、同儕、大眾傳播媒體、社會結構等，持續影響身為社會人士的發展。成年期後，過往經驗、文化資源（教育、財富、地位）、歷史事件的重要性益發不容忽視。生命歷程觀統合了上述因素。首先來看看幾個小故事。

「我實在搞不懂麗姿。」梅根說：「三年來，我每堂課都坐在她旁邊，

可是我還是不瞭解她。她比高中時胖了些，還染了頭髮。但最讓我印象深刻的是她的挫敗神情。她說她和漢克結婚，是人人稱羨的神仙眷侶，結果生了孩子後馬上就離婚了。失業好長一段時間後，目前在一間運動用品店打工。不得不接這個工作的理由是——經濟衰退導致房地產業迅速退燒。」

吉姆已經聽不下去了。誰會對梅根的高中同學感興趣？何況他又不認識那群人。但梅根的心思早已飛到遠方，25 年來實在發生太多事了⋯⋯

約翰——猶如傳奇色彩的人生。他在一間歷史悠久的中學擔任橄欖球隊教練和副校長，再怎麼難搞的學生都把他當成偶像崇拜。拿到印第安那州的獎學金是他人生的突破口。

99

荷西——很難相信他住在精神病院！自從駕駛直升機墜機造成嚴重燒傷後，他對止痛藥上癮，整天魂不守舍。我們曾票選他是最有可能成功的人。

珍愛——想踏上從政之路。直到么兒上學後，她才進入大學就讀。現在的她在市長辦公室擔任都市計畫設計者。一提起全新的人生，她的話匣子就停不下來。

湯姆——醫院急診室的護理長。真令人訝異，上次我聽說他在賣車，是汽車銷售員。他從 28 歲開始轉到護理界，但一場車禍後，足足在醫院躺了三個月。

瑪麗亞——實至名歸的最有野心獎。耶魯大學法學院畢業後，先在最高法院擔任辦事員，再被拔擢為資深合夥人。同時間她還育有二子，幸好丈夫是小說家，家務事有他協助輕鬆多了。瑪麗亞直說她是幸運兒，這個時代正好為女性開了一條寬闊的道路。

梅根的回憶顯示每個人的生命有如天壤之別——而且世事難料。讀完麗姿、荷西和湯姆的故事後，變化無常似乎才是不變的真理。人生充滿變化，但也有連續性。瑪麗亞的成就得自她的企圖心旺盛、工作認真、能力又好。約翰回到高中擔任教練，因為他曾經是橄欖球明星。即便是荷西，在墜機事故發生前，他也是走在朝向成功的路上。

及至成年，每個人的生命都經歷連續與變化的洗禮而各具特色。本節將探討**生命歷程**（life course）——個體在社會制度規範下，擔負一系列與年齡相符的社會角色，持續推動生命前進（Elder & O'Rand, 1995）。某些重大的影響力會形塑個人的生命歷程。本節要來回答生命歷程的三個大哉問：

1. 生命歷程包括哪些重要元素？
2. 有哪些重大的影響力會牽動生命歷程發展？亦即，是什麼影響了個人的生涯，使其按照既定的路前進？
3. 歷史趨勢與事件如何改變典型的生命歷程模式？

●● 生命歷程的要素

生命過於複雜龐大，難以研究得面面俱到。因此，我們將重點放在生命歷程的三大要素：（1）生涯；（2）身分與自尊；（3）壓力與滿足感。藉由檢視這些要素，追溯連續與變化在生命歷程中扮演的角色。

生涯

生涯（career）是人生旅途上個人予以實踐的一連串角色（每個角色又包含各種活動）。生涯最主要落實在三個社會領域：家庭和朋友、教育、工作。生涯的概念源自於職場，指的是曾從事的工作。以麗姿的職業生涯為例，她做過的工作有：餐廳服務生、飯店櫃台人員、服飾銷售員、房地產經紀人、運動用品業務員等等。

每個人的生涯差異顯現在三個面向——構成這些生涯的角色、角色順序、角色相關活動的時機與持續的時間。例如，某位女士的家庭生涯角色有：嬰兒、兒童、青少女、妻子、母親、祖母、寡婦等，另一位女士的家庭生涯角色可能是：同母異父的姊妹、離婚女性，卻沒當過母親。而某位男士的生涯角色則有：嬰兒、兒童、青少年、伴侶、叔伯等。每個人的角色順序亦有所不同。先「為人父母」再「為人配偶」，和先「為人配偶」再「為人父母」的順序，結果可能大不相同。36 歲得子與 18 歲就生養第一個孩子的人生，兩者不能相提並論。研究顯示 23 歲前結婚，和成年時再回學校就讀密切相關（Hostetler, Sweet, & Moen, 2007）。最後，角色持續的時間不等。例如，有些伴侶的婚姻轉眼結束，但有些老夫老妻卻能慶祝結褵 50 年金婚紀念日。

社會精心安排生涯路徑供個體選用。文化常規、社會期待和法律規章讓各種不同的生涯選項多少變得更具吸引力、更易取得，甚至強迫個體選擇。以美國為例，求學生涯是社會建構出來的。因此每個人都要念幼兒園、小學、至少幾年的中學。之後，求學的選項就更多了——可以念夜校、職業學校、當學徒、社區學院、大學等等。但個人的選擇同時也受到社會的限制。家庭和同儕團體的規範與期待、可動用的財務資源，強力影響個人的教育生涯。

100

有些父母親設法從事能在家工作的職業，好兼顧工作與家庭角色。隨著科技通訊軟體進步，越來越多的女性和男性多了在家工作的選項。不過，某些大公司仍不樂意讓員工遠距辦公。

© Fertnig/iStock

　　家庭事件也會影響兒童／青少年的教育生涯，牽動成人與兒童的關係。家庭結構變化（如：爸爸、媽媽離開或繼父、繼母加入）是影響兒童就學意願與學業平均成績低落的壓力源（Heard, 2007）。事件發生的時間很重要。發生在六歲左右（含以下）的變化所產生的衝擊，大於發生在七歲以上或青少年期的變化。事件持續的時間也很重要。待在母親－繼父家庭或單親家庭的年數越長，七年級到高二的學業平均成績越差（兩者呈負相關）。

　　個人整體的生命歷程是由工作、家庭、教育生涯交織而成的世界（Elder, 1975）。生命歷程的樣貌是這些生涯內涵交互作用，摻合家庭成員互動所致。如上述梅根的同班同學，瑪麗亞與珍愛的生涯角色相仿：兩個人都完成大學學業、全職工作、已婚、育兒。但她們的生命歷程亦有天淵之別——瑪麗亞是自動自發盡量兼顧這些角色，並獲得能在家工作的丈夫的協助；珍愛等到孩子都上學之後才得以繼續完成學業，展開職業生涯。不同的生涯內涵、次序、時機、持續時間縱橫交錯，構成每個人獨一無二的生命歷程。

　　為什麼要搬家？何時會搬家？鮮少學者探究住處或居住生涯現象。個體有可能向上遷居——住進寬敞昂貴或獨門獨院的房子，也可能向下遷居——搬進擁擠、品質低劣的大雜院。居住選擇與教育、家庭和職業生涯息息相關。事實上，搬家的理由通常不外乎上述生涯的範圍。以家庭生涯為例，同居或結婚意味著其中一方或兩方皆向上提升；分居或離婚則常陷入向下沉落。比較已婚和同居伴侶後發現，離婚後雙方的居住品質皆大幅降低（Feijten & van Ham, 2010）。

身分與自尊

　　肩負生涯角色後，我們會觀察自己的表現和他人對我們的反應。透過這些觀察建構角色身分——覺知角色中的自我。角色身分依我們選擇的生涯路徑而定。當麗姿從事的房地產業衰退時，她只好轉行當店員；之所以能勝任運動用品的業務，得利於先前的工作經驗。

　　本書第 3 章將探討身分認同是如何協商出來的。要成為父母，須先與伴侶商量，或與代理單位（人工受孕、代理孕母、領養）協商，才能獲得父母身分。許多男同志認為父職身分與男同志身分互斥難容，然而，有些男同志當了父親。領養訪談評估的重點就是瞭解為何想轉換身分，並考量他們的動機、與伴侶雙方會晤，或與領養權責單位接洽（Berkowitz & Marsiglio, 2007）。因領養而得到父母這個身分，是與伴侶、生母、律師、社政機構協議後的結果。

　　擔負某些重要角色，特別是家庭或職業角色時，我們會評估自己的表現，從而提升自尊心（或自尊心不升反降）。自尊受個人成就影響。瑪麗亞的高自尊來自於她是家族中第一個從法學院畢業的高材生，還能應聘到名聲顯赫的律師事務所成為資深合夥人。當然，自尊也與他人的回饋有關。

　　身分認同與自尊是行為的指南針，因此我們認為身分與自尊是生命歷程的第二要素。第 3 章將再詳細介紹。

壓力與滿足感

　　履行生涯活動會引發正向的感受（如：滿足感）和負向的感受（如：壓力）。這些感覺揭露個人的生活品質。壓力與滿足感因而成為生命歷程的第三個要素。

　　婚姻與工作角色的平衡程度，是雙薪伴侶經驗壓力或滿足感多寡的重要影響因子。研究雙薪伴侶後發現，能一起做決定和花時間一同整理家務的伴侶，生活品質較好（見第 13 章）（Bartley, Blanton, & Gilliard, 2005）；單方專斷獨裁和家務分配極度不均的伴侶，生活品質低落、壓力較大。

　　生涯角色改變，如：孩子出生、領養小孩或換工作，都會對個體帶來心理或生理上的負擔。生活事件如：搬家或嚴重的人際衝突，造成的衝擊非比尋常，統稱為壓力的生活事件（stressful life events）。當個體將壓力視為挑戰，刺激生涯開展或改善居住環境的正面效應，此時的壓力反成為 **良性壓力**（eustress）。但有時候，若加諸在個人身上的要求超過其應對處理的能力，這樣的反差才成了 **壓力**（stress）

（Dohrenwend, 1961）。身處壓力下的個體常飽受心理不安（焦慮、緊張、憂鬱）和生理不適（疲倦、頭痛、生病）之苦（Wickrama, Lorenz, Conger, & Elder, 1997）。

生活事件引發的情緒強度不一（見第 1 章）。例如，生涯角色變化產生的壓力程度（隨著兒童步入青春期，父母的親職壓力會逐漸升高）、不同生涯角色彼此拉扯（家庭與職場要求）、意料之外的挫折（老闆破產）。滿足感隨報酬（加薪或減薪）、成功因應生涯要求（達到業績標準、通過考試）或特殊生命事件（心臟病發或車禍意外）起伏不定。

特殊事件或轉變引發的壓力程度，取決於下列因素。首先，事件伴隨的改變幅度越大，壓力就越大。例如，因為換工作而須搬到另一個陌生的城鎮，比在原來的城市換新的工作，引起的壓力更大。第二，及時得到社會支持──他人的建議、情緒同理與物資援助，能加強我們成功因應變化的能力。為順利適應轉變，家人間會重新分配資源、重新安排活動。因此，年長的父母親會借錢給新婚夫婦、照顧孫子女，好讓他們無後顧之憂，放心工作。

個人的資源與能力影響其因應壓力的方式。若能成功度過早年的轉換期，將有助於適應往後的變化。年輕時自我認同穩固的男性，比較不會用負面的眼光看未來（Sammon, Reznikoff, & Geisinger, 1985）。**生命自主**（life course mastery）意指個體相信生命軌跡掌握在自己手上。訪談超過 1,100 位 65 歲以上的長者後（Pearlin, Nguyen, Schieman, & Milkie, 2007），發現事業成就和財富累積與生命自主呈正相關，但與教育或職場待遇不公、遭逢經濟困頓的次數呈負相關。

●● 生命歷程進展的影響

本節一開始引用幾個人的故事：有的因為經濟不景氣失業、有的遭逢意外事故、有的早婚生子、有的則從知名的法學院畢業。這些**生命事件**（life event）標示生命的轉捩點和角色變換，需啟動因應機制與重新適應（Hultsch & Plemons, 1979）。例如，年輕人離家上大學，即為從青春期過渡到青年期的生命事件。離家之後，他們必須發展新的行為模式，修正自我期許和優先順序。

影響生命歷程的三大影響力為：（1）生理成熟；（2）社會年齡分級；（3）歷史趨勢與事件。這些影響力透過特定的生命事件發揮作用（Brim & Ryff, 1980）。有些生命事件是經過精心策劃（如：一趟歐洲之旅），其他重要性不遑多讓的生命事件則隨機出現（如：偶然邂逅未來的伴侶）（Bandura, 1982a）。

生理成熟

在人生的整個生命週期中,我們歷經**成熟**(maturation)——體格與骨架、大腦與中樞神經系統、內分泌系統、罹病傾向、視力、聽力、味覺的敏銳度等等的變化。兒童期的生理變化飛快,青春期後則趨於緩和,老年期時急轉直下。然而,即便是中年期,生理變化也會帶來長遠的影響。例如,女性經期的荷爾蒙分泌變化,以及男女性都會面臨的老化,咸認會影響心情與行為(Sommer, 2001)。

生理成熟(biological aging)無可避免、無法逆轉,但跟實際年齡卻無太大關聯。如,青春期約介於 8~17 歲之間,但身體功能卻可能在 40 歲以前就嚴重衰退,或遲至 85 歲才開始走下坡。終其人類一生,大腦的神經細胞以穩定的速度相繼死亡,沒有再生的能力。早期的學者認為認知功能在生命早期已成定局,且隨年齡日趨衰落,但近代的學者則認為認知是終生發展的能力。即使是老年期,心智能力依然可經由勤勉學習和練習改善好轉(Baltes & Willis, 1982)。

退休是上班族的重大生命事件或轉捩點。許多人以生理年齡(如:60、65 或 70 歲)為退休依據。另外兩種離開職場的方式為:職業災害或死亡。使用 1992 年蒐集的資料,抽樣研究 7,200 位 50~80 歲的女性,調查她們在 2004 年與工作狀態有關的變項後(Brown & Warner, 2008),顯示白人、非裔和拉美裔的女性離開職場前的死亡率幾乎相同,但 65% 的非裔與拉美裔女性更易因失能而離開職場。毋庸置疑地,沒有健康保險的女性會說自己的健康狀況不佳;1992 年時稱自己身體病痛多的人,日後失能的可能性提高。這也反映了女性是否易於取得資源的現象。生理機能與特徵讓人無法大展身手。不過,生理變化對生命歷程的衝擊,依個人賦予的社會意義而定。例如,白髮蒼蒼給人的第一印象如何影響生涯、身分與壓力呢?對某些人來說,滿頭白髮這個生理變化是痛苦的壓力源,它令人焦慮,明白人終有一死。在一切還來得及之前,得趕緊強化家族的羈絆,留下曾活在這世上的證據。有些人視白髮為不必再擔心容貌年輕與否的象徵,可依個人的價值觀重新排定優先順序,還可要求別人尊重他們的經驗。同樣地,其他生理變化對生命歷程的衝擊,如青春期的急速成長或更年期停經,也要看個人怎麼賦予社會意義。

社會年齡分級

在一個社會中,哪些人該生兒育女,哪些人該得到他人的照顧?誰應該上學,誰又該全職工作?誰可以單身未婚,誰又該結婚呢?年齡幾乎是每個社會認定的標準,

據此分派給個體活動與角色（Riley, 1987）。人的一生就是不斷地在各種以年齡分級的社會角色中挪移。每個角色蘊含許多預期行為、機會和束縛，這些角色的遷移形塑了生命的旅程。

每個社會都會建立一套以年齡分級的慣例活動與角色。以美國社會為例，對年輕人的期待是先完成學業，再談長久的感情；先有婚姻關係，再來領養小孩。什麼年紀該進行角色轉換，社會也有相應的期待。這些期待因種族而異：拉美裔女性的適婚年齡和生育第一胎的年齡（22 歲，23 歲），比白人（23 歲，24 歲）或非裔（24 歲，24 歲）族群稍輕（East, 1998）。這些年齡標準是生涯規劃的基準線，既像加速行動的引擎，又像煞車系統防止個體衝太快（Neugarten & Datan, 1973）。

迫使個體在適當時機完成社會期待的角色轉換，意味著生命歷程包含數個正規生命階段。**正規生命階段（normative life stage）**是指個體在某段生命時期，應當從事與年齡相符的角色活動。階段的次序是社會規定好的，個體最好走在社會認可的生涯路徑上，否則偏離預期生涯路徑的個體將被列為不受歡迎人士。

並非每個人都能順利經驗社會認可的重要轉捩點。以步入成年期為例，正規的順序為畢業、當兵、工作、結婚。在 1972 到 1980 年間蒐集 1972 年的高中生資料，研究分析結果發現，半數的男女性沒有按照這些「正規」的道路走（Rindfuss, Swicegood, & Rosenfeld, 1987）。常見的脫離常軌案例有：輟學去當兵、全職工作一陣子後才回學校讀書。

某些違反與轉換期相關的年齡常規案例，衍生的後果似乎經年不散。例如社會認可的適婚年齡為 19～25 歲之間。研究一再發現，過早進入轉換期的人，婚姻與職業生涯比一般人更易受到衝擊。研究調查比較 63,000 位青春期即結婚的男性和成年後才結婚的男性（Teti, Lamb, & Elster, 1987）。由於抽樣範圍涵蓋所有年齡，故得以研究 20 歲、30 歲和 40 歲前結婚的男性。青春期就結婚的男性，受教年數、工作地

違反與重大轉換期相關的年齡常規，如：提早為人父母，衍生的後果似乎經年不散。16 歲時就懷孕生子，迫使青少年中斷學業，只能做些低薪的工作。

© Ian Hooton/Science Photo Library/Corbis

位和收入皆呈低下狀況，婚姻狀態也不穩定。這些後果甚至在他們結婚 40 年後依然存在。女性早婚的後果和男性一樣相差無幾。20 歲前結婚的女性教育和職業成就低落，且更容易走向離婚的結局（Teti & Lamb, 1989）。

105

各個生命階段的轉移需經過**正規轉換**（normative transition）——社會上多數人期待的轉變（Cowan, 1991）。雖然多數人經由制度化的方式通過，但每個人的經驗或不相同，顯示個人的人生際遇不一。正規轉換常透過儀式，如：成年禮、畢業典禮、宣誓儀式、婚禮、新生兒派對（baby shower）、退休派對等方式昭告親友。事實上，轉換期是一個過程，歷時數週或數月之久。轉換過程既重新建構個體的認知與情緒內涵，也重組個體的社交關係。

生命階段轉換以三種方式影響個體。第一，改變建立身分所需的角色。結婚或生子的人開始視自己為配偶和父母親，要為他人負責。第二，轉換期改變個體的特權與責任。年齡是判定我們是否達到法定開車、全職工作、服兵役或屆齡退休的主要因素。第三，角色轉換改變了社會化經驗的本質。社會化的內涵從兒童期時教導基本價值觀與動機，轉變到青春期時培養專業知能，到成年期時灌輸與規範相符的角色行為（Lutfey & Mortimer, 2003）。被社會化者（socializee）和社會化教育單位的權力差距亦隨著年齡增長、受過高等教育、擔任較高階的職務而漸次消融。結果就是成人比兒童更有能力反抗社會化的約束（Mortimer & Simmons, 1978）。

歷史趨勢與事件

還記得本節的引言案例，提到瑪麗亞將她能迅速爬上資深合夥人的成就，歸功於生對時代。瑪麗亞申請耶魯大學法學院時，正好碰上女性解禁的年代；找工作時恰逢支持女性就業的風氣如火如荼地展開。麗姿將她的失敗歸咎於經濟不景氣、利率升高，造成房仲業市場衰退。從瑪麗亞與麗姿的經歷可看出，歷史趨勢與事件是影響生命歷程的另一主要因素。長期的時代潮流與趨勢（如：性別漸趨平等、營養狀態改善）或特殊時間點發生的歷史事件（如：經濟大蕭條、戰爭、地震、海嘯）均會對個體的生命發展造成影響。

出生世代 為瞭解歷史趨勢與事件對個體生命歷程的影響，社會科學家提出「世代」（cohort）的概念（Ryder, 1965）。**出生世代**（birth cohort）意指出生於同時期的一群人。所謂的時期可為一年或數年，視研究議題而定。同一出生世代的人約在同樣年紀遭逢特殊的歷史事件。1970 年出生、約 1992 年大學畢業的世代，迎來經濟穩定成長的十年。大部分的畢業生都能找到不錯的工作，平均家庭年收入逐年俱增

106

（www.demos.org/data-byte/changes-average-annual）。1990 年到 2000 年間，個人收入成長 10～28%，連帶促進成家欲望，刺激購買力。相對地，1980 年出生、2002 年大學畢業的世代，正好碰到 911 事件的經濟衝擊──大公司破產、2008 年經濟衰退。那十年間平均家庭年收入降了 5～15%。

有兩種方式可看出特定出生世代下個體的歷史位置。第一，指出個體有可能碰到的歷史趨勢與事件。第二，顯示歷史事件發生當時，個體大概處於哪個正規生命階段。身處哪個生命階段至關重要，因為歷史事件或趨勢對個體的衝擊程度會因其正在成長的生命階段而異。

想想 2001 年到 2002 年造成數間大企業倒閉的經濟崩盤：安隆公司（Enron）和安達信會計師事務所（Arthur Andersen）解體，連累數間公司停業；凱馬特（K-Mart）、泰科（Tyco）等公司必須縮小規模（譯注：上述皆為當時美國和全球知名的企業集團）。數以千計 30 歲到 60 歲的員工和經理人被解僱資遣。或許是因為年齡歧視的緣故，有些 50 多歲的中年人找不到新工作，長期失業；有些 30 到 40 歲的人返回校園讀書，學習第二專長。有幸保住工作的員工惶惶不可終日，缺乏安全感，工作量爆增。社會新鮮人（1980 年的出生世代）的就業機會遠比 1995 年的畢業生稀少。當然，不是所有出生世代成員的體驗都相同。2002 年主修文科的畢業生，就業機會遠差於擁有專業學位的同級生。

出生世代的人力分布也會影響機會分配。例如，大量嬰兒出生的世代較為不利。他們必須激烈競爭以擠進名額不多的專門學校和供需失衡的就業市場。及至年齡漸長，還得面臨因人口過多、壓垮社會福利系統而限縮的退休金。表 2.4 說明相同的歷史事件如何以獨特的方式影響不同的出生世代成員。不同的歷史經驗形塑出獨特的價值觀、意識型態、性格與行為模式，使每個世代的生命歷程各具特色。世代內也存有差異。例如，伊拉克戰爭、阿富汗戰爭迫使某些孩子的父母必須遠離國門打仗，但其他孩子則不用面臨這個狀況。

世代與社會變化　由於經驗差異，每個世代也以獨特的方式成長發展，各自經歷數件共同的經驗和機遇。因此，世代差異就顯現在生涯模式、態度、價值觀和自我概念上。當世代的年齡漸長，他們在家庭、政治、經濟和文化上功成名就，取得社會地位。上一代帶著他們的歷史觀將權力移轉給具有不同歷史觀的下一代，如此一來世代交替才會帶來社會變化，但也會因各世代的理念不同而引發世代衝突（Elder, 1975）。

表 2.4 歷史與生命階段 107

趨勢與事件	1970～1975 世代		1990～1995 世代	
	事件發生當時的生命階段	該事件對生命歷程的含意	事件發生當時的生命階段	該事件對生命歷程的含意
經濟繁榮（1992～2000 年）	青年期	好的工作機會與收入；合理的房價	幼童期	生長於雙生涯家庭；上好學校
恐怖攻擊（2001 年 9 月 11 日）	成年期	意識到家庭的重要性；重組優先順序；擔憂健康、安全	少年期	安全感崩壞；未來不確定感；壓力升高
伊拉克戰爭、阿富汗戰爭		政治意識提高；服役造成生涯、家庭生活中斷	青春期	擁擠不堪的學校；校園暴力
2008～2010 年經濟衰退	中年期	經濟動盪不安；可能會失業；失去房子	青年期	高失業率；低工作願景；難以大展身手

　　人世間偶爾會發生前所未見的重大事件或趨勢，如：1991 年的「沙漠風暴行 106
動」（Operation Desert Storm）（譯注：指 1991 年 1 月 17 日，聯軍在波斯灣戰爭執
行的強烈空襲行動）、2001 年 9 月 11 日世貿中心與五角大廈遭受恐怖攻擊、2003 年
發動的伊拉克戰爭。事件發生當時正處於青春期晚期和成年早期的世代，想必受到強
大的衝擊，因而發展出世代認同——強烈認同和自己同樣世代的人，覺得自己和老一
輩和年輕一輩不一樣（Stewart, 2002）。這樣的認同或許會改變他們的生活，影響該 107
世代的工作選擇、政治觀點和家庭關係。

　　本節概述生命歷程的變化。綜上所述，可見我們是同時以三種時間狀態活著，每
種狀態帶來不同的轉變。當身體逐漸成長成熟，我們依生物生命週期發展，承擔各種
社會角色。碰到衝擊生命的歷史事件時，我們也跟著同世代的人一起經驗歷史。

　　改變乃隨個體生命歷程的進展而產生。不過，生命歷程亦存在穩定性。正規轉換
時常得面臨選擇，個體也傾向選擇和既有的價值觀、自我與性格相容的選項（Elder
& O'Rand, 1995）。超過 90% 的美國人遵行正規轉換步入結婚禮堂。多數人是自由
戀愛結婚。縱貫研究顯示我們會選擇和自己的個性適配的伴侶，穩定度因而隨時間提
升（Caspi & Herbener, 1990）。

●● 時代變遷

　　特殊歷史事件（如：戰爭、經濟蕭條、醫藥發明等）改變了生命歷程，歷史趨勢（如：出生率與離婚率波動、教育普及、女性職業多樣化）也影響出生於特殊歷史時期個體的生命歷程。

　　沒有人能鐵口直斷歷史趨勢與事件會導致未來何種變化。現代學者能做的是用過去發生的重大事件與趨勢，檢視其如何影響生命歷程。以下說明兩個例子：越來越多的女性投入職場，以及歷史事件對不同出生世代高中畢業生的影響。本節的目標是：（1）著重歷史趨勢對典型生命歷程的影響；（2）解說如何分析歷史事件與生命歷程的關聯。

女性就業：性別角色態度與行為

　　自 1960 年以來，美國女性就職的比率大幅增加。本節將探討角色態度和經濟變化的趨勢。

性別角色態度（gender role attitude）　過去 50 年來，對女性出外就業的角色態度已產生劇烈變化。態度從傳統的「男主外、女主內」勞動觀轉趨男女平等。

　　閱讀下面的觀點。你認同嗎？

1. 「男主外、女主內」應該是全民運動。
2. 女性應該好好經營家庭，把治理國家的大任留給男性。
3. 大部分的男性情緒穩定，較多數女性更適合從政。

　　這些都是大規模調查 1970、1980 和 1990 年代的成人後得到的典型說法。1970 年代時，超過三分之二的受訪者贊同第一個觀點，三分之一的受訪者認同第二和第三個觀點。但到了 1998 年時，只剩三分之一的受訪者同意第一個觀點，支持第二和第三個觀點的受訪者僅存 15% 和 21%（Davis, Smith, & Marsden, 2000）。從傳統轉變到平等的性別角色態度，在女性身上益發明顯。拉丁美洲女性的性別角色態度一向較為保守。然而，年輕、受過良好教育的職業拉丁美洲女性，性別角色態度趨向平等，已經和白人女性不相上下（Ginorio, Gutierrez, Cauce, & Acosta, 1995）。許多亞洲女性仍深陷於傳統的文化態度，美國女性的性別角色態度則相對平等多了（Root, 1995）。

職場參與（workforce participation） 時代的潮流變化不僅限於性別角色態度。近一個世紀以來，女性實際參與就業的人數不斷增加。圖 2.3 可看出 1960 年之後女性就業的比率。1960 年至 1995 年間，已婚女性的就業率穩定成長；1995 年開始，就業水平幾乎沒什麼太大的高低變化。年輕單身女性的就業率在 1960 年時已經相當高了，其後也維持在高水平。女性懷孕期間和生育後數年的就業率也不斷提升（Sweet & Bumpass, 1987）。1999 年時，非裔女性較白人女性更願意出外工作（控制年齡與家庭狀態變項後）（U.S. Bureau of the Census, 2000）。整體而言，拉丁美洲女性就業的比率較白人女性少；亞洲女性的差異頗大，從 59% 的南亞女性到 77% 的菲律賓女性就業率都有（Cotter, Hermsen, & Vanneman, 2004）。

110

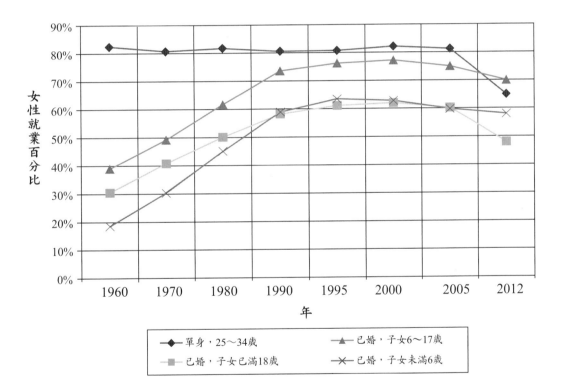

圖 2.3 女性就業：1960～2012 年

已婚女性就業的比率自 1960～1995 年間穩定成長。這段期間年輕單身女性的就業水平幾乎在同一水平。在已婚女性中，毋須育兒者的就業率徐緩上升，但育有 17 歲以下子女者就業率則迅速飆升。從 1995～2005 年間，女性的就業率一直相當穩定，但 2000～2012 年間單身女性的就業率卻持續下滑。2005 年以後，四個組別的就業率均呈下降趨勢，部分原因可能是 2008～2009 年的經濟衰退。

資料來源：U.S. Bureau of the Census and U.S. Bureau of Labor Statistics.

109　　　20 世紀為什麼有那麼多的女性投入職場勞動力呢？受性別平等主義風潮傳播的影響嗎？可能不是。1940 年代以前的觀念是：除非迫切需要，否則為人妻子和人母不應該拋頭露面出外工作。但 1900 年到 1940 年間，女性的就業情況持續向上攀升。性別角色態度的變化大致發生在 1970 年代，但在態度轉變前 20 年，女性就業人數早已急遽飆升。因此性別角色態度轉變似乎不是女性就業增加的原因，反而是結果——接受現實生活中越來越多女性正在做的事。

　　那麼，究竟原因為何？或許最令人信服的論點是：20 世紀開始，傳統以來需要女性勞動力的企業和職業型態急速擴張。某些輕工業如：電子、製藥、食品加工業等方興未艾，還有教育、健康保健、祕書及文書處理等多樣化的服務業崛起。這些工作多以性別嚴格區分，男性往往不得其門而入（Oppenheimer, 1970）。此外，百年來工商業加速擴展，男性的勞動力一向吃緊。多數的職位空缺反由原本未就業的已婚女性填補。這些女性能以低薪投入職場，是因為她們要補貼家計。

　　前述提及的變化導致女性的就業機會增加，還有其他因素影響女性的工作意願。其中一項是通貨膨脹與銀行利率居高不下，許多家庭得靠兩份薪水才能達到收支平

© monkeybusinessimages/iStock

許多長者喜歡參加社福機構辦的活動，如圖中的團康體操。只要他們的健康狀態穩定、經濟獨立，多數長者都很樂意持續參與社交活動，保有自尊。

衡。另外，離婚率上升、出生率下降、教育水準提高、省力家電產品發明等，也是有 110
助於女性就業的因素。每個因素環環相扣，沒有哪個單一因素能完全解釋整個世紀以
來女性就業持續成長的狀況。不過，這些因素都曾在歷史潮流上推了一把，也改變了
性別角色態度。

　　女性就職狀況的變化說明出生時機大大影響個體的生命歷程。個體是否會投入
職場，部分原因取決於個人身處的歷史潮流。是否能取得大學學歷、結婚、生子、離
婚、早逝或老死等等，歷史趨勢也占有一席之地。

事件的影響

　　研究生命歷程的學者也有興趣瞭解事件對個體的影響。其中一個面向是影響的範
圍——亦即被影響的人數。以 911 事件為例，就影響了美國境內和世界各地數以百萬
計的民眾；關閉一所學校的影響範圍僅限於校區內的百餘位民眾。

　　事件如何影響個體，端視事件發生當時個體所處的生命階段。表 2.5 顯示兩者的
關係模式。就某種意義上來說，事件對兒童的衝擊最大，影響兒童的基本價值觀和態 111
度。事件可能會影響青少年和年輕人的身分認同，以及所經驗到的社會、經濟機會。
如前述引言案例中的荷西發生直升機墜機事故，半身癱瘓。事件也可能會影響成人的
行為，但卻不太可能衝擊到他們的身分認同與基本價值觀。另一方面，對中年人而
言，某些事件如重大疾病或失業，卻可能開創新的身分認同和機會。

　　事件的影響也依個人所在的社會結構位置（亦即個體的階級、性別和種族）而
定。以美國中西部一所有名的橡樹谷（Oak Valley）社區高中關校過程為例。1960 年
代中期，該社區與學校實施種族融合制，50% 的學生為非裔族群。當民權運動在美
國的聲勢如日中天時，就影響了一些學生的認同與行為。某些非裔學生開始穿著奇裝
異服、打扮入時，逼得校長發布服儀規定，禁止學生蓄鬍留長髮。有些學生、家長和
教職員認為校長的作為根本是種族歧視，非裔學生和擁護者還發動罷課罷工、公開抗

表 2.5　社會事件對個人的影響

事件發生當時的生命階段	事件的影響重點
兒童期	價值觀與態度
青春期、成年早期	身分認同、機會
成年期	行為、機會
成年晚期	新的生活選擇、調整身分認同

資料來源：改自 Stewart, 2000

爭。學校董事會向家長施壓，最後董事會決定關閉學校（Stewart, 2002）。

研究團隊比較曾就讀這所學校兩個世代的學生：1955、1956、1957 年組和 1968、1969 年組（Stewart, 2000; Stewart, Henderson-King, Henderson-King, & Winter, 2000），採用人種誌觀察法、調查法和深度訪談三種研究方法。研究團隊想瞭解種族、階級和性別等社會結構如何影響當時在學生的生活。注意：研究參與者都上同一所學校、住在同一個社區，許多人還彼此認識。研究團隊詢問每位參與者同樣的問題（人物、事件），留意研究參與者在詮釋和經驗的差異。許多畢業生仍住在橡樹谷。研究團隊也閱讀 1950 年代到 1960 年代的報紙新聞和文件記錄，訪談當時的教師、行政人員、牧師等其他社區人士。

研究團隊找到 1950 世代的畢業生，詢問 45 年後該事件對他們人生的重要性。發現他們認為第二次世界大戰等過去一些重大事件還比較重要。他們把高中歲月形容得詩情畫意，非裔和白人學生都說這所學校是成功的「大熔爐」，是個能接納差異、不會發生衝突的場所。男女生的描述沒什麼太大分別。相較之下，1960 世代的畢業生則說當時流行的民權運動和女權運動較具個人意義和種族意義。對於民權運動的重要性，非裔評得比白人高；兩方都說這所中西部高中兼容並蓄。研究團隊細問之後，種族差異才再次浮上檯面：非裔提及歧視、種族主義和服儀規定，白人則說到他們對暴力的恐懼。

回到性別差異。非裔男性說他們以這所學校為榮，也注意到社區強力介入服儀規定的現象。這些男性成功地反抗他們視為種族歧視的服儀規定。有人說：「我很滿意那次的經驗。」非裔女性緬懷當時的良師益友，但也提到身為黑人女性使得社交生活受限，以及她們對種族主義的看法。有位女性談到高中時最糟的經驗是：「不被接納，甚至被大部分學生視若無睹。」白人男性想起學生的打扮多元，學校的權威崩壞。其中一人認為最糟的事情是：「有幾次被打得半死。」白人女性和非裔女性一樣懷念高中時代的友誼，但她們也談到權威崩壞，回想起數次被性騷擾的經驗。

因此，考慮社會結構和事件的交互作用才能判定它對個體的影響。透過對特殊事件的嚴謹研究，例如上述那所中西部高中強制執行服儀規定及後續發生的一連串事件，可看出不同的種族與性別對相同事件的看法有如天壤之別。

摘　要

　　本章探討美國社會的生命歷程與性別角色。社會化是嬰兒開始融入參與社會的歷程。讓同一社會上的人在某方面（如：共通的語言）彼此越來越相像，但在其他方面又與眾不同。

社會化的觀點

　　（1）強調生理發展；認為人際應變能力、語言發展和認知結構發展等受成熟影響；（2）強調學習與習得技巧來自於觀察他人；（3）強調兒童一邊參與一邊覺察文化常規；（4）強調社會結構的影響力，即指定誰負責教育兒童、青少年，以及該被教育的內容。

兒童期的社會化媒介

　　兒童期的社會化媒介有四：（1）家庭——照顧者和嬰幼兒建立穩固的依附關係，這是嬰幼兒發展人際和認知技巧的必要條件。家庭組成與社會階級會影響親子互動的數量和型態。各種族的育兒方式、看重的價值觀各不相同；（2）同儕——和兒童站在平等的地位關係上互動，是發展自我感的重要影響因素；（3）學校——教導閱讀、寫作、算術等技巧，還有守時和不屈不撓的精神等；（4）大眾傳播媒體——以鮮明的人物角色與情節，教導兒童和青少年社會上形形色色的關係與行為。

社會化的過程

113

　　社會化有三個不同的過程：（1）工具制約——對特定行為實施獎勵和懲罰，這是學習行為與表現標準的基本原則。研究不同育兒方式的效果後，發現獎勵不一定能激發兒童表現令人滿意的行為，而懲罰也不一定能減少不良行為發生。體罰似乎會助長日後的反社會行為。透過工具制約，兒童發展出判斷自身行為的能力，再好好學習自我增強。（2）觀察學習——從觀察他人中學到許多行為和技巧。待適當時機出現，就會表現這些行為。（3）內化——習得行為規範，成為自我的一部分。這個過程讓兒童學會自制自律。

社會化的結果

（1）兒童慢慢會學到社會期待的男女性別角色。無論兒童的個性是獨立或依賴、主動或被動，都要看父母、家族和同儕傳達出的期待為何。（2）語言技巧是另一社會化的結果，意指學習將字詞和文法規則組合成有意義的句子。和語言學習有關的是認知發展以及將人事物歸類的能力。（3）父母、同儕和教師都是教導兒童社會常規的媒介，藉此讓兒童瞭解遵守規範才有助於社會互動。兒童也須培養做出道德判斷的能力。（4）培養兒童的動力——亦即養成堅持不懈、努力達成目標的個性。工作傾向主要是受到父母親的影響。中上階級家庭重視自我管理，勞工階級家庭則強調服從。

生命歷程的要素

為瞭解成人的生活樣貌，本書把焦點放在生命歷程的三個要素：（1）生涯——指一連串的角色與相關活動。生涯主要包括工作、家庭和朋友。（2）擔負生涯角色時，會發展出角色身分與評估自我表現，從而提升自尊心。（3）因生涯與生命事件引發的情緒反應有：壓力與滿足感。

生命歷程進展的影響

有三個重要的因素會影響生命歷程的進展：（1）生理成熟、身體和大腦衰弱，會限制個體能做的事。不過，生理發展對生命歷程的衝擊，取決於我們賦予的社會意義。（2）每個社會都會建立一套以年齡分級的慣例活動與角色。這些正規順序是判定個人大致該在何種年紀取得身分地位、擔負責任與享有特權、完成社會化的基準線。（3）歷史趨勢與事件會改變個體的生命歷程。歷史事件的影響端視事件發生當時個人所處的生命階段。

時代變遷

個體出生的時機影響一生的生命歷程：（1）過去 40 年來，女性投入職場的人數激增，社會對女性就業的態度也越來越友善。態度的轉變反映出勞動力參與的變化，而非男女性別角色翻轉。當代出外工作的女性（無論是哪個生命階段），其壓力和機會較昔日多上許多。（2）事件也會影響個體的生命歷程。事件的衝擊力要看事件影響的範圍，以及個體當時所處的生命階段與社會結構位置。

重要名詞與概念列表

工具制約（44 頁）	內化（51 頁）	內在動機（49 頁）
文化常規（34 頁）	出生世代（71 頁）	外在動機（49 頁）
正規生命階段（70 頁）	正規轉換（71 頁）	生命事件（68 頁）
生命歷程（64 頁）	生涯（65 頁）	自我增強（49 頁）
行為塑造（46 頁）	依附關係（36 頁）	性別角色（52 頁）
社會化（31 頁）	規範（58 頁）	道德發展（60 頁）
壓力（67 頁）	懲罰（47 頁）	觀察學習（49 頁）

思辨能力技巧　瞭解真相與合理的差別

　　本章介紹數種理論觀點，包括：發展論、社會學習論、詮釋論、生命歷程論，闡明個體如何成功地成為社會的一分子。常有學生問道：「哪一個才是對的？」或「哪個理論最好？」這些問題透露學生相信一定有哪個理論是正確或錯誤的。真相的定義是與事實或現實一致，認定某些事為真、某些為假，是多數人的生存法則，難怪人會不遺餘力想要分清對與錯的界線。

　　然而，將此信念用在評斷理論是行不通的。理論是化繁為簡的抽象概念，有意地把焦點放在複雜情境的少數幾個要素，好理解該情境。觀察兒童的行為後可發現，他們已經懂得運用必要的技巧來和成人溝通。但觀察者仍依其理論框架提出解釋。發展論者認為兒童的大腦已經成熟到足以處理複雜的訊息、控制肌肉和發音的動作等等。學習論者主張語言學習乃透過社會學習、增強、觀察其他兒童與成人的互動而習得。詮釋論者指出兒童每天與友伴勤練不懈，由此發展出個人獨特的說話與動作姿勢。每個理論學家的解釋都與其觀察到的某些兒童行為相符一致，和現實情況相差無幾。就某種意義而言，每種理論都是「真相」（truth）。因此，一直問：「哪個才是真相？」無助於評估不同的理論。

　　取而代之，我們應當用「合理」（validity）與否來評估理論。研究者要找出證據。我們用理論提出可驗證的問題或假設、蒐集資料或進行田野觀察、判斷觀察結果或資料和假設相符的程度。每次驗證理論時，若證據與理論總能契合到某種程度，研究者才有信心聲明理論是合理的、有憑有據的。若證據不一致，或未來研究的結果不

能證實研究者／團隊報告的結果，我們對該理論的信心就會大打折扣。撰寫本書時，作者群特別留意證據是否吻合，排除與證據格格不入的理論。因此，下次讀到新的理論時，你會問什麼問題呢？

chapter **3**

自我與自我表現

．．．．．．．．．．．．．．．．
引　言
．．．．．．．．．．．．．．．．

　　他不認得自己，別人也不認識他。警察叫他「艾爾」，這樣至少他有一個名字了，雖然他知道這不是他的本名。

　　艾爾的記憶只能回溯到 9 月 10 日清晨。一早醒來，他在丹佛市中心的世貿中心前遊蕩，神色驚恐。之前的記憶都消失了。「我希望我的過去回來，」艾爾說：「我想知道我是誰。沒有什麼事比這個更重要。」

　　他從頭開始，每天一點一滴地認識自己。他發現天氣暖和的時候，會想吃義大利千層麵，可是不記得該怎麼煮，也不確定自己會不會開車。接受醫生檢查時，醫生說艾爾體內並無藥物或酒精殘留，也沒有任何腦傷的痕跡。訪談艾爾的心理健康專家認為他患了逆行性失憶症。

　　艾爾想上全國性的電視節目，希望有人認出他，可以主動提供某些線索。艾爾被發現時戴著戒指、手錶、黃色棒球帽、眼鏡，口袋裡還有打火機和八塊錢。但警方查不出他的手錶和戒指在哪兒買的。比對 FBI 的指紋資料庫後，也沒有任何下文。

　　「我真的不知道該怎麼辦才好。」艾爾說：「我很孤單、沮喪，整天憂心忡忡。」他現在住在中途之家，大半時間都在沉思他現在沒有的東西——家人、朋友、過去、他的身分究竟是什麼（Bernuth, *The Denver Post*, 10/22/2006）。

　　「我是誰？」西方社會的人在他們的人生中幾乎都曾想過這個問題。有些人是為了想更瞭解自己、渴望追求有意義的身分認同，有些人更是奮不顧身尋求答案。大學生特別愛思索「我是誰？」這個問題。然而，很少人像艾爾一樣，真的體會到存在的不確定性。

　　對這個問題的回答，每個人都與眾不同，這些答案反映出我們的**自我基模**（self-schema）或自我概念——是關於自我的認知組織架構或想法。自我基模由社會認同、個人特質和自我經驗類化所組成。

　　本章前半段要來探討以下四個問題：

1. 什麼是自我？它是如何產生的？

2. 個人特有的認同是如何形成的？我們如何用認同來定位自己和他人的關係？

3. 認同如何引導我們的意圖與行為？

4. 我們不斷地在進行自我評價。自我評價從何而來，如何影響我們的行為？我們又會如何維護自尊免受攻擊？

自我的本質與起源

120

●● 自我：行動的起點與對象

我們用各式各樣的行為面對他人。例如，喬治正在跟凱莎說話。他注視她、評價她、和她交換意見、鼓勵她採取行動、試圖操控她等等。但於此同時，喬治也在對自己做出上述行動——也就是說，他也在自我感知、自我評價、自我溝通、自我激勵、自我克制。此種既對他人、也對自己做出來的行動，稱為**反身行為**（reflexive behavior）。

舉例來說，大學生喬治星期五要交一份很重要的期末報告，他的自我克制反身行為就是催促自己「現在該開始做歷史報告了」，自我激勵是答應自己「星期五晚上可以去吃披薩和看電影」。這兩個行為都是自我的一部分。擁有自我即是具備進行反身行動的能力——能夠計畫、觀察、引導和回應自己的行為（Bandura, 1982c; Mead, 1934）。

我們可從符號互動論（見第 1 章）來瞭解反身行為和自我。按定義來說，**自我**（self）同為反身行為的起點與對象。顯然，自我既是主動的（反身行為啟動的源頭），也是被動的（反身行為作用的對象）。自我的主動面向稱為「我」（I），自我行動的對象也是「我」（me）（James, 1890; Mead, 1934）。

自我是一個持續進行、毫不間斷的歷程（Gecas & Burke, 1995）。涉及自我的行動是出於我（I）有做出某行為的衝動。例如，喬治想見凱莎，見她的衝動在下一刻立即變成自省的對象。因此，一部分的我想著：「如果我今天晚上再不做報告，就會來不及交作業。」接下來，喬治主動回答這個自我覺察，再次告訴自己：「但是我想見凱莎，所以我不要寫報告了。」這番話接著又成了被評價的對象，他又對自己說：「這麼做的話，我的成績會很難看。」喬治訓練自己要自制，於是他坐下來寫報告。這些「我」（I）不斷地在每一個新的行動中交替出現，每個「我」（me）在下一刻

都成了自我探究的對象。透過這些交替的自我面向，我們計畫、行動、監控自己的行為，並評估後果（Markus & Wurf, 1987）。

Mead（1934）認為行動受內在對話指引。人用內在對話來調節行為，用話語和影像為象徵符號，說明對自己、對他人、對自己的行動、對他人的回應的想法。由此番關於內在對話的描述，可看出人須具備三種能力，方能順利做出行動。人必須：（1）擁有區別自己和他人的能力；（2）學習從他人的眼光看自己和自己的行為；（3）學習用符號系統或語言表達內在的想法。本節將探討兒童如何學會自我分化、如何學會從他人的角度觀察自己。本節也會討論語言學習與上述兩種能力間密不可分的關係。

●● 自我分化（self-differentiation）

若要把自我視為行動的對象，人最起碼要能認出自己。也就是說，必須要會區辨自己的臉與身體。聽起來似乎很簡單，但剛出生的嬰兒並不具備這項能力，甚至分不出自己的身體和環境有何差別。隨著認知成熟與重複不斷的觸覺探索，嬰兒才慢慢發現自己的身體很特別，照顧者也待嬰兒如獨特的個體。研究幼兒何時學會辨識鏡子裡的自己，發現約 18 個月大時，多數的幼兒就知道自己長得和別人不一樣（Bertenthal & Fischer, 1978）。研究顯示 18～24 個月大的幼兒已經有能力發現自己和他人動作相呼應的條件（例如：「如果我做了 X，她就會做 Y」）（Higgins, 1989）。

兒童要學習的不只是區分自己和別人的身體，也要會辨別自己乃社會的一分子。掌握語言是兒童學習後者的關鍵（Denzin, 1977）。知道自己的名字就是自我形成最早也最重要的一步，如 Allport（1961）所言：

> 透過一再聽到自己的名字，兒童慢慢地知道自己是個獨立的個體，並以此為參照標準。在出生第二年，名字已具個人意義。兒童透過名字來瞭解自己在社會團體中的獨立地位。（p. 115）

自我感成熟，表示個體可以意識到想法與感覺是私人所有物。幼兒經常將內在所思所想和外在事件混為一談（Piaget, 1954）。例如，他們把夢境中的事帶入白天周遭發生的事。隨著社會經驗累積和認知成長，兒童越來越能瞭解自我和非我（nonself）的分野。自我意識為個人獨有，他人無法直接讀取。四歲左右的兒童知道他們的想法和念頭隱身在自己的腦袋瓜裡。如果進一步問他們：「我看得見你腦袋在

要把自我當成行動的對象──也就是觀察和修正自己的行為──必須要先意識到自己的存在。雖然這不是嬰兒天生就具備的能力，但他們卻學得很快。

© Plus/iStock

想什麼嗎？」他們通常會回答：「看不見」，證明他們已經知道這種自我處理（self-processes）是私人內在的過程（Flavell, Shipstead, & Croft, 1978）。

從兒童的說話方式改變，也可看出他們漸漸明白只有自我才能得知私我訊息（private information）。幼兒最初的說話方式，不管是大聲的自言自語或對別人說話，幾乎一模一樣。慢慢地，兩種說話方式開始出現差異（Vygotsky, 1962）。自言自語的句子越來越簡短，直至外人聽不懂的地步，但說給別人聽的話卻越來越詳盡複雜。例如，夏妮絲低聲咕噥一句：「好冷」，就夠讓自己明白她想脫掉溼襪子。可是沒有人知道她的心裡在想什麼。若要說給別人聽，夏妮絲就會把包含私我訊息在內的句子，擴充到他人可以瞭解的程度（「我得換掉溼襪子，這些襪子讓我覺得好冷」）。

由於只有自我才能得知私我訊息，因此描述自己和描述他人的語詞就出現結構上的差異（McGuire & McGuire, 1986）。描述自己的重點會放在個人的所作所為──肢體動作、對別人的看法與感覺等；描述他人時則著重在對方是誰，特別是顯而易見的行為與特徵。此外，對自己的瞭解，總是比對他人的瞭解複雜得多（Sande, Goethals, & Radloff, 1988）。

122

●● 角色取替

明白自己的身心和他人有別僅是自我萌芽的第一步。從能分辨自我與他人開始，我們也理解到別人看世界的觀點和我們不一樣。自我萌芽的第二步就是**角色取替**（role taking）──站在他人的立場想像的歷程，也就是從他人的觀點看自己和外在環境（Hewitt, 2000）。

　　角色取替是自我形成很重要的一環。透過角色取替，兒童學會反身回應（respond reflexively）。想像他人對自己的反應，兒童學到從外界反觀自己的能力。知道別人把自己視為客體對象（me），兒童也如法炮製（Mead, 1934）。兒童因此學會讚美自己（「真是個乖女孩」）、斥責自己（「不可以！」），以及控制或調整自己的行為（「要排隊等候」）。

　　Cooley（1908）很早以前就注意到角色取替和語言技巧間密不可分的關係。角色取替技巧發展最先出現的徵兆，就是學會正確使用「你」和「我」這兩個代名詞。要懂得使用這些代名詞，得知道如何同時扮演自我和他人的角色。多數兩歲半的幼兒都清楚「你」和「我」這兩個代名詞的用法（Clark, 1976），顯示那個年紀的兒童已熟稔角色取替的方法。研究指出 4～6 歲的兒童已發展出揣摩他人想法和期待的能力（Higgins, 1989）。

●● 自我的社會源起

　　自我基模是社會關係的產物。這一生當中，只要一遇到新的人、加入新的團體，我們對自己的看法就會隨他人的回饋而修正。回饋不是可以直接意識到的客觀現實，而是藉由詮釋他人的反應來理解我們在他人眼中的模樣，接著再納入別人想像中的觀點到個人的自我基模裡。

　　Cooley（1902）自創鏡中自我（looking-glass self）一詞，將自我源起於社會這個概念描述得更為傳神。對兒童來說，最重要的鏡子就是父母、親戚和玩伴。他們是兒童的**重要他人**（significant others）——這些人的看法深深影響兒童的自我概念。年紀漸長，朋友、親戚、老師、神職人員、同事等擴展開來的人際關係網絡，都成了我們的重要他人。自我形象的變化依此生建立的社會關係而定。由於數位科技發達，當今的兒童還可從其他管道接收到許多關於自我的回饋。

遊戲與比賽

　　Mead（1934）指出兩個連續出現的社會經驗階段，帶動兒童的自我萌芽。這兩個階段分別是**遊戲**與**比賽**。每個階段各有其特殊的角色取替方式。

　　在**遊戲**（play）階段，兒童會模仿周遭人的行為，透過遊戲，學習在不同的活動裡安排各種有意義的角色（護理師、警察、消防員）。例如，靠著豐富的想像力，兒童想像自己背著郵包、將信件投入郵筒、和屋主打招呼，說這些活動就是「郵差」在

做的事。在這個階段，兒童可以同時扮演多種角色，卻沒發現每個角色和其他角色互有關聯。例如玩郵差遊戲時，兒童不知道郵差也有同事和上司。這個階段的兒童當然也不明白同一個人可以同時具備其他多種角色——如郵差同時也為人父母、消費者和高爾夫球友。

　　遊戲階段之後是比賽（game）階段。這個階段的兒童參加有組織的活動，如：複雜的室內活動、校園活動、團隊運動等。這些活動強調人際協調，清楚劃分各個角色。比賽階段的兒童要會想像其他人的觀點，才能做到角色取替。例如，擔任中鋒的邁克若想贏球，在傳球時就必須設想後衛和敵隊球員的觀點，方能下定決心把球傳給隊友，還是直接投三分球。比賽時，兒童也要理解各個角色的特定互動方式。例如邁克必須瞭解籃球規則、每個攻守位置的特殊功能，及球員如何協調彼此的行動等等。

玩複雜的比賽（如棒球比賽）時，兒童不但要學會把行動組織成有意義的角色，同時也要想像他人的觀點。例如，角色取替的能力讓三壘手與隊友協調成功，順利讓對方跑者出局。
© jpbcpa/iStock

整體他人

　　反覆地參加有組織的活動後，兒童逐漸瞭解他們的行為其實是團體互動型態的一環。這些經驗教導兒童，群體裡的成員具有相似的看法和態度。習得這項知識後，兒童建構出整體他人（generalized other）的觀念——即團體成員對與之互動的對象持有相同的態度和期許。想像團體對我們的期待時，就是站在這個團體的立場進行角色取替。猜想別人會說什麼，或社會的要求標準為何時，也是出於在意整體他人的看

法。隨年齡漸長，兒童越來越懂得從整體他人的觀點來控制自己的行為，免受一時衝動或當下突發特殊事件的影響。

慢慢地，兒童內化整體他人的態度與期許，整合至自我概念裡。但建構中的自我概念可不僅是全盤接納他人的觀點而已。由於角色取替技巧未臻完善，我們可能會誤解或曲解他人對我們的反應。別人的反應也可能自相矛盾或前後不一。同樣地，我們也會排斥接收某些觀點，因為那些觀點和先前的自我概念或直接經驗格格不入。例如，小男生不接受同儕說他是個「膽小鬼」，因為他一向覺得自己很勇敢，過去打倒小惡霸的情景還歷歷在目。

線上溝通與自我

1995 年以來，電腦媒介溝通（computer-mediated communication, CMC）方興未艾，日益普及。社會大眾開始用電子郵件、即時通、加入聊天室與興趣團體、個人網頁和社交網絡（如：臉書）等交流溝通。本節將討論 CMC 與其他溝通方式的關係，並另闢一節討論 CMC 在自我表現上扮演的角色。這裡的重點放在 CMC 對自我發展的潛在影響。

自我深受他人回饋的影響。我們迄今談的回饋都是面對面的互動，不過 CMC 和「現實生活」的差異在於：CMC 的互動對象並不在現場，因而看不到對方的非語言線索（如：臉部表情、肢體語言、副語言線索等）（Zhao, 2005）。這些線索常是我們用來評估他人回饋的暗號；沒有這些線索，評估他人話語意義的難度提高不少。因此我們會更懷疑他人訊息的可信度，比較不會用那些訊息當作「鏡子」。但另一方面，青少年卻是 CMC 的愛用者（Ramirez & Broneck, 2009），這段時期也是他人的回饋特別重要的時期。

經由線上互動建構出來的自我可說是**數位自我**（digital self），它具有四個特徵（Zhao, 2005）。第一，**內心導向**（inwardly oriented），即人們使用 CMC 傾訴內心世界的想法與感受。第二，就像一般生活的自我一樣，是**敘事**（narrative）或一個故事。也就是說，他人一樣期待網友的線上自我表現要連貫一致。第三，**可撤銷的**（retractable）。在現實世界裡，縱使擁有不同面向的自我，但仍只有一副身軀，沒有辦法隨意脫離。但在 CMC 裡，只要按下「刪除」（delete）一鍵，所有的自我都消失了（或至少不是大家原來看到的內容）。撤銷自我在某種程度上可說是相當沒有成本效益的事，因為個體已經投注許多時間和資源來經營，從中獲得珍貴的酬賞。最後，數位自我是**多面向的**（multiplied），一個人可以塑造好幾種多樣化的自我。根

據一項調查研究顯示，使用 CMC 的青少年，超過半數擁有一個以上的暱稱或 e-mail 帳號（Lenhart, Rainie, & Lewis, 2001）。數位自我不受限於地域和機構；形形色色的人，不管特殊族群或被汙名化的人，如乳癌倖存者、被性別認同或性取向議題折磨的人等，都可以在線上找到際遇相似的談話對象，組成支持網絡。

　　研究顯示線上自我揭露的訊息通常是表面泛泛的訊息。研究 18～39 歲的在學生和 18～37 歲的非在學學生後，發現他們更願意揭露的訊息是興趣，而非信仰和私人感情（Attrill & Jalil, 2011）。如此一來就限制了個人得到的回饋，及其對自我的影響力。

　　線上互動的他人對我們的影響力，依彼此的關係本質而定（Zhao, 2005）。有些根本是我們不認識的陌生人。與陌生人互動通常不會影響到自我，除非是線上支持網絡的成員。有些是線上和現實世界都認識的人。如果這些人是你的「重要他人」、是獲取回饋的對象、是會見面和線上互動的朋友，他們對自我的影響力就很大。第三種是只在線上互動的人。這些關係的親密程度和維繫時間變異極大；親密、長期的關係才是最具影響力的關係。

自我評價

　　他人對我們的看法，通常隱含正面或負面的評價。這些評價成了我們建構自我的一部分。他人評為好的行為有助於形成正向的自我概念，相反地，若他人對我們的行為不表贊同甚至加以處罰，自我概念就會轉而負向消極。

　　思考自己的角色表現是否適當、是否達到個人設立的標準時，我們也會形成自我評價（self-evaluation）。自我評價的重點最常放在能力成就、自我決定、道德價值或言行一致。自我評價也會影響表現角色認同的方式。例如，認為自己有能力的音樂家，會比認為自己還不夠好的音樂家，更加鍥而不捨地尋找公開演奏的機會。自我評價的重要性不言自明，本章稍後會再詳加論述。

認同：我們所認識的自己

　　艾琳形容自己是人類、女兒、學生、情人和創作者。這是她認識的自己，擁有許多特定身分認同的自我。**身分認同**（identity）意指自己和他人對自我賦予的意義（Gecas & Burke, 1995）。思考自己的身分認同時，實際上會想到的是各種想付諸實

125

踐的行動計畫。例如當艾琳說自己是學生時，腦海裡浮現的是該去上課、寫報告、考試等等。如果艾琳不想做這些事，就不能說自己具有學生的身分認同。

本節要討論跟自我有關的四個問題：（1）我們擔任的角色如何影響自我認同？（2）身為團體的一分子，如何影響我們所認識的自己？（3）有哪些證據顯示我們所認識的自己，其實是根據他人的反應而來？（4）自我的各個面向是如何隨情境改變的？

●● 角色認同

每個人在社會上都擔任各種不同的角色——學生、朋友、子女、消費者等，也就是扮演各種不同的社會角色。透過觀察自身行為和他人對我們擔任角色的反應，我們據此建構認同。因為擔任的角色不一，使得我們對自己的認識（即認同）出現些微差異。由於這些認同都涉及擔任某角色，因而稱為**角色認同**（role identities）。角色認同依個人所在的社會地位而定。因此，我們所認識的自己，基本上和我們在社會上扮演的角色有關。它反映出社會結構和我們所處的位置（McCall & Simmons, 1978; Stryker, 1980）。角色認同強調社會結構對自我的影響，乃是透過與互補角色的互惠關係而來。

角色認同的內涵完全受社會角色期待擺布嗎？當然不是。以社會對大學教授的角色期待為例：有些教授喜歡講課，有些則喜歡帶領學生討論；有些教授會鼓勵學生發問，有些則不喜歡學生問東問西。從這個例子可看出，角色期待仍留給個體即興創作角色表現的空間。因此，說人是在「創造」角色，也就是塑造角色，而不是一成不變地遵守角色期待還比較正確（Turner, 1978）。但社會期許的確會左右角色表現的目標，例如教師必須以師生都同意的方式上課（Burke, 2004）。

有幾個因素會影響角色塑造的手法。社會傳統的角色期待早已設定好一套普遍適用的框架，如學生必須繳交作業。處於互補角色的個體也會對該角色寄予期許。假設你是克雷特教授班上的學生，要撰寫 15 頁的文獻回顧與研究計畫報告。在這些期待設定的範圍內，你可以依個人現在的角色成就展現個性與能力。例如，選擇自己感興趣的主題、強調你的優勢並避開弱點。也可以為了讓觀眾印象深刻（比方說：用克雷特教授喜歡的風格撰寫報告），刻意塑造你的角色表現。最後，你調整不同的表現以維持一貫的水準（報告品質和其他科目一致）。由於每個人都以獨一無二、各具特色的方式塑造角色，因此就算所處的社會位置相似，角色認同多少也會不一樣。亦即同

樣具有學生、球員等角色的人，角色認同未必如出一轍。

人在描述自己時，常會提到個人的人際行為風格（內向、冷酷），以彰顯自己獨特的角色表現模樣；也有人會用情緒或心理狀態的形容詞（樂觀、喜怒無常）說明表現的特色。個人有其偏好的角色認同表現方式，例如，認為自己是音樂家的人，會因喜歡的是巴哈或搖滾樂，而有不同的角色認同。我們最早認識的自我面向——身體意象，其重要性貫穿人的一生。此外，自我也會延伸到我們所擁有的身外之物，如：穿著、房屋、車子、音樂專輯等等（James, 1890）。

●● 社會認同

認同的第二個來源是隸屬於以某些標準分類的社會團體，如：性別、國籍、種族、性偏好或政治立場等（Howard, 2000）。以社會團體的特性來界定自我，稱為社會認同（social identity）（Hogg, Terry, & White, 1995; Tajfel & Turner, 1979）。每個人皆因具備某些特性，而與特定團體產生關聯。這些特性彰顯該團體的特色，如：芝加哥公牛隊球迷愛吶喊尖叫、女人是情緒化的生物等。如果你自認為是團體的一員，這些特性就會成為思考、情緒和行動的準則。與他人互動時，不管有沒有其他團體成員在場，只要你認為這些特性很重要，它們也會成為你的自我。研究顯示自我的認知表現和個人隸屬團體的認知表現有密切的關聯（Smith & Henry, 1996）。社會認同強調社會結構對自我的影響，乃是由社會團體共同界定（Deaux & Martin, 2003）。注意，就算沒有跟團體其他成員互動，個體一樣可以自認是團體的一員。

社會團體的定義，有部分是參照其他團體。提到共和黨青年，少不了拿社會黨青年或民主黨青年出來比較；講到美國社會的男性，一定也會談到女性。因此，若以身為某一團體成員作為定義自我的主要依據時，對相關外團體的印象也會變得深刻。此舉常會產生加重效應（accentuation effect）——過於強調外團體的差異和不利的評價（Hogg, 2013）。因此，對不同性別、種族或宗教團體成員的負面刻板印象，通常和個人的自我概念脫不了關係。研究顯示，團體成員間的對話，有強化內團體偏私和外團體敵視的現象（Harasty, 1997）。

127

●● 自我概念形成的相關研究

本章已說明兩個重要的理論概念：（1）自我基模的形成，和選用的角色與社會

認同有關；（2）自我概念受社會互動過程中重要他人反應的影響。上述概念一向是實徵研究的重點。

選用的角色與社會認同

自我基模的形成，部分來自個人選用的身分。要選用什麼身分，得看文化提供哪些機會。其中一種文化差異即為個人主義或集體主義文化（Triandis, 1989）。個人主義的文化重視個人的成就和與之有關的身分，如：總統、隊長、理想主義者和頂尖選手。集體主義文化強調增進團體的福祉和與之有關的身分，如：兒子（家庭）、天主教徒（宗教）、義大利人（種族）和美國人。根據研究，身處個人主義文化（如美國）的個體，自我基模選用較多個別身分；而身處集體主義文化的個體，自我基模則包含較多和團體有關的身分（Triandis, McCusker, & Hui, 1990）。

選用某一角色身分，意即成為團體或組織的一分子。研究高山救難志工隊的成員，發現會員身分經歷三個階段：新成員、周邊成員、核心成員（Lois, 2003）。新成員的動機通常是想認識同好、培養戶外求生技巧，或想成為他人心目中的英雄。為了得到隊友的認可，轉成周邊成員，他們必須克制自以為是的態度和行為，明白團隊的重要性，也要學習生存技能與救援技術，展現謙虛和毅力的品格。若想再進一步成為核心成員，他們必須願意承擔團隊賦予的角色（即便是單調乏味的角色），並證明具備領導訓練的能力。漸次通過這些階段的成員慢慢培養出「一體感」，會員身分也變成重要的社會認同。他們是因為這樣才成了團隊裡盡心盡力的英雄人物，而不是靠著個人英雄主義式的表演行為。

選用某一社會認同牽涉到自我歸類（認定自己屬於某一社會類別，如：亞裔、非裔、女性主義者）（Stets & Burke, 2000）。擔任某一角色身分，意即行為要符合該角色。同樣的，認同某一社會身分，也就是要接受它的穿著風格、行為舉止和與之有關的想法理念。能否成為該社會身分的一員，需取得該類別其他成員的共識（Wong, 2002）。至於個體能否聲稱自己隸屬於哪一社會類別的身分，得視成為該團體一員的難易度，如：姓氏或膚色等（Lau, 1989），也要看該團體或類別在社會上的地位與能見度。

反映評價

認為個體是在社會互動時，從覺察他人的反應中形成自我基模的理論觀點，稱為**反映評價**（reflected appraisal）。這方面的研究（Marsh, Barnes, & Hocevar, 1985;

© Tommy LaPorte/Icon SMI/Corbis

社會認同通常藉由穿著印有團體名稱或符號標誌的衣著來展現。

Miyamoto & Dornbusch, 1956）通常是比較個體對各種不同特質（如：智力、自信心、外貌等）的自我評價，以及知覺他人的看法，兩者間有何差異。研究也與他人眼中真實的自我做比較。結果支持了這一假設，即比起他人實際的看法，個體知覺他人的反應，才是影響自我概念形成的關鍵（Felson, 1989）。研究者請 12 歲與 14 歲的青少年描述自己，並自選一位父母親、老師和同儕來描述他，結果發現本人／父母、本人／老師、本人／同儕的描述一致程度，隨年齡增長漸趨相近，但女孩的差異程度較男孩為大（van Aken, van Lieshout, & Haselager, 1996）。

　　研究者也把重點放在不同重要他人對個體特定角色或面向的評價。Felson（1985; Felson & Reed, 1986）研究父母與同儕對四到八年級學生的學業能力、運動能力、外表吸引力等自我知覺的相對影響力。研究結果顯示父母親會影響孩子在學業與運動能力方面的自我評價，而同儕的看法則會左右個人對外貌的評價。外表吸引力的其中一個面向是體重。雖然體重有客觀的測量標準（磅、公斤，或體重身高比），但過胖、過瘦、剛剛好等評價卻由社會判斷，成為自我概念的一部分。青春期健康研究蒐集 6,500 位青少年對體重的自我評價，同時也蒐集父母和醫師的評價報告（Levinson,

129

Powell, & Steelman, 1986）。這群青少年一般都不滿意自己的體重，男孩覺得自己太瘦，女孩則覺得自己太胖。雙親的評價會大大影響男孩和女孩對自己的看法，但醫師的評價則無關緊要。大規模抽樣研究年輕成年運動選手後，發現對運動能力的自我知覺，強烈受到教練、隊友和雙親的影響（Trouilloud & Amiel, 2011）。不過，運動員對未來的看法則和他人的評價呈負相關。

研究已婚育有一子夫妻的自我評價與配偶評價，在照顧幼兒（傳統女性）與賺錢養家（傳統男性）兩種育兒行為上的相對影響力（Maurer, Pleck, & Rane, 2001）。該研究的假設是：自我評價對合於性別角色的行為（男性賺錢養家，女性照顧幼兒）較具影響力，但配偶評價則對非傳統的性別角色行為（男性照顧幼兒，女性賺錢養家）較具影響力。研究結果與假設相去不遠。也就是說，對角色知之甚詳者的評價，影響力更形重要。

一般說來，個人的自我評價與覺知他人的評價密切相關，而非他人實際的評價。為什麼會這樣呢？有三個特別重要的原因。第一，他人鮮少提供完整且真實的回饋。第二，我們得到的回饋通常前後不一，甚至自相矛盾。第三，回饋通常曖昧不明，難以解讀。如：各種姿勢（聳肩）、臉部表情（微笑）或意有所指的言論（「那很好呀」）。基於上述種種原因，使得我們很難確知他人真實的反應。於是，我們必須靠自己的理解來建構自我概念（Schrauger & Schoeneman, 1979）。

自我評價和覺知他人的反應，兩者雖有關聯，但無從證實彼此的因果關係。然而，從下述的研究中的確可看出端倪（Mannheim, 1966）。研究者請大學住宿生自我描述，並陳述別人對他們的看法。數個月後再測量他們的自我概念。研究進行期間，學生的自我概念逐漸與覺知到的他人看法趨於一致，行為亦隨之改變。同樣的，長期研究行為偏差的青少年，可發現認為自己的子女是不良少年的父母親，子女接下來也會自我評價為不良少年；自認是不良少年的人，其後常表現偏差行為（Matsueda, 1992）。

認同與多元種族血統

在一個種族多元的社會裡，依據種族血統而形成社會認同，是自我基模重要的組成成分。根據反映評價模式，對他人反應的覺知，才是影響自我知覺的關鍵。同樣的，能否順利選用某一身分，亦需得到他人的接納認可。因此，影響種族認同的一個重要因素，在於他人對其外表特徵的反應。有些人的種族身分相當明顯，可用膚色、符合刻板印象的外表特徵來辨識（如：看起來就像亞裔、非裔或白人）。但有些人的

種族身分曖昧不明，從外表看不出來，常被「你是哪裡人？」這種問題弄得不堪其擾（Navarro, 2005）。為研究多元種族認同，Khanna（2004）尋訪各有一位華人和白人雙親的成人。她的研究假設是：外表的顯著特徵（別人認為你是華人還是白人？）最能影響種族認同。但外表特徵不明顯的人呢？Khanna 的研究假設是：文化刺激、語言熟練度、飲食習慣和節日慶典等，是影響認同選擇的因素。這兩個假設都獲得證實。一項針對加州大學洛杉磯分校（UCLA）數百位亞裔和拉美裔學生的研究，發現在家說母語和高中時期與同一族裔的學生做朋友，是種族認同感強烈的兩個主要預測因子（Sears, Fu, Henry, & Bui, 2003）。

●● 情境自我

若要描述我們自己在不同場合的行為表現，所述及的身分、個性和自我評價可能不會一模一樣。這並非陳述有誤，而是反映出能夠覺察到的自我面向與事件，乃隨情境而定。**情境自我**（situated self）即是選取某些身分、個性和自我評價，成為自我概念的部分集合，是在某特定情境下才會展現的自我（Hewitt, 1997）。Markus 與 Wurf（1987）稱這種當下、主動、信手選用的自我表現為**運作中的自我概念**（working self-concept）。

特殊的場合或活動，易使某些自我概念凸顯為情境自我。設想一位黑人女性，她同時具備黑人與女性兩種重要的自我概念。與黑人男性互動時，她比較會認為自己是女性；但與白人女性互動時，則比較會意識到自己是黑人。同理，性別是否會成為她的情境自我，端視在場人士的性別而定（Cota & Dion, 1986）。把男女大學生分派到已有兩位異性學生的組別，其後在自我描述中提及性別的比率，遠高於置身在全是男性或女性成員的組別。由此可見，在某社交場合顯得特別的自我概念，容易成為情境自我。

我們從事的活動也會決定哪些自我概念能成為情境自我。例如，求職面試時要展現能力優秀的一面，聚會的場合則要特意打扮外表。想像與實際互動時的自我總與情境相呼應，因為情境特徵和活動需求，會讓某些獨特的自我概念躍上檯面。

認同：我們所扮演的自己

自我是如何影響社會行為的規劃與調節？答案通常是：我們會有動力去計畫與表現可以鞏固和強化認同的行為（Burke & Reitzes, 1981; Markus & Wurf, 1987）。為闡釋這個答案，本節將進一步探討下面三個問題：（1）行為與特定的認同有何關聯？（2）在這麼多不同的認同中，我們是如何選擇其中一個來扮演？（3）認同如何整合行為，使其趨向一致？

●● 認同與行為

我們每天都要做出許多決定，多數決定會影響我們的行為。這些決定或多或少受利己主義（egotism）影響——亦即過分誇大自己的重要性。一項研究重大生活決定（選擇居住地、生涯方向等）的結果指出，我們的決定甚至會受名字影響（Pelham, Mirenberg, & Jones, 2002），也就是偏向選擇和自己名字相似的地方與行業。根據這項研究，也難怪蘇西（Susie）會在海邊（seashore）賣貝殼（seashells）。

個體的行為表現會與重要的認同漸趨一致，或表現出強化此一認同的行為。長期研究 800 位七年級、九年級和十一年級學生自認為「人緣佳」和「麻煩人物」的程度（從「一點也不像」到「跟我很像」）。研究者預測七年級時期的認同，和七年級與九年級時期的初次性行為有關。自認「人緣佳」和自認「麻煩人物」的男孩與提早發生性行為有關；認同自己是「麻煩人物」的七年級女孩，也與早熟性行為相關（Longmore, Manning, & Giordano, 2006）。

認同與行為之間因意義相通而產生關聯（Burke & Reitzes, 1981）。如果團體的成員一致同意某一特定身分和行為的意義，就能更有效率地調整自身的行為。他們規劃、啟動和控制行為，形成建立該身分認同所需的意義。但若成員對意義的看法無法達成共識，就很難據此建立個人偏好的認同。例如，即使艾曼妮自認競爭力和女人味無關，但處在認為女性不該具有競爭力的同儕面前，她恐怕還是難以建立起女性的身分認同。

根據認同控制理論（identity control theory）（Burke, 1991），行動者會以個人身分認同的社會意義作為參照點，判斷當下的狀況。其他人的身分認同和情境因素也享

有共同的意義。行動者會根據他人是否保有一致的身分認同，來評估他們的行為和情境因素。後續的行為表現都是為了維持個人在這個情境下的身分認同。身分認同的共同意義就像溫度調節器，如果反映評價或情境因素和身分認同不一致，行動者也會想方設法讓行為表現趨於一致（Smith-Lovin & Robinson, 2006）。

試想一位女性的身分認同是「為他人著想的教授」。當她的學生準時繳交作業時，她的身分認同會得到增強。就算偶爾有某位勤奮用功的學生要求延後繳交期限，答應這項要求依然符合她「為人著想」的身分認同。但如果有很多位學生用牽強的理由要求寬限數日，她可能會斷然拒絕對任何人網開一面，以凸顯她「教授」的身分。

既然角色認同的要素、行動和其他各種身分的意義多有共通之處，Burke 與其他研究者運用量化技術加以評估。經過 Osgood 的調整後（Osgood, Suci, & Tannenbaum, 1957），發展出以情感（affect）、評價（evaluation）與效力（potency）等向度評估認同要素或行動意義的工具。研究者可藉此比較各個角色、團體或文化的價值觀，來評估背景脈絡對意義的影響。

社會認同和團體類別或團體成員身分息息相關。與類別和團體有關的意義或刻板印象數不勝數，因此，宣稱認同某一社會身分，勢必要承受這些刻板印象加諸在身上而引發的壓力，這對行為的影響力不可小覷。我們會自發地表現與正面刻板印象有關的行為或特質，例如跟「素食主義」有關的食物偏好。另一方面，我們會避免做出和討厭的外團體有關的行為。研究發現美國原住民、非裔和墨西哥裔的大學生和八年級學生，都認為健康的生活習慣（如：均衡的飲食、運動等）是白人和中產階級人士的做法，他們才不願意仿效。少數族群的學生更易認同不健康、但卻與內團體的身分認同相符的行為（Oyserman, Fryberg, & Yoder, 2007）。

我們的行為也會受到負面刻板印象的影響。**刻板印象威脅**（stereotype threat）意指個體因隸屬某一團體，使其自我特質蒙受負面刻板印象的情況（見第 5 章）。例如，黑人的學業成就之所以低落，原因在於他們認為別人老是把他們當成笨蛋，由此產生的焦慮反而妨礙他們的學習表現。

另一方面，某些團體成員會公然違抗世人對該團體的刻板印象。前面提到個人有別於他人的特點，會更容易納入到自我概念裡。的確，研究亦顯示人們也常將與刻板印象背道而馳、異乎尋常的行為表現納入自我基模裡（von Hippel, Hawkins, & Schooler, 2001）。

133

●● 選擇扮演某一身分

每個人都擁有許多不同的身分，每種身分各有相應的行為表現。不過，這些行為表現往往無法同時兼顧，或在某場合中配合得恰到好處。例如，家族聚會的時候，既想扮演父母的乖小孩，又想聲稱自己是有前途的饒舌歌手，或想給在場親戚妙語如珠的印象。這些相異的身分使得你面對賓客時，表現出截然不同甚至南轅北轍的應對方式。有哪些因素會影響我們決定扮演某一身分、而非扮演另一身分呢？有幾個因素會左右我們的選擇。

認同階層

我們所扮演的諸多不同角色身分，其重要性並非旗鼓相當。相反的，我們會根據它們的**顯著性**（salience）——即與自我基模的相對重要性——組織排序成階層結構。這個階層強力主導我們選擇扮演哪一身分（McCall & Simmons, 1978; Stryker, 1980）。第一，某身分認同越顯著，就越常參加能彰顯該身分的活動（Stryker & Serpe, 1981）。第二，某身分認同越顯著，就越知悉能提供扮演該身分的機會。例如，有心成為饒舌歌手，會認為家族聚會是大展歌喉的時機。第三，會主動尋找可以扮演顯著身分的機會（如：加入歡唱性社團）。第四，更願意遵守自認重要身分的角色期待。

有哪些因素會讓某一特殊的身分位居認同階層的中樞或邊緣位置呢？一般而言，角色身分的重要性受到下列因素影響：（1）花了多少資源來構築這個身分（例如：投注相當多的時間、精力、金錢學習當雕刻家）；（2）這個身分能得到多少外在酬賞（例如：作品被收藏家購買、被評論家肯定）；（3）這個身分能得到多少內在酬賞（例如：雕刻時得到的成就感與美感經驗）；（4）扮演好這個身分能提升多少自尊（例如：成為一位優秀的雕刻家對自我評價的提升程度）。扮演不同身分時，各個身分的重要性會因互動的多寡與經驗的成敗而隨之變動。

社交網絡

每個人都是社會關係網絡中的一分子。這些關係存在與否，取決於我們是否仍繼續持有某一角色身分。依賴某角色身分建立起來的關係越是重要和複雜，我們對該角色身分的投入程度就越高（Callero, 1985）。例如，假設你的角色是學生，你的許多社交關係——包括室友、朋友、老師、情侶等，都是因為你還具備學生身分的緣故。

如果離開學校，等於生命空缺了一大塊。由於對學生這個角色相當投入和認同，也難怪許多學生被迫離開學校時，對他們來說可是一大創傷經驗。

對某一角色身分越是投入，它在認同階層上的重要性越是顯著。例如，對熱衷參與宗教活動的成年人來說，它是維持日常社交關係的重要聚會，因此宗教身分在階層上的重要性不亞於雙親、配偶和同事身分（Stryker & Serpe, 1981）。同理，大學生也會依不同身分（如：學生、朋友、兒女、運動員、信徒、約會對象）在維繫社會關係的重要性上，決定排序的順位（Hoelter, 1983）。

線上社群網絡也提供我們扮演其他身分的機會。有些社群可以讓我們扮演專業身分並獲取回饋，如：社會心理學聯絡網（Social Psychology Network, SPN）或領英（LinkedIn）。其他如 eHarmony 或 Chemistry 等約會網站則提供邂逅未來伴侶和親密關係的平臺。顯然，你上傳到領英（LinkedIn）的訊息，一定和無性戀能見度與教育網絡（Asexuality Visibility and Education Network, AVEN）上的內容有天壤之別！

認同獲得支持的需求

我們會因近來某些身分受到質疑之故，而特別想展演這些身分。例如，假設某人最近鮮少出門約會，此人可能會精心策劃一些行動，好讓別人知道他（她）仍深具魅力。有時我們也會特意扮演能滿足內在需求（如：成就感）或獲得外在酬賞（如：讚美）的身分。例如，經過數小時的苦讀後，好想有個輕鬆無負擔的社交接觸，因此就跑到學生活動中心或酒吧找人聊天殺時間，讓自己痛快開懷一番。

情境機會

社會情境限制重重，僅能讓我們扮演某些有用的身分，其他則隱身幕後。因此，在某一特定場合裡該選擇什麼身分，需視當時的情境能提供何種表現的機會而定。儘管你的顯著身分認同是音樂家，但若沒人想聽你的音樂，你也只能徒呼負負，沒有表現音樂家身分的機會。

Kenrick、McCreath、Govern、King 與 Bordin（1990）以一系列的研究，請學生評定在六個情境下，不同的個人特質能發揮到何種程度。這些特質包括：適應力、主導性、認知能力、討人喜歡、社會控制與社交傾向。受訪學生一致同意學術場合適合展現認知能力，但不宜在娛樂場合賣弄聰明。運動場合和職場適合表現主導行為，但在宗教場合則是舉止失當。最後，娛樂場合可伺機展現適應能力與社交傾向，但在教堂裡就不妥。

　　能否展現某一身分，有時得看別人是否提供機會。有沒有機會，取決於行動者的看法或握有決定權的人。在此情況下，究竟要當專才還是通才呢？想獲得受邀參加派對的機會，是要營造「宴會高手」的印象，還是做個聰明、友善、溫暖的人？有個研究設計試圖回答這個問題。研究者檢視美國演員的生涯，特別是有機會在往後獲得演出角色的影片（Zuckerman, Kim, Ukanwa, von Rittman, 2003）。研究發現角色專攻的確能增加新人取得演出的機會，但對資深演員來說，反而阻礙星途。結論是：當你還默默無聞時，最好是學有專精，方能爭取到更多表現的機會；等到你赫赫有名，多才多藝會讓你比專才專用更為搶手。

●● **認同一致性**

　　雖然自我包含多種身分認同，但我們通常認為自己是一個統整的個體。原因之一是顯著性階層的影響，另一個原因是我們會採用數種策略來證實我們對自己的看法。

© Ed Kashi/VII/Corbis

某個身分認同在我們的心目中越重要，我們的行為表現越會趨向一致，不管他人怎麼想都無法動搖。從這位高中生與眾不同的穿著，即可看出宗教身分對她而言有多重要。

顯著性階層

最顯著的身分認同讓我們的行為呈現一貫的作風和優先順序，使行為具有連續性和統整性。顯著性階層幫助我們從那麼多的身分認同中，建構出一體的自我感。

認同階層以三種方式影響行為的一致性。第一，階層是我們選擇應該加入或迴避某情境的判斷基準。研究大學生的日常生活（Emmons, Diener, & Larsen, 1986），發現每位學生自有一套清楚的人際互動選擇與迴避模式。這些模式和他們的特質（如：社交性）不謀而合。

第二，階層讓不同情境的行為維持一致性。研究者請每位參與者報告這一個月來，在不同情境下 10 種情緒狀態與 10 種行為反應的程度（Emmons & Diener, 1986）。結果顯示即使情境殊異，一致性的程度仍相當明顯。

第三，階層讓不同時間的行為維持一致性。Serpe（1987）抽樣研究 310 位大一新生，蒐集第一學期三個時間點的資料。調查測量每個時間點上，學業能力、運動／休閒參與、課外活動參與、個人參與（友誼）、約會等五種認同的顯著性。結果發現顯著性普遍呈現穩定不變的模式。容易生變的身分（如：約會），較有可能發生顯著性變動的情況。

雖然自我概念隨時間呈一致不變的現象，但它仍有可能發生變化（Demo, 1992）。生命轉折會改變我們的處境，承擔更多角色，或必須接受新的角色，造成顯著性階層變動。例如處於青春期和退休期，自我的統合感鬆動，茫然不知該如何行動，這就是所謂的**認同危機**（identity crisis）（Erikson, 1968）。要克服這樣的混淆，必須重新組織認同階層，把較多的重心放在新的身分，或維持既有的社會地位。例如，已退休者可以培養新的嗜好（如：園藝）和繼續經營社交關係（如：成為睿智的健談者），成功地調整階層順序。

自我驗證策略（Self-Verification Strategies）

我們之所以在不同的時間和情境都能維持行為的一致性，是因為用了幾個策略來驗證我們的自我知覺（Banaji & Prentice, 1994）。

策略之一是表現出能讓他人肯定我們的行為。首先，選擇互動對象，即挑選志同道合的人做朋友、室友或伴侶。第二，展現身分線索，誘發他人身分確認的行動。例如在醫院裡，多數人會認為穿著白袍的中年人就是醫生。第三，表現能強化宣示身分的行為，特別是當身分受到挑戰時。在一項研究中，面對一群自認沒有種族偏見的白

136

人學生，研究者故意誘導他們相信自己對黑人仍存有偏見。接下來安排黑人乞丐向他們乞討。這群平等主義身分受到挑戰的白人學生會比沒有受到質疑的學生，施捨黑人乞丐更多的錢（Dutton & Lake, 1973）。

另一種策略是處理從他人那裡得到的回饋，好讓他人的回應看似支持我們的自我概念，詳見下節的說明。

自我驗證策略的限制如下。有時我們也想得知他人對我們能力的正確評價，或想知道對方對彼此互動關係的看法。若想獲得正確的評價，須同時具備足夠的認知能力（注意力、精力），能將他人的回饋和自我表現方式做一比較（Swann & Schroeder, 1995）。這樣的評估會引發行為變化，如：朝設定好的目標或期望達成的身分前進，或改變自我表現的方式。

●● 自我覺察與自我落差

這一節要來討論自我影響行為的兩種方式，包括：（1）自我的注意力如何影響認同與行為的關係；（2）自我落差的效應對情緒狀態與行為的影響。

自我覺察的效應

和朋友一起吃飯、讀書或交談時，你的注意力通常全神貫注在周遭這些人事物上。不過，若抬頭一看，發現攝影師把鏡頭對著你猛拍；又或者你突然發現自己的身影映照在一面鏡子裡。在這種情況下，你的表現會是如何呢？此時，多數人方意識到自我的存在，進入**自我覺察**（self-awareness）的狀態──也就是自我成了注意力投注的對象，在意起自身的外表、行動和想法，相當於前面提到的，把「我」（me）當成行動的對象（Mead, 1934）。

會讓人自我覺察升高的情境數不勝數。鏡子、相機、錄音機等，都會引發自我覺察，因為這些儀器直截了當地把自我攤在我們面前。不熟悉的環境和在公共場合出糗也會引發自我覺察，因為這些變數打斷了原本流暢的人際互動。這種情形發生的時候，我們必須更加留意自己的行為，監控行為適切與否，調整行為回到正軌以符合情境的要求。一般說來，凡能使我們意識到自己現在是他人眼中觀察對象的事物，都會提高我們的自我覺察。

自我覺察如何影響行為呢？自我覺察升高時，人會變得比較誠實，更坦率地說出自己的情緒狀態、精神疾病問題與住院治療情形（Gibbons et al., 1985）。大體而

言，具自我覺察的人，其行為表現越符合個人與社會標準（Wicklund, 1975; Wicklund & Frey, 1980）。他們會有意識地監控個人的行為。若缺乏自我覺察，行為就越不假思索或習以為常。這個社會透過個體的自我覺察來達到控制成員的目的（Shibutani, 1961），這是因為人們遵循的標準多半從社會上重要的團體學習而來，使得自我覺察往往成為教化的影響力。

研究發現指出，某些團體會刻意安排可提高個體在公眾面前的自我覺察程度的情境，好增加團體的社會控制能力——例如聚精會神聆聽的觀眾、運用不熟悉的場合、詭異的任務等。有趣的是，許多團體的入會儀式（如兄弟會、姊妹會、軍隊）最會巧妙利用這些情境條件。

自我落差的效應

研究顯示自我基模各要素間的關係，會影響個人的情緒狀態與行為。自我基模的要素有三：真實我（actual）——真正的自己；理想我（ideal）——希望成為的自己；應當我（ought）——理應如此的自己。進行自我評價的時候，通常是以理想我或應當我為參照點。若真實我和理想我相符吻合，會覺得滿意與自豪。但若真實我和理想我或應當我牴觸相反，因而引發不安與苦惱，就會導致**自我落差**（self-discrepancy）（Higgins, 1989）。

根據自我落差理論，這兩種落差類型會產生兩種不同的情緒狀態。真實我／理想我不符的人會沮喪、難過或抑鬱；真實我／應當我不符的人則會害怕、緊張或不安。自我落差理論也預測落差越大，不適感越重。

為檢驗此一假設，研究者（Higgins, Klein, & Strauman, 1985）邀請學生各列出10項真實我、理想我與應當我的特質，隨後比較兩張表單（如真實我／理想我）的差異。兩張表都有列出的特質為符合；若其中一張表列出某一特質，另一張表卻列出與之相反的特質，則判定為不符合。自我落差分數即為不符合的數目減去符合的數目，再用數個問卷測量不適感的程度。結果顯示若真實我／理想我的落差越大，不滿意和沮喪的頻率與強度也隨之升高。若真實我／應當我的差距拉大，恐懼與煩躁頻率與強度則隨之擴大。

自我落差的分數也和多種行為息息相關。研究身體滿意度和飲食障礙的關聯，發現真實我／理想我落差與暴食行為有關；真實我／應當我落差則和厭食行為有關（Strauman, Vookles, Berenstein, Chaiken, & Higgins, 1991）。調查100位女性後發現，落差的數目皆與憂鬱症狀和飲食障礙有關。控制症狀變項後，真實我／可能我

（potential）的落差則與飲食障礙有關（Sawdon, Cooper, & Seabrook, 2007）。研究 112 位女大學生後發現，越常接觸女性瘦身廣告，身體滿意度越差，沮喪感和自尊低落程度更形嚴重。身體意象落差程度高的女性，上述情形發生的可能性隨之提高（Bessenoff, 2006）。

自　尊

　　你對自己抱持正向的態度嗎，還是覺得自己一無是處？總的來說，你覺得自己能幹、成功、重要、有價值嗎？這些問題的答案反映出你的**自尊**（self-esteem），是評量自我概念的要素（Gecas & Burke, 1995）。

　　本節要來討論四個問題：（1）如何評量自尊？（2）自尊的主要來源為何？（3）自尊與行為的關聯為何？（4）我們採取哪些方法來維護自尊？

●● 如何評量自尊

　　個人的整體自尊取決於：（1）哪些特質是構成自尊的條件；（2）如何評量各個特質。某些角色、社會身分與個人特質對我們而言很重要；與自尊有利害關係的自我特質或結果成敗，就是產生**自尊的條件**（contingencies of self-esteem）（Crocker & Wolfe, 2001），其他則無足輕重。例如，或許你自認是個優秀的學生、值得信賴的朋友、無能的運動員、不可靠的員工、不在意自己是巴斯克裔法國人（Basque French）的社會身分。根據理論的解釋，每個身分認同的重要性加權比重後，整體自尊即這些自我評價綜合的結果（Rosenberg, 1965; Sherwood, 1965）。

　　一般說來，我們只能粗略地意識到自己是如何綜合與加權這些條件。如果認為正向評價的身分與特質十分重要，就算承認自己有些缺點，還是能維持高的整體自尊水準。若只看到負面評價的身分，即使擁有再多很棒的特質，整體自尊恐怕也會跟著低落。

　　有幾種方法可用來評量自尊，最常用的測驗工具是「羅斯伯自尊量表」（Rosenberg Self-Esteem Scale）（見表 3.1）。它包含 10 個自我感覺與自我評價方面的題目，評估同意到不同意的程度。第二種是測量內隱自尊（無意識、自動化的自我評價），也就是測量個體對外界事物與自我特質的評價（Greenwald & Farnham,

表 3.1　羅斯伯自尊量表

139

題目	非常同意	同意	不同意	非常不同意
1. 我覺得自己是個有價值的人，至少和別人一樣是有價值的。				
2. 我有很多優點。				
3. 從各方面來說，我是個失敗者。				
4. 我和多數人一樣，可以把事情做好。				
5. 我覺得自己沒有半點自豪之處。				
6. 我對自己有正向的看法。				
7. 整體而言，我很滿意自己。				
8. 我希望我能更看重自己。				
9. 有時我覺得自己很沒用。				
10. 有時我覺得自己很糟。				

計分方式如下：

第 1、2、4、6、7 題

非常同意＝ 3

同意＝ 2

不同意＝ 1

非常不同意＝ 0

第 3、5、8、9、10 題（反向題）

非常同意＝ 0

同意＝ 1

不同意＝ 2

非常不同意＝ 3

分數的意義：

總分在 0 到 30 分之間。15 到 25 分是正常範圍，低於 15 分者為低自尊。

資料來源：Morris Rosenberg, *Society and the Adolescent Self-Image*, 1989. Revised edition. Middletown, CT: Wesleyan University Press.

138　2000）。第三種方法是請受過訓練的編碼者評估個體的自傳故事。編碼者閱讀故事，評估故事中自我欣賞與自信的程度，評分範圍為 0～9 分（Anderson, 2006）。

140　## ●● 自尊的來源

　　為什麼有些人的自尊心高、有些人的自尊心低呢？要回答這個問題，得先思考自尊的三個主要來源——家庭經驗、表現回饋與社會比較。

家庭經驗

　　毋庸置疑，親子關係是自尊發展的重要因素。對國小五、六年級學生的家庭經驗進行大規模的研究後，Coopersmith（1967）發現有四種親職教養行為能增進自尊：（1）對子女表現出接納、慈愛、喜歡的態度，參與孩子的事務；（2）對子女的行為設立清楚的界線，堅定一致地貫徹始終；（3）容許孩子在界線範圍內自由發揮，尊重孩子主動自發的行為（如：允許大一點的孩子自訂上床睡覺時間、讓他們參與家庭活動計畫）；（4）採取非強制性的紀律訓練方式（如：不行使特權、討論原因，而非實施體罰）。這些結果與 5,024 位紐約高中生的代表性樣本研究發現一致（Rosenberg, 1965），也和第二章談到的社會化技巧不謀而合。

　　家庭對自尊的影響驗證了這個觀點：自我概念反映了重要他人對我們的看法。認為自己的爸媽是慈愛、接納、關心、值得信賴、講道理的兒童，也會覺得自己值得被愛、被關心、被信任和被尊重。相反地，認為自己不被爸媽喜愛和接納的兒童，自尊較低落。一項針對青少年的縱貫研究發現，父母親過度指責、批評，容易造成孩子低自尊與心情憂鬱（Robertson & Simons, 1989）。

　　研究也顯示自尊是親子互動的結果（Felson & Zielinski, 1989）。高自尊的兒童，自信心、能力和自制力也較高。這樣的孩子通常也懂得去愛、接納、理性對待和信任他人，從而得到父母親良好的回應，有助於提升自尊。

　　步入青春期後，青少年的整體自尊與特定角色認同的自我評價有關。研究 416 位國小六年級的兒童後發現，自評為運動員、兒子或女兒，以及學生的兒童，整體自尊較為正向（Hoelter, 1986）。同樣地，除了雙親之外，他們的重要他人還擴及朋友與教師。重要他人的意義似乎因性別而不同。研究 1,367 位高三生後發現，朋友的評價對女孩的自尊影響最大，但雙親的評價卻對男孩的自尊影響最大（Hoelter, 1984）。教師的評價對男女生的自尊影響力均排名第二。

不管是通俗（Pipher, 1994）或學術的研究（American Association of University Women, 1992），都主張男性和女性的自尊差距拉大始於青春期。原因眾說紛紜，例如：美國社會貶低女性角色、女孩較在意身體變化與外貌、教師偏袒男生等。後設分析 146,000 名涵蓋各年齡層的研究參與者後，發現男孩的整體自尊在青春期時有擴大跡象，但未達顯著差異（Kling, Hyde, Showers, & Buswell, 1999）。此外，男女間的差異從九年級到十二年級呈下降的趨勢（Falci, 2011），到 30 歲時無顯著性別差異（Erol & Orth, 2011）。

141

表現回饋

他人對我們日常表現水準（無論成功或失敗）的回饋會影響我們的自尊。發現自己是行動的主體，可以讓改變發生，達成目標、克服困境，自尊油然而生（Franks & Marolla, 1976）。換句話說，自尊部分是建基在我們的自我效能——掌控事件的能力和權力（Bandura, 1982c）。由於職位層級低的人（如：店員、沒有特殊專長的工人）行動受限，因而缺乏發展效能自尊的機會。即便如此，人還是會想辦法將種種活動化為目標任務，測試自己的效能，證明自己的能力（Gecas & Schwalbe, 1983）。用這種方式來得到有助於提升自尊的表現回饋。

社會比較

要解讀個人的表現是成功抑或失敗，須時時和自己設定的目標、自我期待、其他人的表現相比較。例如，本來以為數學成績最多只能拿到 C，但意外地卻得到 B，此時會覺得自己的數學能力還不錯嘛。不過，若原先設定的目標是 A， B 這個分數恐怕會動搖自信心。B 對自尊的影響，也要看其他大部分的朋友拿到 A 或 C 而定。

只有少數運動員能贏得奧運金牌，故贏得金牌的選手莫不欣喜萬分。絕大多數的人若要提升自尊，得先具有成為行動主體，克服困境、達成目標的經驗。

© Tim Clayton/Corbis

社會比較（social comparison）對自尊具有決定性的影響。因為從表現而獲得的能力感與價值感，多半出自於拿自己和他人比較的結果。即使是個人設定的目標，也希望和欽佩的對象一樣成功。我們最常接收身邊周遭人士（家人、同儕、教師和同事）的回饋評價，也最常跟相似的人比較（Festinger, 1954; Rosenberg & Simmons, 1972）。由此可推斷少數民族的人若住在與其身分相符的社區，有助於提升自尊，也就是同性質的人聚在一起相濡以沫。長期研究全國非裔族群後發現，若非裔就讀大學的比例增加，畢業後的自尊也會跟著提高（St. C. Oates, 2004）。研究洛杉磯的成年華人，也發現社會背景對自尊的影響。研究參與者的自尊高，和他們身處華人文化，說中文、吃中華料理、慶祝民族節日、長期以來居住在華人社區而非白人社區有關（Schnittker, 2002）。

142

失業在這個社會一向被視為人生的重大失敗。一項調查美國受雇員工的研究顯示，失業有損自尊，但傷害自尊的程度得視社會比較後的結果（Cohn, 1978）。在失業率少的社區，失業者的自尊會大幅滑落；若其他人也跟著失業，自尊受挫的程度較小。從這些差異可看出當前的社會背景，才是界定成功或失敗的關鍵。

●● 自尊與行為

高自尊者的行為表現通常和低自尊者有天壤之別。不過，也毋須高估自尊的影響力（Baumeister, 1998）。

和低自尊者相較，高自尊的兒童、青少年和成人在社交場合中顯得游刃有餘，廣受同儕歡迎。他們對自己的意見和判斷深具信心，較肯定自我（Campbell, 1990）。他們的社交關係活躍、堅定自信、企圖心強烈、學業成績優良。在學期間，高自尊者踴躍參加課外活動，常獲選為領導角色，熱心參與公共事務，有理想的職業抱負，心理健康分數較高（Rosenberg, Schooler, Schoenbach, & Rosenberg, 1995）。高自尊的成人較能因應配偶死亡的壓力，有效處理問題（Johnson, Lund, & Dimond, 1986）。

低自尊者的境遇和高自尊者判若天淵。低自尊者無能應付社交場合、戒慎恐懼、視人際關係為畏途、較少看見他人的優點、受到批評就傷心難過。他們對自己的意見和判斷沒有信心，一遇到反對聲音就退縮讓步。覺得別人會排斥他，拒絕他的想法，也不認為自己有能力達成目標。在學期間，他們自我設限，學業成績低落，極少參與班級事務和課外活動，不受同儕歡迎。低自尊者看起來鬱鬱寡歡，一副垂頭喪氣、無精打采的模樣，較常罹患焦慮症、適應障礙和身心疾病。

　　自尊會影響我們對親密關係事件的歸因。研究者召募戀愛中的男女大學生為受試者，測量他們的自尊，接著請他們想像兩個場景。其中一個場景是伴侶的心情很好，另外一個場景則是伴侶的心情很差。若伴侶心情很糟的原因不明，低自尊者會認為自己該負起責任、覺得被伴侶拒之門外、對伴侶懷有敵意等（Bellavia & Murray, 2003）。

　　這些反差多數從自述自尊高或低的受訪者比較而來，所以很難斷定是否真是自尊的緣故造成了行為差異，抑或相反地，是行為差異造成自尊高低。例如，有可能是高自尊者強力地表述自己的意見，終能說服他人；說服他人的經驗反過來也提高了自尊。因此，應該說自尊與行為交互影響，而非解釋為因果關係較為恰當（Rosenberg, Schooler, & Schoenbach, 1989）。

●● 維護自尊

　　下一次的社會心理學考試，你想拿到 A 還是 C 呢？你的回答部分取決於你的自尊高低。我們總以為每個人都想從他人那裡得到正向回饋，希望別人喜歡自己、想要功成名就，體驗自我提升（self-enhancement）的滋味。如前所述，高自尊者期許自己好好表現，他們也真的辦到了；相反地，低自尊者卻不敢抱太大期望，表現結果也往往不佳。無論自尊高或低，個體都有維護自尊的動機，也就是從得到的回饋中**自我驗證**（self-verification）。高自尊者多半希望能得到可以提升自我的回饋，但某些低自尊者卻想聽到自我貶抑的回饋，好證實自我評價不假。

　　研究小六到八年級的學生，評估他們對自身優缺點的看法，看哪些較顯著。接著請他們選擇想得到自我提升或自我驗證的回饋。這群學生的選擇偏向自我驗證的回饋（Rosen, Principe, & Langlois, 2013）。針對回饋的後設分析研究指出，環境變項大有關係。若被拒絕的風險提高，人就會偏向選擇自我提升的回饋（Kwang & Swann, 2010）。

　　我們常用一些方法來維護自尊，以下將介紹其中四種（McCall & Simmons, 1978）。

操弄評價

　　我們會選擇跟志同道合的人交往，道不同則不相為謀。例如，研究大學姊妹會的互動關係，顯示女生最常和意氣相投、看法相近的人做朋友（Backman & Secord,

143

1962）。以負面眼光看待自己的人，通常也會和輕視自己的人在一起（Swann & Predmore, 1985）。另一種維護自尊的方法是無論真實情況為何，皆把他人的評價往有利或不利的方向解讀。例如，要求大學生填寫類推測驗，然後告訴他們表現結果為優秀、不佳或不告知成績（Jussim, Coleman, & Nassau, 1987）。之後請每位學生填答一份問卷。高自尊者自認他們得到的分數（不管實得分數是高分或低分），都較低自尊者自認的為佳。

選擇性資訊處理

另一個用來維護自尊的方法，是把注意力放在與自我評價相符的事件上。某研究請高自尊者與低自尊者執行一項任務，隨後告訴他們結果為成功抑或失敗。稍後再請他們自我評分，結果卻發現所有參與者的評分都出現偏差。任務成功的高自尊者給自己的分數偏高，任務成功的低自尊者無此現象；任務失敗的低自尊者給自己的分數偏低，任務失敗的高自尊者則否（Schlenker, Weigold, & Hallam, 1990）。

記憶亦可維護自尊。高自尊者較容易回想起美好、盡責、活動圓滿成功的回憶，但低自尊者總想起不堪回首、迴避責任、徒勞無功的回憶。

選擇性社會比較

若缺乏客觀標準評價自身的行為時，我們就會採用社會比較的方式（Festinger, 1954）。仔細挑選比較對象，方有助於維護自尊。我們通常會選擇年齡、性別、職業、社經地位、能力和態度相似的對象來比較（Suls & Miller, 1977; Walsh & Taylor, 1982），而且常把自己評得比朋友還好（Suls, Lemos, & Stewart, 2002），還會刻意避免和畢業生致詞代表、校花或明星球員相比，以免降低自我評價。

選擇性的承諾認同

另一個用來維護自尊的方法，是更加認可與自我概念和自我評價相符的回饋，弱化會動搖自我評價的回饋，如此一來即可維護整體自尊。因為自我評價絕大多數奠基在這些認同與個人特質上，是自尊的必要條件。這個過程也有可能促使我們改變角色，即捨棄和負面回饋有關的角色。

人會賦予特別推崇的身分認同（如：宗教、種族、職業、家庭）更多的重要性，藉此提升自尊（Hoelter, 1983）。若某一社會團體在自尊的構成分量上逐漸加重或減弱時，個體也會因此增加或減少對該團體的認同（Tesser & Campbell, 1983）。

在一項研究中，研究者將學生分派到獲勝或落敗的團隊（Snyder, Lassegard, & Ford, 1986），測量學生對團體的認同程度。結果發現隸屬獲勝一方的學生宣稱自己和團體很親近（即與有榮焉），但落敗一方的學生則與團體保持距離。同樣地，橄欖球隊凱旋而歸的學校，學生自發穿上印製校名衣服的意願，會比輸掉比賽的學校學生高。獲勝學校的學生也會用更認同學校的字詞描述勝況（「我們贏了」）；若學校球隊失利，則會說：「他們輸了」，以此提升或維護自尊（Cialdini, Borden, Thorne, Walker, & Freeman, 1976）。

　　至於那些低自尊者的自我驗證行為則天差地別。就算自己的團隊獲勝，低自尊者仍會貶低自己和團隊的關聯，淡化個人的貢獻。若自己已非團隊的一員，低自尊者反倒會說他和獲勝隊伍有關（Brown, Collins, & Schmidt, 1988）。

　　從上述四種維護自尊的方法，可看出人其實是社會事件的主動處理者，而非被動地接受社會評價，或讓自尊隨社會環境的打壓和吹捧起伏不定。成功和失敗都不會直接影響自尊。上述四種方法證實人會別有用心地選擇和修改事件的意義，使其有利於維護自尊。

自我表現

　　　你在大賣場的食品區閒逛，隔壁攤位的銷售員向你招手，說：「要不要過來參觀一下？我們可以再為您示範一次。」你趨近一看，攤位上堆著瓶瓶罐罐的調味料和一疊疊的蔬菜，還有砧板和一部多功能蔬果調理機。

　　　「讓我很快地為您操作一遍，好嗎？您曾在電視上看過這些產品嗎？很酷哦。您應該沒在星期六的《全美通緝令》節目上看過我吧？這些刀片可是相當鋒利哦。」

　　　削馬鈴薯、切青椒、剁洋蔥，這位銷售員操作起來毫不費力、井井有條。「各位，靠過來一點，幫我衝一下人氣。各位先生女士，來看看哦，不買也沒關係，不勉強的。」許多人開始向攤位靠攏。

　　　切完洋蔥後，銷售員說：「鹽可以用來提味。順道一提，這是我爸留下來的食譜。他是古巴人，我媽是冰島人，千里姻緣一線牽呀。」看見有位女士掏出錢包，他趕緊說：「這位夫人，要不要再往前一點呢？要付現、支票還是信用卡？各位先生女士，趕快過來看，看不用錢。您好，這是找給您的費用。」

146

　　這過程看似簡單，實則不然。站在展示現場之前，銷售員得經過好幾個禮拜的訓練，他們要學習「娛樂型銷售」的販賣手法——一邊展示，一邊收錢、刷卡，整場滔滔不絕，吸引觀眾的目光，再不著痕跡地推銷下一個產品。臺上一分鐘，臺下十年功。但做得好的話，收入可是相當優渥，百萬年薪不是問題。成功的推銷員可說是策略性印象管理的絕佳典範，說他們靠這個吃飯也不為過（National Public Radio, 2002）（見網址 http://www.youtube.com/watch?v=a2HKYGn5oag.）。

　　雖然只有少數人靠訓練有素的印象管理術賺錢，但其實我們都在表現特定的形象。無論是說話方式、穿著打扮、微笑皺眉，都是在主動影響他人對我們的觀感。事實上，印象表現本來就是社會互動的特性。**自我表現**（self-presentation）一詞意指個體意圖在社會互動中操弄他人對自己的印象（Leary, 1995; Leary & Kowalski, 1990; Schlenker & Weigold, 1992）。有些人可以意識到這個過程，有些則否。

　　在某些情況下，釐清何為真實的自我表現、理想的自我表現和策略性的自我表現實屬必要（Baumeister, 1982; Kozielecki, 1984; Swann, 1987）。真實的自我表現是指我們在他人眼中的形象，和我們對自己的看法（真實我）相符一致。理想的自我表現則是想塑造符合自身理想的公眾形象（理想我）。策略性自我表現的重點則是在公眾面前塑造他人期待我們應具備的形象。例如，宣稱自己擁有某些他人看重的特質，但其實自己根本沒有這些特質。

　　策略性的自我表現通常隱含某些不為人知的動機。有些是希望博得他人的好印象來獲取報酬，例如衣冠楚楚的推銷員；有些則想藉此接近某些人物或場合，例如臥底的緝毒探員必須設下圈套、深入虎穴，才能讓自己看起來就像個經驗老到的藥頭，不被壞人起疑。採用策略性的自我表現時，人們在乎的只有表現於外的形象，至於這些形象是否與真實我或理想我相符，則無關緊要。自我表現策略的目的是操控他人的觀感，也就是進行**策略性的印象管理**（tactical impression management）。

　　當然，個體會同時混用這些自我表現手段。例如，某位女士希望她的自我表現大多是表裡如一的（給別人正確的印象），但也希望能隱藏一些小缺點（才能讓別人對她留下好印象）。

147　　　本節將說明人們採用哪些策略，主動出擊影響他人的看法。探討的問題如下：

1. 日常生活中的自我表現內涵為何？有哪些個人或情境因素會影響人際間的自我揭露？

2. 想要展現某一特殊身分時（如：工作量太多的員工、有魅力的約會對象、能力優秀的學生），該採用哪些印象管理策略？有哪些因素會左右我們的選用策略？

3. 該如何察覺他人正在刻意塑造某些形象？有哪些線索可以看出試圖欺瞞他人的印象管理策略？

4. 如果印象管理的策略失效，無法成功塑造出預期的社會身分時，會產生哪些後果？

日常生活中的自我表現

本節重點雖然是真實的自我表現，但在此必須澄清，許多真實的自我表現也涉及策略性的自我表現。我們每天都在營造某些社會形象，時時留意他人是否瞭解和接受。例如，近期失業的人應徵工作時，自然會努力讓面試官留下好的第一印象，聲稱自己具有「高效能」的特質。不過，應徵者必須真心誠意，不可過於矯揉造作，以免日後被雇用時，難以長久維持虛假的形象。

成功的自我表現包括致力於：（1）確定情境的操作型定義；（2）揭露符合身分塑造的個人資訊。接下來將逐一說明這些議題。

●● 情境定義

為使社會互動順利進行，參與其中的人必須瞭解彼此的社會現實。符號互動論（Blumer, 1962; Charon, 1995; Stryker, 1980）主張社會互動若要順暢無礙，人與人之間須有共同的**情境定義**（definition of the situation）──即對環境特徵、目標、行動恰當與否、行為的意義等達成共識。有些互動可透過積極協商事件的意義來建立共同定義（McCall & Simmons, 1978; Stryker & Gottlieb, 1981），有些則需借助早已存在的事件基模來對情境下定義。若事件不足為奇或屢見不鮮，如：上課、求職面試、婚喪喜慶、第一次約會等，事件基模就更加適用了。

要確定情境的操作型定義，須對下面兩個問題達成共識：（1）現在身處哪種社交場合？也就是說，互動的框架是什麼？（2）參與互動的人會宣稱自己擁有哪些身分？他們會互相認可哪些身分？我們將接著探討這些問題。

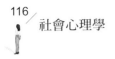

框架

定義情境的第一項要件，即人們要對參與的社交場合類型達成共識。這是婚禮、家族聚會、還是工作面試呢？辨識個人所處的社交場合類型，就稱為**互動的框架**（frame of the interaction）（Goffman, 1974; Manning & Gullum-Swan, 1992）。嚴格說來，**框架**（frame）係指對短暫但頻繁出現的社交場合，設定一套廣為人知或約定俗成的規則，表明該場合中應有哪些角色和合宜的行為舉止。例如，若這是一個名為婚禮的社交場合，我們馬上會聯想到現場一定有新郎、新娘和主婚人，來參加的賓客多半是這對佳偶的親朋好友。當然，此時合宜的行為舉止即是恭賀他們新婚愉快。

一般人參加社交場合前，通常會事先得知互動的框架，或在互動開始後及時進入狀況。不過，若碰到彼此看法不一的情況，則必須協商互動的框架。例如，當父母親帶不服管教的女兒前去就醫，得先跟醫生私下協商討論，這到底是精神科問診，或僅是朋友間的閒話家常。一旦框架確立，往往會限縮行動背後的意義（Gonos, 1977）。如果現場的人把情境定義成精神科問診，青少年開的任何玩笑都會被解釋為疾病症狀的表現，而非無關緊要的笑話。

身分

定義情境的另一個問題是認可彼此的身分和行為表現。也就是說，是否同意彼此看待對方的方式（Baumeister, 1998）。框架會限制個人表明的身分。例如，接受精神科面談的青少年很難宣稱自己是「正常、適應良好的孩子」。如果某位女性員工在求職面試時，說自己是「害羞的新娘」，恐怕會讓人覺得她是個不會看場合的怪人。

每個參與社會互動的人都持有情境身分（situated identity）——意指在情境中與他人互動時表現出來的模樣（Alexander & Rudd, 1984; Alexander & Wiley, 1981）。身分被「建置」在某一特定的情境內，例如，評論電影時塑造出來的身分（「見解深刻的影評家」），和申請貸款時塑造出來的身分（「可靠的朋友」）截然不同。情境身分通常有助於溝通順利進行。因此，就算私底下不以為然，我們有時也會附和他人在公開場合表明的身分（Muedeking, 1992）。例如，為避免無謂的紛爭，你或許會說某位朋友是個值得信賴的人，即使你的心裡並不這麼想。

許多時候，我們的身分對他人而言並非不證自明的，因為他人對我們的看法，早已被先入為主的個人或情境刻板印象影響。這些身分基模偏見誤導他人的觀感，因此，即使想展現真實自我、與自我概念相符的形象，迫於形勢可能還是得表演一

下（Goffman, 1959b）。例如，有些青少年在犯罪後，仍一臉無辜樣。如果被警方攔下盤查時，他們仍表現出漠不關心、毫不在意的調調，就有被拘留或逮捕的風險。但若在警察面前表現出天真無邪、謙恭有禮的態度，躲過拘捕被放行的可能性就提高了（Piliavin & Briar, 1964）。

●● 自我揭露

　　表明真實身分最好的方法，就是揭露個人的訊息。與別人初次見面時，我們通常只會聊安全或表面的話題，很少觸及個人隱私。不過，隨著透露更多私人訊息，包括需求、態度、經驗、抱負、恐懼等之後，我們會越來越熟悉彼此（Archer, 1980）。向他人揭露個人感受與行為的過程，稱為 **自我揭露**（self-disclosure）（Derlega, Metts, Petronio, & Margulis, 1993; Jourard, 1971）。

　　自我揭露通常是 *互來互往* 的雙向過程。以親密程度相當的訊息回應他人揭露的訊息，是普羅大眾接受的社會規範（Rotenberg & Mann, 1986; Taylor & Belgrave, 1986），此即 **自我揭露的互惠原則**（norm of reciprocity in disclosure）。雖然多數人對此奉行不悖，但比起雙方早已熟識許久，欲建立新關係或培養友情時，恪遵揭露互惠原則的情形更為普遍（Davis, 1976; Won-Doornink, 1979）。此外，對初次見面便有好感和深受吸引的對象，我們也會較樂意揭露更多個人的訊息（Collins & Miller, 1994）。

　　自我揭露常能得到他人的喜愛與社會贊許。揭露越多個人訊息的人，比起深藏不露的人，較易贏得他人的好感（Collins & Miller, 1994）。若自我揭露的內容與對方揭露的內容相呼應，更能提升好感度（Daher & Banikiotes, 1976; Davis & Perkowitz, 1979）。

149

這些棋士在相互自我揭露中建立信任感，惺惺相惜。這是相當重要的真實自我表現過程。
© Kali Nine LLC/iStock

雖然自我揭露能引發他人的好感，但揭露太多個人訊息也會招致反效果。自我揭露的內容若出乎聽眾意料，恐會讓人心生不快。例如，自我揭露的深度超過關係的親密程度（對泛泛之交大書特書最近得了膀胱炎），不但無益於強化友情，還可能給人留下輕率冒失或適應欠佳的印象（Cozby, 1972）。同樣地，揭露個人的負面特質（如：曾犯下重罪而鋃鐺入獄），或談論的內容與對方南轅北轍（對不信教的人強調個人的宗教信仰很虔誠），也會讓人敬而遠之（Derlega & Grzelak, 1979）。不斷更新自己的臉書，也可能會揭露太多朋友不是很想知道的訊息。

自我揭露程度和孤單無助感有關，或許早在意料之中。鮮少自我揭露的年輕人，比常自我揭露者，深感寂寞和疏離（Mahon, 1982）。孤單者通常自我表現技巧不佳，不知道該怎麼做才能讓別人更認識他（Solano, Batten, & Parish, 1982）。孤單者的自我揭露方式亦有礙其培養正常的社交關係。

策略性的印象管理

如前所述，自我表現和社會情境息息相關。絕大多數的人都想塑造自己是誠實無欺的形象，也就是與自我概念相容一致。這是一個自動化的過程，有時連本人也不自覺，下意識地付出許多努力（Schlenker, 2003）。

儘管如此，在特定的場合，有些人可能會表現自我特殊的一面，以窄化、誇大或誤導他人的觀感。此種特意、別有用心地操弄資訊以左右印象的動作，稱為**策略性的印象管理**（tactical impression management）。

人們採用策略性印象管理的理由不一（Jones & Pittman, 1982; Tetlock & Manstead, 1985）。有的是希望別人更喜歡自己（討好），有的則想讓人畏懼（恫嚇），要別人尊重我們的能力（自我推銷）、品格（作為楷模），或對我們心懷歉意（懇求）。

自我需要管理的面向之一為控制情緒表現。情境的框架會認定某些情緒表現恰如其分、某些情緒表現失當不妥。服務業員工（如空服員或餐廳侍者），即便遭遇客人的不合理要求或羞辱，也得極力表現彬彬有禮的樣子，壓抑怒氣（Hochschild, 1983）。另一方面，專業的曲棍球員在球場上須展現爆發力，必要時甚至得攻擊對手。學習情緒管理是專業養成教育中相當重要的訓練。例如，殯葬科系的學生必須壓抑個人對遺體、體液和殘軀的負向情緒（Cahill, 1999）。有些情況，如喪偶、失

外表是重要的印象管理。為使印象管理發揮效果，個體在他人眼中的模樣須與其對外宣稱的形象一致。若小丑不化妝、也不穿上奇裝異服，表演者就難以讓兒童相信他是小丑。
© REB Images/Blend Images/Corbis

業等其他難以啟齒的身分或經歷，其引發的強烈情緒往往令當事人不堪負荷。面對失落時，常見的反應是直接攻擊他人（見第 10 章），或轉而尋求治療師、諮商師或支持團體的專業協助。支持團體常藉由重新定義事件（例如，離婚是重新開始、「破繭為蝶」的轉機），賦予身分新的意義，鼓勵當事人表達與團體理念一致的情緒（Francis, 1997）。

　　本節將探討幾種印象管理的策略，特別是：修飾外表、討好他人、勘正行為與代入角色。

●● 修飾外表

　　在意和修飾外表是人之常情。這裡所說的**外表**（appearance），泛指想讓別人看到的一切事物，包括：衣著、打扮、外在行為習慣（如抽菸或嚼口香糖）、個人品味、說話方式（腔調、用字遣詞）、肢體動作等等。透過呈現外表示意他人我們屬於哪種類型的人，同時也透露我們會表現哪些行為（DePaulo, 1992; Stone, 1962）。

151

外貌與裝飾

　　許多人為了打理外表——穿什麼衣服、梳什麼髮型、要不要刮鬍子等等，每天費盡心思，無不希望藉此塑造某種形象。有些情況如：參加重要聚會、觀賞球賽、求職面試等，可靠衣著和配件達到修飾效果。探討女性應徵工作的一項研究顯示（von Baeyer, Sherk, & Zanna, 1981），若讓一群應徵者認為男性面試官的理想女性員工是順從、溫柔等傳統的女性刻板印象，讓另一群應徵者認為男性面試官的理想女性員工是獨立、果斷等非傳統的女性形象。結果顯示應徵者會修飾外表以符合面試官的期待。認為面試官的觀念較傳統的應徵者，會比另外一組的應徵者，更刻意地打扮妝容

與戴上耳環等配件。

外表的另一個重點是毛髮的部位和引人注目的程度。除非你是禿頭，否則美國社會一向要求男女性頭髮要打理得整整齊齊。除了男性之外，女性身體其他部位的毛髮（如腋下或腿部），亦須刮得乾乾淨淨。事實上，不願意除毛的女性反易成為被騷擾和嘲弄的對象（Hawkins, 2004）。不想除毛的女性或許有其個人原則，不願屈從於武斷的儀容規矩，也想讓別人認為她們是具有獨立思考能力的女性。但其他女性的反應卻是：「妳這樣怎麼交得到男朋友？」男性可能會直截了當地問：「妳是女同性戀者嗎？」因此，女性外表若背離常理，易遭他人質疑性取向。

把刺青當作個人裝扮的現象日趨普及。據估計，美國有七百萬民眾的身上有刺青，絕大多數介於 18～40 歲（Knutson, 2002）。數個研究比較有無刺青的大學生，發現 12%～33% 的研究參與者自述身上有一個（含）以上的刺青。有刺青的人，其個性或童年和沒有刺青的人殊無差異（Forbes, 2001）。有刺青的男性和女性自陳較常涉足高危險的活動、使用菸酒和藥物（Drews, Allison, & Probst, 2000; Dukes & Stein, 2011）、較早發生性行為（Gueguen, 2012）。研究調查學生對刺青的反應，發現不管男性或女性，都對身上有明顯可見刺青的女性相當反感（Degelman & Price, 2002）。此外，性別態度保守的受訪者，對女性刺青的反感程度更是明顯（Hawkes, Senn, & Thom, 2004）。

針對 1,400 位高中生的調查研究顯示，9% 的男生和 7% 的女生自陳身上有刺青，42% 的女孩身上有穿洞（不包括耳垂）（Dukes & Stein, 2011）。身體穿洞的女生不愛上學，較常使用藥物。顯然，穿著打扮特異的人，行為也非一般行徑。

個體不只可藉由衣著和化妝打扮塑造形象，也可運用周遭環境的各種道具，如桌上放置的書籍、CD 播放器裡的音樂、飲酒廠牌等等。研究探討住處整潔程度對鄰居住戶觀感的影響，發現不論男性或女性，住處髒亂者在合群、盡責、智力等分數上的評分均顯著低落，但開放程度和神經質分數則較高。這些評比不因評分者的性別而有所差異（Harris & Sachau, 2005）。也就是說，他人會根據我們對周遭的環境安排，評斷個人的性格與興趣。

臺前臺後

Goffman（1959b）曾將印象管理的場所比喻為劇場的前臺與後臺。前臺（front regions）意指在人際互動場合中維持適當的外在言行舉止。例如在餐廳裡，侍者要對顧客微笑，禮貌地招呼客人。後臺（back regions）是在外人看不到的場所恣意地

從這張照片可看出前美國州議員 Anthony Weiner 在記者會上承認他與數位女性交換露骨訊息與相片的神色。當個體宣稱的形象被拆穿時，常會一臉尷尬困窘。
© John Moore/Getty Images

破壞前臺塑造的形象。例如在餐廳的廚房裡，同一位侍者大聲咆哮地清理食物殘渣，甚至模仿顧客的行為。一般說來，後臺是用來準備、排演和改編欲在前臺表演的行為。

前臺與後臺通常有明確的區域界線，就像餐廳廚房的門一樣。這些界線可以阻隔外人進入，防止他們看到後臺的景象，因而能強化印象管理。侵犯這些界線將毀壞別人好不容易建立起來的形象。近年來，政治人物的界線屢屢遭到破壞。無遠弗屆的大眾傳播媒體讓總統、參議員、企業主管等猝不及防。知名人士得在不情願的情況下，在公眾面前發表感想，一舉一動受到矚目。當大眾媒體播送美國總統打嗝、跑步摔倒的畫面，已經讓總統的英雄形象蕩然無存，甚至有三分之一的民眾看不下去，直接關掉電視。在電子媒體問世、侵犯前臺與後臺界線前的傑佛遜總統或林肯總統時代，還比較容易塑造英雄的形象（Meyrowitz, 1985）。

●● 討好他人

絕大多數人都想得到他人的喜愛。受人喜愛不僅讓人心生歡喜，也可能具有獲得升遷和加分的效果，甚至能免於被解雇或當掉。如何說服他人喜歡我們呢？雖然大部分時候我們是真心誠意地待人，但偶爾也想討好他人（ingratiation）——企圖增加他人對我們的好感（Wortman & Linsenmeier, 1977）。早期的理論（Jones, 1964）說這些企圖是有意為之的行為，其後則將定義擴充為因社會學習而產生的不假思索的行動（Jones & Wortman, 1973）。

某些先決條件可讓討好他人進行得更順利。若需靠目標對象來獲取利益，或認定目標對象握有分配利益給喜歡的人的權力，個體就會採取討好他人的策略。尤有甚

者，若目標對象可以隨其喜好分配利益，不受限於規定，個體更會卯足全力取悅對方（Jones, Gergen, Gumpert, & Thibaut, 1965）。若職場角色界定模糊不明，員工不清楚自己的工作表現好壞，就越有可能附和主管的意見，確保自己在主管眼中是個有能力的員工，好贏得報酬獎勵（Kacmar, Carlson, & Bratton, 2004）。

討好他人的策略不可勝數。其中有三種是有意且主動地提升他人對我們的好感度，亦即把焦點放在他人的身上。這三種策略分別是：附和意見（假意在重要議題上同意目標對象的觀點）、吹捧奉承（毫不掩飾地諂媚或恭維目標對象）、懇求籲請（讓他人相信你值得他付出心力）。

附和意見

面對一位擁有自由決定權的目標對象，討好者定會在重要議題上曲意附和、投其所好。這個名為**附和意見**（opinion conformity）的策略經常奏效，因為人總喜歡意見相仿的人（Byrne, 1971）。當然，過於誇張的附和會讓目標對象起疑，因此聰明的討好者懂得在重要議題上附和，但在不重要的議題上持相反意見。

附和意見有時得依目標對象的價值觀來調整說法，而非不明就裡地針對特定意見唯唯是諾。證據顯示，討好老闆的現象，比討好陌生人或朋友更為普遍（Bohra & Pandey, 1984）。然而，根據 69 個研究的後設分析結果（Gordon, 1996），討好上位者（即地位較高者）的效果，比不上討好對等關係（即地位相等者）或下位者（即地位低者）。相較於下位者，上位者明白他人討好的動機並不單純，他們對他人的討好更有警覺心。

吹捧奉承

第二個討好他人的策略是吹捧奉承——亦即巴結目標對象。要使奉承發揮效果，可不能粗心大意或不識時務。早在兩個世紀前，Lord Chesterfield（1774）就指出，人會在想功成名就、但不確定自己能否達到的領域更加用心阿諛奉承。為驗證此一假設，研究者設計了一個實驗，告訴女性受試者她們的主管看重的是工作效率或社交能力（Michener, Plazewski, & Vaske, 1979）。主管是受試者討好的對象，因為其握有考核的權力，可以左右受試者的報酬。在主管考核前，受試者有巴結主管的機會。實驗者請受試者評估主管的工作效率與社交能力，告訴她們主管可以看到評分結果。結果顯示主管表現出來的價值觀，會左右受試者的奉承方式。認為主管重視工作效率的人，會在效率方面給主管較高的評價；但認為主管重視社交能力的人，則在社交能力

方面給主管較高的評價。由此可知受試者的恭維方式有所差異。此外，她們還會避免給予極端的分數，以免偽善過度弄巧成拙。

討好的確有效。研究顯示，比起僅在一旁觀望的人，被討好的對象會比較信任和喜歡討好者（Gordon, 1996）。諸多實驗探討討好奏效的原因，包括：滿足對方的虛榮心、降低對方正確判斷的能力，或喜歡受人歡迎。從這些結果可看出討好的重點是要滿足目標對象的虛榮心，因為人都想獲得正面的評價（Vonk, 2002）。另外，裝傻充愣（play dumb）也是另類的吹捧奉承方式。

懇求籲請

第三個策略是**懇求籲請**（supplication）——說服目標對象你需要或值得他幫忙（Baumeister, 1998）。這是路邊乞討人士常用的策略。他們衣衫襤褸，暗示他們身無分文。有些人甚至高舉牌子（「缺錢養小孩」），表示他們會善用乞討得來的錢，讓路人覺得這是乞討人士應得的善款。有些學生會用這種策略說服老師更改成績：「我真的有好好讀書，可是都沒有考出來。」儘管有些人是故意選用這種策略，但有些人則是被迫為之。例如，為得到政府或慈善機構的補助，不得不低聲下氣、卑躬屈膝。哀求者會覺得尷尬或生氣，但又得設法控制住情緒。

選擇性自我表現

第四個策略是把重心放在自己身上的選擇性自我表現（selective self-presentation），亦即大方地展現或說明個人的優點，以提升好感度。選擇性自我表現的方式有二：自抬身價（self-promotion）（Baumeister, 1998）和自我謙抑（self-deprecation）。所謂自抬身價，意指推銷自己的優點、長處和值得欽佩的特質。若能奏效，即可成功塑造正面的公共形象，贏得他人喜愛。實地調查研究大學就職處的求職面試，評估每位應徵者（61 位男性、58 位女性，91% 為白人）在面試過程中附和意見與自抬身價的程度，並請面試官評定應徵者是否適合該工作。結果顯示附和意見可以增進工作媒合、提議錄用，但自抬身價的效果不彰（Higgins & Judge, 2004）。

相反地，自我謙抑是自謙客氣、深藏若虛。若想得到他人的認可與賞識，自我謙抑不失為有效的方法。當討好者身處的文化認為人在自我評價時，應當強調誠實與無私，自我謙抑的效果更好。

選擇性的強調個人的優點雖然有效，但也有風險。如果對方早對你瞭如指掌，就會懷疑你言過其實；或發生預料之外的事，讓你露出馬腳。因此，聰明的討好者應該

管控風險，使傷害減至最小——也就是讓目標對象看不真切，也沒有機會核對你未來的表現結果（Frey, 1978; Schlenker, 1975）。

由於自抬身價的風險，自我謙抑或適度的自我表現反倒是較為安全的策略。不過，自我謙抑亦應中庸適度才能發揮效果。毫不留情或當眾自我批判，也許能得到某些人的支持，但這種做法也有可能造成大家表面相信、但私底下卻議論紛紛的情形（Powers & Zuroff, 1988）。較有效的自我謙抑方式，是展現恰如其分的謙恭態度，對個人的成就輕描淡寫。實驗研究請成員在團體任務成功或失敗後，評估其他成員（Forsyth, Berger, & Mitchell, 1981）。團體成員的評估報告顯示，比起喜歡爭功諉過者（即自抬身價），那些會針對失敗自省，或將成就歸功於他人者（即自我謙抑），較受團體成員青睞。研究結果亦顯示，當他人對此人的表現都看在眼裡時（無論結果是好是壞），自我謙抑皆為有效的討好策略。

不只是個人，連團體、組織或整個國家，都有可能蒙受汙名或形象破裂。因1990年代的南斯拉夫內戰之故，克羅埃西亞曾有一段「不忍卒睹的過去」。由於戰爭引發國際關注、死傷慘重，重創克羅埃西亞的經濟命脈——觀光業。戰爭結束後，克羅埃西亞觀光局發起選擇性自我表現的公關活動。發行戰後手冊、宣傳廣告、專題文章等，大力宣揚旅遊賣點；或聲明脫離巴爾幹半島，代之強調克羅埃西亞的「歐洲」特性，鄰近義大利，擺脫「斯拉夫根性」（Rivera, 2008）。

●● 勘正行為

人際互動時，難免會發生印象管理失敗的情形，例如被逮到違反團體規範（批評別的團體）或觸法（闖紅燈）。這些行為恐危及好不容易建立起來的社會形象，破壞一向順暢的人際關係。這種時候，人常採取**勘正行為**（aligning actions）——企圖將啟人疑竇的行為界定在文化常規範圍內。勘正行為是為了修補社會形象、重塑情境意義、恢復人際和諧（Hunter, 1984; Spencer, 1987）。這一節即要探討兩種重要的勘正行為：免責聲明與託詞。

免責聲明

發現行為有可能破壞一向和諧的人際互動、招致批評或傷害既有形象時，許多人會發表**免責聲明**（disclaimer），避免捲入迫在眉睫的負面消息，與之劃清界線、撇清關係，好維持原有的社會形象（Bennett, 1990; Hewitt & Stokes, 1975）。透過免

責聲明，即使接下來的行動帶有負面意涵，他們的所作所為不過是破例。例如，欲發表偏激的言論時，先說明自己異乎常人的背景（例如，「雖然我有些好友是男同志，但是⋯⋯」）。擔心個人的行為有損道德形象（例如，「我知道這聽起來很怪，但是⋯⋯」）或被當成傻瓜時（例如，「有人會說我瘋了，但是⋯⋯」），亦可搶先發表免責聲明。這些免責聲明的重點是，雖然發言者知道他們的行為會破壞形象，但為了讓人覺得他們的道德感強烈或能力出眾，所以不惜以此險中求勝。

在整起事件明朗前，有些人用免責聲明抵禦批判：「在各位下定論前，麻煩請先聽我說。」如果不確定他人對新資訊會有什麼反應或建議，就先做好防範措施（例如，「我不是專家，但是⋯⋯」或「我有可能講錯，但是⋯⋯」）。此種免責聲明就算失靈，也無損於個人的關鍵印象。

託詞

一旦做出破壞行為，不免會嘗試說出各種託詞以挽回傷害。**託詞**（accounts）是做出傷害社會形象的行為後，用來減輕責任的說法（Harvey, Weber, & Orbuch, 1990; Scott & Lyman, 1968; Semin & Manstead, 1983）。託詞大致可分兩種：藉口與辯解。藉口是為了減少或推卸責任，遂將不當行為歸咎於不可控制的事件（例如：「我的車子拋錨了」）；或外力施壓（例如：「是上司叫我做的」）；或受內在壓力所迫（例如：「我突然一陣天旋地轉，才無法專心考試」），以免他者加諸責任或留下不好的印象（Riordan, Marlin, & Kellogg, 1983; Weiner, Amirkhan, Folkes, & Verette, 1987）。藉口亦可維護個人的自我形象，減少失敗的壓力（Snyder, Higgins, & Stucky, 1983）。辯解意指雖然承認不當行為的責任，但仍試圖辯稱行為情有可原（例如：「沒錯，我是打了他，但是他先出手的」）；或行為動機值得嘉許（例如：「這是為了她好」），以削弱行為被認定出差錯的程度。

社會大眾較願接受看似可信且符合行為常理的託詞（Riordan et al., 1983）。若說者貌似誠懇、懊悔、位居要津，且不致過分破壞形象，託詞甚至還會得到褒揚（Blumstein, 1974）。因此，同樣是毆打了大聲咆哮、不聽勸阻的老年精神病患，即使不良少年和精神科醫師的說詞一模一樣，但顯然社會大眾較願意相信精神科醫師的辯白。

許多國家經常爆出政治醜聞：政治人物涉及不當或非法行為時，不是一概否認（「我沒有跟那位女性發生性關係」），就是滿嘴藉口（「我不知道我請的幫傭是非法移民」），或一味狡辯（「我的確收了該團體 20 萬元，但我的律師說那是合法

157

的」）。這些回答有沒有效呢？它的效果會依行為失檢情節或政治人物的性別而異嗎？為回答上述問題，研究者準備了四種報導，分別是：雇用非法勞工、與上司發生性關係、收受政治賄賂、與下屬發生性關係。每個報導的性別不一，政治人物的回答則再細分為否認、藉口或辯解。研究結果（大學生和社區民眾的平均數）顯示，否認和辯解給人的觀感比藉口好。出乎意料的是，針對同一違法行為，調查對象比較不會苛責女性政治人物。不過，若犯行和性別刻板印象一致，即男性政治人物收受賄賂、與下屬發生性關係，女性政治人物雇用非法勞工、與上司發生性關係，民眾的批判力道會更不留情（Smith, Powers, & Suarez, 2005）。因此，假使柯林頓總統是女性的話，或許不會被國會彈劾了！

●● 代入角色

到目前為止介紹的都是主張及保護形象的方法，但互動時的行為手法也會牽制他人的行為表現。因此，為了在互動時占上風，刻意將某些特性冠在別人身上，好襯托出我們的形象；或強迫他人扮演我們期待的角色，這就是代入角色（altercasting），亦即強加角色或身分在他人身上的策略。透過代入角色，迫使他人配合情境擔任某些角色，為己所用（Weinstein & Deutschberger, 1963）。

158

一般說來，代入角色意指對待他人時，彷彿對方已是我們殷切期盼具備的身分。例如老師告訴學生：「我知道你可以做得更好」，這種話就是要求學生不能辜負教師的期望，強行套上好學生的身分。代入角色也可能隱含表裡不一的居心。例如，主管邀請屬下吃飯，像好朋友般稱兄道弟，目的是套出員工的祕密。

代入角色常被用來激將對手站上防守位置。「告訴選民，你為什麼放任財政赤字飆高？」這就是用代入角色的戰術，暗指官僚無能應付經濟困境。倘若官員聞言變色，就是承認對手的指控不虛，加入辯論戰局，反倒證實對手套上的負面形象師出有名。由此可見讓對方處於守勢不失為有效的策略，使其難以擺脫負面形象。

●● 線上印象管理

以電腦為媒介的通訊方式日益普及，讓策略性的自我表現方式更為多元。電子產品的使用者和發文者可以選擇性的展現自己，完全掌控訊息的內容與發布時機（Walther, 2007）。發文者和觀看者因分隔兩地，使得觀看者無從得知非語言線索，

因此控制權多落在發文者一方，觀看者反倒因回文揭露更多訊息。由此可知訊息與貼文都是使用者精心製作和操弄出來的（Lee, 2006）。

觀察與分析某一線上團體的訊息兩年半後（Lee, 2006），研究發現使用者會設下種種限制，防止他人不當竊取個人訊息。例如，66 位使用者中，有 27 位採用轉信站保障個人隱私，但仍有 5 位在個人網頁上列出 URL（網址）。使用者從 email 位址、網域名稱、帳號名稱、簽名與訊息內容，據以「認識」對方，並用間接推論的方式測試對方的身分和性別，觀察對方的反應。偶爾會有一兩位使用者直接詢問對方的身分。隨著時間過去，一些定期造訪的「常客」漸漸透露年齡、性別、職業與嗜好。研究者建議使用者應定期小心維護個人隱私，採取各種防護措施為宜。

開設個人網頁和發表文章可說是一種「眾目睽睽之下的自我表現行為」（Schau & Gill, 2003）。研究者抽取 326 個網站為樣本進行內容分析，也訪問 35 位網站開設者。這些開設者謹慎地選擇上傳的文章、相片、圖片、大頭貼、超連結等。從超連結亦可看出個人生活的軌跡，例如連結到曾就讀的學校、現在的工作機構。有些頁面的參考資料連結到購物業商，透露個人偏好的衣著、化妝品或首飾等訊息。研究觀察開設者的網頁相片，其中一位女性刻意使用「性感」等字眼，還不忘附上內衣照，有些人則小心避免讓觀看者聯想到外表或身材。開設個人網頁的時間點通常是為了因應人生的轉折期（畢業、轉職）、期待自我成長或豐富人生經驗、宣揚某個理念等。透過瀏覽他人的網頁和聽取回饋後，便懂得經常更新或調整個人頁面，或另開新的網頁，可見用心經營網頁的重要性。這些網頁上的自我表現反映開設者的理想我或想像中的自我，例如，強調身體形象，留意拍照姿勢。網頁給人改變身分、獲取回饋的空間，顯然亦可成為改變現實生活形象的契機。

160

研究分析 51 位男性和 49 位女性的社交網頁內容中，自我表現的性別差異（Magnusen & Dundes, 2008），結果發現男性較少在網路上提及自己的重要他人。研究者認為這反映出社會對男性氣概的標準，反之卻期望女性的身分認同須建構在與他人的關係聯繫上。

研究團隊（Ellison, Hancock, & Toma, 2011）分析 37 個線上交友者的網頁。這些男女性設計網頁的目的是為了吸引目光，企圖延長交往時間，相較起來卻不太在意簡介上的內容是否屬實。他們的貼文通常展現未來自我實現的可能性。亦即，倘若遇見真命天子或真命天女，他們一再「承諾」會達成的目標（如：減重 5 公斤、戒菸戒酒、賺更多的錢等）。

看穿虛假的印象管理

　　讀到這裡，我們已經探討各種塑造形象和操控關係的印象管理技巧。現在要把注意力轉移到目標對象上。印象管理是為了營造某一特殊形象，但目標對象亦有可能質疑該形象的真偽。在某些情況下，礙於所知有限，目標對象只能看到人為操作的一面。例如，即使對逝者一無所知，殯葬業者仍要盡力營造哀戚憂傷的氛圍。前來哀悼的親友就算知道這種悲傷的氣氛是做出來的，依然不會過問，以免拆穿殯葬業者根本無動於衷的心情，自討沒趣。

　　然而有些情況下，為了保護自身利益，識破他人的騙局至關重要。例如，為了爭取合約，狡猾的建商有時會裝出一副童叟無欺的老實生意人模樣。欲購屋的住戶應擦亮雙眼，看清建商熱情招呼的姿態，究竟是表裡如一的誠實商人，還是會連夜捲款潛逃的黑心業者。

　　要如何看穿一個人的真面目？一般而言，可以留意下列兩類訊息：（1）行為背後隱而未顯的動機；（2）伴隨行為的非語言線索。

●● 隱而未顯的動機

　　要在人際互動中辨識他人行為背後隱而未顯的動機殊為不易。例如，中古車銷售員說他親戚這輛破舊不堪的車子只有週日才偶爾開上路，他的隱藏動機其實相當明顯，欺瞞的成分八九不離十。因此，我們會對他說的話大打折扣，甚至拒絕再和他做生意。

　　諷刺的是，想用討好的方式煽惑目標對象，反而會提高他們的警覺心。如前所述，當目標對象握有任意分配酬賞的權力時，討好者特別愛用恭維諂媚或附和意見等策略。但討好者也別高興得太早，因為目標對象也不是省油的燈，他們也會小心翼翼地防止被騙。這種現象稱為**討好者的兩難**（ingratiator's dilemma），意指討好者必須加倍謹慎，好好掩飾他們的動機，才不會露底。根據 Gordon（1996）的後設分析，討好的企圖越是明顯，結果越是無效，有時還會惹來反效果。對此，討好者亦心知肚明。的確，有些證據顯示討好者會避免在權力極度不均的情況下採取附和意見的手法，轉而在目標對象放鬆警戒時使用（Kauffman & Steiner, 1968）。

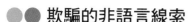

●● 欺騙的非語言線索

研究顯示非語言線索的確是看穿騙局的幫手,在某種程度上效果比胡亂瞎猜好多了(DePaulo, Zuckerman, & Rosenthal, 1980; Kraut, 1980)。

欺騙的線索

面對面互動時,我們會同時透過語言和非語言管道傳遞訊息。亦即不只透過話語(言詞),還有臉部表情、肢體動作和音質聲調等。多重管道的溝通方式容易暴露印象管理的問題,因為有些管道不易控制把持。例如,想要欺瞞目標對象,即使言之鑿鑿,非語言的管道依然在不經意間露出馬腳。「**非語言洩漏**」(nonverbal leakage)一詞即指稱無心的非語言溝通訊息,洩漏了真正的意圖或情緒(Ekman & Friesen, 1969, 1974)。

想要塑造形象,得好好掌握個人的言詞表達(慎選用詞)和臉部表情(微笑、皺眉等)。不過,說謊的人通常不善控制肢體動作和音質聲調(聲音的高低起伏)。非語言管道比較不好駕馭——這也是最容易洩漏訊息的地方(Blanck & Rosenthal, 1982; DePaulo & Rosenthal, 1979)。

某些研究證實人在說謊的時候,音調會上揚(DePaulo, Stone, & Lassiter, 1985; Ekman, Friesen, & Scherer, 1976)。但說謊話和說真話間的差異十分細微,很難聽出來。其他跟欺騙有關的語音線索還有:語帶保留(說謊者會較猶豫)、口誤(說謊者容易結結巴巴、支支吾吾)、反應過快(說謊者的答案較簡短)(DePaulo et al., 1985; Zuckerman, DePaulo, & Rosenthal, 1981)。犯罪偵察節目裡的審訊者最常留意這些線索。

某些臉部和肢體動作亦是偵測謊言的線索。常見的訣竅包括:說謊者常會瞳孔放大、頻頻眨眼、碰觸自己的身體等(DePaulo et al., 1985)。說謊話和說真話時的微笑,牽動的肌肉組織也有些微差別。說謊時的微笑常是為了遮掩厭惡、恐懼或難過等情緒(Ekman, Friesen, & O'Sullivan, 1988)。

研究運用高科技的熱感應相機,發現說謊者的眼周溫度會升高發熱(Pavlidis et al., 2002)。在一般社會大眾和媒體的心目中,都以為測謊器是用來偵測謊言。其實測謊器就是感應器,用來探測脈搏、呼吸、流汗等生理反應。但解讀測謊器的專業人員甚少一直盯著儀器,而是綜合語言和非語言線索來下判斷(Editorial, 2004)。

162

正確偵測

　　絕大多數時候，我們並不太在意互動時對方是否說謊。但 911 事件後，美國國民倏地明白輕忽謊言可要付出慘痛的代價。這讓人不禁要問：「識破騙術的準確度如何？」雖然許多人自認善於覺察謊言，但研究發現的事實恰好相反。多數實驗結果顯示，要正確看出別人正在說謊實有難度。識破謊言的比率僅略高於碰巧猜中的機率（Ekman & O'Sullivan, 1991; Zuckerman et al., 1981）。部分原因在於用了錯誤的線索，或判定是否說謊時沒有採納有用的資訊。

　　偵測謊言的難度，可由旅客出入境紐約機場的研究一窺端倪。研究邀請參與者模擬檢查程序（Kraut & Poe, 1980）。某些旅客要夾帶「走私物品」經過海關，有些攜帶的是合法的行李。所有參與者都要盡其所能地表現出誠實的模樣。為了提高參與者的動機，研究者還特別提供每位旅客 100 美金的獎勵。稍後安排專業的海關人員和普通民眾反覆觀看每位旅客的錄影帶，試圖找出可疑的旅客。結果顯示訓練有素的海關人員和缺乏經驗的一般民眾，辨識夾帶走私物品的旅客比率未達標準，偵錯的比例兩者幾無二致。有趣的是，雙方對於哪位旅客需接受進一步盤查均有共識。也就是說，海關人員和一般人一樣，都採取同樣無效的測謊行為線索。如果旅客的年紀輕，看似粗俗無禮、忐忑不安，回答問題前稍有遲疑、回答內容簡短、目光閃躲、抓耳撓腮，極有可能被當成嫌犯。可惜的是，海關人員用了錯誤的偵測欺騙線索。這項實驗結果提醒我們留意機場和邊境檢查人員面臨的困境。

　　為何無法正確偵測謊言？原因大致有四。第一，偵測謊言的非語言行為，如聲調上揚、簡短反應，並非完美的指標。雖然說謊時可從這些非語言線索略知一二，但不是說謊的情形，如興奮和焦慮，一樣會產生上述的非語言反應。在這種情況下，就算無辜的人看起來也像惴惴不安，導致判斷錯誤。第二，某些咸認可偵測謊言的線索，其實派不上用場（DePaulo et al., 1985）。這些假線索有：說話速度（以為說謊者的說話速度較慢）、微笑（以為說謊者很少露出笑容）、視線（以為說謊者會避免眼神接觸）、變換姿勢（以為說謊者的動作頻頻）。如果過分仰賴這些線索，反而會判斷失準。第三，精通印象管理的人說謊時面不改色，幾乎挑不出缺點。研究發現（Riggio & Friedman, 1983）有些人即使說謊，仍看似真情流露（如：表情生動、故作姿態、很少侷促不安）。如果具備這些表演的才華，加上一臉無辜，偵測失靈在所難免。第四，面對面的互動是一種雙向溝通。印象管理著重的不僅是外在行為表現，還要觀察閱聽者的反應。當面互動時，閱聽者的回饋資訊相當豐富，有意欺騙者通常

能藉此得知騙術是否奏效。若是受挫，還可以進一步修正騙術、混淆視聽。

不過，上述結論並非全然無望。首先，有些人的確擅長揪出騙子。讓執法人員、法官和專業心理學家觀看 10 位人士從頭到肩膀的畫面，並且請這 10 個人敘說最有感覺的一件事，請其中一半的人說謊。聯邦官員（多數為中央情報局調查員）的正確率達 73 分，警長、聯邦法官、臨床心理學家的分數為 67 到 62 分，執法官員和理論心理學家的分數最低（Ekman, O'Sullivan, & Frank, 1999）。第二，經過特殊的識別訓練，可以提高偵測欺騙的正確度（Zuckerman, Koestner, & Alton, 1984）。此外，教學指示亦可加強觀察者的偵錯能力。例如，研究者指導參與者進行面對面溝通時須注意的重點（DePaulo, Lassiter, & Stone, 1982）。強調應注意聽覺線索、忽略視覺線索的指示後，參與者辨別真話和謊言的成效，顯著優於強調應該同時留意視聽覺線索的指示。留心聽覺線索、淡化視覺線索可使偵察人員將注意力放在對方不易控制到的面向（如：音質）。一般而言，忽視說話內容和副語言線索，會嚴重妨礙偵測欺騙的能力（Geller, 1977; Littlepage & Pineault, 1978）。如果能根據上述研究結果調整偵察人員的訓練方式，或許能防止 911 事件的悲劇重演。

非語言線索有助於看穿虛假偽裝的形象。線上溝通的平臺通常缺乏這類線索，使得線上使用者更容易落入詐騙的陷阱。

無效的自我表現與形象破滅

社會互動其實是相當冒險的舉動，因為得時時擔心形象受到挑戰。有些人可以東山再起，有些人則從此身敗名裂。本節將探討印象管理失敗的情況。首先來談談「尷尬」——這是形象冷不防受到挑戰時的下意識反應。其次要審視「降級與形象重挫」，亦即故意破壞或貶低失敗者的形象。最後要分析飽受汙名所苦的人，由於生理、道德或社交上的缺陷，對其形象造成難以磨滅的傷害。

●● 尷尬與保住面子

尷尬（embarrassment）是公共形象遭到破壞時的感受（Edelmann, 1987; Semin & Manstead, 1982, 1983），也是人際互動常有的體驗（Ho, Fu, & Ng, 2004）。許多人形容尷尬好比是暴露在大庭廣眾之下時，那種不安、屈辱、難為情、懊惱的心情

（Miller, 1992; Parrott & Smith, 1991）。常見的生理反應有：臉紅、心跳加速、體溫升高等（Edelmann & Iwawaki, 1987）。

個人形象掃地時不僅會覺得尷尬，平常往來對象的形象受損時，我們也會覺得丟臉（Miller, 1987），可見尷尬具有傳染性。更正確來說，個人合宜的表現就像是參考架構，凸顯了他人的不當行為（Bennett & Dewberry, 1989）。他人形象受損時，我們之所以會覺得尷尬，是因為互動過程中識人不明，對別人宣稱的形象照單全收（Edelmann, 1985; Goffman, 1967）。例如，吹噓自己守備一流的棒球選手卻漏接了三顆中外野的高飛球，他的尷尬心情可想而知。而重用他的教練也會尷尬不已，懊悔高估這位棒球選手的能力。

尷尬的原因

研究分析數百件尷尬案例，欲瞭解尷尬的前因後果（Gross & Stone, 1970; Miller, 1992; Sharkey & Stafford, 1990）。結果顯示以下幾種情形會導致尷尬。首先是在公開場合中，展現不出與身分相稱的能力，陷入進退維谷的困境。例如，數學教授突然發現解不出黑板上的示範題。與乏能力密切相關的是認知缺損，如健忘等情況，例如主辦人介紹賓客姓名時，卻一時語塞，也會令在場人員相當尷尬。

另一種尷尬的情況是侵犯隱私權。若某人魯莽地闖入不該去的地方（如使用中的廁所），雙方都會覺得很難為情。像此種無預警地被人從幕後拉到幕前、有損形象的情況，也會造成下不了臺的尷尬場面。

還有一種引發尷尬的情境是笨手笨腳或手忙腳亂，例如絆了一跤、說話結結巴巴、翻倒咖啡、與他人的動作不協調等。丟三落四（如牙醫失手掉落鑽牙器）、衣服裂開（如演講者的褲子拉鍊沒拉）、控制不住身體動作（如發抖、打嗝）等，也會讓人剎時失去鎮定、不知所措。大體而言，一向控制得宜的自我表現突然失控時，就容易顯得慌張和尷尬不已。

研究日本大學生發現（Higuchi & Fukada, 2002），尷尬的原因包括：對話中斷、害怕他人的負面評價、自我形象不符、失去自信等。有他人在場時，前兩項是最讓人尷尬的場面（如：在課堂上被老師批評、在公共場合跌倒），後兩項則是事後回想時會產生尷尬的情緒（如：得不到朋友的支持、考試不及格）。實驗者讓男女大學生獨自或和兩位陌生人同處一室觀看裸露激情的影片。參與者自述有他人在場時特別尷尬，但仔細分析錄影畫面，卻發現他人在場時，參與者極少露出尷尬的非語言動作，如：抓耳撓腮、視線向下等（Costa, Dinsbach, & Manstead, 2001）。可能是他人

在場時，我們會刻意控制非語言的動作，免得被他人發覺內心的尷尬。

化解尷尬

尷尬後殘留的不舒服情緒，是每個人都曾有的體驗。想要保住面子是人之常情，也就是排除引起尷尬的原因。保住面子的主要責任落在造成尷尬場面的人身上，但在場的人通常也會幫忙緩頰，化解尷尬（Levin & Arluke, 1982）。例如，宴會賓客想要大展舞技，不料卻摔了個大跟頭。他的舞伴趕忙說是地板才剛打蠟，太滑了才會跌倒，藉此幫他挽回顏面。互相維護對方的社會形象是人際互動的基本原則（Goffman, 1967）。

為了保住面子，尷尬的人通常會道歉認錯、找理由辯解，或重新振作，回歸常軌（Knapp, Stafford, & Daly, 1986; Metts & Cupach, 1989）。找理由時，要不是藉口推卸責任，就是合理化個人的行為。如果別人接受他的說詞，面子就保住了（其實對方早就知道這是蹩腳的理由，不過也不想深究，以免尷尬的人下不了臺）。如果理由不充分、難以接受，尷尬的人會再為自己的不當行為道歉，承認犯錯。用這種方式來重整旗鼓，並向他人保證絕不再犯。研究顯示羞愧神色是回歸常軌的關鍵指標。研究者請參與者觀看公開場合失態的畫面，發現若能在事後立即表現羞慚的模樣，他人比較不會給予負面的評價、譴責，還會認為此人值得信賴（Jong, 1999）。結果顯示羞愧神色可以給人留下有心改過的印象。

如果個人行為毀壞的僅是某一面的形象，有時還可透過誇大重申來保住面子。例如，因為孩子氣的表現，使得男子氣概受到威脅的男性，反而會極度吹噓他的勇氣與體能。為驗證此一假設（Holmes, 1971），研究者要求某些男性參與者吸吮安撫奶嘴和吸乳器，可以想見這些動作令男性十分尷尬。有些參與者則觸摸砂紙和衣物。接著請這些男性自評稍後願意承受多少程度的電擊。研究發現那些曾遭遇尷尬場面、男子氣概受損的男性，願意接受較強的電擊。藉由承受強烈電擊，原先顏面無光的男性展現堅韌與勇氣的一面，證實他們的陽剛形象依舊。

有時人們會故意讓人難堪，也不想維護對方的面子。研究發現這種人的目的是醜化對方，而被羞辱的人則說這些人是為了自我滿足（Sharkey, Kim, & Digs, 2001）。碰到這種情形，尷尬的人可能會反擊，猛烈攻訐和指摘對方。研究顯示雙方地位越不均，越會發生反擊的情況（Sueda & Wiseman, 1992）。此外，尷尬的人亦堅稱他們達不到的任務根本毫無意義、強人所難（Modigliani, 1971）。最後，他們會找機會報復。報復不僅是挽回面子東山再起就好，往後還會先發制人、加倍奉還。這麼一來，

尷尬即可能引爆人際衝突。

●● 降級與形象重挫

倘若一而再、再而三地表現不如預期，拿不出應有的水準，別人就會不想再特意幫忙保住面子。反而可能還會修改這些累犯的形象，驅之他處。如：成績不好的學生被退學、不適任的員工被資遣、煩人的追求者被拒之門外、嚴重的精神疾病患者被關至機構等。依犯錯當時的社會條件，採用降級（Goffman, 1952）或重挫（Garfinkel, 1956）的方式修改其形象。

降級（cooling-out）意指婉轉地說服表現不合宜的人，接受另一個雖不討喜、但仍不失合理的形象。例如，社區大學的升學輔導員建議成績欠佳的醫學院預科生改讀其他科系，或建議他先謀得一職。降級的用意是勸說對方，而非強迫對方接受。它可以保護對方的隱私，安撫受傷的心靈，緩解痛苦。因此，升學輔導員會私下面談該位學生，強調其他選項的好處，傾聽學生的擔憂，並給他選擇的空間。

破壞他人的形象並貶低社會地位的方式，稱為形象重挫（identity degradation）。重挫時並不把對方當人看待，咬定他的表現不配成為社會團體的一員，應當遭到譴責。例如：政治異議分子的下場常是被解雇、誣指其危害社會，甚至被關進監獄或勞改營。

形象重挫會對他人造成極大損失，故常以強制措施進行，例如舉行引人注目的儀式——法庭審判、精神鑑定聽證會、彈劾程序等——以符合社會大眾期待或以法律之名行毀譽之實（Scheff, 1966）。運用這些儀式，那些原來被當成自由之身，可以行使公民權的人，被帶到法律賦予權力的個體或團體面前，來決定他們「正確的」身分。接著被控嚴重違反道德，應當接受制裁。若重挫成功，這些人就被迫放棄先前的身分，被冠上「罪犯」、「瘋子」或「黯然下臺」的形象。

有兩大社會條件會影響選用降級或形象重挫的策略：（1）過去與他人的關係；（2）有無可替換的身分（Ball, 1976）。若先前是水乳交融、同心同德的關係，且還有其他可替代的身分，較可能採用降級的方式。例如，提出分手的時候，甩人的一方會開導對方，說他們以後還是朋友。若原本的關係疏離，也沒有其他體面的身分可替代時，就只能重挫形象。因此，性騷擾兒童的陌生人會被問罪，被貶為不道德、沒有人性的兒童性侵害者。

觀察者指出，美國社會公開重挫形象的儀式不勝枚舉，如：司法審判、聽證會、

認錯記者會等。不過,卻沒有一個儀式可以昭告大眾這些人要回歸社會了,因此他們還是繼續被汙名化。贖回身分的儀式可以緩和重返社會的壓力。為了協助他們成功回歸社會,應發布公開聲明,並消除「官方」記錄(Fader, 2011)。

●● 汙名

汙名(stigma)是指具有難以克服的特性,使其無法表現出適當能力或合乎道德的行為(Goffman, 1963b; Jones et al., 1984)。汙名有幾種類型:第一,生理障礙與缺陷,如:四肢傷殘、難看的疤痕、失明、失聰等。第二,性格上的缺陷,如:不誠實、性行為異常、精神錯亂、思想偏激,容易讓人聯想到犯罪記錄、入獄服刑、兒童性侵害、伴侶性暴力、精神疾病、政治激進分子等。第三,特殊的種族、性別和宗教信仰,認為他們的存在會汙染或帶壞社會大眾。

前面曾談到認同的顯著性和自尊的關係。研究 300 位暗藏各種不同汙名身分的個體(如:精神病史、強暴受害者、家暴受害者、藥物濫用者),發現他們的苦惱程度和汙名多寡、重要性(有多重要?)、認同顯著性(多常想起?)有關(Quinn & Chandor, 2009)。

一旦在人際互動中被認出來,汙名就具有破壞形象的威力。「正常人」(即沒有被汙名化的人)藉由評價施加汙名:給予蒙受汙名者負面的評價,表明不抱期望(Kaufman & Johnson, 2004)。無論被汙名化的人還有哪些其他特質,一概視為無能或不道德。結果,正常人和蒙受汙名者間的互動交流,時時處在不穩固和不自在的狀態中。

不舒服的原因

正常人和蒙受汙名者互動時,雙方常升起不舒服的情緒,因為彼此都不知道哪些行為恰當、哪些則否。例如,正常人會擔心如果直接表現出同情心或好奇,蒙受汙名者會不會覺得反感?(例如:「用義肢很難寫字吧?」、「你可以用義肢跳舞?」)。不過,如果旁人沒注意到缺陷,就可能會提出不合理的要求(例如:「你可以幫我移開冰箱嗎?」)。為免傷害感情,蒙受汙名者的內心經常猶豫不決,不知道該羞愧地轉身離開(迴避社交接觸),還是逞強不認輸(「別人能做的事,我也可以做!」)。

造成不舒服的另一個原因是,正常人在和蒙受汙名者互動時,承受了威脅、焦

169

慮，甚至危險（Blascovich, Mendes, Hunter, Lickel, & Kowai-Bell, 2001）。正常人害怕與被汙名化的人扯上關係，會不會損及名聲（例如：「如果我和罪犯做朋友，別人可能會懷疑我的信用」）。近來，AIDS 問題猖獗，被嚴重汙名化的原因，和藥物濫用、同性戀、擔心被傳染有關。不僅 AIDS 患者蒙受汙名，連表達關心支持的善心人士都面臨困境。AIDS 的汙名擴及這些善心人士，導致他們也被親朋好友排擠拒斥（Jankowski, Videka-Sherman, & Laquidara-Dickinson, 1996）。

有趣的是，蒙受汙名者也可以善用正常人這些不舒服的情緒，誘發善意回應。比起坐在一般的椅子上，支持者如果帶著輪椅人士上街呼籲民眾愛心捐款，更能引發廣大迴響（Norton et al., 2012）。

對行為與知覺的影響

正常人對蒙受汙名者的反應始終搖擺不定（Katz, 1981; Katz, Wackenhut, & Glass, 1986）。例如，面對四肢癱瘓的人，一方面感到厭惡，一方面又深感同情。此種矛盾的心情導致行為遲疑不定，視特定的情境，有時對蒙受汙名者百般呵護，有時卻翻臉不認人。

與蒙受汙名者互動時，正常人的反應往往異於平常。動作扭扭捏捏，也不敢表達真實的想法，避免眼神接觸，很快地結束會面等等（Edelmann, Evans, Pegg, & Tremain, 1983）。尤有甚者，與蒙受汙名者對話時，正常人的說話速度比跟一般人談話時還快，很少問問題、較少同意對方、下斷語，也不太給蒙受汙名者機會講話（Bord, 1976）。透過這種限制蒙受汙名者反應的態度，來減輕自己的不確定感、壓抑不自在的情緒。但負面的訊息很可能在非語言動作中表露無遺；正常人雖會注意個人的語言表達，盡量不說出負面的言論，但非語言線索卻露出馬腳（Hebl & Dovidio, 2005）。

蒙受汙名者這一方也不好過。顯然，只要我們有被冠上汙名的念頭（即使實際上並沒有），就足以認定別人會投以異樣眼光。為驗證此一假設，研究者找來一群參與者（Kleck & Strenta, 1980），告訴某些女性參與者其交談的對象認為她們患有輕度過敏（非汙名的特徵），另外則告訴某些女性參與者對方會覺得她很醜，因為她們的臉妝上有疤痕（汙名的特徵）。實際上，互動的雙方對彼此一無所知。過敏組的參與者沒有收到任何醫療方面的訊息，疤痕組也看不到任何疤痕，因為在會面討論前，實驗者早就偷偷地把參與者的妝痕抹掉了。經過六分鐘的交談後，再請參與者描述對方的行為與態度。相較於非汙名這組，認定自己臉上有疤痕的女性會說對方一直盯著她

瞧，還說對方看起來很緊張、以保護者自居、難以親近。然而觀看兩組互動錄影畫面的評估者卻認為看不到上述這些差異。這一點也不奇怪，因為對方根本不知道她們有缺陷。不過，此一結果顯示，認定被汙名化的人會覺得別人在用負面的眼光審視他，事實上別人毫無惡意，表現也沒有異樣。研究結果如圖 3.1 所示。

　　覺得自己被汙名化時，不僅看外在世界的眼光不同以往，連行為表現也跟著變得不尋常。例如，一項研究中，心理疾病組認為對方知道他們的精神病史，但另一組則認為他們的汙名隱藏得很好（Farina, Gliha, Boudreau, Allen, & Sherman, 1971）。研究結果顯示第一組病人的協調測驗表現較差，覺得任務比較困難。此外，一旁的觀察者也說這群病人比較焦慮、緊張，適應狀況較差。

170

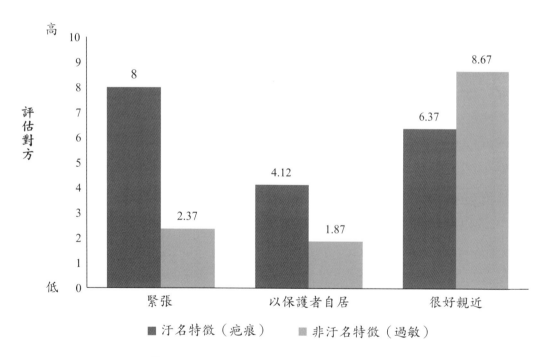

圖 3.1　汙名與非汙名化個體對他人的看法

在這個研究中，有些女學生以為對方會用臉上大片的疤痕汙名化她們，其他受試者則以為對方知道她們患有輕度過敏（非汙名特徵）。事實上，對方根本不知道她們的特徵。儘管如此，自認被汙名化的女學生覺得對方相當緊張、以保護者自居、難以親近。此一結果顯示，只要有認定被汙名化的念頭，就會覺得別人瞧不起自己。

資料來源：改自 Kleck and Strenta, "Perceptions of the Impact of Negatively Valued Physical Characteristics on Social Interaction" by Kleck and Strenta, *Journal of Personality and Social Psychology*, 39, 861-873. © 1980 by the American Psychological Association.

因應策略

　　蒙受汙名者採用許多策略，避免在與正常人互動時陷入尷尬境地，也希望盡可能建立討人喜歡的形象（Gramling & Forsyth, 1987）。身心障礙者常落入究竟該走入人群（坦白汙名），抑或躲避人群（隱瞞汙名）的兩難（Lennon, Link, Marbach, & Dohrenwend, 1989）。例如，口吃者可能不敢在陌生人前自我介紹。如果要自我介紹，就得冒著結結巴巴說不出口和引人注意到汙名的風險（Petrunik & Shearing, 1983）。脊髓損傷者的身體缺陷一望即知，亦無法以傳統方式進行性行為。有些人握有主導權，要求伴侶配合（協助脫衣、擺好姿勢）；但其他人鮮少說出自己的困境，只好依靠藥物或配合演出；有的則甚至過著無性生活（Bender, 2012）。

　　與人互動時，蒙受汙名者為了不使正常人難堪，因此會以沒被汙名化的部分與他人建立關係。他們的策略是依汙名存續的時間而定，例如骨折和憂鬱症發作是暫時的，失明和社會汙名是長期的（Levitin, 1975）。暫時蒙受汙名者會把話題放在缺陷上，侃侃而談事情發生經過、預後情形，希望別人也說說類似的遭遇。相對地，長期蒙受汙名者則把注意力轉移到與汙名無關的特質（Davis, 1961），他們常刻意用其他道具凸顯沒有缺點的一面，例如，知性（如：抱著很重的書）、政治立場（如：戴著宣傳別針）或嗜好（如：背著手織背包）。

　　若汙名的程度不至於造成過度依賴他人的狀況，長期蒙受汙名者還會表現出隨和、好相處的態度，換取正常人的信賴。透過這種方法製造開朗樂觀的形象，而不是苦著一張臉、自憐自艾，彷彿汙名對他們不是什麼大問題、他們處理起來遊刃有餘的模樣（Hastorf, Wildfogel, & Cassman, 1979）。

　　用這種方式應對汙名可獲得某些好處。蒙受汙名者得免於時時碰到令人困窘的問題，不用勉強自己接受他人思慮欠周與笨手笨腳的協助，雙方和樂融融享受互動的樂趣。正常人也鬆了一口氣，不必因為面對蒙受汙名者而不知該如何是好，另外也免於感受蒙受汙名者遭遇的痛苦。

　　有些人因個別的特徵而蒙受汙名，如：先天缺陷、疾病、意外傷殘、偏差或犯罪行為等。他們常採取上述策略。有些人因隸屬特殊團體而蒙受汙名（有共同的社會形象），如：智能障礙、躁鬱症、肥胖或少數族群等（Crocker & Major, 1989）。在這種情況下，刻板印象往往會影響雙方的態度與行為，包括互動時意欲塑造的形象（Renfrow, 2004）。這些人另有因應對策：把汙名歸因於他人的偏見、自抬身價，與相同際遇的人結為盟友，互相標榜（Kaufman & Johnson, 2004）。

電視節目大肆宣傳治療憂鬱症、躁鬱症和其他精神疾病的藥物，加深民眾對精神疾病的刻板印象（Smardon, 2007）。這類廣告一方面僅述及較輕微的案例，彷彿精神疾病微不足道；另一方面，服用百憂解等藥物的人據此組成社群網絡，同舟共濟、相濡以沫。

另一個因應策略是**避而不談**（passing），隱藏身分，和蒙受汙名者保持距離（Renfrow, 2004）。他們對正常人祕而不宣，置身汙名圈外，既可避免被正常人指責，還可得到他人的稱許。數以萬計的大學生在到達法定喝酒年齡前，用這種伎倆混入酒吧，購買酒精飲料。有些人與蒙受汙名者不相往來，只和正常人交朋友；有的逃避社交活動、不與人接觸（如：沒有出櫃的同性戀者、雙性戀者和跨性別者）。此種方式容易衍生心理困擾。避而不談的人整天提心吊膽，害怕被正常人揭穿汙名身分。害怕暴露身分的恐懼反而使其惶惶不可終日，更加絕口不提。

172

為了對抗汙名，也有人尋求治療（Kaufman & Johnson, 2004）。物理或職能治療可以減緩意外、傷殘造成的失能與不便；心理或行為治療可以矯正智能障礙、精神疾患或偏執狂的想法與行為。最後一個策略是參與社會運動，改變民眾的觀感與刻板印象。

摘　要

自我既是行動的起點，也是行動的對象。

■ 自我的本質與起源

（1）擬定計畫、觀察和監控自身行為時，自我即為行動的起點；思考自己是誰時，自我則是行動的對象。（2）新生嬰兒缺乏自我感，須等年齡稍長才會知道自己的身體和他人是獨立分開的；學會說話後，他們學習到自己的想法與感覺和他人不同。（3）透過角色取替，兒童逐漸懂得從他人的眼光審視自己，藉此觀察、評價和調節自己的行為。（4）基於想像自己在他人眼中的模樣，兒童據此建構自我認同。面對面溝通與線上互動都會影響自我的發展。自我評價也是以他人的評價為依歸。

■ 認同：我們所認識的自己

我們所認識的自己包括多種身分認同。（1）有些身分認同和我們所扮演的社會

角色有關。（2）有些身分認同和隸屬的社會團體或類別有關。這些身分認同亦涉及內團體偏私與外團體刻板印象。（3）自我概念主要是透過學習、選用角色和社會認同而形成。覺知他人的反應會影響我們所認識的自己。（4）我們所認識的自己會隨著情境而變化。我們會更加留意自身的獨特性以及與情境有關的面向。

■ 認同：我們所扮演的自己

我們所扮演的自己，展現出我們的身分認同。（1）我們的行動是用來引發他人的反應，藉此確認自己特殊的身分認同。為確保身分認同順利進行，就必須和他人溝通，瞭解這些行為和身分認同的含義。接受這些意義後，有可能會因為刻板印象威脅而使得表現變差。（2）要選擇表現哪一身分認同，依認同顯著性、獲得支持的需求與情境機會而定。（3）貫徹重要的身分認同後，我們的行為會趨於一致。另外，我們也會利用一些策略來驗證自我概念。

173

■ 自尊

自尊就是自我的評價。絕大多數人皆設法維護正向的自尊。（1）整體自尊取決於對特定角色認同的評價。（2）自尊的來源有三：溫暖接納與強調自律的家庭經驗、對行為效能提出直接回饋、和他人比較個人的成敗得失。（3）高自尊者較受歡迎、果斷、企圖心強、學業成就高、適應較佳、較快樂。（4）維護自尊的方式不勝枚舉。確切的說，我們會去尋求和個人看法一致的反映評價、篩選資訊、慎選比較對象，且更加看重回饋始終一致的特質。

■ 日常生活中的自我表現

自我表現意指在社會互動時，有意和無意地監控我們表現於外的形象。有些自我表現是真誠無欺的，有些則經過算計。自我表現要能奏效，必須瞭解他人如何定義互動情境，挑選適合的身分來展現。（1）情境定義意指協商社交場合的性質，交涉雙方都同意的身分。（2）自我揭露不僅是表明身分的過程，也可用來鞏固友誼與提升好感度。自我揭露通常是雙向交流且循序漸進，遵循互惠原則。

■ 策略性的印象管理

人會採取各種策略來操弄自己在他人心目中的形象。（1）透過修飾外表（飾品、衣著、財物等等）加深他人的印象。（2）以附和意見、吹捧奉承和選擇性表現

令人嘉許的特質來討好他人。（3）若行為不為社會接納，即設法勘正有問題的行為，符合文化規範，以挽救形象。如：辯解行為動機、推卸責任、找藉口合理化自己的行為。（4）強行替他人代入角色，即強迫他人扮演符合我們期待的角色或身分。（5）印象管理是線上溝通的重點。電子郵件、簡訊、個人網頁、約會網站等，都是個人可以特意選擇表現面向的媒介，好給接收方／觀看者留下特定的印象。

自我表現的負面影響

（1）自我表現的動機若為想贏得他人的好感或獎賞，恐會讓人從事有害健康的危險行為，如不安全的性行為或濫用菸酒。（2）為留住情愛關係，不惜隱蔽資訊或欺瞞伴侶。背叛伴侶或被伴侶背叛的人，自陳會減少其對關係承諾的投入程度。

看穿虛假的印象管理

有兩種訊息可用來看穿虛假的印象管理：（1）評估他人隱而未顯的動機。若彼此的權力差距過大，目標對象更能看透討好者隱藏的動機，令討好者的計謀不致得逞。（2）細細審視他人的非語言行為。雖然識破謊言殊為不易，但觀察者仍可留意某些漏洞，如：音調、矛盾的訊息。某些專業人員相當擅長偵測謊言。

無效的自我表現與形象破滅

自我表現失敗產生的後果如下：（1）形象受到破壞時會感到尷尬。互動中的雙方通常會協助尷尬者挽回面子，否則尷尬者可能會採取激烈的手段保住顏面，或攻擊讓他難堪的人。（2）自我表現一再失敗、人盡皆知的情況下，他人也不得不修正對此人的印象。例如嘗試說服、開導對方接受另一個不怎麼討喜的形象，或加以詆毀，降低此人的社會層級。（3）許多生理、道德和社會缺陷會使個體蒙受汙名，徹底損害形象。蒙受汙名者和「正常人」間的互動變得忸怩不安、如坐針氈。一般說來，正常人會強迫蒙受汙名者接受次等形象，但蒙受汙名者則設法截長補短，以其他未受破壞的面向來和他人建立關係。有些蒙受汙名者會避免曝光，以免被正常人冠上負面評價。

重要名詞與概念列表

比賽（89頁）	代入角色（126頁）	汙名（135頁）
自我（85頁）	自我表現（114頁）	自我基模（84頁）
自我揭露（117頁）	自我落差（105頁）	自我覺察（104頁）
自尊（106頁）	自尊的條件（106頁）	免責聲明（124頁）
形象重挫（134頁）	角色取替（87頁）	角色認同（92頁）
社會認同（93頁）	前臺（120頁）	後臺（120頁）
重要他人（88頁）	降級（134頁）	框架（116頁）
討好他人（121頁）	託詞（125頁）	勘正行為（124頁）
情境自我（97頁）	情境身分（116頁）	情境定義（115頁）
策略性的印象管理（114頁）	遊戲（88頁）	身分認同（91頁）
認同控制理論（98頁）	整體他人（89頁）	尷尬（131頁）
懇求籲請（123頁）	鏡中自我（88頁）	顯著性（100頁）

思辨能力技巧　拒絕日常生活中的勸誘

　　我們會致力於自我表現，原因在於想得到他人的欣賞與接納，贏得特殊待遇。我們想交朋友、想獲得親密關係、想與室友和平相處，所以才順從他們的期待，用特殊的方式表現自我。這也意味著他人在日常生活中，會採用某些說服技巧傳達他們的期待。

　　想像你已有數個月沒去約會了。某天，好朋友要刺探你的交友狀況，你很誠實地回答：「最近沒對象。」朋友說：「可能是因為你面有菜色。」你反問朋友：「這話是什麼意思？」朋友應道：「嗯，你的氣色看起來不是很好，一副弱不禁風且臉色蒼白的模樣。我覺得你應該要多去曬曬太陽，至少每週要去美『黑』沙龍躺曬黑床（tanning bed）三次，保證有用！」

　　這是日常生活中常見的說服範例之一。朋友一番好意，只是想建議你照他的話去做。碰到這種情況，我們可能會心動，聽從朋友的建言。他心無惡意，你也喜歡他這個人，不想引起爭端，破壞彼此的關係。但這樣真的好嗎？他的建議真的會增加你的魅力嗎？小麥膚色的確是魅力的象徵，但諸多證據顯示曬黑床會提高往後罹患皮膚癌

的風險。研究證明在意他人觀感的人較可能採納使用曬黑設備的建議，因此你接受此一勸誘的傾向，可能反映出你相當在意自我表現，而不是因為這個建議有多好。

本書第7章的「思辨能力技巧」會提到，直率、坦誠的溝通方式才是上策。若你不確定朋友的建議可行，你大可對他說：「謝謝你的建議，我會好好想想。」接著再蒐集曬黑床效用的資訊，例如瀏覽梅約臨床醫學中心（Mayo Clinic）（http://www.mayoclinic.org）的網站訊息。若你認為朋友的建議不妥，不妨棄而不用；如果朋友再度問起，你可以說明曬黑床和皮膚癌之間的關係。說不定你們的對話會更加有趣！

chapter **4**

情緒

引　言

　　羅伯特在俄亥俄州哥倫布市的郊區擔任幼兒園教師，星期一早上，他正花三小時面對 25 個精力旺盛的五歲小朋友。羅伯特是位熱心教學的好老師，一心一意為學生著想。他上課時充滿活力，用心編寫教材，學生都好愛他，每天都迫不及待地來上學。

　　不幸的是，羅伯特上週末衰事連連。星期五下午，銀行拒絕了他的房屋貸款申請，使得他的購屋計畫泡湯。星期六那天，一位只顧著傳簡訊的青少年害他發生嚴重車禍。雖然沒有人受傷，但羅伯特的車已經報廢，連修都沒法修了。星期一早上，羅伯特在他寒酸破爛的公寓裡醒來，只能搭公車去上班，還得準備一筆錢付給同事，誰叫他賭輸籃球比賽。不用說，他今天上班的心情差到了極點。

　　但羅伯特仍盡忠職守，想好好教導班上的學生，所以他決定藏好自己的情緒，換上一張笑臉。他走進教室，若無其事般，表現出真的很開心的樣子。班上的學生都以為他的心情很好，連教學助理也看不出任何異樣。師生互動其樂融融，每個人都度過了愉快的一天。連羅伯特自己都覺得心情好多了，到最後甚至認為今天真是上課以來最美妙的一天。

　　過去這幾天，羅伯特的情緒起伏很大。週末一開始，他的心情本來很好，直到發現他的貸款被拒絕，心情瞬間跌落谷底。發生車禍的時候，他第一個感受是恐懼，然後是氣對方開車不小心。接下來，他懷著興奮的心情看球賽，情緒跟著球賽上下起伏，好像坐雲霄飛車一樣。球賽一結束，他又難過到快哭出來。星期一一大早，雖然心情沮喪不已，但他設法振作精神，調整情緒完成教學工作。

　　我們該怎麼解釋羅伯特的情緒經驗與心情變化？例如，球賽進行期間，羅伯特的心情隨電視畫面，在生氣、難過、懊惱、喜悅與滿足間快速來回擺盪。星期一早上，他刻意調整自己的行為，最後心情也跟著轉變。這些過程涉及哪些心理與社會層次，因而造成不同的情緒狀態變化呢？假設羅伯特並非天生情緒反覆無常的人，就有必要從他的社會互動脈絡來瞭解他的情緒狀態。

　　本章要從社會心理學的角度詮釋情緒，探討以下幾個關鍵問題：

1. 何謂情緒與心情？

2. 情緒從何而來？情緒有哪些生理學、心理學和社會學基礎？

3. 哪些情緒和表達方式是人類共有的特質，哪些在特定的社會或文化脈絡下才會出現？

4. 社會脈絡如何引發情緒？

179

5. 我們採用哪些心理和社會的方式控制情緒表達？除了限制情緒表達外，我們又是如何透過壓抑或引發情緒的方式來掌控情緒？

情緒的定義

談到情緒（emotions），首先得正確界定名詞的意義，但情緒特別難定義，況且還有其他近似詞如：「感情」（sentiment）、「情感」（affect）、「心情」（mood）、「感覺」（feelings）等來攪和，使得名詞定義更為複雜（Smith-Lovin, 1995）。上述名詞均常在日常對話中用來指稱情緒經驗，但社會心理學家又有特定的用法，因此有必要先區分清楚。

情感（affect）在這幾個名詞中的適用範圍最廣，包含各種對人事物的主觀正負向評價。它包括短暫的反應，如受到侮辱會勃然大怒；以及長期的反應，如聖誕節期間興高采烈。描述情感時，不僅要說明它指向的對象，也要闡述它的強度和與之有關的活動水準（Osgood, Suci, & Tannenbaum, 1957）。換句話說，以羅伯特為例，除了對某些人事物（如學生、球隊、搭公車）懷有正負向情感外，還包含情緒的強度與起伏變化。

情緒則是再將情感細分。一般說來，情緒（emotions）是指個體因外在刺激而引發的短暫反應。為了將情緒和人類其他的刺激—反應區分開來，社會心理學家 Peggy Thoits（1989）說明情緒有四個要素：（1）情境刺激；（2）生理變化；（3）某些動作表現；以及最重要的（4）足以識別上述三者的標籤。例如，被女朋友拍打臉頰，隨之體溫升高、心跳加速、緊皺眉頭和拳頭緊握，顯示動了肝火；被女朋友拍打臉頰，伴隨的是心跳加速和笑逐顏開，這應該是打情罵俏。不同的文化對前述三項的組合有不同的定義，形成我們一般對情緒的看法與經驗。

情緒通常與目的有關。無論是目的受阻的挫折無奈、因達成目的而雀躍不已、快達成目的的心焦如焚、目的失敗時的尷尬困窘，或為達目的而被激發的情緒（如逃離令人害怕的情境），情緒與目的都互為表裡、息息相關（Frijda & Mequita, 1994）。

感情（sentiment）的意思和情緒非常接近，但當社會心理學家使用「感情」一詞時，強調的是情緒的社會面向。早期的社會心理學家用它來指稱人類的反應異於動物的反應。例如，Cooley（1909）就認為愛意和色慾不一樣。雖然色慾是一種本能，但愛意則需靠社會互動才能形成。換句話說，感情不只是個體對刺激的反應，還需視他人如何理解該刺激。近幾年來，社會心理學家越來越重視情緒的社會元素，感情與情緒的分野也逐漸模糊（Stets, 2003）。當代的社會心理學家用「感情」（sentiment）一詞區別立即的情緒反應和長期的情緒反應，如愛、悲傷和嫉妒（S. Gordon, 1990）。引發情緒的事件發生後，感情仍可持續數天、數週甚至數年。

心情持續的時間通常比情緒久。情緒的轉變可能分秒不同（Ekman, 1992），但心情（mood）卻是指一般的心理狀態，特徵是數小時甚至幾天來的情緒經驗。心情不像情緒那般具體明確。情緒發生時，我們通常能明白指出引發情緒的刺激和情緒作用的對象，但心情較模糊籠統，眼前的任何事情都可成為刺激，都是壞心情的始作俑者。

回到羅伯特的故事。他遇到的事幾乎和情感有關：有些十分強烈，如發生車禍；有些則相對微弱，如支付賭金。他也經驗到許多富含社會成分的短暫情緒狀態（如貸款失敗的沮喪），以及社會成分沒那麼多的情緒（例如一開始被車撞時的害怕與震驚）。這些事件不斷累積，等到他星期一去上班時，已經悶悶不樂好幾個小時了。

情緒起源的傳統說法

情緒究竟源自何處？早期研究情緒的科學家並沒有把情緒起源的重點放在社會層面。雖然這些觀點現今看來並不完備，但它們為後來的情緒研究與瞭解奠定堅實的基礎，因此仍有必要做簡短的說明回顧。

最早開啟情緒研究的是達爾文（Charles Darwin），特別是他的重要著作《人與動物的情緒表達》（*The Expression of the Emotions in Man and Animals*）。達爾文撰寫該書的動機為，既然人類和其他動物的祖先相同，那麼在情緒表達上應該也具有諸多相似性。撰寫此書的過程中，達爾文力抗那些相信人類獨一無二、和其他動物有天壤之別（包括情緒表達）的人士。他的書指出人類和動物（如猴子和狗）的情緒表達有種奇妙的連貫性，他也發現某些臉部表情與姿勢跨越文化、普世皆然（Darwin, 1998）。

達爾文發展出來的情緒表達理論就是基於這些跨越文化與物種的相似性。如果某些情緒和情緒表達放諸四海皆準，那麼這些情緒必定享有共同的基因，且必定具有增加基因存活的價值。因此，以帶有情緒意涵的動作為例，都是暗示威脅或性吸引力的表達方式。咬牙切齒和齜牙咧嘴都是生氣的姿態，模仿戰鬥時嘶咬的動作，有利於提高生存機會。

達爾文強調情緒的**表達**，其他早期的學者則關注情緒的**內在起因**（internal sources）。Lange 與 James（1922）分別提出情緒的生理基礎，著重在因刺激而引發的生理反應。根據這個理論模式，刺激會引發生理反應，接著個體的認知歷程會將這些生理感覺解讀為某種情緒。情緒的生理成分（如血壓升高）協助我們辨識情緒（憤怒），而非憤怒的情緒引發生理變化。

佛洛伊德（Freud, 1962）堅信情緒（主要是焦慮與罪惡感）源於童年時期被壓抑的性欲望。雖然佛洛伊德的諸多理念已被視為不符合時代潮流，但他的確為情緒研究提供許多可探討的方向。第一，情緒可發展成潛意識。在連個體本人都不知道自己感覺的情況下，情緒仍然影響個人的想法和行動。第二，個人過去的經驗，是瞭解情緒意義和相關生理反應的重點。認識情緒反應過往的背景脈絡，方能瞭解社會如何形塑和定義情緒。

181

普世情緒與臉部表情

前面提到的傳統說法，指出研究情緒時恆久存在的問題：人類的某些情緒是遺傳而來的嗎？如果是的話，情緒就是人類共有的經驗，跨越文化、地域甚至歷史時空而存在於基因中了？例如生氣的時候，我們經驗到的生理與心理感覺，和數千年前或生活在世界各地的人是一樣的嗎？達爾文的研究顯示至少有部分情緒普世皆同——不僅出現在人類身上，連在其他物種上也可觀察到。

情緒普同性的說法已然存在一段時間，學者的研究重點大多是探討情緒的臉部表情。

●● 情緒的臉部表情

絕大部分的臉部表情是不由自主表現出來的——幾乎是不假思索或下意識的反

應。由於我們會不自覺地顯露情緒，故想隱藏情緒時，通常會左顧右盼或遮住自己的臉（Goffman, 1959b）。另外則是有意識的情緒表現。例如，用情緒表達來加強語氣、表示友好、歡迎或威嚇他人。

社會心理學家以下意識和有意識的臉部表情之間的差異，來研究普世情緒。若自然流露的臉部表情是：（1）情緒狀態沒有個別差異；（2）多數人對情緒的解讀一致，就有理由相信這樣的情緒是普世的情緒表現（Ekman, Sorenson, & Friesen, 1969）。另外，如果這些情緒表現散見於世界各地，具有文化一致性，即證實了達爾文的情緒理論。

近半世紀來，Paul Ekman 持續不斷地研究這個問題，發現足以支持普世情緒存在的證據。研究一開始，Ekman 拿出各種臉部表情的照片給世界各地不同文化的受試者觀看，請他們辨識其中的情緒。他發現不同文化的受試者對六個基本情緒的辨識度一致（見表 4.1），甚至連沒有文字的新幾內亞的原住民都認同（Ekman & Friesen, 1971; Ekman et al., 1969）。這六種基本情緒分別是：快樂、悲傷、驚訝、害怕、生氣和嫌惡（Ekman & Friesen, 1975）。近年來也以輕蔑（contempt）為第七種普世情緒（Ekman & Friesen, 1986）。

表 4.1 單一情緒辨識作業：不同文化參與者挑選和預測情緒的百分比

國籍	快樂	驚訝	悲傷	害怕	嫌惡	生氣
愛沙尼亞	90	94	86	91	71	67
德國	93	87	83	86	61	71
希臘	93	91	80	74	77	77
香港	92	91	91	84	65	73
義大利	97	92	81	82	89	72
日本	90	94	87	65	60	67
蘇格蘭	98	88	86	86	79	84
蘇門答臘	69	78	91	70	70	70
土耳其	87	90	76	76	74	79
美國	95	92	92	84	86	81

資料來源：改自 P. Ekman and M. Friesen, "Single Judgment Emotion Task," *Journal of Personality and Social Psychology*, 53, 712-717. ©1987 by the American Psychological Association.

Ekman 也探討情緒表達的普同性。最特別的是他訪問新幾內亞未開化地 Fore 的原住民，請他們就各種不同情境做出臉部表情，如「你的孩子死了，你很難過」或

「你很生氣，準備還擊」。回到美國後，Ekman 請大學生看 Fore 當地原住民做出表情的照片和影像。即使文化差異頗大，美國大學生仍能正確地辨識出照片中的情緒。但有批評者指出，這個研究說明的應該是情緒辨識的普同性，而非情緒表達的普同性。為回應此一批評，Ekman 又做了另一個研究。他拍攝日本和美國參與者觀看影片的表情（Ekman, 1972），結果發現這兩組參與者觀看時的表情不僅相似，而且也和 Ekman 先前情緒表達的研究相呼應。之後研究天生失明的參與者，所得的結果也支持 Ekman 的主張。即使這些天生失明者從未親眼觀察他人如何表達情緒，但他們微笑、大笑和皺眉的方式，和明眼人幾乎一模一樣（Eibl-Eibesfeldt, 1979）。

　　為進一步闡明他的研究，Ekman 和同事（Ekman & Friesen, 1978）發展出一套「臉部動作編碼系統」（Facial Action Coding System, FACS），用以分類可識別的臉部動作。每種基本情緒都涵蓋一組特別的臉部肌肉動作，Ekman 稱之為「**動作單位**」（action units, AU）。他主張任何的臉部動作，就算和情緒無關，也都可以用動作單位來描述說明（見圖 4.1）。例如，快樂的動作單位包含「臉頰上提」（AU6）和「嘴角上揚」（AU12）。這些臉部肌肉動作不但顯露各種情緒表現，也是我們用以判定他人情緒的依據。這些動作單位可以說明為什麼年輕人很難解讀高齡長者的情緒表現（Hess, 2013）。近期的研究顯示，給年輕人看中立、面無表情的照片，他們會傾向判斷為生氣或難過。這不是年輕人對高齡長者的情緒狀態有刻板印象，而是因為高齡長者的皺紋造成嘴角下垂或前額皺起（Garrido et al., 2013）。

　　近年來的科技發展得以讓研究者利用電腦軟體即時編碼臉部表情（Bartlett et al., 2006）。雖然電腦科技的應用範圍很廣（包括情緒研究），但科技進步更吸引廣告業者的興趣。當電腦能夠依使用者的臉部表情來辨識情緒，就能據此測量某一媒體（如廣告或電影預告片）的效用，以特定情緒為基礎提供使用者廣告內容（Bosker, 2013）。

批評與限制

　　雖然多數有關臉部表情的研究，似乎都支持某些情緒跨文化兼同的觀點，但這些研究仍有其限制。其中的兩大批評在於方法學。第一個批評是實驗情境過於人為做作，研究結果是刻意從參與對象誘發出來的（Zajonc, 1998; Zajonc & McIntosh, 1992）。第二個批評是研究者要求參與者以選擇情緒標籤的方式辨識情緒，好像在做配對或多重選擇題，因此雖然參與者的答案相當一致，但並沒有給他們機會自由描述臉部表情的情緒。後續的研究已設法回應這些批評並加以修正，所得結果大致上也都

183

184

183

上半臉的動作單位					
AU1	AU2	AU4	AU5	AU6	AU7
眉毛內側上揚	眉毛外側上揚	眉毛下壓	上眼瞼抬高	臉頰上提	眼瞼繃緊
AU41	AU42	AU43	AU44	AU45	AU46
眼瞼下垂	眼睛瞇成一條縫	眼睛閉上	瞇眼斜視	眨眼	單眨一眼

下半臉的動作單位					
AU9	AU10	AU11	AU12	AU13	AU14
鼻子皺起	上唇抬高	法令紋加深	嘴角上揚	臉頰鼓脹	露出酒窩
AU15	AU16	AU17	AU18	AU20	AU22
嘴角下壓	下唇下壓	下巴抬高	雙唇噘起	雙唇外拉	雙唇成漏斗狀
AU23	AU24	AU25	AU26	AU27	AU28
雙唇繃緊	雙唇重壓	雙唇稍微分開	下巴下垂	嘴巴張開	雙唇內壓

圖 4.1　臉部動作單位

這些動作單位（AU）的特定組合，可歸類為跨文化的基本情緒表現（Ekman & Friesen, 1978）。例如 AU6（臉頰上提）和 AU12（嘴角上揚）的組合是快樂情緒的表現，而 AU1+AU4+AU15 則是悲傷情緒的表現。© Paul Ekman Group, LLC

184

支持 Ekman 的發現（見 Haidt & Keltner, 1999）。

　　但 Ekman 的研究仍有兩大重要的限制：

　　第一，即使參與者能辨識某些特定的臉部表情，並不表示這些情緒只有那種表露方式，或只能表現在臉上。例如，看到微笑的臉部表情，就以為對方很開心，但其實高興的時候，也不一定會微笑。研究球迷後發現，就算看到支持的球隊獲勝，內心雀躍不已，通常也不會喜形於色（Fernandez-Dols & Ruiz-Belda, 1995）。另外，有些人善於偽裝自己的情緒，即便生氣或難過，他們一樣笑得十分真切。還記得本章一開

始羅伯特的故事嗎？他有辦法讓他的同事和學生誤以為他的心情很好。本章稍後會再詳加探討情緒的選擇性表露。

第二，Ekman 的情緒普同性研究僅檢視某些特定的情緒。六種情緒（快樂、悲傷、驚訝、害怕、生氣和嫌惡）在情緒研究中反覆出現，第七種情緒（輕蔑）亦漸受矚目（Ekman & Friesen, 1986）。不過，核心情緒當然不只這七種。社會心理學家運用不同方法，把「基本」情緒歸為五類：愛、喜悅（joy）、生氣、悲傷和害怕（Shaver, Schwartz, Kirson, & O'Connor, 1987）。Ekman 的研究偏重在情緒的獨特臉部表情，而 Shaver 的研究方法則是讓參與者隨意表露情緒。

或許還有其他情緒並未列在普世情緒名單內。例如，依據一樣的情緒表露研究方法，Keltner 和同事證實尷尬情緒也有一套多數人認同的獨特表現方式（Haidt & Keltner, 1999; Keltner, 1996）。尷尬的時候，我們會轉移視線、低下頭、用手遮住臉。或許日後的研究會發現除了這七種情緒外，應該還有其他普世情緒存在。

基本情緒與情緒表達的文化差異

並非所有的情緒都是普世情緒。雖然情緒有其重要標記（Thoits, 1989），文化表達和語言卻會影響情緒經驗。例如，Shaver、Wu 與 Schwartz（1992）區辨出名為「悲戀」（sad love）這一在中華文化特有的情緒類別，這是一種融合付出感情卻得不到回報、但依然留戀不捨的情緒。德國文化裡則有「fremdschämen」這個用來形容「替代性尷尬」（替某人覺得尷尬）的字。雖然美國人懂這些情緒，也曾有過類似的感受，但卻無法標記這些情緒，因為沒有形容這些情緒的語言或標籤。文化還以其他方式對情緒發揮影響力。例如，在某些文化中，情緒之間的界線難以清楚劃分。像是在中國，喜悅和愛毫無二致，一如在美國一樣。

即使某些基本情緒跨越文化藩籬、大同小異，牽動某些臉部肌肉帶出情緒表現，但文化的影響力仍會壓抑、誇大或改變情緒的表露方式。日常生活的人際交往場合，要求我們僅能表露某種情緒，甚至不得顯露某些情緒。多數情況下，參加喪禮時不宜有任何輕率舉動或笑聲出現。一般說來，和十多年未見的兄弟姊妹團聚，通常要展現喜出望外的情緒。但若重逢的場合是在喪禮，往往得先壓抑興高采烈的心情。不過，不是所有的文化都要求喪禮一定要莊嚴肅穆、哀痛逾恆。我們需明白文化的常規，方能在社交場合表現適當的情緒。

185

●● 情緒表達

　　文化對情緒表達自有一套規範，告訴我們必須修正臉部表情，好符合社交場合的要求。這些規矩稱為「**表達規則**」（display rules）（Ekman, 1972）。表達規則通常在童年期習得，進而變成慣性地自動控制臉部肌肉。表達規則修正情緒的臉部表情方法如下：（1）表現出更強烈的情緒；（2）削弱情緒表現；（3）完全不表露情緒；（4）偽裝成另一種情緒。

　　除了要求特定場合應表現適合的情緒外，不同文化對情緒表達的要求不一（Ekman & Freisen, 1969）。例如，某些文化非常反對表露生氣情緒，但在其他文化裡，生氣和表達生氣是正常、健康的人際互動做法。以愛斯基摩文化而言，他們對生氣較持否定看法（見 Briggs, 1970）。若想表現生氣的情緒，必須修正到連同意公開表達生氣文化的人，都察覺不出問題所在的程度才可以。

　　最能影響情緒表達的文化差異莫過於集體主義或個人主義文化（Matsumoto, 1990）。**個人主義文化**（individualistic cultures）如美國，把個人視為社會的重要單位。每個人可以擁有自己的目標、成就和行為，和團體的人不一樣也沒關係。**集體主義文化**（collectivist cultures）則把團體視為認同的來源。例如，個人是家庭的一分子，個人的行為、成就和失敗在團體中牽一髮而動全身。社會關係和身分認同彼此相互依存、密不可分。

　　集體主義或個人主義文化如何影響情緒表達呢？研究常喜歡比較相當個人主義的美國和相當集體主義的日本。不過，這裡也要強調，世界上還有許多其他文化比日本和美國更為集體主義或個人主義。生活在各個文化下的人民，對集體主義或個人主義的傾向也存在極大的差異。

　　要瞭解這些文化差異，首先須謹記：集體主義文化較擔心社會互動受到干擾。相較於個人的狀況，社會關係才是身分地位和互動交流的重點，與他人保持良好長久的關係比較重要。為避免社交場合出現紛爭，集體主義文化下的人（如日本人）更加壓抑情緒表達，對他人臉部的情緒反應強度刻意視而不見（Matsumoto, 1987; Matsumoto & Ekman, 1989）。因此，集體主義文化不僅具有較多克制情緒表達的規則，也有很多規範教人化解情緒強度。

　　然而，這並不是說集體主義文化對情緒表達麻木不仁。事實上，比較美國人和日本人的實驗研究顯示，日本人更懂得察言觀色，留意間接的情緒線索。在研究中，參與者聆聽一些含義為愉快或不愉快的字詞。其中，含義不愉快的字詞以開朗的聲

調播放；同樣地，含義愉快的字詞卻隱含負向情緒的線索。研究結果證實日本參與者更會留意語音線索，但美國參與者留意的卻是字詞的意義（Ishii, Reyes, & Kitayama, 2003）。因此，儘管集體主義文化刻意減少情緒表達和說破負向情緒，但他們實際上比個人主義文化的人還要敏感。

　　集體主義和個人主義文化對快樂的表達方式也存在差異。什麼事會讓個人主義文化的人開心得意呢？答案當然是個人的成就與功勞。如果個人學有專精或擁有值得誇耀的特質，他會理所當然地表現出高興的情緒。集體主義文化的人看重其所認同的團體成員，與他人和樂融融地相處是經驗與展現快樂情緒的主因。Mequita 與 Karasawa（2002）用寫日記的方式證實此一差異。在為期一週的課堂作業中，他們要求美國和日本學生每三個小時記錄一次自己的情緒。集體主義傾向的日本學生，記錄的愉悅情緒多半與他人相處融洽有關。美國學生記錄的愉悅情緒，不但包含與他人互動的事件，還有個人獨力完成的事件（如掌握控制權和優勢）。

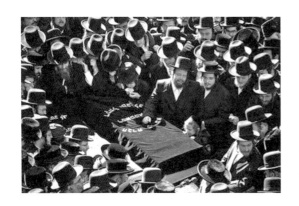

文化常規對情緒表達的影響力不容小覷。以表達哀悼情緒為例，從獨自思念到集體慟哭都有。在本圖中，居住在紐約布魯克林區威廉斯堡的哈西迪族猶太人齊聚一堂，共同悼念在車禍中不幸喪生的年輕夫婦。

© AP Photo/John Minchillo

　　另一個集體主義和個人主義文化情緒經驗的重大差異為羞恥感（shame），本章稍後將會做更詳細的探討。羞恥感在某些文化中扮演相當重要、核心的角色。集體主義文化強調個體與他人的關係，也就是說，羞恥感肇因於他人對個體的負面評價。得到他人的認可在集體主義文化裡是非常重要的事。相對地，個人主義文化看重的是罪惡感（guilt）——這是內在的自我評價，也就是達不到個人自己設定的標準。從兩個研究結果可看出不同文化對羞恥感的重視程度差異。其中一個研究發現，95% 的華人母親自認孩子在三歲前就瞭解羞恥感的概念（Shaver, Wu, & Schwartz, 1992）。另一個研究則發現，沒有一個七歲的荷蘭小孩懂得何謂羞恥感（Wellman, Phillips, & Rodriguez, 2000）。

　　生氣這個情緒之所以重要，乃因它極度不穩定。生氣的人容易激動、失控，甚至

破壞力十足。表現生氣情緒的時候，他人（尤其是發怒的對象）也會跟著動怒。發洩怒氣會遭致報復，使得怒氣不斷升高，終致兩敗俱傷。因此，生氣是必須妥善管理、控制和適當抒發的情緒。

集體主義和個人主義文化又會如何處理生氣的情緒呢？你或許猜想集體主義文化的人會極力避免表現生氣的模樣。假設生氣有可能惹惱和破壞人際關係，集體主義文化的確會迴避表現出生氣的舉動。Briggs（1970）對愛斯基摩文化的研究證實此一觀點。Briggs 認為愛斯基摩人是一個高度相互依賴的集體主義文化，為了生存，他們相當重視人際關係。孤立的地理位置使其面臨艱困的生活環境，這些因素導致他們十分強調團體和諧，視生氣為威脅團體穩定性和生存的主因。但個人主義的西方國家反而認為生氣是件好事，可用來展現自信和主張個人權利（Averill, 1980; Braesicke et al., 2005）。生氣是讓別人知道你的感受、矯正不公平狀態的工具和手段，也可釋放壓力，避免釀成無可挽回的悲劇。

最後，要來探討集體主義和個人主義文化下的悲傷情緒。放眼各文化，可以發現驚人的悲傷與哀悼表現差異。絕大多數的文化認為哀悼逝者時應該痛哭流涕。所謂的喪葬儀式更是錯綜複雜、五花八門，集體主義和個人主義文化的差別微乎其微。不過，有些文化的哀悼儀式會動員社會群體，顯示其緊密連結的互依共存關係，包括精心設計的慟哭戲碼，到要求未亡人跟著殉葬等。個人主義文化會認為這些儀式非常奇特，反倒主張悲傷是人之常情，不過也該有個限度分寸。無法走出悲傷的人情緒不穩，在他們恢復振作之前，還有可能被眾人孤立疏遠。

檢視和觀察各文化表達情緒的差異後，可以看到就算是基本情緒，也有複雜難解的一面。多數的社會心理學家同意有些情緒普世皆然，具有獨特的臉部表情生理動作。儘管如此，這些基本情緒的表達仍深受文化常規影響，因地而異。若想在日常的人際互動中有效地表達情緒，就必須學習和善用自身文化裡的表達規則。此外，某些情緒受社會制約極深，研究情緒的社會心理學家更想瞭解在生理機制之外，這些社會情緒的變化過程為何。

情緒的社會心理學

從社會心理學的觀點來看情緒，要跳脫情緒為對周遭事件的自然生理反應一說。如前所述，雖然情緒有其生理運作機制，但情緒也深受文化常規和經驗影響。社會心

理學家也主張多數的情緒經驗和個人的詮釋有關，生理反應僅為情緒經驗的一環。在認定此為何種情緒之前，我們還會依社會脈絡來詮釋生理感覺。

想像你正升起一股噁心的感覺，手心微微冒汗。對這些生理反應，有許多可能的解釋：可能是身為醫學院新鮮人，你第一次解剖大體；或是因為心愛的寵物突然過世而傷心不已；也有可能是期待已久的約會即將到來，因而興奮莫名；抑或正為考試準備不足而提心吊膽。仔細思索這些情緒，會發現都可以合理解釋我們的生理反應，因此我們會如何詮釋情緒，主要還是看周遭發生了什麼事。也就是說，當我們經驗、詮釋和建構社會情境的同時，也在詮釋和建構我們的情緒。

●● 認知標籤理論

認知標籤理論（cognitive labeling theory）（Schachter, 1964）是用來瞭解情緒的社會根源理論之一。此理論主張情緒經驗是遵循下面三個步驟而產生的結果：

1. 環境中的事件引發生理反應。
2. 事件當事人注意到該生理反應，欲尋找適當的解釋。
3. 細察情境線索（反應的當下發生何事？）後，對此生理反應賦予情緒標籤（厭惡、悲傷、興奮、焦慮）。

認知標籤理論進一步主張生理激發（physical arousal）是一種常態。換句話說，各個情緒的激發狀態並非截然不同。由於情緒引發的生理激發狀態差別不大，可以說任何情緒都會引發生理反應。究竟是哪種情緒造成生理反應，得視當時的環境脈絡而定。

許多社會心理學家已證實個體對生理激發狀態的詮釋，很容易受到外界操控。例如，早期的認知標籤理論研究者（Schachter & Singer, 1962）給參與者注射腎上腺素，激發短暫的生理反應。實驗者告訴其中一組參與者，注射的藥劑會導致心跳加速、臉紅和發抖。但實驗者並未告知第二組參與者任何關於藥物的作用。接著，請所有的參與者和實驗者安排的同夥（假裝自己也是其中一位參與者）共處一室。根據實驗設計，該名同夥會表現兩種行為：故作愉悅（例如，把紙團投入垃圾桶、折紙飛機、玩呼拉圈等）或故作生氣（例如，對問卷的內容心生反感，最後還把它撕了）。

根據認知標籤理論，被告知藥效的參與者不需要為他們的生理激發反應尋求解釋，因為他們知道這些生理反應是藥效所致。未被告知藥物作用的參與者則不明白生

理反應從何而來，因此他們會去搜尋環境線索，才好辨明情緒的起因。實驗結果證實研究者的預測。未被告知藥效的參與者會依環境線索解讀生理激發反應。亦即，和心情愉悅的實驗同夥在一組的參與者，會說自己很高興；反之，和心情欠佳的實驗同夥在一組的參與者，則形容自己也跟著感到生氣。然而，獲知藥效參與者的自我描述，基本上不受實驗同夥的行為影響。

後來的研究將這些發現擴展至其他情緒（Kelley & Michela, 1980）。結果顯示不清楚個人生理激發反應真正原因的參與者，容易被外在環境線索誘導到誤認為自己正經驗焦慮、內疚、快樂，甚至性慾高漲的情緒（Dutton & Aron, 1974; Zillmann, 1978）。如認知標籤理論的預測，環境強烈影響我們對生理激發現象的解釋。

研究顯示情緒標籤在覺察生理激發反應前，就已經展開了（H. Leventhal, 1984; Pennebaker, 1980）。環境暗示我們此時應經驗何種情緒，然後我們才會留意自身生理感覺，以此為信號來強化個人的信念。若環境線索足以令我們相信自己正在生氣，我們就會留意臉紅、心跳加速等線索，來證明自己確實動怒了。若環境線索暗示此時為快樂的情緒，我們就會特別留意雀躍和手舞足蹈的反應，確認快樂的情緒。無論何種情況，我們的生理狀態都可提供足夠的證據標記多種情緒。情緒標籤一旦貼上，就會誘發更多的生理激發反應，進而強化情緒標籤。換言之，對情緒的預期心理的確會引發情緒反應。

隨著情緒的研究進展，研究者越來越瞭解社會情境在定義情緒上的核心地位。如認知標籤理論和實驗研究所示，當下的情緒反應雖是內在生理過程的產物，但也須仰賴當時的社會脈絡來加以辨識與詮釋。其實，不只當下的情緒反應和生理激發息息相關，連複雜、長期的感覺（如愛、嫉妒等）亦然。這些情緒狀態在生理激發反應消失後，依然延續數天之久（S. Gordon, 1990）。感覺、情緒、行為和文化信念，均與社會關係相呼應配合。悲傷、忠誠、羨慕和愛國心等感情，亦和我們對家庭、朋友、同事與國家的依戀有關。

從感情（sentiment）亦可看出社會關係的本質和變化。悲傷與懷舊反映出社交失落；嫉妒與羨慕反映出對所有物權掌控不足；生氣與憤恨是承諾被背叛後的反應。標示感覺時，我們會對照找出契合文化背景的感情，賦予各種情緒反應合理的意義。例如，如果丈夫將自己對妻子的感覺標示為「愛」，他會因妻子的陪伴而心生喜悅、因妻子的離去而心懷憂傷、因妻子的批評而心頭火起，或生怕失去妻子。和較為單純的情緒一樣，感情也是認知標籤的結果。選擇感情標籤時，我們會將彼此的長期關係納入考量，而非僅靠當下的社會脈絡妄下斷言。

他人在情緒經驗上的重要性

有時候，是生活周遭的人決定了我們的情緒。他們觀察我們的生理反應、社會脈絡和行為，據此判定和告知我們此時的感受。入幼兒園的第一天，小女孩跟爸爸說她覺得自己很奇怪。爸爸問她奇怪是什麼意思，雖然她可以形容自己的生理反應或情緒，但還沒有足夠的認知和語言技巧說出「頭昏眼花」或「焦慮」等字眼，更不明白生理激發可作為情緒的指標。如果她說就像蜜蜂在身邊嗡嗡叫個不停，全身不對勁。此時爸爸可能會告訴她這叫興奮或緊張，剛到新環境時會有這種感覺是很正常的。從這時候開始，小女孩就會把嗡嗡叫的反應解釋成緊張或興奮的感覺，是遇到新事物時會產生的情緒。

此種情緒社會化的現象終生可見。Amy Wilkins（2008）研究全球的福音教派基督徒，發現這些教徒聲稱自己比非基督徒還快樂。Wilkins 認為與其說快樂這種正向情緒來自於參加教會活動，還不如說是教會的文化使然。她發現「聯合教會」（Unity; Wilkins 如此稱呼）的教徒經常將情緒掛在嘴邊，尤其喜歡提及喜樂的心境。他們教導新加入的教友要時時心懷喜樂，學習主動地讓喜樂湧現。教徒認為情緒和虔誠的宗教信仰有關。他們告訴新教友與上帝接觸的一個很重要的徵象，以及他們和異教徒不同的地方，在於屬靈的喜樂。這些教導不但使得新教友把生理反應解釋為喜樂的徵兆，也致力於引發正向情緒，以此體驗歸屬感，這也是他們有別於非基督徒的不同之處。

解讀他人情緒的脈絡

如同個體會運用情境脈絡來判定自身的情緒狀態，我們也會依情境脈絡解讀他人的情緒。事實上，情境脈絡早已是解讀情緒的關鍵（Barrett & Kensinger, 2010）。社會心理學家進行一項實驗研究，要求研究參與者判別某一情境脈絡下的臉部表情，究竟為哪種情緒或情緒的含義（正向、負向抑或中立的情緒）。比起只判別臉部表情的含義，研究參與者在標示情緒時，更易回想起當時的情境脈絡（像是不毛之地或一間咖啡廳的場景）。換句話說，光是臉部表情所提供的訊息，就足已讓參與者大致判斷出心情。不過，要判定情緒的話，研究參與者仍須仰賴脈絡線索。因此，若實驗者進一步問起的話，會比較容易回想起當時的狀況。

●● 情緒勞動

　　總有些時候，即使現在並沒有經驗到或想表現情緒，但為了配合社交場合的氛圍，我們也只好虛情假意一番。一進到社交場合，就得選擇該表現哪種情緒。你是否曾為了一場表演、運動比賽或考試，試著打起精神做好心理準備？你是否曾在無聊的聚會中，強迫自己表現出開心的模樣？收到不喜歡的禮物，仍得笑著說謝謝？或心情沮喪不已時還要強顏歡笑？這些都是情緒勞動（emotion work）的例子——試圖改變情緒的強度或調整心情，使之符合場合的要求（Hochschild, 1983）。

　　我們用發動（evocation）和抑制（suppression）兩種方式管理情緒。在某些情況下，發動某一現下並不存在的情緒有其好處。例如，即使工作忙碌了一整天，但媽媽還是堆著滿臉笑容去幼兒園接雙胞胎回家。雖然媽媽看到孩子是很開心沒錯，但她還是特意讓自己笑得比原本真實的感受更開心、興奮和歡喜，表現出興致高昂的模樣。這麼做的原因可能是，她覺得所謂的好媽媽就是要高高興興地去見孩子，她不想辜負自己、孩子和幼保人員的期望。其他情況下的情緒勞動（亦稱情緒管理）通常是指壓抑不當的情緒。第一次檢查病患的醫學系學生會克制反感、尷尬或激動的情緒，在病患和指導醫師面前表現專業的一面（Smith & Kleinman, 1989）。

　　之所以會產生情緒勞動，是因為受制於**感覺規則**（feeling rules）——即規定某些角色身分在特定場合應表現何種情緒。例如收到禮物的感覺規則是心存感謝；若身處聚會場合，就該玩得開心盡興。社會心理學家給參與者看幾種場景，詢問他們此時適當或預期的情緒為何，藉此找出感覺規則。結果發現人們對於在特定的社交場合該表現哪種情緒，具有相當高的共識，顯示的確有預期情緒或感覺規則存在（Heise & Calhan, 1995）。如果內心的感覺和現場的感覺規則扞格不入，但又不小心表現真實感受的話，就可能違背該場合的規矩。因此，我們不僅要試著表現出正確的情緒，還得**感受到**（feel）對的情緒，努力調整情緒的部分原因在於想要表裡如一，內心悽苦但又要強顏歡笑會造成失調不一致。

　　為審視此一轉換情緒經驗的現象，Arlie Hochschild（1983）以空服員為對象，進行了一項非常有趣的研究。一般說來，乘客對空服員的期待是和顏悅色且舉止優雅從容。但假設空服員已經在三個航班上工作 10 小時、服務上百位乘客了，疲憊不堪和氣惱厭煩正是他們此時的心情寫照。儘管如此，空服員仍須想辦法振作精神，壓抑煩躁的心情。事實上，Hochschild 發現這類的情緒勞動才是空服員的基本工作要求，而且是空服員受訓後的執行重點（見表 4.2）。

表 4.2　空服員的情緒勞動

情緒勞動的類型	細節描述
放鬆和微笑	表現出鎮定、開朗的態度。「很難想像我們必須一直保持微笑。我們知道這很不合理，但就是得微笑下去。」
把乘客當作朋友和家人	保護和安撫乘客，待客如親。
不可嘲弄乘客	不管乘客有什麼舉止或要求，空服員絕不可嗤之以鼻。
不可表現出驚恐或害怕的情緒	不管發生什麼狀況，空服員都必須壓抑自己的恐懼，不可慌亂。「即使我是個坦率的人，但也不可以讓我的臉色顯現出一絲一毫的驚恐。」
真心誠意	發自內心的行動。平心靜氣地應對他人的情緒。
千萬不可責怪乘客	就算那是乘客的錯。
絕對不能展現怒氣	訓練課程強調平息怒氣的策略，包括設身處地站在乘客的立場，為他們著想。

資料來源：改自 Hochschild (1983), *The Managed Heart.*

　　情緒勞動最令人感興趣的地方是，當個體遵從感覺規則，表現出相對應的行為舉止時，內在的感覺竟然也開始產生變化，與外在行為趨於一致。空服員的工作要求是展現出愉悅、正向、活力充沛的形象。研究發現這些情緒表現真的改變了個體的內在感受。空服員即使又累又煩，但仍強打精神露出笑容，只要他們一直這樣表現下去，他們的心情也會越來越好。還記得本章一開始羅伯特的故事嗎？星期一早上到校上班的時候，他的心情一點也不好，但感覺規則迫使他在學生面前抖擻精神、展現活力。只要他持續這般表現下去，他的心情就會越來越好。這可能是認知一致性效應的結果（見第 5 章），也就是個人的態度和行為相得益彰。也有可能是因為當我們表現開心的模樣，反過來別人也會用正向的方式和我們互動；他們的正向回應行為又讓我們的心情變得更好。

　　當個體欲管理情緒時，可以採取做出表面動作或深度表演（deep acting）的方式。但做出表面動作只能改變外在情緒表達方式（微笑和說客套話），深度表演卻可以轉變心情（Larson & Yao, 2005）。用來喚起適當情緒並壓抑不當情緒的方法之一，就是做出合宜的肢體動作。頹然地倒在椅子上不太可能喚起高興的情緒，但抬頭挺胸、昂首闊步卻可以。其他的方法包括：調整呼吸，或想像可以喚起必要情緒的場景。為了再次振作精神，空服員可以深吸一口氣讓自己放鬆、稍安勿躁，並想像今晚回到家的感覺會是多麼舒暢。主動採取這些策略多少能掌控個人情緒，表現出特定社交場合應有的態度作為。

不過，也有研究發現各行各業對情緒勞動的要求並非一視同仁。社會地位較高者更能自由地表現情緒。老闆或父母親可以任意對地位較低的員工或子女發脾氣，相反地，地位較低的員工或子女得更加遵守感覺規則。事實上，社會地位不一樣，感覺規則也各異。情緒勞動也具有商品價值，越熟練的人越能獲得酬賞。例如，主管可以要求員工付出情緒勞動，視為工作的必要條件。當情緒勞動轉化為薪資，良好情緒成為員工的重要特質時，他們就成了**情緒勞工**（emotional labor），空服員就是個很好的例子。自從 Hochschild 的研究披露空服員和櫃臺人員的辛酸後，其他社會心理學家也開始檢視職場的情緒管理現象，如：迪士尼樂園（Reyers & Matusitz, 2012; Van Maanen, 1991）、醫學院和醫院（Larson & Yao, 2005; Smith & Kleinman, 1989），以及警察局（Schaible & Gecas, 2010）。

情緒勞動不一定能發揮效果。無法有效管理情緒，且表現不當的情緒時（如過於激動或過於低落），即稱為**情緒偏差**（emotional deviance）（Thoits, 1990）。2010年時，空服員 Steven Slater 因乘客無視他的引導，行李不小心碰撞到他，他因而情緒失控，沒有如社會大眾預期般的一笑置之、不當一回事，反而用擴音器大聲咒罵該名乘客。雖然情緒偏差多發生在社交場合，但長期或明顯的情緒偏差恐怕是心理疾病的徵兆（Thoits, 1985）。經過一連串的心理健康評估後，果真發現 Slater 患有臨床疾病和酒精濫用問題，導致那天無法有效調節情緒。

●● 社會情緒

許多情緒都包含社會和非社會成分，但若不從社會的角度觀之，實難理解某些情緒的意涵。這些情緒被稱為**社會情緒**（social emotions），其定義為：（1）涉及到個人在社會脈絡中對自身的覺察；（2）至少有一個互動對象；（3）常起因於對照某些社會標準（Barrett, 1995; Stets, 2003）。對許多社會情緒來說，實有必要將個人放在他者的角色位置，才能體會這些情緒（Shott, 1979）。

為瞭解這個相當複雜的定義，可以先思考同理心這個概念。想要體會何謂同理心，必須先察覺自己和正處於某種情緒的他人間有所連結。例如，對心懷痛苦的人產生同理心，至少心裡明白我們正在介入他人的生活，甚至自認有責任減緩他人的痛苦（第 9 章將詳細討論助人如何緩解同理心所帶來的痛苦）。第二，社會上一定有某個人的情緒，觸動我們產生同理心。根據這個定義，可見同理心具有社會互動性質。第三，同理心使我們聯想到社會標準。即使同理的對象深感痛苦，但我們仍會用社會標

父母親對子女的情緒狀態通常會產生強烈的同理反應。他們不但很容易覺察子女的痛苦，還能設身處地為子女著想。
© iofoto/123rtf

準去評估有沒有義務去緩和對方的痛苦。如果他們的痛苦已降至最低，且繼續付出會提高我們的傷害風險，我們就沒有義務再去介入處理，同理心也隨之削弱降低。

這一節將探討五種社會情緒，說明在體驗和定義重大的社會歷程時，人際互動有多重要。社會情緒多不勝數，這裡我們僅討論罪惡感、羞愧、嫉妒、尷尬和愛。

罪惡感

認為自己做了不該做的事情，就會有罪惡感（guilt）。罪惡感是一種內在的自我評價機制。即使做了某件會心生罪惡感的事，也不表示我們就是壞人，但一定比沒做之前自覺差勁多了。這些評價自我的標準從何而來？答案是社會團體或環境。因此，罪惡感就是自省判斷能力，從他人的眼光來審視自己。罪惡感升起時，就是用他人建構但已被自身接受的標準來評價自我。罪惡感也有行動的意味。如同許多社會心理歷程，罪惡感也是種令人不舒服的感覺。心懷罪惡感的個體不得不做些事情來緩解罪惡感，情緒方能復歸平靜。亦即個體企圖表現補償行動，以獲得他人原諒，使自己不再受罪惡感禁錮（Stets, 2003）。因此，罪惡感這個負向情緒不僅具有社會互動性質，連處理解決的方法也同樣具有社會互動性質。

再回到章首幼兒園教師羅伯特的故事。假設他的教學助理沒能在聽故事時間叫學生趕快坐好，使得羅伯特勃然大怒。對教學助理大吼大叫之後，羅伯特對自己亂發脾氣一事感到內疚，但他胡亂遷怒導致教學助理沒有得到正確的評價，教學助理也因自

己沒有好好維持班級秩序而心生罪惡感。小朋友看到老師發脾氣，他們也會猜想是不是因為沒有趕快圍成一圈聽故事，才害老師生氣了，也心生罪惡感。在上述罪惡感的例子中，不管是羅伯特、教學助理或小朋友，都沒有達到行為應有的社會標準。由此看來，每個心懷罪惡感的人或許會為了減少或降低罪惡感，而向被冒犯的人道歉或請求原諒。

罪惡感的社會功能不少，第一個功能是促進社會化（Hoffman, 2001）。若父母親不贊同孩子的行為，為此心煩意亂、苦惱不已。此時父母親可以諄諄善誘兒童，使其瞭解爸媽不高興，是因為孩子的行為不乖所致，讓孩子體驗罪惡感。接著教導兒童不要做出不良行為來避免產生罪惡感。同樣地，我們可以巧妙利用他人的罪惡感，從中獲得好處。若能讓他人因他們的作為與不作為，成功誘發其產生罪惡感，即可改變對方的行為（Stets, 2003）。行乞者就很會用各種方法，讓拒絕提供協助者產生罪惡感。例如凸顯雙方的處境差距，強調自身的困境，即可讓對方心生內疚，進而給予協助（Basil, Ridgway, & Basil, 2008）。

最後，雖然我們常以為罪惡感會對人際關係帶來負面影響，但社會心理學家卻發現罪惡感其實可以強化社會關係。這可從兩方面來探討。首先，罪惡感讓雙方承擔不良社會互動的負面結果。如果我做了傷害對方的事情，致使對方蒙受痛苦。若我對此感到內疚，深感過意不去，表示我也承受了一些社會交換的代價。亦即罪惡感讓痛苦平均分擔出去了（Baumeister, Stillwell, & Heatherton, 1994）。第二，因為罪惡感而做出修復關係的舉動，企圖亡羊補牢，這正是向我們所傷害的對象表明，我們還是很看重彼此的關係，不希望再因拙劣的行為加重裂痕。例如，若羅伯特向教學助理道歉，這樣的行動會比從未對助理大聲咆哮，更能贏得助理的好感。

羞愧

和罪惡感極為相似的情緒是羞愧（shame）。雖然這兩種情緒具有相同的特徵，即做了冒犯他人的舉動，但羞愧比罪惡感更為沉重、持久。罪惡感通常起因於單一事件，很容易辨識、也很容易化解。例如，若因偷東西而產生罪惡感，可以靠歸還物品來降低罪惡感。但羞愧和單一事件或違法亂紀無太大關聯，而是你對自己的評價如何。當你覺得羞愧時，表示你不但認為自己做錯了事，而且還是個壞人（Thoits, 2011）。也就是你的本性出了問題，不是說改就能改的（Babcock & Sabini, 1990）。因此，羞愧的反應可不是只有修補人際關係那麼簡單。羞愧最常見的反應就是逃避。深感羞愧的人恨不得逃離現場、躲避人群，甚至從這世界上消失（Barrett, 1995;

Tangney, 1995）。若羞愧踩到個體自尊的痛處,羞愧劇烈的程度將遠甚於罪惡感。

由於羞愧是如此猛烈的情緒經驗,令人避之唯恐不及。減輕羞愧的方法之一,就是規避被追究問題的責任,轉而攻擊他人,引發「惱羞成怒」的循環(Scheff & Retzinger, 1991),反倒升高緊張與羞愧感。讓我們想像有位太太卡拉羞辱了先生里歐,罵他沒出息、老是保不住工作。如果里歐接受這樣的說法,就會羞愧得無地自容。想擺脫羞愧感的心情使得里歐惱羞成怒,對卡拉反唇相譏,辱罵卡拉才是害他丟了工作的元凶。就是因為卡拉是個失職的母親,害他得多次提早下班接送兒子。雙方你來我往,都深感羞愧,堅稱對方是問題的始作俑者。互不退讓的結果,鬧到最後惱羞成怒,恰是這種互動模式導致配偶暴力。

197

嫉妒

嫉妒(jealousy)也是種社會情緒。嫉妒是看到別人發生好事時,油然升起的負面情緒(Ben Ze'ev, 2000)。按此定義,若無他人參與其中,就不會心生嫉妒,因此嫉妒需從社會脈絡角度視之。常引發嫉妒的情境是第三者介入兩人關係,導致原本的重要關係瀕臨解體。威脅到兩人關係的第三者,就是其中一人嫉妒的對象。伴侶關係因生養或領養孩子而發生變化,就是個絕佳說明範例。當妻子認為丈夫對孩子的愛多於對她的愛時,妻子覺得孩子取代了她的地位,因而嫉妒孩子。但若孩子漸長,轉而和媽媽較親密時,就換成丈夫羨慕太太和孩子了。手足關係研究也發現,當媽媽的注意力轉移到另一個孩子身上時,連學步兒都會顯露嫉妒之情(Draghi-Lorenz, Reddy, & Costall, 2001)。任何成雙配對的關係都可看到此種動力現象,情侶分手亦然。如果女方提出分手,開始跟別人約會,被甩在一旁的男方肯定妒火中燒。

若社會情緒有其存在的理由,那麼嫉妒有何功能呢?我們一向視嫉妒為洪水猛獸,具有毀滅性的力量,必須費盡心力駕馭它。但若嫉妒不是與生俱來,而是衍生自社會勢力,它的存在必有其價值。其中一個功能是把個體拉回到關係中。展露嫉妒情緒時,就是在告訴別人我被晾在一邊了,很想再融入關係中,所以別人有責任再重新接納我。當媽媽只注意其他孩子,顯露嫉妒心的小孩其實是在跟媽媽撒嬌,傳遞希望媽媽跟他互動的訊息。如果媽媽懂得回應,找時間多陪陪這個孩子、抱抱他,帶著他和其他孩子玩,那麼表現嫉妒情緒反而會得到酬賞和增強。

嫉妒也可用來向別人索討某樣物品(人或實物)。例如,小女孩嫉妒哥哥可以擁有令人愛不釋手的玩具,這正是在告訴哥哥她也想玩、她也有權利玩、她的把玩時間應該比哥哥長,她要用這個玩具彰顯她的主張。由此可知,嫉妒與羨慕是為了對物品

和對象宣示主權。

尷尬

接下來要探討的另一個社會情緒是尷尬（embarrassment）——一種在眾目睽睽之下丟臉的不舒服情緒。做不到自己向他人宣稱的形象或身分時，就會覺得尷尬。例如，數學教授在全班同學面前解答不出一道簡單的計算題，必然讓他覺得顏面盡失。尷尬之所以是社會情緒，乃因教授自行想像學生會怎麼看他犯的這個錯。他擔心這個差錯會危及學生對他的印象，損及他身為一位優秀數學教師的自我認同。缺乏維持身分的技巧僅是引發尷尬的諸多原因之一。如第 3 章所述，隱私曝光、笨手笨腳或倉皇失措，也會讓人覺得尷尬。

尷尬之所以是社會情緒，在於它具有感染力；尷尬的起因之一是看到別人尷尬。在一項共情尷尬（empathic embarrassment）的研究中，一組女性觀看另一位女性進行相當難為情或含義不明的任務（Marcus, Wilson, & Miller, 1996）。多數觀看者指出，當她們看到別人陷入尷尬的境地，自己也替她難為情。某些看到平淡無奇任務的觀看者也出現尷尬的感受，可見每個人感知他人情緒（即同理心）的意願不等。的確，每個人解讀與回應情緒線索和他人行為的能力參差不齊，精通此道者的情緒智商高人一等。具備高度同理心和情緒智商的人，通常也較能替代感同（或同理）他人的尷尬情緒。

由於我們具有體驗他人尷尬心情的能力，會由此展開替他人解圍緩頰的行動。Lee（2009）研究街頭藝人（即興饒舌歌手團隊）的表演。發現若表演者快出糗時，其他人會趕緊出面保全。如果歌手忘詞或掉拍，隊友會搶進遞補，接上節奏。觀眾也會採取一些策略，把其他觀眾的注意力轉移到出手相救的歌手上。從這些策略可看出他們如何化解出錯饒舌歌手的尷尬，以及觀眾感同尷尬的現象。

尷尬的另一個社會特性是反映社群組織的樣貌（Goffman, 1956）。例如，比起單獨一人或僅有另一人在現場，在團體面前更讓人覺得尷尬（Parrott & Smith, 1991; Tangney, Miller, Flicker, & Barlow, 1996）。就算身邊都是陌生人，尷尬仍在所難免，因為能不能讓他們留下好的印象，和我們在社交場合的表現有關。然而，熟稔的家人或好友比較不會因為偶爾一次的出糗而損及我們的身分認同。在異質性的團體面前出糗，比同質性的團體更容易讓我們覺得尷尬。例如，比起同性別團體，青少年更易在異性同儕團體面前感到尷尬（Lizardo & Collett, 2013）。

愛

　　愛（love）一向是帶給我們快樂、正面的情緒，但事實並非總是如此。如稍早文化與情緒段落中曾提到的，亞洲文化特有的「悲戀」，指的就是得不到回報的愛。儘管如此，多數人依然把愛視為正向、令人開心的情緒。

　　本書第 11 章〈人際吸引與關係〉會再詳細討論愛，包括不同形式、強度的愛。愛是一種相當複雜，更確切地說，是一組串連在一起的情緒。愛本身就是社會情緒。平心而論，至少要有兩個人才能稱之為愛──一個付出愛，另一個是被愛的人。及至漸長，我們才知道愛意味著願意為所愛的對象付出感情、犧牲奉獻（Nikolajeva, 2012）。

201

　　愛的形式與愛的體驗，跟愛的對象的關係，與個人對愛的反應和表達息息相關。對朋友的愛和對伴侶的愛無法相提並論，青少年的愛情與結縭超過三十載的愛情亦不能同日而語。即使是單一關係的愛，也可能存在極大的不對等。例如，父母親愛孩子，但親子對愛的感受卻不盡相同。對愛的感受出現差異，並不是自然湧現的反應，而是與父母、孩子、男女朋友、丈夫、妻子、摯友等不同的角色期待有關。父母親有責任撫養子女，為孩子的成長發展著想。父母親的愛裡蘊含了照顧的成分，但子女則沒有。其他不同的角色要求也會產生各種不同的愛。不同的關係造就的愛不同，愛的概念也因各個文化而異。

摘　要

▣ 情緒的定義

　　情感（affect）包含對人事物的各種評價，情感的指向、強度和行動殊異。情緒（emotions）是對刺激的立即性反應，包括認知反應、生理反應、動作表現，和足以識別以上三個要素標籤。當代的社會心理學家用「感情」（sentiment）一詞指稱長期的情緒狀態。心情（moods）則是一般的心理狀態，可持續數小時甚至數天之久。

▣ 情緒起源的傳統說法

　　達爾文堅信某些情緒及表達方式是普世共通的經驗，不僅發生在人類身上，甚至

跨越物種存在。這些論點正支持他的演化論。James 與 Lange 提出情緒的生理觀點，認為生理變化最先發生，接著才是認知的處理和解讀。快樂、悲傷、驚訝、害怕、生氣、嫌惡等臉部表情見諸於多數文化，因此又被稱為普世的基本情緒。但在情緒經驗與表達情緒上，各個文化仍存在顯著差異。被誇大或壓抑的基本情緒，經過複雜的情緒表達規則後，有的讓這些情緒變得難以辨識，有的則可一眼看穿。集體主義文化以保護和強化社會連結的方式來處理和展現情緒；個人主義文化則把個體視為主要的社會單位，傾向以展現個人狀態和引起注意的方式表達情緒。

■ 情緒的社會心理學

社會心理學家主張多數的情緒經驗端賴詮釋解讀。認知標籤理論用三個步驟依序描述經驗到生理反應、替生理反應找尋合理的解釋，以及根據解釋標示情緒。他人也能幫助我們標示情緒，教導我們該如何解讀特定線索以進行人際互動。從事情緒勞動的人常得壓抑或刻意喚起特定情緒，好讓情緒和情境要求相符。某些行業會要求員工（如空服員）把情緒當作商品來交易。若無法有效管理情緒，或不看場合、用不當的方式表達情緒，就會導致情緒偏差。

■ 社會情緒

許多情緒（如同理心），需參照社會脈絡方能界定與體驗到這些感受。罪惡感和羞愧涉及他人的評價；嫉妒則是拿他人和自己比較；有觀眾在場才會覺得尷尬；愛則需有付出情感的對象。

重要名詞與概念列表

心情（148 頁）	社會情緒（162 頁）	表達規則（154 頁）
個人主義文化（154 頁）	動作單位（151 頁）	情感（147 頁）
情緒（147 頁）	情緒偏差（162 頁）	情緒勞工（162 頁）
情緒勞動（160 頁）	集體主義文化（154 頁）	感情（148 頁）
感覺規則（160 頁）	認知標籤理論（157 頁）	

思辨能力技巧　熟讀深思

　　莎士比亞有句名言：「世界如舞臺，你我不過是演員。」在本書裡，這個論證俯拾皆是。例如第 3 章曾介紹日常生活中自我表現和印象管理的重要性，本章更進一步闡述人際互動中情緒管理的角色。雖然學生似乎理解這些概念，也覺得很有趣，但我們的眼光必須超越莎士比亞的舞臺論。我們不僅是社會生活的演員，這些演出的影響更是深遠。雖然認真思考起來相當耗神費力，但一定能帶給你很大的收穫。

　　Thomas 與 Thomas（1928）寫道，如果界定某個情境是真的，那麼結果也會成真。若你初次拜訪女友的雙親，表現得彬彬有禮，他們極可能相信你塑造的形象，以禮相待。即使支持的球隊贏得比賽，讓你欣喜若狂，但參加教母的喪禮時，你仍盡力擠出眼淚、一副悲慟不已的模樣，別人看到也會以為這是你的真心表現，與你同聲致哀。換句話說，你的情緒表達會影響他人的情緒經驗。

　　進而言之，這些表現最後也會反過來影響你。如果女友的爸媽以禮待你，他們的舉止可能會影響你的行為表現，也激勵你要符合他們的期待。如果參加喪禮的人在你面前露出真正難過的神情，也可能會讓你「真情流露」。

　　回想你近來的表現。就目前為止你對社會心理學的瞭解——如符號互動論、自我、深度表演（deep acting）——是否有讓你進一步思考這些表現對你的影響，而非僅是勿勿帶過？

　　一群醫生和社會心理學家組成科學團隊，研究醫學系學生的自我表現與情緒管理（Smith & Kleinman, 1989）。他們發現這些聰明伶俐的醫學生即使下班回家，他們的行為表現仍深受工作影響。例如，醫學生和病人的肢體接觸十分頻繁。為減少尷尬或湧現的情緒，這些學生只好把病人的身體當作智力挑戰來處理，或把人體拆解成各個部位，而非視為有血有肉的人。但中性看待人體的結果，卻可能危及工作場合外的親密關係。有位學生就提到某天晚上，他正和妻子做愛時，卻發現自己在幫她做乳房檢查，看看是否有癌症病兆。

　　雖然社會生活的表演性質，很容易讓人誤以為它削弱了社會建構的現實，但深思這些表現的影響，將有助於我們更細微地思索社會心理歷程與社會生活。

chapter **5**

社會知覺與認知

引　言

　　晚上十點，住院醫師還在精神科，幫一位外貌體面的病人看診。病人說：「醫生，我一直聽到耳邊有人在對我說話。」詳細問診後，醫生診斷病人罹患思覺失調，建議他入院治療。該名醫師受過完整的醫學訓練，下診斷不費吹灰之力。但要依社會知覺正確診斷一個人的心理狀態並非易事。妄想、思覺失調、憂鬱症和正常之間，不一定涇渭分明。

　　Rosenhan（1973）的經典研究證實此一問題存在。八位假裝生病的研究人員宣稱他們幻聽，向精神病院掛號。初診晤談時，這群假病人如實說明個人的生長史及目前（非常一般的）心理狀況，僅偽造個人的姓名、職業和幻聽問題。但住進病房後，這群假病人即不再冒充思覺失調的症狀。他們說幻聽已經消失不見，也能和其他病人正常地對話。其他病人開始懷疑這些研究人員根本沒病，但工作人員仍堅信他們生病了。護理人員記錄這群假病人「行為怪異」，包括急著排隊領取餐點、花很多時間寫筆記等。雖然這些行為在心智正常的研究人員眼裡看來並不奇怪，不過工作人員仍視之為心智失常的病兆。由於工作人員相當固執己見，就算假病人可以出院了，他們還是被診斷為思覺失調，只不過現在變成「思覺失調緩解中」。

　　若有人自願住進精神病院，可能會讓醫院的工作人員傷透腦筋。他真的「心智失常」、需要接受住院治療嗎？他也有可能是「健康正常」的人吧？他無法發揮社會功能了嗎？還是他詐病，想藉機從工作或家庭中抽身？

　　為了回答這些問題，住院醫師要蒐集此人的資訊，判斷有病與否。接著再綜合這些資訊做出診斷（妄想、思覺失調或憂鬱症），判斷病人該接受何種治療。執行上述這些行動時，即是醫生在形成社會知覺（social perception）。廣義言之，社會知覺意指透過各種感官蒐集到的資訊，建構對社會的理解。狹義而言，意指對他人的特質和性格形成印象的過程。

　　下診斷時，醫生不但要對新病人的特質和個性形成印象，還得瞭解病人行為的起因。例如，醫生要釐清病人的行為究竟是他本來的個性所致，抑或受外在環境壓力引發。社會心理學家稱此歷程為歸因（attribution）。進行歸因時，我們會觀察他人的行為，接著推測行為背後的意圖、能力、特質、動機、情境壓力等，來解釋人們的行為事出有因。

社會知覺和歸因都不是被動的行為。我們不會對感官的刺激照單全收；相反地，期待和認知結構會影響我們的意向和詮釋，這就是第 1 章詳細介紹過的雙向歷程模式。以精神科醫師的初診晤談為例，他沒料到是研究人員假裝心理有病。所以，在會談開始之前，醫生早已認定病人心智失常。由於此一根深柢固的歸類過程，讓醫生只專注在和症狀有關的訊息，忽略或無視與心理疾病無關的訊息，害他落入**確認偏誤**（confirmation bias）的陷阱（Nickerson, 1998）。換句話說，醫生的判斷根據在於他認定對方是真病人。多數時候，我們對他人的印象相當正確，讓彼此的互動順暢。畢竟，很少人會像研究人員一樣，假裝自己是病人而混入精神病院。但社會知覺和歸因未必可靠。就算是受過良好訓練的觀察者，仍難免判斷失準、失真，做出錯誤的結論。

207

1999 年 2 月，紐約市警方正追查連續性侵害案。加害者的肖像公布在警局內，警方大致記住性侵犯的面容。有一天，四位白人警官在 Bronx 區巡邏時，見到一名黑人男子 Amadou Diallo，覺得他和性侵犯的畫像十分酷似。當 Diallo 想進入住家的公寓時，警方喝令他站住。Diallo 聞之停步，手伸向口袋想拿出證件。但警方卻不這麼想，以為 Diallo 要掏出手槍，遂開槍朝他射擊。他們開了 41 槍，當場擊斃 Diallo。Diallo 不是性侵害犯，也沒有犯罪前科。警方未經思考的驟下判斷，造成致命的錯誤。

黑人男性在這個區域聲名狼藉，被警察叫住就伸向口袋的動作，馬上讓警方心生疑竇，覺得他是個危險人物。許多人認為若 Diallo 是白人的話，警方的動作就不會如此快速。種族膚色會是令警方內心的警鈴大作、採取攻擊行動的危險因子嗎？13 年後，沒有攜帶任何武器的 Trayvon Martin 遭到槍擊，又再次讓這個議題浮上檯面。守望相助隊員 George Zimmerman 在其巡邏的社區以手槍擊斃 17 歲的非裔少年 Martin。事發前一刻，Zimmerman 打電話報警，懷疑 Martin 形跡可疑：「有個很可疑的傢伙……這個傢伙看來圖謀不軌，可能攜帶毒品什麼的。雨下得很大，他還在社區亂晃、四處張望。」（CNN, March 20, 2012）這個案件引發全國重視，許多人質疑背後的動機是種族歧視。如果這位非裔少年不是穿著帽 T，結果會不一樣嗎？如果 Martin 是白人，Zimmerman 還會說他「在社區裡亂晃、四處張望」，行跡可疑嗎？

在實驗室內進行的研究證實了這樣的動力關係。其中一個研究裡，參與者扮演警察，可以決定是否要對嫌犯開槍。嫌犯有的手上拿著槍（在這種情況下，警方可以開槍），有的握著中性的物品如手機（在這種情況下，警方不可以開槍）。結果顯示，若嫌犯是黑人，即使他手上拿的是手機，還是很有可能被扮演警察的參與者誤射。

同樣地，若嫌犯是白人，即使他手上拿著槍，參與者卻會判斷錯誤而延遲開槍射擊（Plant, Peruche, & Butz, 2005）。以真正的警察複製這個研究，也得到相似的結果（Plant & Peruche, 2005）。

本章聚焦在社會知覺和歸因的歷程，並討論下列問題：

1. 我們如何理解周遭的訊息？如何將訊息分類並應用在社會情境中？
2. 為什麼我們會如此依賴性格和團體刻板印象的訊息？這種思考方式能解決哪些問題，但同時也會衍生出哪些困境？
3. 對他人的印象是如何形成的？亦即，我們會如何將訊息整合成一致且全面的印象？
4. 我們如何確認和解釋他人行為的動機和起因？例如，評判他人的行為時，是該歸因於此人的內在性格呢，還是外在環境的影響？
5. 評價他人的行為時，我們會犯哪些錯誤？為什麼會犯這些錯誤？

基　模

人類的心靈是個精密複雜的訊息處理系統。最基本的處理機制之一是**歸類**（categorization）——把刺激理解成一整組類別，而非單一、獨特的存在。例如，在劇院裡，看到舞臺上一位盛裝打扮的女性穿著短裙、踮起腳尖，即認定她是「芭蕾舞伶」，不會覺得有什麼好奇怪的。

我們是如何將人或事物分類呢？例如，怎麼知道該將這名女性歸類為芭蕾舞伶，而不是「女演員」或「啦啦隊員」？為了將某些人分類，我們通常會把此人跟類別的原型比較。**原型**（prototype）是個抽象概念，代表一項類別或團體的「典型」，是此類別的絕佳範例。一提到四分衛，或許你腦海浮現的原型是 Tom Brady。其他人也符合這個類別，但原型稍稍不同，例如 Joe Montana 或 Peyton Manning。雖然 Donovan McNabb 也是個傑出的四分衛，但很少人會把他視為四分衛的原型，部分原因在於他的種族背景。即使非裔的四分衛人數與日俱增，但在國家美式足球聯盟（NFL）的發展史上，黑人四分衛仍是少數。一般說來，原型是該類別中一組共通的屬性。例如，「四分衛」的原型是體格高大、行動敏捷、足智多謀、成就斐然的白人，可以帶領隊友在超級盃上取得勝利。

由於類別之間並非各自獨立，因此要把人、物品、情境、事件，甚至自我分類有其難度。類別甚至環環相扣，形成結構體系。例如，Jonathan 這個人不但具備各種屬性（高大、富有等），也和其他人或實體產生某種關聯（是 Kareem 的朋友、比 Bill 還強壯、Lexus 的車主）。這些其他的人或實體本身也有特性（Kareem：纖瘦、有運動細胞、黑人；Bill：矮、胖、禿頭；Lexus：銀色、雙門轎跑、新潮），同樣也和其他人或實體有關（Kareem：Bill 的同事、Lisa 的丈夫；Bill：Lisa 的朋友、Prius 的車主）。以此方式，我們建構了一套包含人物、屬性和關係的認知結構。

社會心理學家用**基模**（schema）這個詞來指稱對某一社會實體（如：人物、團體、角色或事件等），具備條理清楚的認知思考。基模通常包含對該實體的資訊，以及該實體與其他實體間的關係訊息。假設 Chandra 對政治十分不齒，腦海裡有對「國會議員」這一角色的基模。在他的基模裡，國會議員雖堅稱為民服務，但實際上卻和利益團體勾結、在電視媒體上播送半真半假的競選廣告、待在首都的時間比選區還長、通過高薪和優退的法案來自肥。最重要的是，從不做會削減自身權力的事。209

當然，也有人不像 Chandra 這般對政治冷嘲熱諷，對「國會議員」這一角色抱持不同的基模。但就像 Chandra 的基模一樣，這個基模會整合和國會議員有關的活動、關係、動機與權謀等要素。姑且不論其確切的內容為何，基模幫助我們組織與記住事實、舉一反三，同時評估新的訊息（Fiske & Linville, 1980; Wilcox & Williams, 1990）。

●● 基模的類型

基模有幾種不同的類型，包括：人物基模、自我基模、團體基模、角色基模、事件基模（Eckes, 1995; Taylor & Crocker, 1981）。

人物基模（person schema），是描述他人性格的認知結構。人物基模可用來指稱任一個體（如：歐巴馬總統、Lady Gaga、自己的父親），或某種類型的人（如：性格內向的人、班上的搞笑人物、反社會者）。人物基模幫我們組織和理解他人的個性，也有助於預測他人的行為。

自我基模（self-schema），是將自我特徵的概念組織後形成的結構（Catrambone & Markus, 1987; Markus, 1977）。例如，若自認是個獨立自主的人（與依賴性格相反），你可能會強調個人的獨特性、標新立異與自我主張。為了讓行為符合自我基模，你也可能會拒絕接受父母的經濟援助、不想向同學借作業來看、打工賺生活費，

或把頭髮染成特別的顏色。自我基模在第 3 章已有詳細的說明。

團體基模（group schema），又稱為**刻板印象**（stereotype），是和某一特殊社會團體或社會類別有關的基模（Hamilton, 1981）。刻板印象反映出該團體或社會類別成員的典型屬性與行為。這些都是僵化死板的概念，但卻廣為當地的文化或社群所知。美國文化充斥各式各樣的刻板印象，如：種族（黑人、亞洲人）、宗教團體（新教徒、天主教徒、猶太人）、族裔（阿拉伯人、愛爾蘭人、拉丁人、義大利人）。

角色基模（role schema），意指團體中某一特定角色的典型屬性與行為。Chandra 對國會議員這一角色的想法，即為角色基模一例。最常見的角色基模是職業角色——護理師、計程車司機、店經理等，但團體裡也有其他各種角色，如：團體領導者、球隊教練。角色基模常被用來瞭解和預測特定角色人物的行為。

事件基模（event schema），又稱為**腳本**（script），是和重要、反覆發生的社會事件有關的基模（Abelson, 1981; Hue & Erickson, 1991; Schank & Abelson, 1977）。在美國社會裡，這些事件包括婚禮、喪禮、畢業典禮、求職面試、雞尾酒會、勾搭上床等。事件基模載明事件的組成活動、預定順序和參與人員。請別人描述事件的典型發生過程，即可得知腳本內容。

其中一種令社會心理學家和大學生同感興趣的腳本，就是「勾搭上床」（hook-up）（Cohen & Wade, 2012）。勾搭上床（或露水情緣）已然成為現代大學校園的新興約會模式（Simon & Gagnon, 2003）。如表 5.1 所示，請大學生描述「典型」的勾搭上床場景時，他們不約而同地說出幾個重要的特徵（Paul & Hayes, 2002）。勾搭上床的雙方通常是陌生人，也有的是舊識。雖然有些人出門的目的是獵豔，但多數情況並不是費盡心機、處心積慮。男性通常會主動出擊，雙方在派對上相遇邂逅。酒或藥物的使用時有所聞，不過雙方很少談論事件發生原委。雖然多數的勾搭上床是一夜情，但也有些人會不定期地和同一個人玩勾引遊戲（Bogle, 2007）。不過，和情侶單獨約會不一樣的地方是，勾搭上床的雙方間並無義務責任存在。勾搭上床腳本的要素，就是年輕人彼此心照不宣的「勾引」（Glenn & Marquardt, 2001）。勾搭的尺度從接吻到發生性行為都有，這種搞曖昧的趣味，就是勾搭上床吸引年輕人（尤其是女性）的地方。由於勾搭看似漫不經心，輕則接吻或發展到性愛撫，這樣的詞彙不至於讓女性被冠上性關係隨便之名，傷害女性的名譽。雖然有時人們會打破砂鍋問到底，想打聽細節，但若朋友說他們去參加婚禮，或上週末搭訕到女生，我們就會自行從事件基模（婚禮基模和搭訕勾引基模）中截取見聞，填補空白。

表 5.1　典型的勾搭上床劇本（摘錄自學生的問卷）

	20 歲女性的說法	21 歲男性的說法
涉入對象	男女生彼此吸引，但雙方互不相識。或者男女生可能為舊識，一時天雷勾動地火。	只要兩個人看對眼或在場就可以了。
勾搭上床的流程？有事先計畫嗎？由誰發起？	兩個人會先聊天、調情、跳舞、喝酒，凝視對方、越靠越近。如果其中一方仔細打量對方或開口邀約，事情就成了。通常男生會主動勾引，但通常是雙方你情我願。	有時候得先做調查，知道對方想被勾引。不過，最常發生的情況是，勾搭上床就這麼發生了。女生會釋放訊息（拋媚眼或賣弄性感），表明她想被勾引。此時男生必須勇往直前，滿足她的需要。
發生地點	房間、夜店、派對，甚至樓梯間。	每個地方都有可能。大部分在沙發上，幸運的話有床更好。
有無飲酒或使用藥物？	通常會。就我的經驗而言，勾搭上床都是發生在派對上……許多有酒和藥物的場合會讓人失去自制力、醉眼矇矓，提高勾搭上床的機率。	幾乎都會喝酒。男生可以藉酒壯膽，發動攻勢。
會發生哪種性行為？會採用防護措施以避免性傳染病嗎？	看情況而定。有些人只是接吻，有些人會進一步口交和性交。口交通常不會採取防護措施。進行性行為時，會用到保險套。而有酒和藥物的場合，就會忘了保險套這回事。	發生性行為的話，通常會戴保險套。但很多的勾搭上床只進行到口交，這時候就不必採取防護措施。
雙方會進行什麼樣的對話？他們會討論發生了什麼事嗎？	通常不會說很多話。就只是為了勾引而上床，或一直講性的話題。	有時對方會說：「真不敢相信我做了這種事！我根本不認識你！」但通常這是女生會說的話，男生則暗自希望這段過程不會提早結束。

從上述內容可看出大學生的勾搭上床事件基模，幾乎如出一轍。男女性的劇本內容大同小異。

資料來源：改自 Paul & Hayes, 2002.

●● 基模式的處理

為什麼要使用基模？

　　雖然基模在多數時候尚能發揮合理正確判斷的作用，但有時也會出差錯。如果

少用基模的話，不是更能避免像警方槍擊 Amadou Diallo 的悲劇，或免於太快懷疑朋友的貞操嗎？或許是吧。但我們會依賴基模，就是因為基模能協助我們有效地組織、理解，回應周遭複雜的世界。要處理每個互動過程的訊息是不可能的事，我們必須設法留意最重要的場合和人物訊息，做出適切的反應。基模可以幫助我們：（1）凸顯某些事實，便於記憶，也影響我們回憶訊息的能力；（2）處理訊息更加快速；（3）推測與判斷人事物的動向；（4）理解情境中模糊不清的訊息，減少曖昧不明的程度。把基模和情境配對後，該怎麼判斷、該如何互動，就顯得直截了當、簡明易懂（Mayer, Rapp, & Williams, 1993）。

基模式的記憶（schematic memory）

人類的記憶大部分是重建修復出來的。亦即，我們通常不會像照相機或攝影機般，即時記錄所有的聲音和影像，精準記得事件的細節。相反地，我們通常只記得事件片段，依此找出適當的基模後，就靠這個基模填補細節。基模會組織記憶裡的訊息，並因此影響我們記住和忘記的內容（Hess & Slaughter, 1990; Sherman, Judd, & Park, 1989）。嘗試回想某件事時，符合基模的事實較能回想起來。例如，一項研究調查職業角色基模對回憶的影響（Cohen, 1981）。研究參與者觀看一段女性和丈夫在家慶祝生日的影片。有一半的研究參與者被告知這位女性是圖書館員，另一半的研究參與者則被告知該名女性是餐廳的服務生。

這位女性的某些特徵和圖書館員相符：戴眼鏡、成天看書、喜歡聽古典樂、收到的禮物是羅曼史小說。然而，這位女性也符合服務生的特徵：喝啤酒、房裡有顆保齡球、吃巧克力蛋糕、和丈夫調情、收到的生日禮物是睡衣。稍後，研究者請參與者盡量回想影片的細節。他們回憶得最正確的事實，都與該名女性的職業印象一致。也就是說，以為該名女性是圖書館員的人，記得的事件和圖書館員的基模相符；但以為她是服務生的人，回想起的內容則符合餐廳服務生的基模。

但那些與基模不一致的記憶，結果又是如何呢？有幾個研究測試三種類型訊息的回憶，分別是：與基模一致的訊息、與基模矛盾的訊息、與基模無關的訊息。結果顯示比起與基模無關的訊息，與基模一致和矛盾的訊息，回憶的效果較佳（Cano, Hopkins, & Islam, 1991; Higgins & Bargh, 1987）。在與基模矛盾的訊息中，具體的基模（例如：精打細算、愛說謊、自吹自擂）回憶效果優於抽象的基模（例如：務實、不誠實、自我中心）。

基模式的推論（schematic inference）

基模會影響我們對人和其他社會實體的推論（Fiske & Taylor, 1991）。亦即，基模會就認識不足的部分，自動補上缺漏的事實。如果知道某人的一些事實，但同時也有不清楚的部分，面臨這種情況，我們會加油添醋，好使我們對此人的印象與基模相符。例如，假設你的室友是動保團體的一員，你會揣測他不會想花時間和你喜歡狩獵的朋友在一起。當然，基模仍可能導向錯誤的推論。如果基模不夠完備，或沒有正確地反映現實狀況，極可能釀成錯誤。例如，警方對 Amadou Diallo 的基模就錯得離譜。警察的基模——「在警方面前把手伸進口袋的黑人」，內含嫌犯欲掏槍的要素。依此基模，警方推測他們應當開槍射擊，他們的反應是出於錯誤的推論。

基模——尤其是發展臻於完備的基模——有助於我們推論新的事實。例如，如果醫生診斷病人得了流感，他會推測病人如何被感染、會產生哪些副作用或併發症、該採取什麼療法較有效。沒有關於這項疾病基模的人，是不可能做出這些推論的。

基模式的判斷（schematic judgment）

基模會影響我們對人和其他社會實體的判斷或感受。基模本身即依評價向度組織，人物基模尤為如此。例如，Chandra 對國會議員的基模是負面的印象，讓他預設立場，覺得國會議員很討人厭。基模的複雜度——或基模內屬性的多元性——也會影響我們對他人的評價。基模的複雜度，和團體互動經驗的多寡息息相關（Crisp & Turner, 2011）。與團體裡成員的互動越多，我們看待團體成員的眼光越趨多樣（包括人格、價值觀等等），對該團體的基模也越複雜。相反地，越不複雜的基模，越容易導向極端的判斷和評價，此即為**複雜—極端效應**（complexity-extremity effect）。

例如，研究者請白人大學生評估某人是否能進入法學院就讀（Linville & Jones, 1980）。根據實驗處理，申請者有些是白人，有些是黑人；學業成績良莠不齊。結果顯示學業成績和種族兩個因素有交互作用存在。評分者對功課差的黑人學生，比功課差的白人學生更為嚴苛；但對功課好的黑人學生，評分優於功課好的白人學生。比起白人學生，評分者對黑人學生的正負評價較極端——因為這些評分者對內團體（白人學生）的基模，遠較外團體（黑人學生）複雜。由於白人和白人互動的經驗較多，基模較複雜，所以他們不會僅靠單一特質來推論他人的能力。研究進一步指出（Linville, 1982），複雜—極端效應也適用於其他屬性，如年紀。和同年齡者相較，大學生對年長者的基模單調多了，因此他們對年長者的評價會更趨於極端。

213

基模式處理的缺點

　　雖然基模的優點不少，但仍有些相應的缺點。第一，人會過度接收和基模一致的訊息。事實上，某些研究指出，接收訊息者碰到和基模有關的新訊息時，會發生確認偏誤的現象（Higgins & Bargh, 1987; Snyder & Swann, 1978）。也就是說，蒐集資訊的時候，接收者傾向詢問會誘出支持基模的問題，而非詢問會誘出牴觸基模的問題，以免造成訊息錯亂。回頭想想本章一開始 Rosenhan 精神科問診的研究。醫生詢問假病人的問題，都以他們生病了為前提，心存偏見的回應只會更加重他們的信念。護理師和工作人員對假病人行為的詮釋，只為了證實他們固有的基模，但卻無視假病人真的沒病的訊息，只因這些訊息和他們原本的基模互相矛盾。

　　第二，訊息缺漏不全時，我們會擅自添加符合基模的要素，好填補訊息空缺。有時候，這些加油添醋的訊息根本似是而非、破綻百出，對人物、團體或事件衍生出荒唐的解釋或推論。例如，研究目擊者對犯罪現場的陳述，發現目擊者在回憶特定事件時，是截取自「典型犯罪」的基模。如此這般扭曲記憶以符合基模的心向，導致訊息誤報（Holst & Pezdek, 1992）。尤有甚者，目擊者陳述事件時，不在場的聽者也會用自身已有的基模解釋聽到的內容（Allport & Postman, 1947）。如此一來訊息的扭曲更為嚴重，以訛傳訛，離真相越來越遠。

214　　　第三，人不會輕易地揚棄或更動基模。就算基模不吻合事實，我們仍時不時就要把基模套在人物或事件上。勉強使用不當的基模，可能會造成荒謬的印象和推論，進而對人、團體或事件做出失當或僵化的反應。認定孩子不寫作業就是生性懶惰的老師，恐怕不會好好鼓勵孩子，或評估他是否患有讀寫障礙或注意力缺失症（ADD）。

當基模類別不夠顯明時，我們會把對方視為獨立的個體，行為表現是其個人的特色。不過，若將某人歸於某一類別，就容易從刻板印象和整個類別或團體的代表人物觀點出發，來詮釋他人的行為。

©Comic courtesy of xkcd.com

人物基模與團體刻板印象

●● 人物基模

如前所述，人物基模是描述他人性格的認知結構。人物基模可分成幾種獨特的類型。有些人物基模相當與眾不同，是某人專屬的特色。例如，莎拉是 17 歲的女高中生，喬恩是她的母親。與喬恩相處數年後，莎拉就能鉅細靡遺地描述關於她媽媽的基模。她可以預測喬恩會如何面對新環境、處理訊息或問題、規劃下一步的行動等等。同樣的，我們也持有公眾人物的基模（例如：歐普拉、脫口秀主持人、演員、倡議女權、黑人、富有）；或著名歷史人物的基模（例如：林肯、南北戰爭時的政治領袖、誠實、意志堅定、反對蓄奴、致力於讓美國統一）。

有些人物基模非常抽象，強調人格特質間的關聯。此種基模即為**內隱人格理論**（implicit personality theory）──意指一些未曾言明、但卻認定人格特質間互存關聯的假設（Anderson & Sedikides, 1991; Grant & Holmes, 1981; Sternberg, 1985）。這些理論也包含認定行為和許多人格特質互有關聯（Skowronski & Carlston, 1989）。若知道孩子資優，你會不會自動地假設這孩子也具備其他特質呢？近期的研究探討德國教師對資優生的信念（Baudson & Preckel, 2013）。若某位學生被評定為「資優生」、IQ 高，老師往往也容易認定這個學生 EQ 低。亦即雖然老師覺得資優生比其他一般學生更會學習，但老師也認為他們更為內向、情緒容易起伏不定，也較不合群。這些都是內隱或自動化的信念，因為我們幾乎沒去仔細檢驗這些人物基模，也沒有好好覺察這些基模的內容。因此，老師很可能未發覺他們對資優生的偏見，還有這些隱微的假設如何影響他們對班上同學的態度。

內隱人格理論與心智地圖

215

如同所有的基模一樣，內隱人格理論使我們不需只靠手邊現有的資料做出推論，還可在資訊有限的情況下，用它來渲染對某人的印象，使之更活靈活現。例如，若知道某人的個性平易近人，我們可能會推論她喜歡參加社交活動、受人歡迎、和藹可親等等。但若聽說某人個性悲觀，我們可能會推論他缺乏幽默感、易怒、不受歡迎，即使我們根本沒有證據證明此人確實具有這些特質。

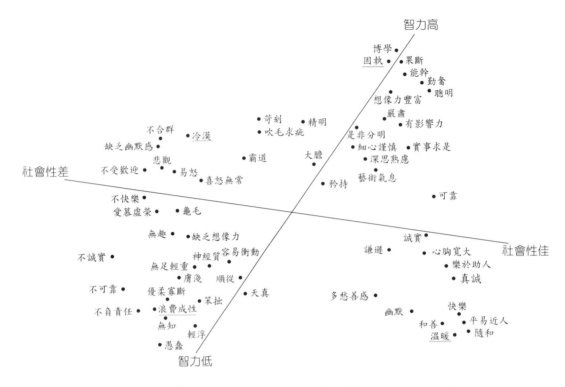

⑤ 5.1　人格特質的關聯：心智地圖

我們每個人都有一套內隱人格理論——認定哪些人格特質互有關聯、哪些則否。這套人格理論可以用心智地圖來呈現。心智地圖中越靠近的特質，即預設這些特質更容易出現在同一個人身上。上圖顯示的是美國大學生的心智地圖。

資料來源：改自 Rosenberg, Nelson, & Vivekanandan, 1968.

　　我們可以將內隱人格理論視為心智地圖，用它來表示特質間的關聯。圖 5.1 呈現的就是此種心智地圖，這張圖根據大學生的看法繪製而成。從圖中可看出各個不同人格特質的相對位置（Rosenberg, Nelson, & Vivekananthan, 1968）。在此圖中，被認定是相似的特質相對距離較近，意謂著我們若認為某人具有某一特質，也必然具備另一特質；被認定是不相似的特質距離相對較遠，意謂著我們認為同一個人不可能同時具備這些不相干的特質。

　　如果你的心智地圖和圖 5.1 極為相似，表示你認為「浪費成性」的人，同時也較無知、不負責任（圖 5.1 的左下方）。同樣的，你認為「固執」的人，同時也果斷、能幹（圖 5.1 的右上方）。

　　如圖 5.1 所示，早期的研究用社會性（social）與智力（intellectual）兩個向度，將這些特質區分開來。例如，「溫暖」與「冷漠」兩個特質，就分屬在社會性向度的

兩端;而「輕浮」與「勤奮」兩個特質則分屬智力向度的兩端(Rosenberg & Sedlak, 1972)。有些特質(如「有影響力」)在社會性向度與智力向度皆被視為好的特質,但有些特質(如「不可靠」)在社會性向度與智力向度都被視為不好的特質,由此可看出這是印象形成過程中常犯的錯誤。我們常把擁有幾項良好特質的人,吹捧成好人;反之亦然,把擁有幾項不佳特質的人,誇大成壞人。整體印象一旦形成,亦即,整體來說不錯的人,就連帶認定他也具備其他在心智地圖上相鄰的正向特質。此種以偏概全的好惡傾向,會影響後續對他人特定性格的評估,稱為**月暈效應**(halo effect)(Lachman & Bass, 1985; Thorndike, 1920)。月暈效應會導致偏見印象,對他人的特質與表現判斷失準(Cooper, 1981; Fisicaro, 1988)。

從 Rosenberg 的心智地圖發表數十年來,社會心理學家不斷改良修正向度,並測試不同文化與團體的印象形成過程。研究結果顯示,「溫暖」(warmth)與「能力」(competence)兩個向度,比「社會性」和「智力」更具說服力。早期的研究發現(Asch, 1946,本章稍後會再討論),溫暖是印象形成過程中具有高度影響力的特質,不管是判斷的速度或比重,溫暖的重要性遠勝過能力(Fiske, Cuddy, & Glick, 2007)。初識某人時,我們必須判定此人有利抑或有害。溫暖這一向度,正是用來判斷對方的意圖。與溫暖這個向度有關的特質包括:親切、熱心、真誠等;與能力向度有關的特質則包含:智力、創造力、技能等。雖然大家都把溫暖這個向度當成印象形成的根本條件,但女性和集體主義文化的人更在意為人溫暖與否(Abele, 2003)。

印象會影響我們對他人的感受。我們較同情高溫暖但能力差的人,但卻嫉妒能力佳但不溫暖的人;尊敬高溫暖又能力佳的人,但輕視能力差又不溫暖的人(Cuddy, Fiske, & Glick, 2007)。我們也會對團體在這兩個向度的屬性產生類似的感受。例如:嫉妒有錢人(能力佳、不溫暖)、欣賞中產階級(能力佳、高溫暖)、憐憫長者(能力差、高溫暖),但鄙視領取社會福利救助的人(能力差、不溫暖)。

●● 團體刻板印象

- 「政客都是騙子、滿嘴謊言,一點都不體恤老百姓。」
- 「亞洲女性都是『虎媽』,對孩子百般挑剔。」
- 「依賴社會救助的人都很懶惰、浪費成性,所以才找不到工作。」
- 「阿拉伯人和穆斯林都是恐怖分子,他們仇視美國。」
- 「運動員或許看來很強壯、體格很好,但他們四肢發達、頭腦簡單、目中無

人。」

　　很遺憾的，我們都聽過上述這些說法——此番言論都是武斷、極端、不正確的分類方式，也就是團體基模或刻板印象。刻板印象（stereotype）意指將某些特質加諸在特定團體或社會類別的所有成員身上（McCauley, Stitt, & Segal, 1980; Taylor, 1981）。如同其他種類的基模一樣，刻板印象將這個複雜的社會化繁為簡。與其花時間一個一個地去差別對待團體每位成員，刻板印象讓我們對政客、接受社會救助者或運動員等「一視同仁」。在資訊嚴重欠缺的情況下，透過刻板印象——即他人隸屬的團體——快速地將個體分門別類、形成印象，據以預測他們的行為。

　　不過，刻板印象涉及過度類化，視所有隸屬於某一團體或社會類別的成員擁有共同的特質。雖然刻板印象包括若干真實性——有些成員的個性的確像刻板印象說的一樣——但不能一竿子打翻一條船。因此，刻板印象常引發不當的推論。例如，想像一下你所認識的女性主義者。或許其中一人如刻板印象所言，是個相當激進、希望能完全消弭性別分野的女同志。但是，若認定你所有認識的女性主義者都是激進派，或不想跟男性談戀愛，那就大錯特錯了。認定所有的女性主義者都是女性，也是差之毫釐，謬以千里。

我們常不免會草率的判斷這些人的性格，但這樣的判斷是正確的嗎？僅憑個人隸屬的團體，就依此形成刻板印象。
© Renphoto/iStock

　　在日常生活中，我們不斷地將遇到的人歸類到現有的團體，以節省注意力。走在路上，與男女老少、黑人白人擦身而過。在未經深思的情況下，根據這些陌生人的特徵，動用團體基模（刻板印象）將之分門別類，就可以不用花太多腦力決定下一步的行動（Fiske & Neuberg, 1990）。這麼一來不必時時留意心智運作，除非對方的性別、種族或年齡曖昧難辨，沒辦法嵌入團體基模。發生這種情況時，就得有意識地蒐

集更多資訊，花費較長的時間進行資訊處理。假使無法一眼看出對方的性別，就要找其他的非語言或語音線索來判斷。如果不能將某人歸類——就像《週六夜現場》（*Saturday Night Live*）節目裡性別不明的角色 Pat 一樣——會讓我們的心裡越來越不安。仔細回想一下，我們佇足澄清和思考的時刻何其少，即可證明分類和刻板印象在日常生活中無所不在、隨處可見。

雖然刻板印象過於以偏概全，我們仍欲罷不能地繼續使用，甚至沒有覺察到刻板印象在評價他人時發揮的影響力（Hepburn & Locksley, 1983; Bornstein & Pittman, 1992）。即使刻板印象未必是負面的評語，但許多刻板印象的確帶有否定的意味。當然，有些刻板印象是正面的（「亞洲人數學很強」、「黑人擅長運動」），但不可諱言的，仍有許多的刻板印象在輕視或貶抑團體。刻板印象的負面效應不勝枚舉，尤其被誤用來限制他人獲取重要的社會角色——例如，應徵工作或申請入學。

為了探討性別刻板印象對女性在科學上低成就的影響，科學家組成研究小組，請重視研究的大學人員評選實驗室經理一職應徵者的履歷表（Moss-Racusin et al., 2012）。科學家採用實驗設計，將一群假的應徵者隨機冠上男性名字（約翰）和女性名字（珍妮佛）。除了名字之外，這些應徵者填寫的資料內容全都一模一樣。不管是男性或女性甄試人員，接到名為約翰的履歷表後，都把他評得比珍妮佛還要優秀，更樂意雇用他。甄試人員也說他們願意付給約翰更高的起薪。事實上，甄試人員認為珍妮佛比約翰討喜，但認為女性不擅長科學的根深柢固性別刻板印象，無意間影響甄試人員的評價。諸多研究結果顯示性別刻板印象會誤導工作考核（見 Correll, Benard & Paik, 2007）。

刻板印象也會以迂迴曲折的方式衝擊團體成員，這就是**刻板印象威脅**（stereotype threat）（Steele, 1997, 2010）。當團體成員感受到因團體刻板印象而被評價的威脅時，可能會負面地影響他們的工作表現，也就是害他們表現得比原本應有的實力更差。

常見的刻板印象

如同前面所舉的例子說明，在美國社會裡，仍存在一些廣為人知、關於種族、民族和性別團體的刻板印象。美國人對各個民族（國家）懷有刻板印象，例如認為墨西哥人是努力說英文的非法移民；認為法國人有教養、很浪漫；對越南人的看法則是工作勤奮、友善。長期研究調查種族、民族和性別刻板印象，發現刻板印象的內容會隨時間改變（Diekman, Eagly, Mladinic, & Ferreira, 2005）。例如，很少美國人到

218

219

220

現在還認為美國原住民愛喝酒、非裔美人很迷信，或亞裔美人保守且難以捉摸（儘管有很多人還是這麼想）。刻板印象或許不會隨時間消失，但仍會改變其表現形式（Dovidio & Gaertner, 1996）。

就像社會上充斥的種族和民族刻板印象一樣，對性別的刻板印象也是無所不在。一般說來，碰到人時，我們第一個判斷就是分成男性和女性。這種分類法很有可能激化複雜的性別刻板印象。這些刻板印象把男性描繪成：獨立、強勢、能幹、理性、競爭心強烈、自信果決、臨危不亂；把女性形容成：情感豐富、體貼、善於表達、溫柔、熱心、耐心等（Ashmore, 1981; Martin, 1987; Minnigerode & Lee, 1978）。就算在同一性別裡，刻板印象仍和頭銜與姓氏等隱微的方式掛勾。例如，1980 年代的研究發現，被尊稱為「女士」（Ms.）的女性成就較高、有男子氣概、不若被尊稱「夫人」（Mrs.）的女性討人喜歡（Dion & Schuller, 1991）。這些印象和女性主義者常見的能力佳、不溫暖的刻板印象一致（Fiske, Cuddy, Glick, & Xu, 2002）。不過，現在的大學生常用「女士」一詞指稱婚姻狀態，跟性別歧視無關。因此，尊稱女性為「女士」，比「夫人」或「小姐」（Miss）好多了（Lawton, Blakemore, & Vartanian, 2003）。

近代最能說明頭銜刻板印象的例子，大概就屬夫妻雙方連結的姓氏（hyphenated surname）了。研究發現社會大眾認為婚後願意連結夫姓的女性，比不願意連結夫姓的女性多受過良好的教育、婚後願意繼續工作，也比較友善、性情溫和、勤勞、好奇心旺盛。婚後願意連結妻姓的男性，比不願意連結妻姓的男性溫和、會照顧人、更堅守婚姻承諾（Forbes, Adams-Curtis, White, & Hamm, 2002）。

性別、種族和民族僅是被這個社會文化烙下刻板印象的眾多團體之一二。職業、年齡、政治意識形態、心理疾病、嗜好、音樂喜好、主修科系、就讀學校等等，都是刻板印象作用的團體（Miller, 1982; Rahn, 1993; Rothbart, 1996; Rentfrow & Gosling, 2007）。

刻板印象的起源

這麼多的刻板印象是如何冒出頭的？有學者認為刻板印象來自於和某些團體成員直接接觸的結果（Campbell, 1967）。例如認識了一位熱情洋溢的義大利人、彬彬有禮的日本人，或冥頑不靈的南方人等，於是就將這些刻板印象類化——亦即，推論團體的所有成員都和這位人士一樣，具有某些共同的特性。

有些學者（Eagly & Steffen, 1984）說刻板印象部分源自於對社會角色團體成員

的偏見所致。以運動選手為例，職業運動組成聯盟後，黑人選手的人數迅速攀升。1990 年代晚期，60% 的職業橄欖球員和 85% 的職業籃球員都是非裔美人（Sailes, 1998）。黑人選手的表現占據報紙和電視媒體版面（Davis & Harris, 1998）。與角色有關的特性——職業選手的運動天賦優異——最終成了該職業角色的人物特性。黑人選手的傑出運動表現等相關形象，更推波助瀾了黑人選手優於其他種族的刻板印象。不過，假如社會團體的角色被貼上負面的標籤，連帶地將使該團體的成員因這負面的角色特徵，被賦予貶抑的刻板印象。

221

刻板印象也可能是社會知覺的自然結果（McGarty, Yzerbyt, & Spears, 2002）。要處理和記住那麼多的外在訊息，依照團體類別儲存，要比記住個人的特徵簡單多了（Taylor, Fiske, Etcoff, & Ruderman, 1978）。例如想要試著回想課堂討論發生了什麼事，你可能會記得有幾位女同學在竊竊私語，和一位黑人同學表達了強烈的意見，但卻記不得到底是哪些女同學或哪位黑人同學說話。由於我們會依團體類別記住個人的行為，因此會把個人的行為附加在團體上（Rothbart, Fulero, Jensen, Howard, & Birrell, 1978）。記得女同學竊竊私語和黑人同學表達強烈的意見，我們可能就此推論通常女生都很愛講話，黑人同學都自以為是。如果把這些行為歸因於個別同學的特質，而非團體成員的屬性，就不會形成這種刻板印象了。

刻板印象造成的錯誤

由於刻板印象過度的以偏概全，難免在社會知覺和判斷上犯下諸多錯誤。第一，刻板印象假設該團體的所有成員全都一式一樣，擁有某些特質。但團體成員在許多方面實非一個餅印。一位頭戴安全帽的建築工人可能會把你硬擠到公車門邊，讓你動彈不得，但另一位反倒讓座給你。第二，刻板印象讓人誤以為該團體的所有成員和另一個團體的成員截然不同。以橄欖球員和芭蕾舞者的刻板印象為例，這兩個團體看似沒有共同點。但這兩個團體的成員中，肯定有體格好、努力又聰明的人。如果我們認定這兩個團體毫無重疊之處，就會忽略有些芭蕾舞者說不定也會打橄欖球。

在單純的情況下，刻板印象就已經會引發不正確的推論與判斷，當需要注意的刺激太多、情況複雜的時候就更不用說了。這是因為刻板印象的效率奇佳（Sherman, Lee, Bessenoff, & Frost, 1998）。倘若觀察者用刻板印象作為組織訊息、下決定的依據，就會忽略不符合刻板印象的訊息（Bodenhausen & Lichtenstein, 1987）。像這樣的訊息處理過程會導致甄選入學或雇用員工上的偏誤，就像前面提到的評選實驗室經理的履歷一樣。需要閱讀的資料和細節太多，我們的心智只好盡可能地抄捷徑。偏祖

男性、不利女性具有科學能力的刻板印象，恐會遮蔽應徵者展現特殊才能的證據。

222

研究也顯示，高社經地位者的刻板印象比低社經地位者還多。原因在於高社經地位者須注意的對象太多，有走認知捷徑的誘因。就算犯錯了，也可以運用權勢豁免錯誤（Goodwin, Gubin, Fiske, & Yzerbyt, 2000）。即使研究參與者被隨機分配到高社經地位組和低社經地位組，結果也是一樣（Richeson & Ambady, 2003）。

即使刻板印象言過其實且以偏概全，然而，面對鐵證如山、與之衝突矛盾的訊息，刻板印象仍難以撼動改變。原因在於我們習慣接收與刻板印象相容的訊息，忽略或曲解與刻板印象不一致的訊息（Lord, Lepper, & Mackie, 1984; Snyder, 1981; Weber & Crocker, 1983）。例如，假設 Omar 對男同志的刻板印象是：娘娘腔、弱不禁風、富有藝術氣質。若走進同志酒吧，他會特別留意人群中符合他男同志刻板印象的男性，如此一來更強化他的刻板印象。不過，如果他在那裡碰到的是外表粗獷、體格健壯的男性呢？這些人的出現可能會挑戰 Omar 的刻板印象，但要重建刻板印象可是件大工程，所以 Omar 得找方法因應這項挑戰。他可能會仔細端詳這群與刻板印象不合的傢伙，試圖找出可佐證娘娘腔的跡象。他也可能會認為這些男同志只是少數人，甚至假設他們是異性戀者。他也可能從被刻板印象的團體中另外建立一個**亞型**（subtyping）或次類別，作為例外法則（如：這些男同志是「異類」），就不必全盤推翻固有的刻板印象。透過這樣的認知策略來排除矛盾的訊息，保住刻板印象。

223

印象形成

要得知他人的訊息有幾種來源，包括閱讀、聽聞、親眼目睹、親身互動，觀察對方的外表、穿著、說話風格、背景資料等等，形成對此人的印象。我們甚至還會從他人的臉部特徵推論性格特質（Hassin & Trope, 2000; Zebrowitz et al., 1998）。不管用什麼方式得知他人的訊息，作為解讀訊息者，我們必須找到方法把這些不同來源的訊息統整成協調一致的畫面。像這樣把不同的訊息加以組織，統合對他人印象的過程，就是**印象形成**（impression formation）。這是相當基本的個人知覺歷程。

●● 核心特質

在一項經典實驗設計中，Asch（1946）採用一個簡明易懂的研究程序，顯示某

些特質對印象形成的影響力大過其他特質。研究者召募一群大學生,給他們一張上面描述假想人物性格特質的清單。這些特質包括:聰明、能幹、勤奮、溫暖、堅定、務實、謹慎。第二組大學生拿到的清單一模一樣,但卻有個關鍵的差異:「溫暖」這一特質被「冷漠」一詞取代。接著再請所有的研究參與者寫下簡短的描述,說明他們對這一假想人物的印象,並讓他們評比此人是否會出現以下特質:慷慨、機智、快樂、和善、幽默、隨和、謙沖、仁慈、無私、想像力豐富。

224

　　這項研究發現導出幾個結論。第一,大學生要完成這個實驗任務輕而易舉。他們都能將這些特質訊息「化點為面」,勾勒出對此人的整體印象。第二,用「冷漠」取代「溫暖」這一特質,造成大學生對此人的整體印象南轅北轍。有「溫暖」這一特質時,學生通常會將此人形容為:快樂、成功、謙沖、幽默等;但若此人是「冷漠」的,學生就會形容這個人:自我中心、不合群、快快不樂。第三,「溫暖」和「冷漠」這些形容詞對整體印象的影響力,高過其他特質。例如,其他的研究程序不變,但研究者改用「禮貌」與「遲鈍」兩個詞,取代「溫暖」和「冷漠」。結果證實前者的差異不若後者來得大。

　　這種能左右整體印象形成的特質就是**核心特質**(trait centrality)。在 Asch 的研究中,「溫暖／冷漠」就比「禮貌／遲鈍」還要核心、重要,因為「溫暖／冷漠」給研究參與者的觀感,造成相當大的落差。

　　Kelley(1950)隨後以更合乎現實的情境,複製「溫暖／冷漠」這一研究。選修心理學的學生在客座講師前來授課之前,先閱讀一張關於他的特質描述。這些形容詞和 Asch 用過的類似(也就是勤奮、挑剔、務實、堅定),僅有「溫暖／冷漠」這一形容詞變項不同。有一半學生拿到的形容詞是「溫暖」,另一半則拿到形容詞「冷漠」。接下來講師抵達課堂,做完 20 分鐘的討論。之後,研究者請學生報告對該名講師的印象。結果顯示,讀到「溫暖」和讀到「冷漠」的學生,形成的印象截然不同。讀到「冷漠」的學生,會說講師較不替人著想、耍孤僻、狂妄、輕浮、無聊和居心不良。因為所有的學生在課堂上看到的都是同一名講師,他們對講師的看法會出現差異,完全是來自特質清單中「溫暖／冷漠」這兩個詞。

　　為什麼一個特質,就能對個人行為的印象造成這麼大的影響呢?眾多理論說法不一,其中一個較合理的解釋是:學生使用的是和溫暖特質比鄰與和冷漠特質比鄰的基模(心智地圖)。再回頭看看圖 5.1,注意一下「溫暖」與「冷漠」在圖上的位置和相鄰的特質。如果 Asch(1946)與 Kelley(1950)的研究參與者使用的心智地圖和圖 5.1 一樣,就可以清楚看到為什麼他們會認為溫暖的人會更平易近人、隨和、和善

與幽默。因為這些特質離「溫暖」較近，離「冷漠」較遠。

●● 第一印象

你一定注意到有些人在應徵工作、加入新團體或約會聯誼時，特別努力想讓別人留下好印象。這些努力反映了一個早已為人所知的觀念，即第一印象不但重要，而且影響深遠。事實上，諸多嚴謹的研究已證實此一說法。依先前接收到的訊息而形成的印象，會比後來形成的印象還深刻，這就是所謂的**初始效應**（primacy effect）（Luchins, 1957）。

為什麼第一印象如此重要？第一種解釋是初始印象形成後，我們對其後得知的訊息，會朝向符合初始印象的方向詮釋。若你對新室友的初始印象是整潔和貼心，即使看到他散落在地板上的髒襪子，也會把他解釋成一時疏忽，而不是他很邋遢、粗魯無禮。也就是說，觀察者把新的訊息納入已有的基模，影響了後續訊息的解讀（Zanna & Hamilton, 1977）。

第二種解釋是我們會仔細留意初識者的訊息，等蒐集到的資料足以判斷他的為人後，花費的心力就少了。這並不是解讀後續訊息的方式變了，而是沒那麼費心了。這種說法假定最讓我們耗費心力的訊息，對印象形成的影響力最大（Dreben, Fiske, & Hastie, 1979）。

如果我們對所有的訊息一視同仁，結果又將是如何？在這種情況下，則是最近的訊息，影響力最強（Crano, 1977），此為**時近效應**（recency effect）（Jones & Goethals, 1971; Steiner & Rain, 1989）。以陪審團為例，陪審團員在被告被證明有罪之前，要先認定被告無罪，平等看待呈現在法庭上的證據。研究顯示證據呈現的順序相當重要。實驗設定兩組研究參與者分別觀看同一個法庭的辯論過程，唯一的不同點是檢方或被告排在最後陳述。裁定結果竟得出不同的結論（Furnham, 1986）。當被告排在後面陳述時，認定被告無罪的感受明顯增加。如果事過境遷，第一印象已經忘得差不多，或據以判斷的特徵（如行為表現或心情）隨時間變動，此時時近效應就會顯現出來。心情好壞也會影響我們注意到哪些訊息。心情好時較側重先前的訊息，心情差時初始效應的影響力則遞減（Forgas, 2011）。

一項研究調查初始效應和時近效應對印象形成的相對影響力（Jones et al., 1968）。研究參與者觀察大學生在學科能力性向測驗上的作答表現。第一種情況是，前面的題目都答對了，但後面的題目卻每下愈況。第二種情況是，前面的題目都答錯

了，但後來卻漸入佳境。兩種情況的答對率都是一半（30 題對了 15 題）。看到這兩種作答表現後，再請研究參與者評定學生的智力，並預測他們接下來 30 題的成績表現。雖然學生在這兩種情況的整體表現是一樣的（都答對一半的題目），但參與者卻評定第一種情況的學生能力較佳，也預測第一種情況的學生接下來的答題表現會比較好。很明顯地，參與者從學生在前幾題的表現判定高下——也就是初始效應略勝一籌。

●● 自我應驗預言的印象

　　無論對他人的印象正確與否，這個印象都會影響我們對待他人的態度。例如，回想一下前面提到，在講師授課前，先讓學生知道講師性格為「溫暖／冷漠」特質的研究（Kelley, 1950）。學生不僅對講師的印象不同，連對講師的態度也不一樣。認為講師「溫暖」的學生，比認為講師「冷漠」的學生，更積極參與課堂討論。Rosenthal 與 Jacobson（1968）的經典研究發現，被老師看好的學生，老師對他們付出更多的時間、心力和讚許，一般的學生根本不能相提並論。結果就是製造更多的機會讓這些被看好的學生達成老師的期望，但老師也在無意間置不被看好的學生於不利的地位。

226

　　我們對待他人的行為，不但反映了我們對他們的看法，還會誘發他人的回應，反過來印證我們原初的印象。如此一來，我們的印象就成了**自我應驗預言**（self-fulfilling prophecy）（Darley & Fazio, 1980）。例如，如果認為某人乏味無聊，而刻意忽視疏遠他，他可能會更加退縮，說不出有趣的話題，證實我們對他的印象無誤。由於我們的作為會引發他人的「回敬」，所以原初的印象——無論正確與否——通常都會從他人的反應中再次得到確認。

　　自我應驗預言會影響約會偏好。研究者選出 100 位男性的線上交友自我介紹資料（有的魅力十足、有的平淡無奇），並抽掉他們的相片（Brand, Bonatsos, D'Orazio, & DeShong, 2012）。接著請 50 位女性分別評比這些相片和介紹資料。就算沒有附上照片，女性仍把深具魅力男性的資料，評得比平庸男性的還要高。研究者的看法是，這些男性已自過去的約會經驗建立自信，成了他們的致勝關鍵。在先前的交往經驗中，這些風流倜儻的男性讓女性趨之若鶩。就算先前的約會關係已經結束許久，這些男性依然展現出迷人的風采。

●● 捷思法

在多數的社交情境中，我們對他人的印象，受到許多不同基模的指引。該怎麼分類這些情境呢？答案就是運用**捷思法**（heuristic）這一心智捷徑（Tversky & Kahneman, 1974）。捷思法提供快速選擇基模的方法，它並非萬無一失的策略，但卻有助於在諸多不確定性中，做出有效率的選擇。

可用性

選擇特定基模的決定因素之一，就要看我們多常使用那個基模。如果最近才剛採用某一基模，極有可能再拿出來反覆使用。還有一些理由可以解釋為什麼某些基模特別為我們所用（availability）。例如，某些類別的案例好記、難忘，跟這些案例相符的基模就容易被記憶提取與使用。假設有人問你 r 開頭的英文字較多，還是第三個字母為 r 的字較多呢？多數人會說以 r 開頭的英文字多，因為可以想得到的字彙多，就以為真實情況如此（Tversky & Kahneman, 1974）。這些字詞信手捻來毫不費力，使我們高估它們的出現頻率（Manis, Shedler, Jonides, & Nelson, 1993）。

代表性

第二個常用的捷思法為**代表性**（representativeness）（Tversky & Kahneman, 1974），也就是拿少數已知的特徵，來判定人事物是否可歸屬於某一類別（Dawes, 1998; Thomsen & Borgida, 1996）。我們常用這種捷思法來判斷他人的音樂喜好（Lonsdale & North, 2012）。例如判斷鄉村音樂迷的刻板印象依據是：年紀（較長）、種族（白人）、宗教（基督教）、政治傾向（保守派）。只要是心態保守、信仰基督教的白人長者，我們就認定他們越有可能聽鄉村音樂（Lonsdale, 2009）。即使僅有 43% 的美國白人說自己是鄉村音樂迷，甚至幾乎有 10% 的鄉村音樂迷是有色人種。但只要代表性的捷思一出，我們還是會無視攤在眼前的統計數據（Kahneman & Tversky, 1973; National Endowment for the Arts, 2008）。

定錨與調整

若對要判斷的人事物所知有限，就只好抓住任何線索來妥善估測。我們經常以某特定標準為起點，再判定要估得比起點高還是低。這個起點就叫做**定錨**（anchor），根據定錨修正，稱之為**調整**（adjustment）（Mussweiler, Strack, & Pfeiffer, 2000;

Tversky & Kahneman, 1974）。假設考題問到芝加哥的人口數。雖然你不知道芝加哥的人口數，但你卻知道紐約市的人口數。此時你可能會以紐約市的人口數為定錨點，考量芝加哥比紐約市小，而把紐約市的人口數向下調整，就可大約得知芝加哥的人口數。

然而，採用此種捷思法時，不一定能找到具參考意義的定錨。儘管腦海中為何會浮現此一數字作為定錨點，自有我們的理由，但這個理由可能跟當下面對的情境一點關係都沒有（Cadinu & Rothbart, 1996; Wilson, Houston, Etling, & Brekke, 1996）。假設雇主要對員工進行年度績效考核，並根據表現結果加薪 0 到 40% 不等。如果老闆剛參加完 30 年資深員工的退休歡送會，他可能會無意識地以 30% 為定錨，大大提高員工的薪資。不過，如果老闆剛參加的是 5 歲姪女的生日派對，「5」這個數字可能會被拿來當作定錨點，使得老闆的加薪從 5% 開始調整，如此這般加薪的幅度，遠低於用 30% 作為定錨。就算有人明確警示我們不要用主觀任意的定錨做決定，此種定錨效應（anchoring effect）還是層出不窮（Griffin, Gonzalez, & Varey, 2001）。

或許我們最常把自己當作判斷社會情境的定錨（Markus, Smith, & Moreland, 1985）。即使知道我們跟別人不一樣，這種習慣仍然改不掉。如果你很慷慨，每次上餐館都至少給 25% 的小費。若有人問道你的朋友艾蜜莉是個小氣鬼，還是出手大方的人，你可能會以自身這不同凡響的闊綽行為為定錨，說她生性吝嗇、錙銖必較，因為她給的小費通常「只有」20%。

歸因理論

與他人互動時，我們僅能觀察對方的行動，目測行動的結果。但其實我們也想知道他人行動背後的原因。為釐清前因後果，就得靠推論來猜測表象之外的事實。例如，同事前來幫忙解圍。為什麼她要這麼做呢？因為她本來就是個古道熱腸的人嗎？還是她別有居心、另有所圖？這是礙於社會角色不得不做出來的行為，還是有人逼她做的？為了有效應對及預測她未來的行動，我們必須先明白她行為背後的動機心思。

歸因（attribution）意指觀察者用以推論他人行為原因的過程：「為什麼那個人要這麼做呢？」歸因的時候，要觀察他人的行為，反向推測其意圖、能力、特質、動機、情境壓力等種種，來解釋行為的起因。歸因理論的重點是我們用什麼方式解釋他人的行為和來由（Kelley & Michela, 1980; Lipe, 1991; Ross & Fletcher, 1985）。

228

●● 性格歸因與情境歸因

　　Fritz Heider（1944, 1958）的論點是歸因研究的推手。他注意到在日常生活中，人總喜歡用常識來理解他人行為的起因。儼然如「素人科學家」（naive scientists）一般，用著貌似科學的方法來找出行為的原因。Heider 主張無論對行為起因的解釋合不合乎科學，人始終依信念行動。為此，社會心理學家必須研究人以何種常識解讀行為和事件，俾有助於瞭解人類行為。

　　觀察者最關鍵的決定，就是該把行為歸因於個人內在的狀態 —— 即**性格歸因**（dispositional attribution），還是歸因於個人外在的環境因素 —— 即**情境歸因**（situational attribution）呢？例如，聽聞鄰居失業了。你可能會認為他懶惰、沒有責任感、能力不足，這些是性格歸因，亦即把行為的原因歸咎於他的內在狀態或特質。相反地，若把失業的原因歸咎於工作冷門、職場歧視、經濟不景氣，或資本主義制度的過失，這些就是情境歸因，亦即把行為歸因於外在因素。

　　什麼因素會影響歸因的方向？當事人承受的情境壓力強度是一個重要的考量指標。這些壓力包括角色規範要求，以及他人施加給當事人的獎勵或處罰。例如，看到法官判處罪犯死刑，可能會推論法官冷酷無情（性格歸因）。不過，假設該國的法律明訂罪無可道，當處以死刑。此時我們看法官就不再認為他冷酷無情了，他只是回應角色壓力而已（情境歸因）。

　　這種邏輯的正式名稱為**減法規則**（subtractive rule），意指要歸因於個人的性格因素時，觀察者會先扣除情境的影響力（Trope & Cohen, 1989; Trope, Cohen, & Moaz, 1988）。因此，單就事件考量，法官判處罪犯死刑的行為，即隱含法官具有冷酷的個性。然而，減法規則卻指出觀察者須扣除情境壓力（國家的法律）。這麼一來，觀察者最後的結論可能會是法官沒那麼無情，也不是很想判被告死刑。換句話說，減法規則會削弱性格歸因，強化情境歸因。

　　不過，減法規則也有強化性格歸因的時候，這跟算術的減法有點像。例如，即使外界反對或打壓，某人仍一意孤行。在前述例子中，假使法官史無前例地判處被告死刑，或陪審團建議減除罪刑。即使如此，法官依然不改判決。這些情境因素會強化我們對其性格的歸因，覺得法官好冷血、殘忍。

　　另一個會影響歸因的因素為：是否留意到情境壓力和結構限制。社會科學院科系的課程安排與訓練，時常鼓勵學生思考的著眼點不能只放在個人身上，還要考量社會結構。因此比起商管科系和機械系的學生，社會科學系的學生更會把個人的失業和

貧窮問題怪罪於社會制度疏失（Guimond, Begin, & Palmer, 1989; Guimond & Palmer, 1990）。有些學者宣稱這是一種選擇效應：信奉社會制度疏失論的人，不知是何緣故，就會去選讀社會科學。然而，圖 5.2 顯示，新生剛入學時，不約而同地認為社會制度該負較大責任。但隨著入學年數增加，想法上的差異也越明顯。就某種意義而言，當學生受學科的教化越深，他們也學到另類社會現象的觀點（也是某種文化視角）。

文化在歸因過程中扮演相當吃重的角色，其中一個很重要的文化差異就是個人主義或集體主義文化（Norenzayan & Nisbett, 2000; Triandis, 1995）。個人主義文化強調個體，重視個人成就；集體主義文化看重家庭和族群的福祉，大我的利益重於小我。此番差異造就性格或情境歸因的分歧。個人主義文化強調個體，因而傾向於個人

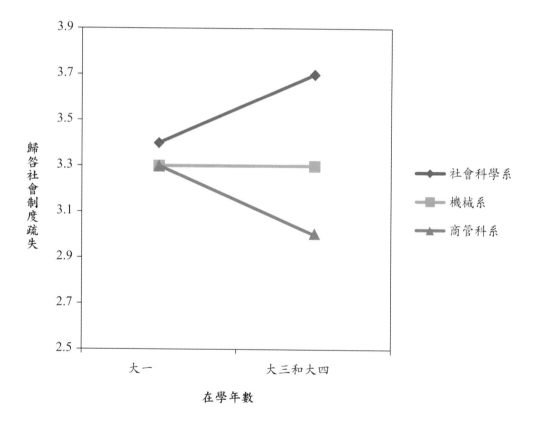

230

圖 5.2 對貧窮與失業的情境歸因：主修領域與在學年數的差異

新生入學時，不約而同地將貧窮與失業歸咎於社會制度疏失。大學課程會讓社會科學系的學生更將上述問題歸因於情境因素，但商管科系的課程則相反。由於機械課程鮮少討論貧窮或失業問題，因此機械系學生的觀點不太受到課程學習的影響。

資料來源：改自 Guimond & Palmer, 1990.

229　或性格歸因；集體主義文化強調團體，留意環境脈絡。因此，集體主義文化的人更傾向往情境方向歸因。

　　研究比較個人主義社會（美國）和集體主義社會（沙烏地阿拉伯）學生的歸因差異。參與者是 163 位美國的大學生和 162 位沙烏地阿拉伯的大學生（Al-Zahrani & Kaplowitz, 1993）。每位學生都拿到一份逐字稿，各有四個有關成就和道德的問題情境，請他們判定哪些因素要為結果負起責任。和原先的假設一樣，研究結果顯示，不管這八個問題為何，美國大學生皆比沙烏地阿拉伯的大學生，更傾向認定個人的性格要負較大的責任。

●● 從行為舉止推測性格

230　　　雖然 Heider 的分析和減法規則，有助於在某些情況下辨識出性格歸因，但卻無法說明觀察者如何認定對方屬於哪種性格。例如，在聖誕假期間，你漫步在街道上，看見一位年輕、衣著體面的男士和一位女士並肩走在一起。突然間，這位男士停下腳步，丟了幾枚硬幣到慈善募款箱裡。從這個舉動，你會如何推定這位男士的性格呢？他樂善好施嗎？還是他想博取女士的好感？又或者他只是想清空大衣口袋裡累贅的零錢？

　　當我們試圖推論他人的性格時，我們的思考方式就像偵探一樣。我們只能觀察到外顯行為（男士投零錢到募款箱）和行為的結果（慈善團體收到更多資源、身旁女士讚賞的笑容、口袋不再叮噹作響）。觀察這些行為和結果，以此推論該位男士的性格。

　　根據一著名的理論解釋（Jones, 1979; Jones & Davis, 1965），推論他人性格有兩大步驟。首先，推測隱含在行動之下的特定意圖。換句話說，釐清此人原本採取行動的意圖。第二，從這些意圖推演哪種性格會讓此人採取這般打算。例如，若認為上述男士的意圖是贊助慈善團體，我們會推論他的性格是「熱心助人」或「樂善好施」。

231　不過，若認為他別有所圖，如想取悅女友，我們就不會推論他熱心助人。因此，性格歸因意謂著我們要先揣測對方的意圖。

　　有幾個因素會影響觀察者的判斷，推想此人的意圖究竟為何，藉此忖度性格推論是否恰當。這些因素包括：共同性（commonality）、社會贊許（social desirability）、價值規範的期待（normative expectation）等（Jones & Davis, 1965）。

共同性

如果任一行為僅能產生唯一結果，那麼從行為舉止推論性格就簡單清楚多了。然而，行為與結果的關係錯綜複雜，令人眼花撩亂。因此，若要將特定的意圖歸因到性格，必須觀察當事人選擇採取何種行動，如此方能獲知有用的訊息。

假設，某人可採取行動一或採取行動二。若採取行動一，則會產生 A、B 和 C 三種結果；若採取行動二，則會產生 B、C、D 和 E 四種結果。看到這裡可以知道，行動一和行動二都會產生 B 與 C 兩種結果，而 A、D、E 則是特定、不具共同性的結果。這種不具共同性的行為結果，讓觀察者得以推論意圖與性格；但行為的共同性結果，對推論的幫助則可說是微乎其微（Jones & Davis, 1965）。

因此，想要辨明某人的特殊性格，須確認他採取的行動產生何種特殊結果。研究顯示與行為有關的非共同性結果越少，歸因的可信度越高（Ajzen & Holmes, 1976）。

社會贊許

在很多場合，可以看到他人特意表現社會贊許的行為。但表現社會贊許行為的人，不過說明他是一個「正常」人，看不出有什麼獨特性格。例如，看到宴會上的賓客在離席前向主人致謝，你會對這位賓客有何看法呢？她真的喜歡這場聚會嗎？還是基於禮貌，特意表現社會贊許的行為？我們很難說哪個推論才是對的。現在，假設賓客離席時，她向主人大聲抱怨這是個無聊透頂、浪費時間的宴會。這一幕想必讓我們更瞭解這位賓客的個性。因為這個不受社會贊許的行為，是一窺個人潛在性格的指標（Miller, 1976）。

價值規範的期待

從行為舉止推論性格時，觀察者須考量行為的價值規範。規範意指預期一般人在特殊場合應有的合宜舉止，如遵從社會規範和符合團體角色期待（Jones & McGillis, 1976）。服從規範的舉動無法提供有關個人性格的訊息，但違反規範的舉動就可導出性格歸因了。例如，坐在敵隊區為支持球隊加油的球迷，可以想像他對球隊的熱情（性格歸因），要比坐在同隊球迷中高多了。

●● 歸因的共變模型

232 　　談到這裡，本章已說明在單一情境中，我們如何歸因他人的行為。但多數時候，我們有很多管道可以觀察到別人的行為。亦即，獲知個人在不同情況下的行為，或從不同人口中得知對此人的看法。多重觀察管道提供許多比對的機會，便於進行因果歸因。

　　如何運用多重觀察管道對行為的起因達成結論？Kelley（1967, 1973）延伸Heider 的理念，指出：歸因行為時若能有多重管道，本質上此種分析訊息的方法就和科學家如出一轍。亦即，綜合各種因素（行為人、對象、情境脈絡）來判斷行為出現與否的可能原因為何，接著再辨明行為的起因。這就是應用**共變原則**（principle of covariation）：某因素存在則行為發生，某因素欠缺則行為不發生——行為和原因是共變的。

　　假設某天下午，你聽到主管大聲斥責同事查克。你會如何歸因主管的行為？可能的原因至少有三個：行為人（主管）、行為指向的對象（查克）、行為發生的情境脈絡。例如，你可能會把這個場面歸因於主管咄咄逼人的個性（行為人），或查克粗枝大葉咎由自取（對象的特質），或情況特殊所致。

　　Kelley（1967）主張運用共變原則來判斷行為的起因究竟是行為人、對象或脈絡時，須視以下三種資訊而定：共識性、一致性、特殊性。

　　共識性（consensus）意指所有的行為人都表現同樣的行為，或都沒有表現該行為。例如，其他的同事全都斥責查克（共識性高），或僅有主管會斥責查克？

　　一致性（consistency）意指行為人在不同時間、不同場合是否也有同樣的作為。如果主管在不同場合都會斥責查克，表示他的行為一致性高。如果主管以前從沒斥責過查克，表示他的行為一致性低。

　　特殊性（distinctiveness）意指行為人此一特殊作為，僅針對某一特定對象。如果主管僅斥責查克一人，並未斥責其他同事，即可看出主管的行為具有特殊針對性。如果主管斥責所有同事，那麼主管對查克的斥責就不足為奇。

　　觀察者對行為會做出何種因果推論，取決於共識性、一致性、特殊性三項資訊的特殊組合。以表 5.2 為例，它重現主管斥責查克的情景。從中可看出這三項資訊在這個狀況的可能組合。這些訊息組合之所以有趣，乃因研究已證實，不同的訊息組合的確會對行為導出不同的歸因（Cheng & Novick, 1990）。

　　如表 5.2 所示，當行為的共識性低、特殊性低、但一致性高時，觀察者會將行為

表 5.2 為什麼主管要斥責查克？

情境：今天上班的時候，看到主管嚴厲斥責查克。
問題：為什麼主管要斥責查克？

1. Kelley（1973）的共變模型顯示，當共識性低、特殊性低、一致性高時，就歸因於行為人（主管）。
   範例：沒有其他人批評查克（共識性低）；主管斥責所有的同事（特殊性低）；主管上個月、上個禮拜，甚至昨天都斥責過查克（一致性高）。
   歸因：觀察者可能會把（斥責查克的）行為歸因於主管（主管很吹毛求疵）。

2. 此模型顯示，若共識性高、一致性高、特殊性高時，就會歸因在行為指向的對象上（查克）。
   範例：每位同事都曾批評過查克（共識性高）；主管沒有斥責其他同事，只有批評查克（特殊性高）；主管上個月、上個禮拜，甚至昨天都斥責過查克（一致性高）。
   歸因：觀察者可能會把（斥責查克的）行為歸因於查克（查克是個敷衍塞責、做事漫不經心的人）。

3. 此模型顯示，一致性低時，就將（斥責查克的）行為歸因於情境脈絡。
   範例：主管以前從未斥責過查克（一致性低）。
   歸因：觀察者可能會將斥責查克的行為歸因於情況特殊使然，而非歸因在查克或主管身上（主管誤解查克今早說的話）。

的原因歸因在行為人（主管）身上。相反地，當行為的共識性高、特殊性高，且一致性也高時，觀察者會將行為的原因歸因在行為指向的對象上（查克）。最後，當行為的一致性低時，觀察者通常會將行為歸因於情境脈絡。

有些研究顯示，一般人採用的方法都是依 Kelley 的共識性、一致性和特殊性論點來歸因（Hewstone & Jaspars, 1987; McArthur, 1972; Pruitt & Insko, 1980），不過，共識性的歸因效果似乎比其他兩個共變因素還差（Winschild & Wells, 1997）。當然，如果再將訊息組合稍做變化，歸因出來的結果可能和表 5.2 的三種可能性大相逕庭。若發生此種情形，歸因就更錯綜複雜、模稜兩可，無法那麼斬釘截鐵了。若有其他看似合理的因素存在，某一特定因素的影響力通常會變小（Kelley, 1972; Morris & Larrick, 1995）。

233

歸因偏誤

到目前為止，歸因理論告訴我們觀察者會細察周遭環境、蒐集資訊、形成印象，

以理性的方式（有時是用潛意識）解讀行為。不過，觀察者通常不會如歸因理論所言，進行合乎邏輯的步驟分析，而是落入歸因偏誤的陷阱。這些偏誤導致觀察者誤解事件，做出錯誤的判斷。本節將探討數種主要的歸因偏誤。

●● 過度歸因於性格

　　古巴飛彈危機發生期間，古巴的領導者菲德爾‧卡斯楚（Fidel Castro）在美國人的心目中，是一個不得民心、甚至可怖畏懼的人。危機解除後不久，Jones 與 Harris（1967）進行一個相當有趣的研究。他們要求參與者閱讀某位學生寫的小論文。根據實驗設計，小論文分成非常支持卡斯楚和相當反對卡斯楚兩篇。另外，參與者拿到任一篇小論文後，亦同時得知該名學生撰寫這篇小論文的處境。一種說法為這是授課教師分派的作業，指定學生以親卡斯楚或反卡斯楚的立場撰寫（學生沒有選擇餘地）；另一種說法則是學生可以自由選擇立場（學生有選擇權）。參與者的任務是推論該名學生對卡斯楚的真正態度。在有選擇權的情況下，參與者推論小論文的內容真實反映出作者對卡斯楚的態度。也就是說，寫出親卡斯楚的論文，表示作者真的親卡斯楚；寫出反卡斯楚的論文，表示作者真的反卡斯楚。在指定立場、沒有選擇餘地的情況下，參與者仍然認定小論文的內容反映出作者對卡斯楚的真正態度，只不過沒那麼胸有成竹。即使作者的主張可能跟小論文的立場完全相反，參與者仍做出如此這般的內在歸因。事實上，參與者高估了內在性格的重要性（對卡斯楚的態度），低估了撰寫小論文時情境因素（角色義務）的壓力。

　　高估個人因素（性格）的重要性、低估環境因素影響力的傾向，稱為**基本歸因謬誤**（fundamental attribution error）（Higgins & Bryant, 1982; Ross, 1977; Small & Peterson, 1981）。Heider（1944）是首位注意到此傾向的學者，他發現多數人會忽略或看輕角色壓力和環境限制的影響力，把行為的原因解讀為個人的意圖、動機或態度所致。此一過度強調性格因素的偏見，是經年累月的研究得出來的結果，以為是普世皆然的道理，所以才被稱為「基本」（例如，Allison, Mackie, Muller, & Worth, 1993; Jones, 1979; Ross, 2001; Sabini, Siepmann, & Stein, 2001）。不過，近來越來越多的研究顯示，這個偏見似乎不若原先所認定的普及。之所以被誤認為是基本謬誤，乃因早期的社會心理學研究多半以歐美國家的參與者為調查和實驗對象。比起東方文化，西方文化的人較看重自我的獨立性，但東方文化的人卻鮮少參與研究（Markus & Kitayama, 1991）。當代的社會心理學家開始留意文化差異，他們發現集體主義文化

（如中國、印度、臺灣）較偏向情境因素的解釋，而非歸因於個人性格——這和基本歸因謬誤正好相反（Smith & Bond, 1994）。雖然我們仍沿用基本歸因謬誤一詞，但透過跨文化的研究，社會心理學家已經意識到基本歸因謬誤並非放諸四海皆準。

若高估性格的影響力、忽略社會角色附帶的權力優勢，恐會引發十分嚴重的後果。例如，把權勢人物的成功錯誤地歸因於他們優秀的個人才能，或誤將弱勢者的失敗歸因於個人的無能差勁。

●● 聚焦偏誤

高估注意對象對因果的影響力，則是另一個常見的偏誤，此為**聚焦偏誤**（focus-of-attention bias）。Taylor 與 Fiske（1978）做了一個相當著名的研究，證實這個偏見存在。研究者請六位參與者觀察兩個人的對話（說話者 1 和說話者 2）。雖然六位參與者聽到的對話一模一樣，但他們的視覺注意焦點卻不同。其中兩位參與者坐在說話者 1 的後方，面向說話者 2；另外兩位參與者坐在說話者 2 的後方，面向說話者 1；最後兩位參與者則坐在一旁，可同時看見兩位說話者。對話結束後的測量發現，觀察者認為對面的說話者，不論在語氣或談話內容，還有對因果的影響力上，都比背對著自己這方的說話者略勝一籌。坐在一旁可同時看見對話雙方的觀察者，認為兩方的影響力不相上下。

235

學生的視覺焦點在教授，但教授的視覺焦點是學生。這些視覺焦點會影響歸因。如果講課進行得不順利，教授會責怪學生學生冷漠、不注意聽講，但學生可能會埋怨教授缺乏教學能力或熱忱。
© Dirk Anschütz /Corbis

　　我們常認為環境中最顯著的刺激（也就是最吸引注意力的刺激），最具因果影響力。因此，嗓門最大的、穿著最鮮豔的、表情最豐富的，或動作最大的，往往被認定影響力超乎一般。我們歸功說最多話的人發揮最大的影響力；聽到石頭砸破車窗的聲音，就歸咎是旁邊經過的人幹的。雖然在某些情況下，顯眼的刺激或許具有舉足輕重的地位，不能小看，但未免也太高估其重要性了（Krull & Dill, 1996; McArthur & Post, 1977）。

　　聚焦偏誤可用來解釋基本歸因謬誤。個人的舉止動作是環境中活動的實體。看到數學教授絞盡腦汁想解開黑板上的題目，他成了我們的目光焦點。事實上，許多會影響行為人的情境脈絡因素（如：方才發生的事或頭痛欲裂），並非攤在眼前一目瞭然（Gilbert & Malone, 1995），或沒那麼顯眼（如：課堂上同學的竊竊私語）。由於我們常將注意焦點放在人而非情境脈絡上，因此較會歸因於個人特質而非所處的環境（如：數學教授太緊張了、數學教授才疏學淺）。

●● 行為人—觀察者差異

　　行為人和觀察者會對行為做出不同的歸因。觀察者傾向將行為歸因於行為人本身的內在特質，而行為人卻認定自己的行為是外在環境因素所致（Jones & Nisbett, 1972; Watson, 1982）。此種歸因傾向稱為行為人—觀察者差異（actor-observer difference）。正如超市其他顧客看到你的購物車裡堆滿各種品項（啤酒、蔬菜、巧克力棒），以此推論你的個性（嗜酒如命、素食主義者、巧克力成癮），但你可能會說這是情境所逼身不由己（要籌備派對）或產品的特色令你心動（營養價值或價格優惠）。

　　實驗證實行為人—觀察者差異的確存在（Nisbett, Caputo, Legant, & Maracek, 1973）。研究者請男同學寫下為什麼喜歡女友和選擇主修科系的原因。接著，作為一個觀察者，同樣請男同學解釋他們最要好的朋友喜歡他們的女友和選擇主修科系的原因。解釋自己的行動時，這些學生強調的是外在特質，如面貌姣好、科系有趣等。然而，解釋朋友的行為時，卻輕描淡寫外在的特質，強調朋友的內在性格（偏好與個性）。

　　解釋行為人—觀察者差異的說法有二，一為視線焦點分歧；二為訊息取得途徑不同。

視線焦點分歧

行為人的視線自然是投向環境，但觀察者的視線卻是看著行為人。因此，行為人一觀察者的差異反映出彼此的注意焦點不同。行為人和觀察者各自把注意焦點視為歸因重點。再以上述的學生和數學教授為例。學生以為數學教授才疏學淺，因為現在學生的目光全集中在教授身上。反之，教授不是看著自己，而是看向整個班級，所以才會責怪學生不尊重教授。

Storms（1973）以此推理出，若視線焦點是造成行為人一觀察者歸因差異的主因，那麼將行為人和觀察者的視線焦點對調，或許可以扭轉歸因差異。為提供雙方另一觀點，Storms 用兩臺攝影機錄下兩人的對話。一臺攝影機從行為人的角度拍攝，另一臺攝影機從觀察者的角度拍攝。隨後 Storms 將兩卷影帶調換，分別讓行為人和觀察者觀看（行為人看觀察者的角度，觀察者看行為人的角度）。結果正如預期，互換視線焦點扭轉了行為人一觀察者的歸因差異，由此找到加強個人自我覺察的方法，有助於減少行為人一觀察者差異偏誤（Fejfar & Hoyle, 2000）。

訊息取得途徑

第二種解釋行為人一觀察者差異的說法是，行為人知道自己過去的作為和背景脈絡，但觀察者並不清楚（Johnson & Boyd, 1995）。舉例來說，觀察者以為這是行為人的典型做法，其實不然，導致觀察者做出錯誤的性格歸因。例如，看見店員歸還顧客多付的錢，就自顧自地推論店員一向如此，於是歸因他為人誠實可靠。然而，假使店員自知過去經常欺騙顧客，他才不會把這次退還顧客金錢的舉動當作本性誠實的證據。研究結果亦顯示，比起雙方互為熟識，不熟識行為人的觀察者，較偏向性格歸因、少做情境歸因（Prager & Cutler, 1990）。

即使觀察者知曉行為人過去的言行，他們通常不明白情境脈絡的變化可能會影響行為人的表現。因為觀察者對行為人的情境脈絡僅略知一二。假設學生只看過教授週復一週地在課堂上談笑風生、機智博學的一面，只有教授知道自己在其他社交場合中是個害羞退縮的人，不過學生倒是沒有機會看到這一面。結果，觀察者（學生）僅從表面上看似一致的行為推論性格，但行為人（教授）卻知道自己在多種情境脈絡下的所作所為。

●● 動機偏誤

談到這裡，我們已經探討造成歸因偏誤的認知因素，亦即觀察者取得的訊息和處理訊息的過程。而動機因素（個人的需求、利益和目標）則是歸因偏誤的另一個元凶。

當事件影響個人利益時，歸因偏誤就可能發生了。會影響歸因的特殊動機包括：捍衛根深柢固的觀念、提升自尊、增加環境掌控感、讓別人印象深刻。

捍衛根深柢固的觀念和刻板印象會讓觀察者陷入歸因偏誤。把他人符合自己刻板印象的行動，解讀成個人性格使然。例如，危機當前女性主管崩潰痛哭，就歸因於她的情緒不穩定，這樣才符合自己對女性的刻板印象。同時，若他人的行動與刻板印象牴觸，則歸因於情境因素。倘若女性主管順利化解危機，就歸因於男性助理輔佐有功。觀察者選擇性地把不符合刻板印象的行為歸因於環境，這些行為就和原先的刻板印象沒什麼差別，了無新意。結果，刻板印象依舊屹立不搖（Hamilton, 1979）。社會心理學家把這種即使相反的證據攤在眼前，但依然堅信原本的印象才是對的，稱為**信念堅定**（belief perseverance）（Ross, Lepper, & Hubbard, 1975）。

動機偏誤也可能影響成功與失敗的歸因。結果好就居功自攬，結果差就爭相卸責、委過於外（Bradley, 1978; Campbell & Sedikides, 1999; Ross & Fletcher, 1985）。這種現象稱為**自利偏誤**（self-serving bias），從運動員報告競賽結果即可見一斑（Lau & Russell, 1980; Ross & Lumsden, 1982）。獲勝的一方會把榮耀歸於己隊（說：「我們贏了」）；反之，落敗的隊伍則歸咎對手這個外在因素（說：「他們贏了」，而不是「我們輸了」）。學生也是一樣。以大學生的研究為例，請他們解釋在三個考試中得到的成績（Bernstein, Stephan, & Davis, 1979）。拿到 A 和 B 的學生會歸功自己努力讀書、本領高強，而不說自己運氣很好、試題簡單。拿到 C、D 甚至不及格的學生，則推說成績差是因為運氣不好、試卷太難。其他研究得出的結果亦相仿（Reifenberg, 1986）。

歸因成就表現時，各種各樣的動機都可能導致自利偏誤。例如，把成功歸因於個人本事，失敗歸因於外在因素，這樣才能提升或維護自尊。不管結果如何，都還可以繼續認定自己是個有能力、有價值的人。再者，避免把失敗歸因於個人能力欠佳，還能強化控制感。只要全心全意相信自己擁有必要的能力，就可以維持成功克服挑戰的信念。

●● 對成功與失敗的歸因

假設動機偏誤難以避免，觀察者（和行為人）又會如何判定成功或失敗「真正的」原因呢？以學生、球隊教練、民選官員和其他靠表現評價決定命運的人來說，對成功與失敗的歸因至關重要。然而，如同上述的行為人─觀察者差異一樣，這種型態的歸因令人存疑。每當成功完成任務，各種結果解釋眾說紛紜。例如，通過考試的學生可能會歸功於自己的能力（「我很聰明」）、努力（「我真的有認真準備」）、工作難度（「這次考試沒那麼難」）或運氣（「正好考到我讀過的」）。

能力、努力、工作難度、運氣這四個因素，是一般常見和應用極廣的說法。見一事件發生，想找出成功或失敗的原因時，觀察者必須思考兩件事。第一，須判定此一結果緣於行為人自身（內在或性格歸因）或環境因素（外在或情境歸因）所致。第二，須判定結果是穩定發生，抑或變動不定。亦即，觀察者須判斷原因出自行為人始終如一的特質，還是多變難料的環境。只有在觀察者綜合判斷內控─外控、穩定─不穩定等因素後，方能論定成功或失敗的原因。

多位學者指出（Heider, 1958; Weiner, 1986; Weiner et al., 1971），前述四個因素──能力、努力、工作難度、運氣──可再歸類至內控─外控、穩定─不穩定兩大向度。例如，能力通常被視為內在和穩定的特質。也就是說，觀察者通常將能力或資質解讀為個人（而非環境）的屬性，具有不受時間影響的穩定特性。努力或盡力而為雖是個人屬性，但也要看個人願意用心到什麼程度。工作難度是客觀的任務性質，所以是外在穩定的因素；運氣或機遇則是外在不穩定的因素。表 5.3 呈現這些因素和向度的關係。

表 5.3　對成功與失敗原因的知覺

穩定度	控制信念	
	內控	外控
穩定	能力	工作難度
不穩定	努力	運氣

資料來源：改自 Weiner, Heckhausen, Meyer, and Cook, 1972.

歸因的決定因子

觀察者是否將表現結果歸因於內在或外在因素，取決於行為人和他人的表現比較

之後的結果。我們通常把表現傑出的結果歸因於內在因素。例如，判斷贏得重要比賽的網球選手必定實力堅強或鬥志高昂；同樣的，視表現差勁的選手技不如人或動機低落。相較之下，若表現結果不過爾爾，則歸因於外在因素。倘若選手在大賽中鎩羽而歸，我們可能會將之歸因為競爭激烈或時運不濟。

觀察者是否把表現結果歸因於穩定或不穩定因素，仍要看長期以來行為人的表現是否一致（Frieze & Weiner, 1971）。當表現結果相當穩定，就把成敗歸因於穩定因素。因此，如果網球選手一如既往地贏得大賽，就把成功歸因於天賦異秉（能力）或對手的程度太差（工作難度）。但若表現結果不一致時，就把結果歸因於不穩定的因素。例如，網球選手今天的表現無人能敵，但隔天卻輸得一塌糊塗。看到這種情形，可能就歸因於贏球動機忽高忽低（努力），或外在隨機因素，如風速、球場狀況等等（運氣）。

歸因的後續影響

表現歸因之所以重要，因為它會影響我們對成敗的情緒反應，以及日後的期望和抱負。例如，若把考試成績差勁歸因於能力欠佳，可能會對成功不抱任何希望，就此放棄學習。把能力視為既定事實、無可動搖時尤為嚴重。或者，把考試成績差勁歸因於不夠努力，就算覺得丟臉或愧疚，但說不定願意加倍用功，期待下次扳回一城。若把考試成績差勁歸因於運氣不好，雖然覺得意外或狼狽，但不會想改變讀書習慣，因為這不是我們控制得了的外在情境；然而，即使不去檢討改變，仍期望往後的成績能有所改善。最後，若把考試成績差勁歸因於試題太難，我們可能會勃然大怒，但不想再努力更上一層樓（McFarland & Ross, 1982; Valle & Frieze, 1976; Weiner, 1985, 1986）。

···············
摘　要
···············

社會知覺意指運用資訊建構瞭解社會的知識與形成對他人的印象。

■ 基模

基模是指對某一社會實體，具備條理清楚的認知思考。（1）基模有幾種不同的類型，包括：人物基模、自我基模、團體基模（刻板印象）、角色基模和事件基模

（腳本）。（2）基模會組織記憶裡的資訊，因此影響我們記住和忘記的內容。基模還會影響我們對人事物的推論與判斷。

人物基模與團體刻板印象

（1）其中一種重要的人物基模即為內隱人格理論——假設人格特質間互存關聯。這些基模讓我們能推論他人的特質。我們也可以把內隱人格理論視為心智地圖。（2）刻板印象意指將某些特質加諸在特定團體的所有成員身上。美國文化充斥各種團體刻板印象，包括：種族、族群、性別等。由於刻板印象涉及過度類化，常導致推論錯誤；當情況複雜的時候就更不用說了。

印象形成

（1）核心特質的研究使用「溫暖／冷漠」這個變項，說明單一特質對印象形成足以造成極大差異。（2）先前接收到的訊息而形成的印象，會比後來形成的印象還深刻，這就是初始效應。（3）依據印象對待別人，並引發他人的回敬時，印象就會變成自我應驗的預言。（4）透過心智捷徑（又稱捷思法）選擇出來的基模，印象於焉形成。

240

歸因理論

歸因，意指從行為的結果推論行為的原因。（1）歸因的其中一個重要論點是因果關係——分成性格（內在）歸因與情境（外在）歸因。觀察者依據減法規則，決定究竟要歸因於性格，抑或歸因於情境。（2）要歸因於行為人的特定性格，觀察者須審視行為人的行動與結果，推論行為人表現該行動的意圖，以此歸因出與行為人內在意圖最為呼應的性格。（3）觀察者若知悉行為人在各種場合的行為，歸因的最終結果可能是行為人、對象或情境脈絡，視行為發生當下這些因素共變的情況而定。觀察者亦可考量共識性、一致性、特殊性等資訊，再評估共變後的結果。

歸因偏誤

（1）觀察者常會高估個人性格的重要性、低估環境壓力對行為的影響，此為基本歸因謬誤。（2）觀察者也會高估聚焦對象的影響力。（3）行為人和觀察者的歸因傾向並不相同。行為人會將自己的行為歸因於外在環境因素，而觀察者則將同樣的行為歸因於行為人本身的性格特質。（4）動機（需求、利益和目標）會造成自利、偏

頗的歸因。為捍衛根深柢固的觀念，不惜將和原本信念牴觸的行為歸因於情境因素；為維護自尊和掌控感，亦不惜居功自傲、委過於外。

■ 對成功與失敗的歸因

能力、努力、工作難度與運氣，是觀察者歸因成功與失敗的四大因素。表現一致則歸因於穩定的因素，表現普通則歸因於外在因素。

重要名詞與概念列表

內隱人格理論（181 頁）	月暈效應（183 頁）
共變原則（198 頁）	印象形成（188 頁）
自利偏誤（204 頁）	自我應驗預言（191 頁）
行為人—觀察者差異（202 頁）	亞型（188 頁）
初始效應（190 頁）	刻板印象（184 頁）
刻板印象威脅（185 頁）	性格歸因（194 頁）
社會知覺（172 頁）	信念堅定（204 頁）
原型（174 頁）	時近效應（190 頁）
核心特質（189 頁）	基本歸因謬誤（200 頁）
基模（175 頁）	情境歸因（194 頁）
捷思法（192 頁）	減法規則（194 頁）
聚焦偏誤（201 頁）	確認偏誤（173 頁）
複雜—極端效應（179 頁）	歸因（172、193 頁）
歸類（174 頁）	

思辨能力技巧　瞭解刻板印象

雖然在我們的文化裡，男性和女性之間似乎存在難以跨越的鴻溝，但科學數據顯示的又是另一番景象。即使仍有些微心理特質上的差異，男性和女性相似的地方還是占絕大多數，如：數學表現和領導能力（Hyde, 2005）。既然男性和女性如此相似，

為什麼我們仍喜歡在不同點上大作文章？

答案就在刻板印象和抱持刻板印象的動機。如本章所述，刻板印象是類化團體成員（如：男性）、區別另一團體成員（如：女性）的思考方式。性別刻板印象多不勝數，如：女人喋喋不休、男人沉默寡言；女性順從柔弱、男性控制慾強；女性擅長人文與社會學科、男性精通科學與數學。不過，蒐集嚴謹的科學數據後，發現有些刻板印象的確言之成理，有些則牽強附會。例如，雖然男性在任務取向的團體裡較為強勢主導，且女性也默許這種情形發生（Ridgeway, 2011），但說話量的性別差異微乎其微（Leaper & Smith, 2004），男孩與女孩在標準化數學測驗上的得分也不相上下（Hyde et al., 2008）。

如果這麼多刻板印象破綻百出，為什麼人們還要繼續緊抱著刻板印象不放呢？本章曾提出認知效率這一可能的解釋，另一個動機則是自我膨脹（self-enhancement）。

我們常藉由貶低他人或團體，來使自我感覺良好。例如，大言不慚地說：「年輕人都沒有責任感。」此話一出，分明在暗示身為成年人的我們較有責任感。雖然刻板印象的認知效率奇佳，但有正面的刻板印象，也有負面的刻板印象。用刻板印象來自我膨脹，只會加重負面的刻板印象。

抱持性別刻板印象背後潛藏的動機為何呢？閱讀下一段之前，請你先回答這個問題。

採用性別刻板印象多少可以增加認知效率。設想一位男性喜歡運動，這讓我們知道碰面時可以聊什麼話題。其他時候，抱持性別刻板印象不過是想讓自己好過一些。當一位男性說：「妳們女人都很情緒化。」這番話顯示男性自覺情緒控制得宜，很有男子氣概。另外一位女性說：「男人都不懂別人的感受。」這番話顯示她自認心思細膩，很瞭解他人的情緒。

好的思辨能力，意謂能瞭解人為何要抱持刻板印象，以及明白刻板印象未必是無可置疑的真理。下一次當你聽到某人（甚至你自己！）又在發表刻板印象的言論時（不管是針對性別、種族、年齡或其他差異），請問問自己下面兩個問題：（1）這個人（或是你自己）用刻板印象框住別人的目的是什麼？（2）這是科學數據支持的、正確的刻板印象嗎？

chapter **6**

態度

引 言

- 「洋基隊太棒了！」
- 「這門課真的很無聊。」
- 「我喜歡我的工作。」
- 「應該拿出對策來解決國家財政赤字。」
- 「應該降低合法飲酒的年齡。」
- 「不是槍殺人，而是人殺人。」

上面的論述有什麼共同點呢？它們都表明了一種態度（attitude）——對某特定對象表現出喜歡或不喜歡的傾向（Ajzen, 1982）。態度會影響我們覺知和回應世界的方式（Allport, 1935; Thomas & Znaniecki, 1918）。例如，態度會影響注意力——喜歡洋基隊的人會關注洋基隊的消息和球員。態度也會影響行為——認為應該降低飲酒年齡的人很有可能在 21 歲生日前就偷喝過酒。

態度並非各自為政、互不相干。主張國家財政赤字太高的人，通常也認為政府該負起拯救經濟的責任。他們支持限縮政策，覺得政府應當刪減預算，改革健保方案。由於態度會影響行為，因此個人所抱持的態度會影響投票對象，或是否要連署支持提高舉債上限的法案。如果態度會影響行為，可以透過改變態度來改變行為嗎？也難怪政治人物、陳情人、企業老闆和餐廳業者，每年要花上大把鈔票來營造有利於他們的態度。如果他們的策略奏效了，這些態度也會影響我們的行為嗎？如果父母親告訴你，抽菸是個又髒又危險的習慣，你會戒菸嗎？如果朋友跟你說了畜牧業的種種惡行，你會改吃素嗎？

本章將探討三個問題：

1. 何謂態度？態度從何而來，又是如何形成的？
2. 各個態度之間的關聯性如何？態度的組織如何影響態度的改變？
3. 態度和行為有何關聯？

態度的本質

態度是一種內在的心理狀態。每個態度都和某件事、某個「目標對象」（object）有關。本節將介紹態度的組成成分、態度的來源和態度的功能。

●● 態度的組成成分

態度包含三個成分：（1）信念或認知；（2）評價；（3）行為傾向。

認知

態度是和某一特定目標對象有關的一組**認知**（cognitions）或知識結構（Pratkanis & Greenwald, 1989）。不喜歡某堂課的學生，可能是不喜歡某些教材內容或授課老師。我們通常無法證明這樣的想法是對是錯。例如，財經專家、政治人物和選民對於國家財政赤字的意見不一。各方陣營都認為他們的想法才是對的。

評價

態度也具有**評價**（evaluation）或情感的成分存在。「這門課真的很無聊」表示說者對那門課有所不滿。所以態度不只和想法有關，還帶有情緒的感受。強烈的負向情緒如：厭倦、忿恨，甚至深惡痛絕：「我受不了龐克搖滾樂」。當然，也有正面的評價，像是：「泰式料理好好吃」或「洋基隊太棒了！」評價既有方向性（正面或負面評價），亦涉及強度（非常微弱至非常強烈）。

行為傾向

從態度也可看出反應或行為傾向。「很無聊」隱含不想去上課的傾向；「我喜歡我的工作」表示願意去工作。抱持特定態度的人傾向於表現和態度一致的行為。

各組成成分之間的關係

態度的組成成分──認知、評價和行為，都是針對同一個對象，會讓人誤以為這三個組成成分一式一樣。其實，這三個組成成分自成一格。如果這三個成分毫無差

別，我們根本不需多此一舉加以區分（Kothandapani, 1971）。

某些態度以情感為基礎，主要是受到評價成分的影響，如：「我很怕蛇」（Edwards, 1990）。因此，就算有人想試著用態度的認知成分來影響你的態度，向你保證大部分的蛇都沒有毒性，或毒蛇反而比較怕你，但只要你對蛇仍懷有懼怕的心理，一看到蛇你還是會嚇得跳開。你的情感態度很難用認知說理的方式動搖。

另外，有些態度以認知成分為主，如：「豐田汽車生產的油電車最棒。」重要的不是車子的外觀好不好看（評價成分），而是你對車子性能的瞭解（可靠、油耗量低、碳足跡較低等等）——也就是態度的認知成分。你對車子的感受不是重點。在這裡，情感的評價不是左右態度的因素。

認知與情感越接近一致，態度就越穩定、難以說服（Chaiken & Yates, 1985）。態度的各個組成成分越一致，態度和行為的關聯就越強。

●● 態度的形成

態度從何而來？態度是如何形成的？答案是社會化的歷程（見第 2 章）。此外，增強（工具制約）、刺激與反應的連結（古典制約），或觀察他人（社會學習）都能形成態度。

對課程或工作的態度可能是透過工具制約習得的，也就是和目標對象直接接觸的互動經驗。如果和目標對象的互動經驗是正向的，你的態度會比較偏袒目標對象。因此，如果工作的待遇不錯、成就感高、又能得到同事的賞識，你對工作的態度想必相當正向。相反地，如果你和目標對象的互動感受不佳，要你喜歡它也是強人所難。例如，在某門課上被老師羞辱、教科書內容讓人昏昏欲睡、每次考試和作業的成績又糟，想當然耳，你對該門課的態度不會好到哪裡去。

不過，態度中僅有一小部分是根據和目標對象直接互動的經驗而來。透過古典制約，也就是刺激與反應反覆連結的結果，對目標對象的態度和偏見於焉成形。兒童自小就知道「懶惰」、「骯髒」、「笨蛋」等都是不好的形容詞。兒童自己也常因搞得髒兮兮的而被大人責罵：「你這個笨小孩」。如果聽到父母親（或其他人）罵某一團體的人笨或懶，兒童就會漸漸把團體和這些負向反應畫上等號。諸多實驗亦顯示古典制約的確會導致對團體的負面態度（Lohr & Staats, 1973; Staats & Staats, 1958）。此外，這些習得的反應成了自動化的歷程，下意識地對刺激做出反應（Moskowitz, Skurnik, & Galinsky, 1999）。換言之，不管有沒有意識到，這些態度都在影響我們的

行為。

我們也從觀察他人和與他人的互動中形成態度。例如，許多態度是從父母那兒學來的。研究顯示，兒童對性別角色、離婚、政治的態度，通常和父母親抱持的態度相去不遠（Glass, Bengston, & Dunham, 1986; Sinclair, Dunn, & Lowery, 2005; Thornton, 1984）。這是觀察學習的結果，但父母親和兒童的態度之所以相似，也或許是工具制約學習的緣故，因為父母親常有意無意地獎勵態度相近的孩子。朋友也是態度的重要來源之一。例如，認為應該降低飲酒年齡的態度，可能就是從同儕互動中習得的。

絕大多數人是在同質性的環境下長大。家庭、鄰居、朋友的屬性（種族、社經地位）和態度相似。但是，上了大學才發現其他學生和教職員的生長背景和我們有著天壤之別。這就是為什麼態度會在成年早期出現重大轉變的原因。Newcomb（1943）以本寧頓學院（Bennington College）的女學生為研究對象，證實了同儕對大學生政治態度的影響。雖然這些女學生的家境富裕、觀念保守，但本寧頓學院的校風卻非常自由奔放。研究顯示大一學生仍與家庭保持緊密的連結，不會主動參與校園活動。不過，隨著學期增長，她們越來越熱衷參與校園和社區事務，與其他學生和教職員的互動更為頻繁，態度益發趨向自由開明。

態度的另一個來源是大眾傳播媒體，尤其是電視和電影。大眾傳播媒體的詮釋包裝和設定的框架，影響了閱聽者的態度。電視新聞、雜誌、報紙等媒體以特定的表現方式描繪事件和當事人，製造某種認知想像來影響態度。例如，報導種族暴動的電視節目，把某一種族描寫成反覆無常、危險或不可理喻的團體，加強了人們對該團體的負面態度（Myers & Caniglia, 2004）。同樣地，刻畫各種社會階層的家庭劇如《家庭主婦》（*The Real Housewives*）或《我愛羅珊》（*Roseanne*），都在形塑閱聽者對這些團體的正面或負面態度（Kendall, 2011）。

247

●● 態度的功能

248

態度是學來的。所謂用進廢退，如果態度沒有具備一兩個重要功能的話，又何必保留和慣用態度呢（Katz, 1960; Pratkanis & Greenwald, 1989）？

態度的第一個功能是啟發思考，也就是捷思（heuristics）。為培養敏捷思考的能力，態度提供一個簡單又有效率的評估方法（Fazio, 1995）。態度協助我們判斷目標對象是否為我們想要趨近或避開的對象（Ajzen & Sexton, 1999）。因為這個世界複雜到難以全盤理解，我們只好將人群、物體、事件分類並形成基模，發展出簡化

左圖：2005 年 8 月 29 日，卡崔娜颶風肆虐路易斯安那
州的紐奧良市，兩位居民奮力游過水深及胸的洪
水，從當地的商店覓得麵包和汽水。卡崔娜重創
紐奧良後，才終於降為四級颶風。
© AP Photo/Dave Martin

上圖：2005 年 8 月 30 日，一位年輕人不顧危險游過水
深及胸的洪水，洗劫當地商店的物品。卡崔娜颶
風過境後，洪水持續淹沒紐奧良市，土石流造成
的傷害難以估計。
© Chris Graythen/Getty Images

從這兩張新聞圖片的說明，可看出內隱聯結（implicit association）對態度的作用。同樣的行為
（從商店拿走物品），在左圖中被媒體說成是白人「覓得」，但在上圖中卻被描寫成黑人「洗
劫」。

（即刻板化）的態度。我們對該類別（目標對象）的態度，成了類化此類別成員的
基礎。態度的情感與認知成分會影響行為（Bodenhausen & Wyer, 1985; Fiske, Lin, &
Neuberg, 1999）。用同樣的方式對待團體中的每一個成員才稱得上效率，就算有些誤
差或不妥，總比一一特殊對待來得省力。

　　團體刻板印象通常摻雜了強烈的情緒。特別喜歡或不喜歡某一特定團體，稱為**偏
見**（prejudice）。偏見和刻板印象（見第 5 章）如影隨形。我們用刻板印象合理化對
待團體成員的偏見。偏見中夾帶的強烈情緒，常引發團體衝突（見第 12 章）。

　　第二，態度賦予自我定義、維護自我價值。態度傳達出個體的基本價值觀，強
化個人的自我意象。以音樂愛好為例，有人喜歡饒舌樂、有人喜歡鄉村音樂，還有人
是「給我重金屬，其餘免談」（Bryson, 1996）。我們傾向於採納符合自我認同的態
度。例如，許多保守派人士極力反對墮胎、移民和政府資助窮人的政策。因此，自認
是保守派作風的人，就可能會接受上述態度，因為這才符合他們的自我意象。

　　即使個體從未深入思考某一態度，但其實該態度早已成為他認同身為某一團體
或次文化成員的象徵。例如，從未接觸過橄欖球的聖母大學新鮮人，入學後也會很快

地認為愛爾蘭戰士隊（Fighting Irish）是全國最佳球隊，因為這才符合他身為聖母大學學生的自我意象。另外，「不是槍殺人，而是人殺人」和「對付持槍歹徒的唯一方式，就是讓好人也能擁槍自重」是全國步槍協會（National Rifle Association, NRA）會員普遍持有的態度。若想獲得其他成員的接納、展現忠誠，先決條件是抱持上述這些態度。

最後，態度可以保護個人免於受到危及個人自我意象的負向想法或情緒的侵擾。例如，莎拉的工作考績不佳。為維護個人正面的自我意象，她轉而採取責怪他人的態度（van Dellen, Campbell, Hoyle, & Bradfield, 2011）。如果她原本對工作或上司抱持正面的態度，但此時她可能會改變想法，認為：「這個工作一點意思都沒有」或「主管不懂得欣賞人才」。研究顯示，若個人的自尊受到威脅，比較容易對其他團體產生負面的評價（Crocker, Thompson, McGraw, & Ingerman, 1987）。這一點對自尊心強的人特別明顯。如果自尊本來就低的話，就毋須改變態度以維護自尊。

態度的組織

●● 態度的結構

你曾想試著改變別人對某目標對象（如：全球暖化）或行為（如：資源回收）的態度嗎？如果有的話，那麼你大概已經發現，不管你提出什麼論點，對方都可以反駁，總能找出幾個理由解釋他的態度為何是對的。由此可推知態度的結構排列。態度與認知結構密不可分，並與其他許多態度環環相扣。所謂牽一髮而動全身，要改變一個態度，不僅得改變其他態度，其他態度也會群起動員穩住原本的態度，使其不致動搖。

若問對方為何抱持某一態度，常可發現與此態度有關的認知內容。請先看下面的對話：

訪　　員：為什麼你認為同性婚姻應該合法化？
賈斯汀：因為憲法的《權利法案》說只要是美國國民，都享有同等的權利與保障。把同性婚姻排除在《權利法案》之外是不公平的。
訪　　員：還有其他的理由嗎？

賈斯汀：嗯，我認為有雙親的家庭對兒童的成長發展最好。婚姻可以鼓勵更
多人立下長相廝守的誓約，攜手養育小孩。

訪　　員：還有呢？

賈斯汀：唔⋯⋯對了，我認為愛情是沒有道理可言的。我天性就是愛女人，
喜歡同性的人不也一樣嗎？我們不是都想跟心愛的人結婚嗎？

從這兩方的對話可看出賈斯汀支持同性婚姻這一態度的理由。從這些對話還可看
到態度結構的兩個基本向度：垂直結構與水平結構（Bem, 1970）。

垂直結構

賈斯汀贊成同性婚姻的態度根植於他的信念，認為所有的美國人都享有平等的權
利與保障。賈斯汀對同性婚姻的態度，追本溯源於他堅信平等，他全盤接受憲法的主
張。毫不猶豫地接受某些權威（如：憲法）的威信，稱為**原始信念**（primitive belief）
（Bem, 1970）。

態度是階層式的組織架構，有些態度（原始信念）比其他態度更為根本。基本信
念和次要信念之間的連結即為**垂直連結**。垂直連結表示次要信念是衍生或依附於原始
信念。垂直結構如圖 6.1 所示。

基本或原始信念（如：堅信憲政規章）通常是其他多個特定或次要信念的基石
（Bem, 1970）。例如，賈斯汀可能也擁護美國的民主政治體制、言論自由、種族與
性別平等。改變原始信念，連帶牽動改變的個人態度會非常廣。例如，若賈斯汀改與
中國共產黨站在同一陣線，宣稱美國的憲法站不住腳、破綻百出，此時原始信念的改
變，也會讓他改變對其他許多事物的態度，包括對民主、言論自由與平等的看法。

水平結構

當訪員問賈斯汀為何支持同性婚姻時，賈斯汀提到兩個理由。其中之一是兒童最
好能在有兩位成人撫養的家庭下成長，而婚姻能將伴侶維繫在一起。另一個理由是他
認為受他人吸引是與生俱來的天性，不是選擇。只要彼此相愛，都可以結婚。這些信
念結構如圖 6.1 的左右兩邊所示。當某個態度和其他多組潛在信念連結，也就是有其
他不同的理由支持這個態度，這樣的連結就稱為**水平連結**。

有兩個（含）以上水平連結或正當理由的態度，比只有單一原始信念的態度更加
難以改變。例如，即使你提供賈斯汀統計數據，告訴他結婚的伴侶不見得比同居伴侶

來得長久，但堅信平等和浪漫愛情的信念，使得他仍繼續支持同性婚姻合法化。

確定態度結構的方式之一，就是研究態度的水平連結。想知道各個態度有多相近，其中一個方法即測量反應潛伏期（response latency）的長短——即回答態度問題所需的反應時間，如內隱聯結測驗（Implicit Association Test, IAT）。你對同性戀的態度為何？你對素食主義有何看法？假設你回答後者的時間較長，表示我們對同性婚姻的討論，活化了你對性行為態度的記憶，縮短了回答同性戀態度問題的反應時間。反應潛伏期越短，表示這兩個態度在個人的態度結構中越相近（Judd, Drake, Downing, & Krosnick, 1991）。

251

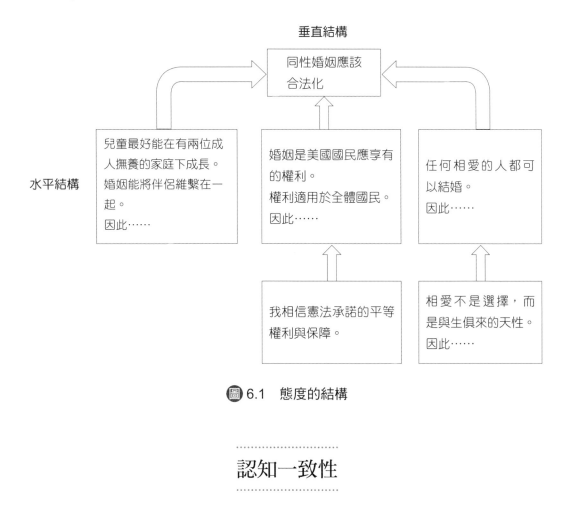

圖 6.1 態度的結構

認知一致性

艾莉西亞奉行綠色生活。她自製堆肥、做資源回收，用自己的庭院進行有機栽培。她自詡為環保人士，有意識地監控自己的消費與浪費習性。這些信念（我們應該做一個有環保意識的消費者）和態度（有機產品比無機產品好）配合得天衣無縫。艾

莉西亞的信念和態度並行不悖，她的態度與行為也和她自認的環保人士一致。例如，她喜歡去二手商店買衣服，送姪子自己親手做的木質玩具，而不是買大量製造的塑膠玩具。

認知（即信念和態度）一致性（cognitive consistency）牽涉的範圍極廣。如果你抱持自由派的政治理念，或許你也贊成中低收入戶房貸減免政策；如果你看重國民義務教育，你也可能支持提高房地產稅好幫公立學校募款，或讓小孩讀公立學校而非私立學校。認知通常是一致的，因為我們有維持認知一致性的傾向。就算發生認知不一致的情況（例如，口口聲聲說重視國民義務教育，卻反對增稅或決定送小孩去讀私立學校），我們仍會想辦法恢復認知的一致性。許多態度組織結構的理論都是依循一致性的原則而建立。

●● 平衡理論

重要的一致性理論不少，其中之一為**平衡理論**（balance theory）。它是由 Heider（1958）提出，再經 Rosenberg 與 Abelson（1960）詳細闡述說明，用以解釋認知結構的三個要素如何維持一致性。

平衡理論指稱的認知系統和下面這個句子很像：「我要把票投給○○候選人。因為他跟我一樣都贊成減稅。」認知系統包含三個要素：說者、他者（○○候選人）、客觀物件（稅制）。根據平衡理論，要素之間的關係型態有兩種──**單元關係**（unit relations）和**情感關係**（sentiment relations）。單元關係指的是兩個要素間（如所有權、親近程度）沒有涉及評價的關係。情感關係指的是正向或負向的評價，例如，社會關係（如：友誼或婚姻）衍生的正向情感關係。負向的情感關係不只可看出各要素間沒有連結，如同床異夢的伴侶或意見相左的團體成員，連帶地表現出負向的評價，如：「我討厭我的前夫」或「我痛恨那些貪婪的政客」。

我們用平衡理論的專業術語來說明上述例子。首先把認知系統想成是一個三角形（見圖 6.2）。平衡理論關注的是說者對各個要素間相互關係的看法。以「我要把票投給○○候選人。因為他跟我一樣都贊成減稅」為例（圖 6.2A）。說者贊成減稅，認為○○候選人也贊成減稅，所以說者會把票投給該位候選人，系統維持在平衡的狀態。根據平衡理論的定義，平衡狀態是指三個情感關係都是正向的，或其中一個是正向的情緒、另外兩個是負向的情緒亦可。例如，說者贊成減稅（＋），但卻不把票投給○○候選人（－），因為這位候選人反對減稅（－）（圖 6.2B）。

失衡與改變

　　根據平衡理論，失衡狀態是指要素間的關係，其中兩個為正、另一為負，或三個要素都是負的。以友情為例來說明會容易一些。海莉和艾倫現在是高中生，她們從五年級開始就是好朋友，有空就黏在一起。去年夏天，海莉在夏令營認識了艾莉雅，兩人越走越近。艾倫認為艾莉雅愛講八卦，不喜歡她。從圖 6.2C 可看出海莉眼中的三人關係。海莉對艾倫和艾莉雅懷有正向情感，但艾倫討厭艾莉雅。因此，這三個人的關係狀態是不平衡的。

　　一般說來，這樣的失衡狀態讓人不舒服。平衡理論假設人會想方設法回復態度的平衡狀態。有三種基本做法如下。

253

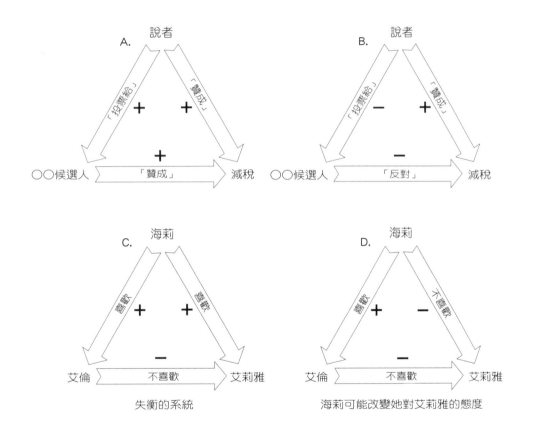

圖 6.2　平衡的認知系統與化解失衡系統

當三個認知要素的關係都是正向的（如圖 A），或其中一個關係是正向的、另外兩個關係是負向的（如圖 B），認知系統可維持在平衡的狀態。當兩個關係是正向的、但另外一個關係卻是負向的，認知系統就失去平衡。在圖 C 中，艾倫對艾莉雅的負向態度造成海莉的心理壓力及不舒服。在這種情況下，海莉可以用不跟艾莉雅做朋友的方式來化解失衡狀態（如圖 D），也可以跟艾倫翻臉，又或者說服艾倫喜歡艾莉雅。

252　　　首先，海莉可以改變態度，也就是改變其中一個關係的符號（Tyler & Sears, 1977）。例如，改為不喜歡艾莉雅（圖 6.2D）。或者，雖然她跟艾倫是從小到大的好朋友，但今非昔比，海莉已經不像從前那麼喜歡艾倫了。或者，她也可以說服艾倫多了解艾莉雅，說不定艾倫對艾莉雅的看法會有所改變。這幾種方式都是為了改變關係，讓此信念系統裡沒有負向關係，或同時有兩個負向關係。

253　　　第二，海莉可以把對其中一人的正向或負向關係改為不帶情緒的關係，以此回復平衡（Steiner & Rogers, 1963）。例如，海莉可以這樣想：「艾倫根本不了解艾莉雅」，所以她對艾莉雅的態度，不受艾倫對艾莉雅的關係所影響。

　　　第三，海莉可以再進一步細分人事物的屬性（Stroebe, Thompson, Insko, & Reisman, 1970）。例如，海莉可以將朋友劃分為不同類別——如可以分享一些心情的朋友，或可以全心信任的閨蜜。艾倫也可以改變她認為艾莉雅只會講八卦的看法。不過，海莉也可以把兩個人都當作她的好朋友，但慎選她要和艾莉雅分享的心事（甚至告訴艾倫她的想法）。

　　　我們會採用哪種方法去化解失衡狀態呢？通常是看哪種回復平衡的方法最簡單（Rosengberg & Abelson, 1960）。若其中有一關係的強度不如其他兩個關係，回復平衡最簡單的方式就是改變最弱的關係（Feather, 1967）。由於海莉和艾倫的友情由來已久，海莉對艾倫的情感不容易撼動，所以最快的方法就是改變她對艾莉雅的態度。然而，不管是艾倫或艾莉雅，海莉都喜歡，都希望能和她們做朋友。因此，海莉也可以試著改變艾倫的態度，或者艾倫和艾莉雅兩人井水不犯河水。如果她的努力最終徒勞無功，平衡理論顯示海莉可能會改變她對艾莉雅的態度。

●● 認知失調理論

　　　另一個重要的一致性理論為**認知失調理論**（theory of cognitive dissonance）。平衡理論處理的是三個認知要素間的關係，而失調理論要處理的則是行為和態度等兩個（含）以上要素的不一致。例如，假設艾莉西亞抱持環保消費意識，可以想見她不會買休旅車。如果她買了休旅車，她的行為就和態度不一致，這種情況極可能造成失調。

　　　最常發生不一致的情況有兩種，分別是：（1）做決定之後，或（2）行為和信念不一致時。

決策後失調

　　泰勒下禮拜就升大二了，他必須打工賺取學費。經過兩個星期的工作應徵後，有兩家公司願意雇用他。其中一個工作是當老師的研究助理，負責蒐集文獻，時薪 7 美元，工時彈性。另一個工作是餐廳的外場服務生，時薪 10 美元，工作時間固定，每週四、五、六從傍晚五點到晚上 11 點。他沒有這方面的工作經驗。

　　泰勒陷入工作抉擇的兩難。兩個工作都離學校很近，喜歡的程度不分上下。不過，研究助理的工作時間彈性，而餐廳的薪水較高，也較有機會碰到各式各樣有趣的人。最後，泰勒決定去當餐廳服務生，但他的心情卻很矛盾，失調的感受久久揮之不去。

　　失調理論（Festinger, 1957）假設任何兩個認知之間，都存在著三種可能的關係。若某一認知順理成章地衍生另一認知，表示這兩個認知彼此協調一致；若其中某個認知與其他認知相牴觸，表示認知出現失調（Rosenberg & Abelson, 1960）。也就是說，合乎情理與否，是由個體認定，不見得是依大眾的標準。兩個認知也許相關、也許毫無關聯。以泰勒為例，決定接下餐廳服務生一職，與下列的認知是一致的：（1）工作地點方便；（2）時薪較高；（3）有機會接觸不同人群。於此同時，餐廳的工作也與下列認知不一致：（1）不確定自己適不適合這個工作；（2）週末晚上必須工作，不能和朋友出去玩（見圖 6.3）。

　　一旦做了決定，泰勒即感受到**認知失調**（cognitive dissonance）——因認知間的關係失衡所引發的心理緊張狀態。有些決定造成的失調感極為強烈，有些則否。失調的程度，取決於做決定時認知一致和不一致的比例。以泰勒來說，一致的狀況有三個，不一致的狀況有兩個，因此他只經驗到些微的失調感受。失調的程度也受認知的重要性影響。如果週末沒和朋友出去玩不怎麼要緊，泰勒的失調感就不會那麼重；但如果活躍的週末社交生活是件大事，泰勒的失調感就很重了。

　　失調是不舒服的狀態。為減少失調感，認知失調理論預測，泰勒將會改變他的態度。例如改變認知，或調整認知的重要性。

　　改變認知並不容易。泰勒選了餐廳的工作，為此他週末晚上必須出勤，就算沒有相關工作經驗也得硬著頭皮上班。又或者，泰勒可以調整認知的相對重要性，合理化他的決定。他可以強調那些一致的認知是多麼重要，忽略那些不一致的認知。雖然他得做不熟悉的工作，但他可以再三告訴自己餐廳的薪水很高；雖然週末很想出去玩，但既而一想，玩並沒有比工作重要，而且打工還可以遇到更多有趣的人。

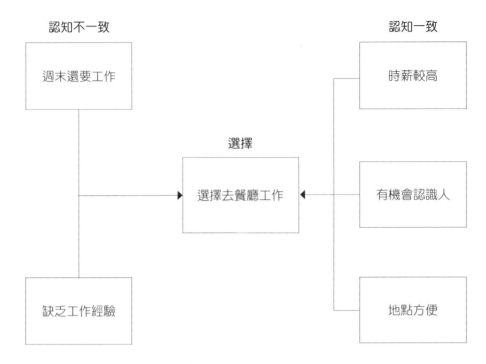

認知不一致　　　　　　　　　　　　　　認知一致

週末還要工作　　　　　　　　　　　　　時薪較高

選擇

選擇去餐廳工作　　　　有機會認識人

缺乏工作經驗　　　　　　　　　　　　　地點方便

圖 6.3　決策後失調

不管做什麼決定，都有某些認知（如：態度、信念、知識等）與決定調和一致，而某些認知與決定牴觸。認知失調會引發不舒服的心理狀態，驅使我們去減少或化解不一致。在這個例子中，泰勒選了工作之後，產生認知失調的感受。雖然有三個認知和他的決定一致，但另有兩個認知和決定不一致，造成心理的緊張衝突。

　　決策常造成失調。不管泰勒最終選擇哪一份工作，他都必須想辦法緩和失調的感受。就算他決定擔任教授的研究助理，一樣也會認知失調，因為他選擇放棄高時薪的工作。為減少失調感，他會想方設法合理化他的決定。若在泰勒開始工作後，有機會問他是否會做一樣的決定，他的答案八成是肯定的（Wee, 2013）。

　　Elias Dinas（2013）認為，決策後失調（Brehm, 1956）以及個體為減少失調所做的努力，可以用來解釋投票對政黨認同的影響。雖然有些學者聲稱是政黨認同影響投票意向，但 Dinas 則根據認知一致性理論提出一個有趣的觀點，主張是投票影響政黨認同。選民從一群候選人中挑出投票對象。若有數個選項可供選擇，我們更會去合理化最後的決定。例如，票投給某候選人是因為他更有魅力，於是就和該名候選人所屬政黨站在同一陣線。一旦站在同一陣線，選民就更會去支持該候選人的政黨，因此，每一次的投票往往更加堅定選民對政黨的認同。

違背態度的行為

當行為與態度相左時，也會產生失調，例如被迫服從。亦即，迫於壓力不得不屈從於某人的要求，做出違背態度的行為（counterattitudinal behavior）（Joule & Azdia, 2003）。

想像你志願參與一個心理學實驗。抵達實驗室後，助理告訴你要做一項關於表現任務的研究。他給你一個小釘板，請你把每個螺絲釘精準地旋轉四分之一圈。轉完最後一個螺絲釘後，又請你以同樣的步驟再重頭來一遍。最後是把螺絲釘一個個拔出來，再一個個裝回去。就這麼耗一個小時後，實驗者終於跟你說任務結束了。他說：「我們要比較有無事先說明實驗步驟，對參與者的表現差異影響。你被分配到的是無事先說明組。接下來的參與者將聽到實驗說明，但原本該做這件事的助理今天沒辦法來。」實驗者詢問你是否可幫他一次忙，告訴接下來的參與者你剛完成了一個有趣又刺激的實驗任務。為了感謝你的協助，他會付你 1 美元或 20 美元的報酬。

事實上，這是在要求你說謊——把這個枯燥無聊又單調的實驗，說得好像你很樂在其中似的。如果你真的告訴接下來的參與者這個實驗很有趣，事後免不了要經歷一番認知失調。你的行為跟你對實驗任務的態度（無聊的實驗）不一致。尤有甚者，對其他參與者說謊，違背了你的個人信念（你是個有良心、誠實的人）。為降低失調的感受，你可以改變其中一項認知，你會選哪一個來改變呢？你已經無法改變你告訴別的參與者這個實驗很有趣的事實，唯一能改變的認知，就是你對實驗任務的態度，也就是轉為更喜歡這個實驗。

認知失調理論預測：（1）你會改變對實驗任務的態度（變得更喜歡這項實驗任務），以及（2）改變的幅度取決於你收了多少報酬來說這個謊。說得更清楚一點，依認知失調理論的預測，和收到 20 美元相比，收到的報酬越少（如 1 美元），態度改變的幅度越大。因為報酬越低，失調感就越重，改變態度的動力越強。

為驗證上述假設，Festinger 與 Carlsmith（1959）進行了一個經典的實驗研究。如上所述，參與者做完無聊的釘板任務後，大多同意幫實驗者這個忙，跟接下來的參與者說明實驗步驟，附帶宣稱實驗很有趣，讓人欲罷不能。稍後，祕書過來請每個參與者填答問卷，了解大家對實驗的評價，作為研究的依變項。果不其然，沒有被要求對接下來的參與者做說明、也沒有收到任何酬勞的控制組參與者，把這個實驗評得乏味至極，再也不想參加這個實驗了。

至於那些拿錢說謊的參與者，情況又是如何呢？收到美金 20 元的人其實沒那麼

失調。高額報酬剛好給了與態度相左的行為（說謊）一個正當充足的藉口，就和俗話說的「有錢能使鬼推磨」差不多，你可以告訴自己是為了錢才說謊的。但對只收 1 美元的參與者來說，他們的失調感更重，因為報酬沒有大到可以為它說謊。這些參與者無法否認自己說謊，為降低失調感，他們只好改變態度──也就是提高對實驗任務的好感度。這個研究證實了失調理論的預測。拿到高報酬的參與者只經驗到輕微的失調感，對實驗任務的評價極為負面。然而，那些只拿到低報酬的參與者失調感可重了，反而對實驗任務有較正面的評價。

心理學家發現，洗手有助於緩解決策後失調焦慮（Lee & Schwarz, 2010）。他們相信生理潔淨也可以讓心理潔淨，彷彿就此一筆勾銷。

© snokid/iStock

並非所有情況都會造成認知失調（Wicklund & Brehm, 1976），除非信念或行動相當堅定（Brehm & Cohen, 1962），或者出於個人自願的選擇，為個人的決定負起責任（Linder, Cooper, & Jones, 1967）。以選擇去餐廳打工的泰勒為例。若餐廳老闆是泰勒的父親，要求泰勒來餐廳工作，泰勒的決策後失調或許就不會那麼重了。因為他可以轉而責怪父親影響他的決定。同樣的，如果實驗者強迫參與者說謊，而不是請求他們幫忙，參與者的失調感也會降低不少。

研究發現有些人──姑且稱他們為「最大化者」（maximizer）吧──比別人還容易得到決策後失調。最大化者致力於做出最佳決定。相反地，滿足者（satisficer）只要選擇差不多好，就心滿意足了（B. Schwartz, 2004）。站在一排各式各樣品牌的早餐燕麥片前，滿足者僅會鎖定一家喜歡的品牌；最大化者卻非得做出最好的選擇不可。做決定前，最大化者盡可能地蒐集資料，常覺得時間不夠，也常經驗到決策後認知失調，不滿意決定的結果。有機會的話，他們還可能翻盤、改變心意（Chowdhury, Ratneshwar, & Mohanty, 2009; Misuraca & Teuscher, 2013）。

態度與行為的關係

●● 態度可以預測行為嗎？

我們已經知道，行為會影響態度。當行為和態度牴觸時，我們也會不惜改變態度。不過，也有許多人主張，應該是態度改變行為才對。我們常自認為瞭解別人對人事物（同事、政策、球隊等）的態度，就可以用態度來預測他人的行為。例如，你知 道海莉喜歡艾莉雅，你大概會預測海莉應該會接受艾莉雅的烤肉餐會邀請。如果你知道賈斯汀支持同性婚姻，你也會預測他將投票給相似政見的候選人。如果你知道我是大都會隊的球迷，你會預測我不只幫大都會隊加油，還會聲援其他球隊打敗洋基隊。我們喜歡預測他人的行為，這麼一來才能知道該如何應對進退。但問題是，光靠知道別人的態度，就能正確預測他們的行為嗎？

1930 年，社會科學家 Richard LaPiere 載著一對中國夫妻，開車周遊美國。當時，美國人仍相當歧視中國人，尤其是西部地區。在旅行期間，他們三人造訪了 60 間以上的旅館、露營地、民宿，以及 180 間以上的餐廳，仔細記下他們被對待的方式。途中所有駐足停留之處，只有一個地方不願招待他們。旅程結束後，LaPiere 寄發問卷給所有的店家，詢問他們是否願意招待中國人。在 128 份回收的問卷中，竟有高達 92% 的回答是「不願意」（LaPiere, 1934）。顯然，人們的言行存在巨大的落差。

許多類似主題的研究也發現，態度和行為只有中度相關（Glasman & Albarracín, 2006）。可能的原因有四：（1）態度的可及性與激發；（2）態度的特性；（3）態度和行為的相似性；（4）情境對行為的約束。

●● 態度的可及性與激發

態度有成千上萬種，多數時候，我們並未意識到這些態度，甚至在未經思考下自發地表現出行為（Fazio, 1990）。我們未經思考就做出行動──亦即沒有認真想過背後的態度究竟為何。態度若要影響行為，此態度必須先被活化激發，也就是必須要先從記憶中提取出來，進入到意識覺察的層面（Zanna & Fazio, 1982）。可及性

（accessibility）最高的態度，最容易被激發出來。

　　當四周環境出現觸發物，如態度的目標對象出現，態度就會受到激發而顯現出來（Fazio & Towles-Schwen, 1999）。本章先前提到的內容，如洋基隊、蛇、同性婚姻、選舉等等，可能就會激發出你對某些人事物的態度。如果態度原先就是與人事物直接互動而形成的，這些觸發物就更容易起作用（Fazio, Powell, & Herr, 1983）。因此，激發態度的其中一個方法，就是讓這個人置身在相似的情境裡。燈光好、氣氛佳、配上美酒佳餚，就很容易讓人心旌搖曳、情不自禁。我們常刻意設計營造這些線索，期能引發對方的好感，落入浪漫幻想的圈套。

　　各個態度受到激發的程度各不相同，原因在於可及性。某些態度，如刻板印象或怕蛇等，只要目標對象一出現，態度就不加思索地自動激發（Devine, 1989）。這些態度通常被稱為內隱態度（implicit attitude）（Greenwald, Poehlman, Uhlmann, & Banaji, 2009）。其他的態度深植於記憶之內，很難提取，要激發它們得花一點時間（Fazio, Sanbonmatsu, Powell, & Kardes, 1986），不是看到的一瞬間就能立即激發。如果有人問你最喜歡（或最不喜歡）的餐廳是哪一間，要想起你不熟悉的餐廳，可能得花一些時間。可及性越佳的態度，越能影響你對人事物的分類與評價（Smith, Fazio, & Cejka, 1996）。再以餐廳為例，你會把新餐廳和你最喜歡的餐廳拿來相比較，而不是跟你不熟悉的餐廳相比較。因為前者（喜歡的餐廳）的態度可及性優於後者（不熟悉的餐廳）。

　　實徵研究亦顯示，可及性越高的態度，越能左右未來的行為。例如，一項研究探討態度可及性對 1984 年總統大選投票意向的影響（Fazio & Williams, 1986）。1984年 6 月和 7 月，研究調查 245 名選民對兩位總統候選人（Ronald Reagan 與 Walter Mondale）的態度。答案的潛伏因素——即選民回答每位候選人問題所花的時間——為測量可及性的指標。大選結束後，再詢問每位選民他們究竟把票投給了誰。可及性越佳的態度——也就是越快回答出有關某位候選人的問題——極有可能在大選時把票投給該位候選人。

●● 態度的特性

　　態度本身的特性，也會影響態度和行為的關係。其中會影響態度—行為關係的特性有四個：（1）情感（評價）和認知的一致性程度；（2）態度和個人經驗相關的程度；（3）態度的強度；（4）態度的穩定性。

情感─認知的一致性

本章一開始曾介紹態度的三個組成成分：認知、評價（情感）和行為傾向。探討態度和行為的關係時，其實就是在看認知、評價和行為的關係。不出所料，研究也證實情感和認知的一致性程度，也會影響態度和行為的關係。也就是說，認知和評價（情感）的一致性越高，態度和行為的關聯就越強。

前面提到，認知是指對目標對象的信念（如：「某某課實在太無聊了。老師嘮嘮叨叨的，課本也很難懂」）。情感是指和目標對象有關的感受（例如，「我非常討厭這門課」）。以此例而言，情感和認知的一致性非常高。現在，假設另外有一個學生也認為這門課很無聊，可是卻很喜歡這門課──因為他可以跟朋友一起上課，或教科書很有趣。上述兩種情況，你覺得哪個人的行為較容易預測呢？我想你會猜前者比後者更有可能蹺課或不讀書。

社會心理學家發現，情感─認知的一致性，可以用來預測個體是否會幫助窮人（Tagler & Cozzarelli, 2013）。個體對窮人的正負向情感評價，若與他們對窮人的看法一致，將大大影響他們濟助窮人的可能性。例如，以正向的眼光看窮人，認為窮困是因社會結構外力造成的（見第 5 章），如此一來情感評價和認知是一致的。不過，若認為窮困是因懶惰或缺乏努力造成的，可是又以正向的眼光看窮人，可以想見個體的態度自相矛盾、反覆不定。

情感─認知的一致性不僅可以用來預測行為，也使得態度不容易改變。當個體的情感─認知的一致性越高，就越會去漠視和態度不相符的訊息，使得態度更難以改變。

直接經驗

假設你參加完一個活動後，感覺很棒，你的室友聽到你的分享，也躍躍欲試。你們兩個當中，誰最有可能再去參加那個活動呢？

一項研究（Regan & Fazio, 1977）回答了上面這個問題。研究的目的在測量參與者願意花多少時間玩拼圖。直接經驗組的參與者玩過同樣的拼圖，間接經驗組只聽到關於這個拼圖的描述。接著，研究者請參與者填答態度量表，並詢問他們是否願意再玩一次拼圖。不出所料，直接經驗組的態度和行為相關程度，遠高於間接經驗組。

基於直接經驗而形成的態度之所以較能預測未來的行為，有幾個原因（Fazio & Zanna, 1981）。第一，未來行為的最佳預測因子為過去的行為。如果你過去很喜歡打

261

網球，想當然耳你未來也會常打網球（Fredricks & Dossett, 1983）。第二，直接經驗能得到第一手的資料（Kelman, 1974）。欲採取某一行動時，我們得根據手邊的資訊來選擇行動方向。若是依態度目標對象的訊息來決定我們的行動，表示態度和行為的關聯越強（Fazio & Towles-Schwen, 1999）。第三，依直接經驗而形成的態度較為可靠確切。也就是下面要談的第三個態度影響行為的因素——態度的強度。

強度

假設你問兩位朋友要投給哪位總統候選人，其中一個人說：「我要投給 X！」另一個不置可否地說：「嗯，我大概會投給 Y 吧。」你覺得你比較能預測哪個朋友的行為呢？一般說來，態度越是強硬，越有可能影響行為。許多的選舉民調之所以出錯，原因在於中間選民模稜兩可的態度。亦即，選民的態度軟弱或搖擺不定（Schuman & Johnson, 1976）。

與態度有關、會直接衝擊到個體的議題，也會影響態度的強度。相關的議題，如大學學費調漲，對你的影響勢必很大，得想辦法增加收入或申請就學貸款。不相關的議題，如俄羅斯的大學學費調漲，對你的影響微乎其微（Lieberman & Chaiken, 1996）。當一項政治議題和個體越相關，態度和投票的關聯就越強（Crano, 1997）。亦即，與個體有關的議題會增加態度的強度。有同志家人或朋友的人，不僅對同志的態度較友善，而且這樣的態度也較堅定（Herek & Capitanio, 1996）。

如前所述，態度堅定與否，也受到態度形成之初是情感抑或認知成分居多而影響。基於情感（例如，怕蛇）而形成的態度，比基於認知（例如，偏愛 Toyota 的 Prius，因為它是最棒的油電車）而形成的態度更為堅定（Edwards, 1990）。

態度的穩定性

許多研究都試圖從態度預測行為，所以就先測量態度，經過數週或數月後再測量行為。中度到低度的相關意謂著態度和行為之間的關聯相當薄弱——但也可能是態度在這段時間改變了。若個體的態度發生變化，雖然行為看似與當時測量的態度不一致，但其實行為依然與現下的態度是一致的。

一般而言，測量態度和測量行為的相隔時間越長，態度越有可能發生變化，態度和行為的相關也跟著變小。為證實上述推論，一項研究（Schwartz, 1978）寄發郵件給約 300 位學生，詢問他們是否願意義務擔任視障生的家教。有些學生早在六個月前收到問卷；有些學生則於三個月前收到問卷；另外有些學生在六個月和三個月前都收

到問卷；還有一群學生則是都沒收到問卷。結果顯示，三個月前收到問卷的學生，其態度（願意擔任家教）和行為（最後真的去教）的相關，明顯高於六個月前收到問卷的學生。因此，為避免一時的不穩定造成誤差，宜縮短測量態度和測量行為的相隔時間。

然而，某些態度的穩定性確實有目共睹。Marwell、Aiken 與 Demerath（1987）研究 220 名年輕白人男性的政治態度。這群社運人士在 1964 年的夏天，積極協助南方的黑人獲得選舉權。20 年後（即 1984 年），研究者再度測量其中三分之二社運人士的態度。結果發現，當初的激進態度在 20 年後已趨於緩和。但整體而言，他們依然堅持自由民主，爭取弱勢團體的權益。他們的態度之所以維持穩定不變，原因可能是長期待在南方，和社運人士有直接接觸的經驗所致。

●● 態度─行為的契合度

當態度和行為都有相似的特點時，態度最能預測行為（Schuman & Johnson, 1976）。例如，假設你邀請一位普通朋友吃晚餐，你要決定菜單。你知道她喜歡某間義大利餐廳，所以你推論她應該喜歡義大利菜吧。不過，你能肯定她會喜歡吃「紅醬蛤蠣蔬菜麵」嗎？那就未必。喜歡某國料理，不代表這個人會喜歡該國料理的每一道菜。

許多研究是從一般的態度（general attitudes）預測特定的行為（Ajzen, 1991; Green, 1972）。例如，某些家庭的研究試圖從性別角色態度預測男性花在家事和育兒的時間（如：多久掃一次地或換尿布）。不令人意外的是，兩者的相關很低。雖然很多男性聲稱自己抱持性別角色平等的態度，但這樣的態度通常無法反映在特定的性別角色行為上（Araji, 1977）。一般的態度是指對各類人事物的整體感受。依照邏輯來看，我們不宜以態度預測任一特定情境下的行為。但是，一般的態度仍然可以用來預測數個綜合起來看的相關行為（Weigel & Newman, 1976）。例如，抱持性別平等態度的男性，掃地的次數只比抱持傳統性別角色態度的男性稍微多一點點，但他或許比傳統男性做了更多其他性別平等的行為，或是不會在整體家事分工上堅持男女有別。

那麼，究竟該如何預測一個特定的行為，例如預測你那位喜歡義大利菜的朋友，會不會喜歡吃紅醬蛤蠣蔬菜麵呢？既然一般的態度只能用來預測整體行為，那麼要預測特定的行為，就得靠測量特定的態度。態度和行為包含四個組成成分：行動（吃）、目標對象（紅醬蛤蠣蔬菜麵）、情境脈絡（你家）、時間（明天晚上）。

263

雖然大部分的美國民眾自有其對墮胎的態度，但只有少數人會像圖中的示威者一樣，為了信念走上街頭。無論是贊成或反對，態度強硬者都比較有可能採取行動。

契合度（correspondence）越高——亦即，態度和行為的組成成分中，一樣的數目越多——態度越能預測行為（Ajzen & Fishbein, 1977）。如果你知道那位普通朋友晚上（時間契合）喜歡去義大利餐廳（情境脈絡不符）吃（行動契合）蔬菜麵（目標對象契合），比你只知道她喜歡去義大利餐廳（情境脈絡不符）吃（行動契合），前者的預測力要比後者強多了。

●● 情境約束

　　如果你認為為了提升教學品質（留住優秀師資、豐富的書籍期刊、完善的電腦設備等等），因而贊同調漲大學學費是必要的措施，所以你也去參加了改善教學品質的學生研討會。你的行為恰恰反映了你的態度。

　　不過，假設你反對調漲學費，但你的女朋友卻支持調漲學費。這個時候，你會重申你的反對立場（也就是行為和態度一致），還是默不作聲呢？你的反應有部分會依

態度的強度和穩定性而定（Pratkanis & Greenwald, 1989）。如果你強烈反對調漲學費，你可能會說出自己的想法；如果你沒那麼反對，或許你會因不想跟女朋友吵架而表現出和態度不一致的行為。例如，前面提到 LaPiere 的研究。一位白人男性和一對中國夫婦都上門了，民宿和餐廳員工也不得不接待客人，總不能就這樣把客人趕出去吧。

情境約束（situational constraint）意指因顧及他人對行為的正負向評價，而影響了我們的行為表現。情境約束常是行為表現最後是否與態度一致的決定因子。事實上，我們的行為通常是態度和當下情境約束條件交互作用後的產物（Warner & DeFleur, 1969; Klein, Snyder, & Livingston, 2004）。他人越認定我們該表現何種行為，此時若個人的態度和情境規範背道而馳，情境對個人的態度約束力就越強（Schutte, Kendrick, & Sadalla, 1985）。換句話說，如果某位朋友也贊同調漲學費，你比較會願意跟他說出你也反對的真實心聲。相反地，在一群朋友當中，其他人都贊同，唯有你一人反對，你大概會選擇噤聲不語吧。

情境約束的力量越大，態度和行為的關聯越弱。因此，若不用擔心別人會看到我們的行為，我們的行為表現和態度就越趨於一致（Acock & Scott, 1980）。談到種族和性別的態度，許多研究偏見的學者注意到人們表現偏見的方式，往往會因情境而發生變化。當周遭環境不能接受外顯的種族和性別歧視時，受到情境約束的影響，他們會隱藏態度，以更為隱微的方式表現歧視（Gawronski & Strack, 2004）。這樣的發現轉變了學者測量種族、性別等其他社會敏感議題態度的方式，也重新思考社會的歧視。

●● 參照團體

已有諸多研究評量參照團體對態度—行為關聯的影響。這些研究先測量參與者對某些目標對象的態度和行為，接著再請參與者指出不同社會團體對該目標對象的立場。

一項研究調查成人及其親友對飲酒的態度（Rabow, Neuman, & Hernandez, 1987）。當態度和周遭人士相符一致（即受訪者和親友對飲酒的看法相同），態度和行為的相關，會比態度和周遭人士不一致時強多了。與內團體成員的態度越相似，我們的行為就越和態度一致（Terry & Hogg, 1996; White, Hogg, & Terry, 2002）。

理性行動模式

　　前面的章節曾談到許多會影響單一態度與行為關係的因素。不過，很多時候，即使是一個目標對象或情境，都有可能喚起許多態度。此時，要預測行為就更不容易了。若是多個態度同時被激發，個體只得進行較精細複雜的訊息處理過程（Fazio, 1990）。不但要考慮目標對象或情境的特性，還有其他相關的態度、行為的代價與好處等。Fishbein 與 Ajzen（1975; Ajzen & Fishbein, 1980）發展出來的**理性行為理論**（theory of reasoned action），就是要說明上述影響態度與行為關係的因素。理性行動模式為雙向歷程模式：有些態度引發的是自動化的行為，如看到蛇就跳開；有些態度，如投票給某候選人，就是經過深思熟慮（Ajzen & Sexton, 1999）。

　　根據理性行動模式，行為是由行為意圖所決定。行為意圖又分別受到兩個考慮因素影響：（1）特定行為背後的態度；（2）**主觀規範**（subjective norms）（個體覺知他人是否贊同其行為，以及願不願意服從他人的期待）。值得注意的是，這裡所說的態度，指的並非是對目標對象的一般態度（如：「Toyota 的 Prius 是最棒的油電車」），而是特定行為背後的態度（如：「我想買的是 Prius，不是 Corolla」）。這個態度受個體的信念影響，是個體評估行為的可能後果，以及對每一個後果的正負面評價，綜合之後得出來的結果。仔細斟酌行為的後果（如：「如果我買 Prius，就得付一大筆車貸，但這款車比較省油」）和主觀規範（如：「我的朋友認為買 Prius 才是聰明的選擇」）後，決定該採取何種與態度相符的行為。

　　當然，我們也必須有足夠的資源或能力，才能將意圖付諸行動。因此，其他的變項，即**行為控制知覺**（perceived behavioral control）也應當加進這個模式裡（Ajzen, 1985）。一項研究調查 403 名大學生從事安全性行為的意圖。結果發現，態度和主觀規範足以解釋未來三個月使用保險套的行為意圖。不過，若加入其他的變項進行分析，如使用保險套的舒適度，則解釋力將大大提升（Wulfert & Wan, 1995）。這個修正後的模式，稱為**計畫行為理論**（theory of planned behavior）。

　　並非所有的行為都是按計畫行事（Liska, 1984）。除了前面提到的自動化行為外，習慣也扮演重要的角色。例如，以前有沒有捐過血，比起一個人聲稱他有意願捐血，更能預測他未來四個月的捐血行為（Bagozzi, 1981）。行為之所以會影響接下來的行為，其中一個原因是：行為已然變成個人身分認同的一部分（Granberg &

Holmberg, 1990）。如果你定期捐血，把「熱愛捐血」當作是個人重要的認同，這就 266
會影響你未來的行為了。事實上，社會心理學家也發現，這樣的過程在定期捐血者
身上屢見不鮮（Piliavin & Callero, 1991）。同樣地，研究顯示，最能預測環保行動
的，並不是環保態度，而是環保認同（Stets & Biga, 2003）。

摘　要

■ 態度的本質

（1）態度包含三個組成成分：認知、評價、行為傾向。（2）我們透過增強、刺
激與反應的反覆連結或觀察他人而習得態度。（3）態度有其效用。態度具有啟發思
考的知識功能。態度也賦予自我定義、維護自我價值。

■ 態度的組織

態度與認知結構密不可分，並且以一個或多個基本或原始信念為基石。衍生自原
始信念的態度形成垂直結構。當多組潛在信念相互連結，支持某個態度，這些信念就
形成水平結構，使得態度更加難以改變。

■ 認知一致性

一致性理論假設，當認知要素相互牴觸、不一致時，個體將會改變態度或行為以
恢復協調和諧。平衡理論解釋認知結構的三個要素如何維持一致性，化解失衡。一致
性理論指出，會發生不一致的情況通常有兩種：在選項項間做決策之後，或行為表現
和態度不一致時。一致性理論也提出兩個可以降低失調的方法：改變認知，或調整認 268
知的重要性。

■ 態度與行為的關係

態度與行為的關係受到下列六個變項影響：態度的可及性與激發、態度的特性、
態度─行為的契合度、情境約束、參照團體、理性行為。（1）態度若要影響行為，
就必須先受到激發，如此方能以態度為引導行為的依據。（2）情感─認知的一致性
越高、基於直接經驗而形成的態度、態度越是堅決且穩定，態度和行為的關聯就越

強。（3）態度和行為在行動、目標對象、情境脈絡、時間等四個向度越是契合，態度和行為的關聯越強。（4）情境約束的力量可能觸發或抑制態度和行為的表現。（5）若參照團體抱持相似的態度，態度就越有可能影響行為。（6）理性行為理論主張，行為是由行為意圖所決定。行為意圖又分別受到特定行為背後的態度及主觀規範所影響。但理性不適用於自動化行為或慣性行為。

重要名詞與概念列表

主觀規範（234 頁）	平衡理論（220 頁）	行為控制知覺（234 頁）
契合度（232 頁）	計畫行為理論（234 頁）	原始信念（218 頁）
偏見（216 頁）	情境約束（233 頁）	理性行為理論（234 頁）
態度（212 頁）	認知（213 頁）	認知失調（223 頁）
認知失調理論（222 頁）		

思辨能力技巧　分析態度

　　本章探討了態度的各項組成成分、來源與關聯，以及態度如何影響（或沒辦法影響）行為。這些知識會如何改變你對態度的看法，還有你對別人的態度的看法呢？

　　信念在形塑我們的態度上扮演重要的角色。例如，如果你認為人類是氣候變化的元凶，氣候變化正在摧殘這個世界，我們和後世子孫的生命岌岌可危，那麼你對環保或許抱持正面的態度。當然，好好思考這些信念從何而來、為什麼會有這些信念，也是很重要的。

　　本書的思辨能力技巧訓練要鼓勵你蒐集科學證據，仔細考察。這些做法的重要性不言而喻。不過，思辨能力技巧訓練也要請你思考：你為什麼會有這些信念？

　　例如，為什麼會說人類是氣候變化的元凶呢？不是每個人都這麼想吧。為什麼你會認為氣候變化對地球的影響是壞的呢？也有人主張某些地方的穀物收成因暖化而受益呢。

　　為評估我們可能有的假設，我們必須審慎思考這些信念從何而來、為什麼我們會抱持這些信念。為什麼有人會相信上述論點呢？

回頭想想第 5 章討論到的，社會科學和商管科系的學生對於人為何會落入貧困，兩方的觀點有所差異。這些差異說明了什麼？

再想想本章中賈斯汀的例子。賈斯汀贊成同性婚姻、人人平等、服膺憲法精神，為什麼他要抱持這些信念呢？

賈斯汀或學生們的文化背景——他們生活的年代、社區、媒體傳播的訊息、他們的角色與經驗等等——是怎麼形塑他們所抱持的這些信念呢？例如，你不認為氣候變化是件了不得的大事，因為你住的地方受到的影響相對較小。但住在墨西哥灣岸區的人感受可就天差地別了。你覺得窮人都是懶惰鬼，因為沒有人教你要思考結構性的因素。你反對同性婚姻，因為你認為婚姻是宗教制度，而不是公民的權利。

你的其他態度呢？有哪些信念影響了你的態度？這些信念從哪兒來的？

一旦你明白為什麼你或其他人會抱持某些態度或信念後，你可以換個角度思考潛在的偏見從何而來。如果你是住在非洲蘇丹的達佛（Darfur）或住在阿拉斯加，你對氣候變化的態度會不會不一樣呢？如果你一直深陷貧困，或你最愛看的節目是《莫瑞秀》（Maury Povich）和《警察故事》（Cops）呢？你對同性婚姻的看法，和祖父母的看法會一樣嗎？如果你是活在半個世紀前呢？上述這些問題都有助於我們瞭解自己和他人的觀點，希望能增加你的文化勝任能力和思辨能力。

269

chapter **7**
符號溝通與語言

引 言

想像你明天早上睜開眼睛起床，卻不能說話了。你要怎麼度過這一天？不能說話，會如何影響你和室友、伴侶、教授、老闆的互動？現在，想像再隔一天早上起床，你又可以說話了！可是沒法移動你的手。這樣又會如何影響你跟人的互動呢？溝通是日常社會情境的基本要素。沒有溝通，互動無法進行；你可能會無法參與課堂討論、購物或安排生日聚會等其他社交場合。

溝通（communication）是傳達想法、感覺、意圖等資訊給他人的過程。我們透過口語或書寫文字、聲音語調、肢體接觸、手勢和姿勢來溝通。溝通通常是有意為之的：我們對喜歡的人微笑、將對方擁入懷中、對他低語：「我愛你。」有時候，溝通是下意識的。例如，佛洛伊德學派說的口誤，就是指不小心洩露出內心的意念。

我們很少直言不諱地與他人分享自己的經驗，而是透過他人可以注意和理解的方式來表達自己的想法和感覺。最常使用的方法就是透過符號。符號（symbols）是指稱各種想法、感覺、意圖或任何對象的形式。

有些代表經驗的符號，可以透過感覺器官來覺知。如：透過聲音、姿勢、圖畫，甚至香味。但如果想從符號中解讀他人的意圖，那麼這些符號就必須具備社會共享的意義。為讓溝通順利進行，我們必須熟知這個社會認可的表達想法和感覺的方式。

符號所代表的意義是主觀的。例如，綠燈可以用來代表「止步」或「行走」；「寶貝」這個詞，有負向的意涵，也可代表正向的情感。到一個陌生的國家，特別能感受到符號意義不同帶來的困擾，此時才發現我們視為理所當然的文字或姿勢，根本無法正確地溝通。在美國，對餐廳服務生比出「OK」的手勢，表示你很滿意他的服務；但在西非迦納，同樣的手勢卻是無禮的性暗示動作；在委內瑞拉，則會被視為性騷擾！到國外旅行的人，碰到這種誤解還真百口莫辯、各說各話，因為不同國度的人彼此間缺乏對符號的共享意義。

溝通的語言和非語言形式十分複雜。使用時必須彈性修正、隨機應變。我們大多碰過雞同鴨講的情形，摸不清他人想要表達的意思。神奇的是，溝通的障礙往往也能輕易化解。本章先從暸解語言溝通開始，再依序探討非語言溝通，接著分析溝通和社會關係的交互影響。最後，要來仔細審視最為常見的社會活動──對話的奧妙。本章要探討的問題如下：

1. 語言的本質為何？我們如何用語言表達意義和意圖？
2. 非語言溝通主要分成哪些類型？非語言溝通和語言溝通如何並用，以表達情緒和想法？
3. 社會關係如何影響溝通？溝通又如何反過來透露及改變關係？
4. 人會採用哪些規則和技巧，來維持對話順暢，避免中斷？

273

語言與口語溝通

雖然人類已創造出各式各樣的符號系統（如：數學、音樂、繪畫），但語言仍是人類溝通最主要的工具。幾乎所有的人都能說出一種語言。這世界上現存的語言更高達數千種（Katzner, 1995）。本節要介紹語言在溝通上擔任的角色，包括語言的本質、語言理解的三種模式、語言與思考的關係。

●● 語言溝通

鮮少人知道語言的起源，但人類在遠古時期，就具有複雜的口語能力（Kiparsky, 1976; Lieberman, 1975）。口語（spoken language）是在社會化的過程中，團體成員普遍認可的聲音與意義對應系統。以下介紹口語的基本組成要素與使用語言的好處。

基本組成要素

口語包含了：聲音、單字、意義和文法規則。要瞭解一連串的聲音並做出適當的回應，我們必須理解語言的四個組成要素：（1）組成語言的獨特聲音（語音）；

手語翻譯同步傳遞發言者的口語訊息。雖然手語缺乏聲調，但它仍具備形態、語意、句法等組成語言的要素。
© AP Photo/Charles Dharapak

（2）組合聲音形成單字（形態）；（3）單字的一般意義（語意）；（4）將所有的單字依規則組合成語句（句法或文法）。日常對話的時候，我們早已對這些組成要素信手拈來，運用自如而不自知。

一些非口語的語言，如：摩斯密碼、電腦程式語言和手語等，雖然缺少了語音這個要素，但仍具備口語的其他三項要素。以手語使用者為例，他們用上半身的動作示意單字（形態），這些單字具備共享的意義（語意）。再依文法規則將這些單字組合成句子（句法）。故以一般語言的溝通系統而言，具備形態、語意、句法三項要素足矣。研究這些要素的語言學家欲找出語言的結構規則，而社會心理學家則想知道語言如何融入與影響社會互動，以及語言如何表達及改變關係（Giles, Hewstone, & St. Clair, 1981）。

使用語言的好處

文字是跟著語言建構的符號，它提供了大量的資源，可用來表現想法和感覺。一位使用英語的成年人，平均可瞭解 35,000 個單字的意義，能正確使用的約為 5,000 個。由於文字是種符號系統，故可以藉由下列幾種方式提升我們的社會行動能力。

第一，語言讓我們不受限於此時此刻。使用文字來表徵物體、事件或關係，我們可以談論上星期或去年發生的事，還可以討論未來的願景。幻想未來可能願景的能力，給我們機會學習該如何與他人相互合作。若哪天說不出話來，恐怕很難安排聚會、會議或旅行行程。

第二，語言讓我們能與他人分享不見得發生在自己身上的事。或許我們無法親身經歷朋友初為人母的喜悅，或者她的喪母之痛。但她可以透過文字向你傾訴她的六神無主。因為這些共享符號的意義會喚起你我的感同身受。

第三，語言讓我們能傳遞、保存和創造文化。透過口語和書寫文字記錄，大量的資訊得以代代相傳。語言也能加強我們超越現有知識的能力，增添文化的意義和保留文物。藉由語言符號，我們發展出理論、設計並製造新產品、建立社會制度。

以下介紹溝通的三種模式：編碼─解碼模式、意圖模式、觀點取替模式，並剖析每種模式的溝通過程與溝通的正確性。

●● 編碼─解碼模式

語言常被視為溝通的媒介。透過語言，一方將資訊傳遞給另一方。**編碼─解碼模**

式（encoder-decoder model）認為溝通是一種歷程，訊息來源者將想法或感覺編成符號，傳遞給接收者，再由接收者解碼，領會訊息來源者原本的想法或感覺（Krauss & Fussell, 1996）。溝通過程如圖 7.1 所示。

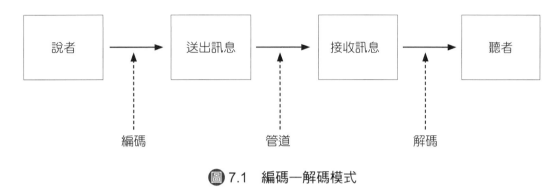

圖 7.1　編碼—解碼模式

根據編碼—解碼模式，溝通始於說者欲傳達想法或感覺。說者將訊息編碼成符號，傳遞給聽者，聽者再將訊息解碼。想法或感覺越可編碼，溝通越是正確。

溝通的過程

　　根據編碼—解碼模式，溝通的基本單位是訊息（message），即說者原本想表達的意思。說者將欲傳遞的資訊編碼成語言和非語言的符號後，即成為訊息。訊息再透過面對面交流、電話、電子媒介或書寫的方式傳遞。聽者必須將訊息解碼，才能明白說者欲傳遞的資訊。

溝通的正確性

　　溝通的目的是說者把訊息內容正確地傳達給聽者。說者希望他讓聽者形成的心理意象或感覺，正與說者欲傳達的意思無異。聽者也想正確地接收訊息，如此一來雙方的行為才好協調一致。**溝通的正確性**（communication accuracy）意指聽者對訊息的解讀，和說者的意圖相符的程度。根據編碼—解碼模式，溝通正確與否的關鍵是訊息的**可編碼性**（codability），亦即眾人對某事的命名達成共識的程度。可編碼性是語言的功能之一。在色彩的可編碼性（Lantz & Stefflre, 1964）這個研究裡，研究者給 A（編碼者）看一張色彩圖片，請他用話語描述該顏色。接著將這個語言訊息說給 B 聽（解碼者），B 要依此辨識 A 所要表達的顏色。研究發現在英語中，某些顏色（如：火紅色）比其他顏色（如：日落時的淡紅色）好編碼。以此類推，某些想法或感覺很

好表達，有些則難以用口語形容。一般說來，越容易編碼的訊息，溝通的正確性越高。

如上所述，可編碼性即眾人對某事的命名取得共識的程度。這取決於說者與聽者對符號（如：語言或姿勢）的定義是否一致，以及語言之間交流同化的程度。由此可見，溝通之所以產生誤會，常見的原因就是說者和聽者對語言的解讀不同。最明顯的例子就是跟外國人，或者跟不同種族、階級或性別的人溝通時（Maynard & Whalen, 1995）。

有時候，編碼和解碼的過程要非常聚精會神或全神貫注（Giles & Coupland, 1991）。例如，演講的時候，講者得留意自己的用字遣詞和姿勢動作，聽眾也要注意聆聽講者的演講內容、說話速度、聲量、動作等等，才好判斷哪些是正確的訊息。遇到新的情境或新的話題，我們通常會花費心思編碼和解碼。

並非所有的溝通都是那麼刻意用心地把想法和感覺編譯成符號，小心翼翼地傳遞這些符號，再引頸企盼聽者能正確無誤地解讀訊息。許多時候，溝通是在漫不經心的狀態下進行的。在熟悉或一成不變的情境裡，我們常依對話腳本便宜行事——幾乎每句對話都可按部就班，幾乎不必花什麼腦力。因此，當你進入一家餐廳，就不用費太多腦筋即可跟服務生對話。因為你們都照著同一套對話腳本互動，雙方心照不宣。若照著對話腳本走，溝通的正確性雖不中亦不遠矣。例如，依速食店的菜單點餐，通常不必多費唇舌，就能取得正確的餐點。

如果對話有腳本的話，聽者往往也不會留意訊息奇怪的地方，只記得尋常的內容。為驗證此一假設，在一項田野實驗中，研究者安排陌生人向學生要一張紙。在提出要求之前，研究者告訴其中一半的學生要注意陌生人的要求，但未事先告知另外一半的學生。結果顯示，事先收到告知的學生會比毫無心理準備的學生，記得更多陌生人提出要求時的特殊用詞（Kitayama & Burnstein, 1988）。

●● 意圖模式

編碼—解碼模式強調的是訊息裡的符號意義是否廣為人知，著重口語訊息的表面意義。但大多時候，不能光從表面解釋訊息的意義。例如，電影放映前，螢幕上打出「節目進行中請保持安靜」之類的訊息。這是指觀眾從頭到尾都不能發出任何聲音嗎？不是的。影片中若出現好笑的地方，觀眾當然可以哄堂大笑；反派人物出場時可以發出不滿的噓聲；壞人被繩之以法，還可以歡呼鼓掌。我們大多明白這類訊息的意

圖：不要竊竊私語或高聲交談。像這一類的溝通訊息，要用不同的模式來解釋。

　　根據意圖模式（intentionalist model），溝通是要交換溝通的意圖，訊息只是達成目的的手段（Krauss & Fussell, 1996）。說者挑出他覺得最能說明個人意圖的訊息。「節目進行中請保持安靜」這句話，一眼望之即明白是要我們別干擾其他觀眾。

278

溝通的過程

　　根據意圖模式，溝通始於說者意圖達成的目標，或想對聽者產生某種影響力。但用詞和意圖效果之間的關係並非固定不變，故說者可以使用各種訊息或語句來表達個人的意圖。例如，假設你正在客廳看書，你希望室友幫你拿杯果汁。表 7.1 列出一些提出這個要求時，你可以用的語句。你會選哪一句來表達？

表 7.1　「幫我拿杯果汁來」

1.	拿杯果汁給我。
2.	可以幫我拿杯果汁嗎？
3.	可以請你幫我拿杯果汁嗎？
4.	請你幫我拿點什麼喝的。
5.	不好意思，可以請你幫我拿杯果汁嗎？
6.	我好渴！
7.	你去買果汁了嗎？
8.	我們買的果汁好喝嗎？

　　根據意圖模式，解開訊息的表面意義只是溝通過程的一環。聽者必須推敲說者隱含的意圖，才能做出適當的回應。以「我們買的果汁好喝嗎？」這個句子為例，照字面意義的適當回答是「好喝」。不過，如果要成功溝通，你的室友需揣測你的意圖——他應該要幫你拿杯果汁，這樣溝通才算大功告成。雙方依社會約定俗成的習慣，選出能傳達意圖的訊息並推測對方話語的意圖。

溝通的正確性

　　根據意圖模式，溝通的正確性意指瞭解說者的意圖。要達到這樣的正確性，可得花費一番心思忖度，不只是解讀訊息的表面意義而已。揣測說者的意圖時，聽者須考慮溝通的情境脈絡，特別是：（1）說者和聽者的地位或角色關係；（2）溝通當時的情境脈絡。如果你和你的室友是同居情侶而非一般關係，你可能會用比較沒那麼禮貌

的說法，如表 7.1 的第二句。如果你的爸媽此時正巧來訪，你可能會用第三句來表達你的要求。

根據言語行為理論（speech act theory），說出來的話都帶有陳述意見和執行某種行為的意涵（Searle, 1979）。在表 7.1 中，第一到第六句說者的意圖是想喝果汁，第七和第八句就不是了。但這八句話都有行動表現，也帶有要求的意味。語句的重要性不在於它的表面意義，而是能不能達到互動的效果（Geis, 1995）。當然，用語言來表現行動是有既定規則可循的，這些規則同時影響言語行為的出現與解讀。若要正確溝通，說者和聽者都必須知曉這些規則。之所以會產生誤解，除了缺乏符號的共享意義外，也有可能是因為雙方對言語行為的既定規則缺乏共識。

為判斷訊息是否達到說者意圖的效果，說者須參考聽者對反應的回饋。若聽者的反應顯示他對訊息的解讀正確，說者就可以深入話題、改變話題或結束對話。不過，若聽者的反應顯示他對訊息的解讀背離說者的原意，此時說者通常會用不同的字詞和動作再表達一次同樣的訊息。例如，詹姆斯想約同事潔絲敏出去。潔絲敏說她只把他當普通朋友，而且星期六晚上很忙。潔絲敏的意思是她不想跟詹姆斯發展成情侶關係。幾天後，詹姆斯仍送了一束紅玫瑰給潔絲敏。潔絲敏推測詹姆斯並未正確瞭解她的訊息意圖。她拒收玫瑰花，直接告訴詹姆斯她不想跟他交往。

合作原則

相互理解、心照不宣是合作的精神。我們並不是直言不諱地傳達想法和感覺，所以才要合作，協助彼此瞭解語句的含義（Goffman, 1983）。說者必須和聽者合作，言語行為的內容要盡量符合聽者對人事物的思考方式。

反過來，聽者也要配合，積極地去瞭解說者。聽者必須推測說者是否有言外之意，設法理解說者言語行為的弦外之音。

根據 Grice（1975），聽者假設多數的對話是依合作原則（cooperative principle）進行。也就是說，聽者慣常假設說者會試著以合作的行為展開對話，如：訊息豐富（提供必要且適當的訊息）、心口如一、言之成理、具體明確（避免語焉不詳或囉哩囉嗦）。

合作原則不只是交談禮儀，更是正確傳遞意義的重要關鍵。假設說者遵循合作原則，就算是不知所云的對話，聽者仍然可以理解。例如：

胡　安：累死我了。

瑪莉亞：弗瑞德下星期一就回來了。

表面上，瑪莉亞的回答跟胡安的話八竿子打不著。不懂的人還以為瑪莉亞在轉移話題，她根本不關心胡安的身體狀況。事實上，瑪莉亞的意思是如果同事弗瑞德下星期出差回來，她和胡安就不用那麼辛苦了。但瑪莉亞怎能確定胡安明白她的意思？因為瑪莉亞假設胡安知道她有遵守對話的相關原則——她的回答有呼應他的話。

合作原則也有助於理解如諷刺揶揄或語帶保留的話語形式。運用那些特殊的話語形式時，說者仍希望聽者懂得他們的言外之意。其中一個方法就是故意違反合作原則的一兩個元素。例如，有人問你對演講者的看法，你反諷道：「太有趣了！他能讓所有人在前半小時保持清醒。」這樣的說法雖然不夠具體清楚（含糊其詞），但還算言簡意賅：你其實是在暗諷演講無聊透頂。

280

●● 觀點取替模式

第三個模式以符號互動論為基礎（見第 1 章），視溝通為說者和聽者創造與反思雙方所處情境的過程，主張符號的意義因情境而異。根據**觀點取替模式**（perspective-taking model），溝通是運用符號交換訊息。符號的意義會隨著互動而變化。

溝通的過程

溝通雖要用到語言和非語言符號，但語言和非語言符號的意義取決於溝通當下的脈絡。脈絡的進展有賴於彼此互換角色，把自己放在對方的位置，設想他人對情境的看法。當下互動的脈絡，分秒都在變化，每位溝通者都要留意這些變化，說者和聽者的溝通才能順利進行下去。

溝通的正確性

根據觀點取替模式，溝通不只是傳遞和接收固定意義的訊息。各個參與對話的人都要根據當下的情境脈絡選擇並發掘語言的意義。在日常社會互動中，語句和對話的意義可能是曖昧不明的。說者和聽者在對話時必須聯手合作，想辦法弄懂話語的含義。

有效的溝通靠的是**互為主體性**（intersubjectivity）；每位參與其中的溝通者都需知道對方的個人訊息、對情境的看法、打算或意圖。互不相識的人只好仰賴一般人際溝通的社會慣例和規則，用刻板印象將他人歸類，揣測對方的打算和意圖。值得注意

的是，這樣的操作方式反倒強化了刻板印象和自我應驗預言（見第 5 章）。彼此認識的人因為有過去相處的經驗，所以溝通起來更有效率。

人際脈絡

根據觀點取替模式，溝通的形成與解讀，深受當下人際脈絡影響（Giles & Coupland, 1991）。規範、對先前類似情境的認知、當下情緒狀態等人際脈絡，均會影響溝通。

每一個社會情境都有關於溝通行為的規範。這些規範明定哪些是適合的話題、該用哪些語言、該如何稱呼不同身分地位的人。根據這些規範，我們從各種語言資料庫中挑選表面訊息相同，但字詞、聲調等不一的溝通方式來使用（Giles & Coupland, 1991）。假設你希望別人幫忙關門，若是兒子在家，你的說話方式可能是：「把門關上。」若是在工作場合，則可能說成：「湯姆，請把門關上。」若是對員工，就要改口成：「可以請你把門關上嗎？」不同的說法顯示口語規則依說者和聽者的關係、所在情境而產生差異。

每種新的情境都會喚起對先前類似情境的認知、曾聽過和用過的話語（Chapman et al., 1992）。這些對話歷史構成我們的溝通資料庫。在派對上遇到年齡相仿的陌生人時，每個人自有一套攀談的方式。這些招呼用的開場白都是過去在派對上跟陌生人攀談時奏效的方法。但是，假使你在飛機上又偶遇同一位陌生人，你可能會用不同的言語行為搭話。

聽者處理訊息的過程也受情境因素影響。聽者依情境規則、過往經驗和當下情緒狀態解讀訊息。當說者和聽者對規範的看法不約而同時，溝通應該會相當精準到位。同樣的，若情境在說者和聽者身上引發的認知和情緒相去不遠，聽者比較能正確解讀說者的訊息。即使雙方說的是同一種語言，但不同團體和文化間的溝通之所以會產生誤差，就在於說者和聽者對情境的假設和經驗不一致。

間接或隱微溝通若要能正確傳達、心知肚明，就要看彼此的共享知識（shared knowledge）程度了。在一系列的實驗中，實驗者要求參與者編造假訊息——不管是用寫的或錄影的方式都可以。實驗者接著指示參與者，偷偷地向看到這則訊息的人透露，其實這是假資料。大部分的參與者用的方式是在訊息中穿插一些假的個人資料。結果顯示，參與者的朋友能夠很快地看穿這些假訊息，但陌生人就判讀不出來了（Fleming, Darley, Hilton, & Kojetin, 1991）。

同一團體的成員常犯下**語言的團體偏誤**（linguistic intergroup bias）（Maass & Arcuri, 1992）。也就是說，我們在描述自己人和圈外人時使用的語言，帶有微妙和一貫性的差異。描述自己人適當的行為和描述圈外人不當的行為時，偏好用相當抽象的字詞（如：「吉姆（自己人）很熱心」；「喬治（圈外人）很強勢」）。這種說法強化自己人的正面刻板印象和圈外人的負面刻板印象。若自己人的行為表現失當，或圈外人的表現良好，我們反倒會具體地描述事件（如：「吉姆推開擋路的傢伙」；「喬治幫抱著寶寶的女士開門」）。這種說法把行為歸因於個體本人，而不是團體的問題。研究丹麥的年輕人後證實，這樣的偏誤影響力從 8～19 歲會明顯增加（Werkman, Wigboldus, & Semin, 1999）。

社會語言能力

溝通的時候，若要瞭解彼此的意思，說出來的話也必須符合社會與文化脈絡。否則即使整個句子的文法通順，也會讓人聽得莫名其妙。例如，「我媽媽生吃白蟻」這句話的文法和語意正確，顯示說者有語言能力。但若出自美國人之口，一定會嚇人一大跳。這句話的內容和美國文化格格不入，令聽者摸不著頭緒。不過，若身處吃白蟻的文化，同樣的句子聽起來卻合情合理。上面的例子顯示溝通要能順利進行，得具備**社會語言能力**（sociolinguistic competence）──意指具備說出符合社會內隱規則話語的能力。說出來的話聽者可以理解，因為那才符合聽者的社會知識（Hymes, 1974）。

若說出的內容和眾所周知的社會關係不相稱，表示說者缺乏社會語言能力（Grimshaw, 1990）。說者的用詞要合乎個人的身分地位和關係親疏程度。例如，具備社會語言能力的人不可能正經八百地說出：「警衛命令總統去關燈」這種話。他們知道下屬不可能「命令」上司，頂多「暗示」或「建議」而已。描述親密關係時，具備社會語言能力的人不會說出：「她脅迫心愛的人」這種話，而改用「連哄帶騙」或「好言相勸」這類的詞語來形容。總而言之，具備社會語言能力的人明白在某些社會和文化條件限制下，哪些話別人聽得懂、哪些話又令人不解。

因此，成功的溝通是件複雜的工程。說者表達的訊息，不僅要有合乎常理的字面意義，其意圖或目的也要符合關係及場合。訊息必須反映說者和聽者間的互為主體性，符合互動的情境脈絡。訊息同時也要體現對話參與者的身分地位（Geis, 1995）。若具備這些必要條件，就能確保溝通得你所願、無往不利。

282

非語言溝通

本章一開始的引言邀請讀者想像若哪天不能用語言溝通了，會是什麼光景。想像你從三樓的房間看向窗外，注意到一位西裝筆挺的男士在人行道上來回踱步。他抬頭看到你，開始比手畫腳。他指指你，又指指另一扇窗戶，然後再指著他的手錶。他的動作又快又急、表情激動緊張。他究竟想表達什麼呢？

就算這位男士不發一語，多數人還是能從他的非語言動作和表情，推測他想表達的訊息和情緒狀態。本節要探討和非語言溝通有關的三個問題：（1）非語言溝通主要有哪些類型？（2）人類的臉部表情透露了哪些訊息？（3）在日常互動中並用非語言和語言溝通時，會有什麼好處？又會產生哪些問題？

●● 非語言溝通的類型

根據調查估計，人類的臉部大約可做出 25 萬種表情（Birdwhistell, 1970）。除了臉部表情外，非語言溝通還包括運用許多肢體和姿勢線索。接下來要介紹四種主要的非語言線索（如表 7.2）。

283

表 7.2 非語言溝通的類型

線索類型	定義	舉例	管道
副語言	說話時發出的聲音（但屬非語言行為）	說話聲量、速度、停頓	聽覺
肢體語言（身體動作）	身體無聲的動作	姿勢、臉部表情、目光接觸	視覺
人際空間（空間距離）	身體與他人的距離和角度	靠得很近、正面相對、別過頭去、背對	主要是視覺，另有觸覺、嗅覺和聽覺
個人選擇效果	挑選並向他人展示與自己有關的物件	衣著、妝扮、房間擺設	主要是視覺，另有聽覺和嗅覺

副語言

　　說話的時候，不僅僅是說出字詞而已。發出聲音的行為還包括：聲量、抑揚頓挫、說話速度、重音、氣息、拉長音或咕噥其詞。所有這些除了字詞之外的語音特質，統稱為**副語言**（paralanguage）。其他還有一些拉高聲調的聲音，如：呻吟、嘆氣、大笑、哭泣等等。尖銳和急促的語音，大多顯示說者的情緒緊張高亢（Scherer, 1979）。本章稍後會再進一步介紹，如何運用及解讀各種不同的副語言和非語言線索。現在，請你看看「喬治又再講電話了」這句話。藉由變化不同的副語言線索，你可以表達出幾種意義呢？

肢體語言

　　身體部位無聲的動作，包括：皺眉、微笑、點頭、瞪視、手勢、腿部動作、變換姿勢、撫摸、拍打等，都是**肢體語言**（body language）。肢體語言總帶有動作成分，也就是所謂的**身體動作**（kinesics；希臘文中的 *"kinein"* 意指「動作」）。雖然副語言線索以聽覺居多，但身體動作卻屬於視覺線索。前述男子的肢體動作有助於你解讀他的情緒和意圖。研究調查爭吵時側頭和聳肩的動作（Debras & Cienki, 2012），側頭是為了靠近對方或物體以引起他人注意，聳肩則帶有抽身退出的意味。

　　握手是常見的非語言動作。握手的含義依力道強弱、手心是否冒汗等等而變化。某研究請兩位男性和兩位女性擔任編碼者（事先受過訓練）。每位分別與 112 位男女研究參與者握手兩次，再請他們評估參與者的人格類型。結果顯示，握手力道強勁的參與者都被評為外向活潑、情感豐富和熱情洋溢。握手力道強的女性，也會讓人覺得她樂於嘗試新的經驗（Chaplin, Phillips, Brown, Clanton, & Stein, 2000）。由此可見，握手可以營造深刻的第一印象，影響日後的人際互動。

人際空間

　　另一個非語言溝通線索為**人際空間**（interpersonal spacing）──意指和他人互動時的各種距離或角度（例如：靠得近或遠、正面相對或側向一邊、變換不同姿勢、用書本或其他物品製造隔閡）。這類溝通線索有時亦稱為**空間距離**（proxemics）。當兩人距離相當靠近時，也能透過氣味和碰觸這類的人際空間關係來傳遞訊息。

　　服務生的哪些溝通型態，會影響用餐者對餐廳的觀感呢？研究調查南韓首爾數百位家庭餐廳的用餐者。用餐者在等待甜點上桌時，請他們先填寫一份 31 題的問卷。

284 這份問卷評估用餐者對服務生的語言、副語言、身體動作和人際空間的反應。研究顯示，眼神接觸、微笑、姿勢、碰觸等，都會影響顧客的正面或負面觀感。服務生的語言和副語言反倒和用餐者的印象無關（Jung & Yoon, 2011）。

個人選擇效果

雖然一般人多以為溝通只能用肢體表達，其實我們也常透過個人選擇的效果——例如選擇服裝、髮型、化妝、戴眼鏡（或隱形眼鏡）等來進行非語言溝通。再以制服為例，它象徵身分地位、政治立場、生活風格、工作職業，透露穿者可能表現的行為（Joseph & Alex, 1972）。根據一位西裝筆挺男子的穿著，你或許已對他的社會地位和生活品味預設立場了。如同第 3 章所述，有人會刻意用身上的毛髮和刺青，來左右他人的第一印象。

服裝衣著透露出個人眾多訊息。研究訪談 38 位年輕人，發現從穿著選擇可看出個體為哪個團體的成員（Piacentini & Mailer, 2004）。穿金戴銀和穿短褲拖鞋的人一眼望之即分屬相當不同的團體。穿著也常被用來展現個體所扮演的角色。

個人可以支配的空間，如：臥室、宿舍或辦公室，其中的擺設裝飾也透露和個人有關的訊息。一進到該空間，即可從擺設的物品、相對位置或顯不顯眼，推論居住者的個性。一項研究調查八年級和九年級中學生的臥室，發現房間的物品與裝飾風格存在性別差異。男孩的房間充斥著運動用品與工藝作品，女孩的房間則堆著絨毛玩偶和

手勢的意義因文化而異。「豎起大姆指」（thumbs up）就是一個絕佳的例子。在美國，已故的影評人 Roger Ebert 的招牌手勢就是豎大姆指。當他和電視共同主持人 Gene Siskel 同時對某部電影讚譽有加時，兩人會雙雙豎起大姆指。在俄羅斯與其他國家，這個手勢的意義是眾所周知的「做得好」或「太棒了」。然而，在中東國家，則帶有粗鄙的罵人意味。在伊朗則是下流不雅的用詞。

© Featureflash/Shutterstock.com

家人朋友的相片（Jones et al., 2007）。女孩的房間大多有一座梳妝臺，風格相同的床單、窗簾、地墊等。大學生和研究生的宿舍房間亦顯示此種性別差異（Gosling et al., 2005）。住處的家具反映了居住者偏好的社會互動方式。從購買的家具與擺放方式亦可看出居住者欲營造的互動氛圍。研究澳洲人購買的桌子類型，發現購買長方形桌的家庭用桌子揭示家人的位階，大人坐在短邊（寬）的位置；而購買圓形桌的家庭則偏好平等的互動方式（Bjorkvall & Karlsson, 2011）。

　　大體而言，非語言線索就像語言一樣，多是後天習得。因此，特殊的非語言線索，其意涵往往因文化與國情不同而有天壤之別，其中一例即為「豎起大姆指」。不過，有些非語言溝通訊息似乎「放諸四海皆準」，顯示其具有先天生理因素的基礎。

●● 電腦媒介溝通

　　本章介紹了各種面對面的溝通方式。過去一世紀以來，科技進步創造了許多新型態的溝通管道。首先是電話實現了溝通無遠弗屆的夢想。電話結合了口語和副語言，但卻看不到肢體動作、空間關係與個人選擇效果。除非雙方彼此認識，否則也看不出溝通的情境脈絡。近年來，手機更是打破「室內通訊」的藩籬，幾乎無時無地都可溝通。好處是增加溝通的立即性和聯繫感，壞處則是時機不對（例如會議、表演、上課或進行宗教儀式時）容易被干擾。

　　電腦媒介溝通（computer-mediated communication, CMC）的發展與普及尤為快速。E-mail 和簡訊（short message service, SMS）在美國遍地開花。用電腦作為媒介溝通時，幾乎全部使用書寫語言，看不出副語言、肢體動作和人際空間距離。亦即，缺乏聽覺和視覺的回饋（Kiesler, Siegel, & McGuire, 1984）。但這些非語言溝通線索其實提供了非常重要的情境脈絡訊息，有助於解讀對方的言語意義和情緒狀態。電腦媒介溝通使得很多訊息難以編碼，侷限了溝通的話題。表情符號（emoticons）就是用來克服這層限制。此外，電腦媒介溝通只能認識部分的**網路自我**（cyberself）（見第 3 章），體現不出完整的個人狀態。

　　E-mail 和簡訊亦屬非同步行為（asynchronous），也就是無法得到對方即時的回饋。非正規途徑回饋管道（back-channel feedback）（如：眼神接觸、微笑、點頭等）提高了溝通的正確性，也讓互動關係能夠順暢延續下去。訊息發送者和回覆者間的非同步時差，讓這些立即性的回饋付之闕如，產生了「為什麼她遲了一個小時／一天／一週才回我的訊息？」不過，用 E-mail 或簡訊告知「壞消息」時，不同步反

286

而帶來好處。研究調查發現,與其當面分手,大學生更喜歡用簡訊分手(Harrison & Gilmore, 2012)。也難怪在上課時頻傳簡訊會引發不滿!大學生也說在約會、和朋友家人聚會、搭乘公共運輸工具甚至做愛時,一直傳簡訊是很不禮貌的行為。換句話說,電腦媒介溝通使用者經常侵犯區隔私人、社交、職場、宗教等生活領域的界線(Kiesler, Siegel, & McGuire, 1984)。這些越界行為顯示電腦媒介溝通使用者缺乏克制力,沒有專注在當下正在進行的人際活動。

●● 臉部表情透露了哪些訊息?

臉是重要的溝通管道。互動的時候,我們通常會注意看對方的臉。此外,臉也能做出許多非語言行為。某字典曾列出 98 種非語言行為,光臉部就佔了其中 25 種(Rashotte, 2002),包括:齜牙咧嘴、緊閉雙眼、愁眉深鎖、露齒而笑、舔唇、點頭、歪頭、揚眉、微笑等等。臉部的生理特徵加上肌肉動作,傳遞出各式各樣的訊息,如:社會認同、性格、情緒等(見第 4 章)。

臉部的生理特徵,如膚色,透露了種族認同的線索。若再加上妝扮、飾品,一眼就能分辨對方的性別。由此可見,要推測對方這兩個重要的社會認同,只需看一眼就明白了。這兩項推論將影響我們接下來與對方的互動。

面相術(physiognomy),又稱為「讀臉術」,是根據臉部特徵推論人格特質的理論。為測試該理論,研究者給參與者看一些照片,附上照片人像的形容描述。照片是以其他參與者根據照片人像的自信、魅力和統御力評分挑選出來的。半數照片中人的性格評分較高,另外半數的評分較低。參與者要評定照片中人的 13 種人格特

成功的溝通是個複雜的歷程。圖中兩位小朋友正同時運用語言、人際空間和肢體動作分享祕密。

© Tetiana Kolinko/123rf

質。若語言的描述含糊不明，照片中人的相貌顯然會影響評分高低（Hassin & Trope, 2000）。該研究顯示我們的確會依外貌推測他人的性格（以貌取人）。人類具有基本臉部表情的觀念，好像暗示著詮釋臉部表情不用考慮情境脈絡。事實上，研究已證明就算是相同的臉部表情，我們的解讀仍會依情境脈絡而異。在特定的情境脈絡下，我們會預期該看到某種臉部表情。解讀表情的時候，再將心中預期的表情和現實看到的表情做對照比較（Aviezer et al., 2008）。

●● 非語言與語言溝通並用

287

透過電話或在另一個房間大聲呼喚朋友時，用的是語言和副語言溝通管道；對剛下飛機或要上飛機的旅人揮手，只有用到肢體動作。不過，溝通時我們通常會運用多重管道——同時並用語言、副語言、肢體動作和人際空間等線索。

並用不同的溝通管道，會有哪些好處、哪些壞處呢？若兩者傳遞的是一致的訊息，就能相輔相成，提高溝通的正確性。但假使不同的溝通管道表達的訊息不一致，不僅令人困惑，甚至會讓人懷疑對方是不是存心欺騙。本節要探討用不同溝通管道傳遞一致或不一致的訊息，會產生什麼結果。

相輔相成提高溝通的正確性

我們經常從多重線索收到同樣的訊息，顯得多此一舉。例如，面帶笑容、輕聲向他人道謝；怒目瞪視、出言恐嚇對方。其實多重線索也不全然是多餘的，這些多重線索通常能相輔相成（Poyatos, 1983）。微笑和溫暖的聲調表示道謝是真心誠意的；怒視與惡言威脅暗示恫嚇是玩真的。因此，多重線索可以附帶更多訊息、降低模糊性，提高溝通的正確性（Krauss, Morrel-Samuels, & Colasante, 1991）。

任何單一的溝通管道都不足以完整傳達對話過程時交換的訊息。單靠語言不夠正確，必須搭配副語言和肢體動作來加重或強調語言的訊息。對奈及利亞中學生和師範生的研究，恰可看出副語言線索的重要性（Grayshon, 1980）。雖然這些學生都上過英文課，嫻熟英語，但卻不懂英語的副語言線索。研究者讓學生聆聽一段相同語言內容的錄音檔，其中一段錄音內容的副語言線索顯示說者不想理睬聽者，另一段錄音內容的副語言線索顯示說者正在向聽者道歉。在這 251 位學生中，97% 無法區辨兩段錄音中說者要傳達的意思有何差別。可以想見日常對話中，若分不出拒絕和道歉的差別，將會造成多嚴重的後果。由此可知，溝通的正確性有賴副語言和語言知識互相輔

助、缺一不可。

若能並用多重溝通線索，而非僅靠語言線索判斷，就能大大提高解讀的正確性。一項針對美國大學生的研究，證實線索越完備，越能提高判斷的正確比率（Archer & Akert, 1977）。研究者要求參與者判斷各種社會互動場景。有的參與者能看到影片內容，有的參與者僅能讀到影片內容的逐字稿。也就是說，其中一組參與者能收到完整的、多重管道的溝通訊息，另一組參與者只能看到語言訊息。接下來，參與者要回答每個互動場景的問題，但這些題目的答案可不是表面那麼簡單。接收完整語言和非語言線索的參與者顯然較能正確解答人際互動的問題。例如，多重溝通管道組中，有56% 的參與者可以正確辨識對話中的三位女性，哪一位沒有小孩。但在只有看到語言訊息的參與者中，只有17% 的人答對。這些研究發現足以證實多重管道可以提高溝通的正確性。

不一致訊息的判斷之道

有時候，從不同管道傳來的訊息卻發生相互矛盾、不一致的情況，造成溝通互動的問題。例如，你的老師口頭說歡迎你在辦公時間來訪，但卻皺著眉頭、聲調略顯不耐，你心中做何感想？你可能會不知所措、小心翼翼，不知道該如何回應這些語言和非語言線索明顯不一致的訊息。你或許會絞盡腦汁揣測老師內心真實的想法與期望，猜想老師為何要釋放如此令人摸不著頭緒的線索。

面對明顯矛盾的線索，究竟該採取何種策略來判斷，就看我們對訊息不一致原因的推論（Zuckerman et al., 1981）。不一致的原因可能有：溝通者的內在情緒衝突（Mongrain & Vettes, 2003）、溝通技巧欠佳、存心欺騙等。許多研究即想比較從不同管道收到訊息時，我們會如何權衡訊息的輕重。

某系列研究請演員表現不一致的語言、副語言和臉部表情訊息，再讓參與者判斷演員的情緒（Mehrabian, 1972）。這些研究發現，臉部表情是判讀何種情緒為真時最重要的線索，副語言線索次之，語言線索敬陪末座。後續的研究讓參與者同時接收視覺與聽覺線索，結果也是一樣。當臉部表情和副語言線索牴觸時，參與者顯然較仰賴臉部線索，而非副語言線索。側重臉部線索的傾向隨年齡漸長而增加，顯示這是後天習得的策略（DePaulo, Rosenthal, Eisenstat, Rogers, & Finkelstein, 1978）。

社會脈絡也有助於判斷哪種管道傳遞的訊息較為可信（Bugenthal, 1974）。也就是在特定的社會脈絡下，考量臉部表情、聲調或口語內容，哪個訊息比較合理。例如，若是相當高壓的場合，就以符合高壓場合的線索為主（如：緊張的聲調）。與高

壓場合不符的線索就略過（如：神情愉悅或直嚷沒事）。如果情緒模稜兩可，就靠情境線索來判斷對方的情緒（Carroll & Russell, 1996）。例如，嚇人的場合雖只稍微露出悻悻然的神色，但仍然判斷對方內心應該是滿害怕的。簡言之，我們會看哪個管道的訊息最符合當下的社會脈絡，以此來區辨這些明顯不一致訊息。

社會結構與溝通

到目前為止，本章介紹了語言、非語言和電腦媒介溝通的性質。那麼，社會關係又會如何影響溝通呢？溝通如何展現、維持或修正社會關係？這些問題點出社會結構和溝通如何交互影響，是社會心理學關注的重點。本節要從四個層面來探討：（1）溝通的性別差異；（2）社會階層和說話風格的關聯；（3）溝通如何創造與表現地位和親密感這兩個重要的關係面向；（4）社會規範如何調節互動距離，違反規範又會造成哪些後果。

●● 性別與溝通

若要探討社會結構對溝通的影響，最根本的問題就是：男性和女性的溝通型態是否存在系統性的差異？自1970年代起，許多實徵研究前仆後繼，想找出這個問題的答案。每個研究的做法通常是挑選一或兩個互動面向，然後比較男性和女性的差異。Zimmerman與West（1975）的研究指出，男女交談的時候，男性打斷女性說話的次數，遠多於女性打斷男性的次數。其他研究亦顯示，女性在言談中比較常使用附加問句（tag question）（「真的好熱哦，是吧？」）、閃爍其詞（hedge）（「我認為……」）、免責聲明（disclaimer）（「我這樣講不見得對，但是……」）。這三種語法通常意味著女性的溝通方式比男性含蓄委婉。某些研究也發現女性更偏好用「加強語句」（「真的好熱哦，是吧？」）。在非語言溝通方面，女性比男性更常微笑、交談時較不會東張西望。種種性別差異的研究結果，在在證實男性和女性的互動型態有著天壤之別。除了正規的學術論文外，坊間的暢銷書如：《男女親密對話》（*You Just Don't Understand: Women and Men in Conversation*）（Tannen, 1991）、《男人來自火星，女人來自金星》（*Men Are from Mars, Women Are from Venus*）（Gray, 1992）等亦抱持相似論點。這些差異反映了男性比女性更有權力，所以男性

才會用打斷、肯定句的說話方式展現個人握有權力，也就是站在社會階層系統的頂端。

近年來，有關溝通的性別差異研究日益複雜精緻。有別於僅用描述性的研究比較男女性在少數溝通行為上的差異，目前的研究著重在特殊的社會脈絡歷程。亦即性別和脈絡變項，如：關係型態、團體任務、權力結構的交互作用對互動的影響。例如，1970年代和1980年代的研究發現，企圖在交談中改變話題，男性成功的比率為96%；相對地，女性成功的比率只有36%（Fishman, 1983）。可能的解釋為這反映男女性的地位差異。但若深入思考，可以發現：（1）互動交談時，有幾類話題改變了；（2）任何三人以上的團體都會依場合、任務和在場人士的個性，發展出內部的地位結構。最近一項研究觀察六人為單位的任務團體，發現話題的轉變主要受到團體內部的地位結構影響，而非性別（Okamoto & Smith-Lovin, 2001）。此外，話題的轉變通常發生在討論告一段落，或目前討論的話題已有定論時。所以轉變話題不是為了展現權力。

探討其他溝通面向的研究亦得出相似的結論。一項非語言行為的研究召募了某公司總部的員工為參與者，42位員工被隨機分派成兩兩一組交談，共進行配對兩次。配對依參與者在公司的地位而有不同的組合，共形成10個男男組、9個女女組和25個男女混合組。每次互動交談期間，這兩人必須完成兩項任務。互動全程錄音錄影，再由受過訓練的觀察者記錄編碼，並依性別和公司地位來分析資料。結果發現某些非語言行為的確會因性別和公司地位而異。因公司地位造成的差異，無關乎因性別造成的差異。例如，雖然女性較常微笑，但微笑卻跟公司地位無關。無論是性別或地位，都沒有穩定不變的差異，顯示研究觀察到的差異可能來自於場合的慣例或參與者的動機（Hall & Friedman, 1999）。

總之，男性和女性的溝通型態並非南轅北轍（Cameron, 1998），且須考量脈絡與特定場域（團體、組織）的溝通習慣（Eckert & McConnell-Ginet, 1999）。

●● 社會階層與說話風格

一個人的說話方式，不僅反映了他的社會關係，也反過來建構他的社會關係（Giles & Coupland, 1991）。每一個具有社會語言的團體，對其成員的說話方式，各有不同的認定。團體通常偏好某種說話風格，或有其標準的說話方式。除了偏好的風格外，通常也有不怎麼喜歡的風格。

標準口語與非標準口語

想想下面的例子是哪種風格。進到電影院後，一位年輕人朝你走來，問道：「可以請您幫我填答這份問卷嗎？」（Would you please fill out this short survey for me?）只要你的心情不算太差，你多半會答應他的要求。但如果這位年輕人的說話方式改成：「口不口以回答問題？」（Wud ja ansa sum questions?）我想有許多人連理都不理。

第一個問題用的是標準的美式英語。**標準口語**（standard speech）的特色是詞彙豐富、發音精準、文法正確，可以表達抽象意涵，而且考慮到聽者的觀感。例如說「請」這個字，表示說者知道他想請求他人幫忙。**非標準口語**（nonstandard speech）的特色則是詞彙貧乏、發音不準、文法錯誤、直截了當、自我中心。例如不說「請」和「幫我」，雖然是想請求他人幫助，聽起來卻像在下命令。

在許多國家裡，說話風格和社會地位有關（Giles & Coupland, 1991）。高社經地位、有權有勢的人多使用標準口語。政商名流在公開場合說起話來字正腔圓，喜歡咬文嚼字。相反地，低社經地位、默默無名之輩多使用非標準口語。

大眾傳播媒體也常以說話風格差異標示社會階級（Stamou, 2011）。研究分析非常受歡迎的希臘電視劇中，40多歲男教授使用的就是道地的標準口語，字斟句酌、引經據典。他和40多歲的酒館女侍同住，但她說起話來滿口俚語，夾雜許多年輕人愛用的語詞（如：「不爽」）。這兩個角色的說話風格和另外兩位律師截然不同。兩位律師倒是很會見人說人話、見鬼說鬼話。由此可見橫亙在男教授和女侍之間的階級鴻溝之深，難怪他們相處起來會鬼打牆。這齣電視劇恰恰反映大眾傳播媒體如何用說話風格凸顯社會階級差異。

說話風格也會受到人際脈絡影響。身分地位相似的人在非公開場合對話，如宴會或酒吧，常將社經地位置於一旁，使用非標準口語。在較為正式的公開場合，就改用標準口語。因此，使用標準口語或非標準口語，可以看出說者對該場合的想法。

對不同文化的研究也發現，我們對使用標準口語或非標準口語的人，會有不同的評價看法。某研究請肯塔基州的學生聆聽一段男性和女性的自我介紹錄音檔。其中四段錄音檔分別由兩位男性和兩位女性講標準美式英語；其餘錄音檔的內容相同，但講的是肯塔基州方言。結果發現，學生普遍認為說標準口語的人身分地位較高，非標準口語者身分地位較低（Luhman, 1990）。

咬字不清是男子氣概的表現嗎？女性的口語發音比男性還有特色；女性說話的時

292

候咬字較清楚（口齒清晰）。廣播節目主持人說他們會配合聽眾而改變說話風格。若播放的是重金屬音樂和鄉村音樂，DJ 的說話風格會變得陽剛；若播放的是流行樂和古典樂，說話風格就轉為陰柔。一項研究錄下八位廣播 DJ 的節目，先以每位 DJ 的第一分鐘錄音為樣本，再請數名男女大學生以李克特（Likert）10 點量表評分，也用聲學電腦軟體分析節目錄音。研究顯示咬字沒那麼清楚的廣播 DJ，被評為較具有男子氣概。和先前的預測一樣，他們都是播放重金屬音樂和鄉村音樂的 DJ（Heffernan, 2010）。

●● 地位與親密感的溝通方式

社會關係的兩大重要面向為地位與親密感。地位是權力與控制的展現，親密感則體現了歸屬感與情感的社會支持（Kemper, 1973）。語言和非語言溝通都能表達和維持一定程度的親密感和相對地位，甚至進一步協商出新的社會關係（Scotton, 1983）。

溝通透露了我們對關係的看法，但前提是我們必須知道處在怎樣的親密和相對地位狀態時，哪些溝通行為得體合適、哪些溝通行為不妥失禮。從下面的例子明顯可看出這些溝通行為錯在哪裡。如果你：

- 常常稱呼母親為「陳太太」？
- 在應徵面試時滿口粗話？
- 跟老師檢討考卷時，一手搭在老師肩上？
- 伴侶含情脈脈的看著你時，你卻轉頭看別的地方？

上述溝通行為都讓你匪夷所思，毫無疑問地會讓別人認為你放肆無禮，說不定腦袋有點問題。不管怎麼看，上述每種行為對親密關係或相對地位都是一種冒犯。本節要有系統地探討特殊的溝通行為會如何表現、維持和改變關係中的地位與親密感。

身分地位

稱呼清楚地體現了關係中的相對地位。下位者用正式的稱呼（姓＋頭銜）稱上位者（例如，「王教授，請問您考試時間會定在什麼時候？」）；反之，上位者稱下位者時就隨便多了（直呼其名或綽號，例如，「達奇，星期五可以嗎？」）。地位相仿的則以同樣的稱謂彼此稱呼，可以用正式的稱呼（小姐／先生／太太）或慣用的稱

呼，依兩人的交情而定（Brown, 1965）。地位差異不明顯時，就避免直呼其名，才不會陷入自抬身價或過於客氣的境地而尷尬。

稱呼改變，表示社會關係也發生變化，或至少有一方企圖改變。法國大革命期間，為了促進平等與博愛，革命志士呼籲全國民眾拋棄舊時代的地位差異窠臼，改用平等稱謂，不要再用正式稱謂。總統候選人為拉近和民眾的距離，請民眾不必客氣，直呼其名就好。假使雙方的地位差距不小，通常是上位者率先使用較為平易近人的稱呼（例如，「別再叫我教授了」）。這樣的原則也適用於其他溝通行為。也就是上位者先放下身段，改以輕鬆的舉止應對，如：眼神接觸、拉近人際距離、身體碰觸或自我揭露。

說話的時候，每個人都有自己的口語、口音、方言和詞彙。和他人對話時，我們選擇的用語，往往反映出我們對雙方地位的看法，同時也影響彼此的關係。我們通常會選擇能讓溝通順利進行下去、能依當下情境適切反映地位差異的用語（Gumperz, 1976; Stiles, Orth, Scherwitz, Hennrikus, & Vallbona, 1984）。以挪威一個地方小鎮的教師為例，可以看到授課時老師用的是標準口語（Blom & Gumperz, 1972）。不過，當老師想鼓勵學生參與討論時，就會改用當地的方言，以縮短師生地位差異。因此，當你的老師也想提高學生的課堂參與度時，說不定也會改口用較非正式的語言。

一項實驗觀察一位經理和兩名員工的團體組成，想研究權威和性別兩個變項在語言和非語言溝通上的差異（Johnson, 1994）。研究者模擬量販店的場景；經理要對部屬下指令，並監督員工在接下來 30 分鐘的工作表現。互動過程全程記錄和編碼。研究顯示，權威會影響口語行為：與上司相比，下屬較少發言、語氣委婉、鮮少回話。上述的溝通差異與性別無關。性別差異影響的是非語言行為，如：微笑和大笑。在都是女性的團體中，女性微笑的比率高於全都是男性的團體。

295

副語言線索也能體現和強化地位關係。在三人一組的實驗研究中，實驗助理假扮成團體的一員，刻意變化副語言行為（Ridgeway, 1987）。結果發現，當實驗助理故意以自信的語氣快速回應其他成員時，在團體中最具影響力。但若表現得咄咄逼人（亦即，大聲說話、頤指氣使）或低聲下氣（亦即，輕聲細語、懇求語氣）時，影響力銳減。後續的研究也發現，以任務導向風格（亦即，說話快速、挺直身體、直視對方）或社交風格（亦即，聲量適中、姿態放鬆）說話的人，較具影響力（Carli, LaFleur, & Loeber, 1995）。用不可一世或唯唯諾諾的副語言表現說話方式的人，較不具影響力。由此可見，副語言行為表現若能對應個人在團體中的地位，可以增加個人的影響力。反之，若行為表現和地位不相稱（例如，上司放下身段，表現得和下屬

肢體動作和人際空間都是解讀上圖地位關係的重要線索。座位位置、放鬆的姿勢和開放的手勢，在在顯示該位男性是上司。其他人的坐姿、直視的眼神和制式的微笑，顯示他們是下屬。

同等地位），就會降低個人的影響力。

　　肢體語言亦能透露地位關係。若彼此的地位不平等，上位者傾向採取較為放鬆的姿勢，下位者則是正襟危坐或立正站好。注視對方的時間、時機，也和地位有關。上位者說話時看著別人的時間比聽話時多；下位者恰恰相反，聽話時注視別人的時間比說話時多。整體而言，下位者較常看著對方，但也會閃避對方的視線。最後，上位者較易侵犯下位者的身體界線，例如隨意碰觸或指著對方（Dovidio & Ellyson, 1982; LaFrance & Mayo, 1978; Leffler, Gillespie, & Conaty, 1982）。

　　沉默既能表現地位差異，也能製造地位差異。在許多互動的場合，沉默並不是被動地表示不想再繼續溝通下去。一到多人的沉默，都是對當下互動的主動回應。常見的沉默做法是不回答指涉到你的意見或問題，讓對方也識相地就此打住。肢體動作也能促成沉默，如拉開距離、起身去拿遙控器、離開房間等。若是在團體互動的場合，沉默的狀況就更複雜了。以其中一位學生在課堂討論時的沉默為例（Leander, 2002）。老師詢問學生關於女性權利平等的問題，一位坐在教室後方的女同學雀兒小

296

聲回答：「才沒有呢！男女生一點都不平等。」坐在前排的男同學舉起大姆指，指指後方說：「後面有同學說男女生不平等哦。」這位男同學看都不看雀兒一眼，卻用手勢挑起「我們—她們」（內團體和外團體身分認同）的區別，企圖要雀兒閉嘴。兩位男女同學的旁邊各坐著自己的朋友，朋友們也加入戰局，雙方各執一詞、互不相讓。這場爭論因團體的座位安排加速白熱化。加入戰局的同學紛紛改變坐姿、調整注視焦點，藉此表明自己的立場。他們用的方式還有：對敵方陣營叫囂、嘲弄對方所舉的例子。由此可見，沉默的形式包括：語言、目光、姿勢、身體方向，以及團體互動場合中使用的象徵符號。

親密感

溝通也能體現關係的另一個重要面向——親密感。對陌生人稱名道姓或以頭銜尊稱對方是很自然的事。表示親密感或一體感的方式，即為放心直呼對方的名字。在語言方面，就是說者以平易近人的稱呼代替正式的稱呼，例如改用「你」取代「您」。

選用哪種語言，也透露了親密感。例如，挪威小鎮的居民在和陌生人說話時，用的是正式的口語；但和朋友說話時，用的卻是方言。處理公務時說的也是正式的語言，下班後和店員閒聊又換成方言（Blom & Gumperz, 1972）。用方言可以表現局內人兄弟姊妹一家親的感覺。藉由方言，團體成員表明我們有共同的社會認同，同時也和外團體保持距離，謝絕不懂方言的局外人。

語言的選用，或稱**語碼轉換**（code switching），散見於各種場合。刻意使用某種語言，在族群認同中扮演相當重要的角色（De Fina, 2007）。觀察 Il Circolo 俱樂部裡 48 位義大利裔男性成員。他們每個月定期聚在一起吃飯、打牌。他們不但會說英語和義大利語，有些人還會說家鄉話。在公開說話和書寫的場合，他們用的是英語；非正式的對話場合，如閒聊打牌的話題，則多半用義大利語，會說家鄉話的人就用家鄉話交談。家鄉話和義大利語通常是用來強調彼此共同的族群背景。

語碼轉換也反映了想維持或活化族群意識的渴望。住在瓜地馬拉的馬雅年輕人跟老一輩的族人相較，很少說西班牙語。說馬雅語的年輕人想藉此證明他們不想融入西班牙文化，想再次將馬雅語發揚光大（Barrett, 2008）。非裔高中生就常以說黑人英語（African-American Vernacular English, AAVE）來抗拒白人文化。

語碼轉換也發生在學習第二外語的課堂上。觀察中國高中生的第二外語課（英語）（Liang, 2006），以及 10～12 歲學習加泰隆尼亞語的西班牙學生（Unamuno, 2008），發現課堂討論結束後，學生的交談又轉回母語去了。也就是說，互動的目的

297

會影響選用何種語言。

電腦媒介溝通甚至也可看到語碼轉換的現象。造訪聊天室的瑞士腔德國人通常用方言而非標準德語傳送訊息。使用方言的頻率不僅反映出訊息傳送者的偏好，也透露了方言在這一族群的相對使用情形，也就是脈絡（Siebenhaar, 2006）。在網際網路興起前，方言不容易書寫，因此更顯得引人注目。

關係的親密度清楚地反映在對話內容中，對話內容也會強化彼此的關係。隨著關係越來越親密，我們揭露越多的個人訊息。對話型態也能看出親密程度。一項研究分析電話交談錄音（Hornstein, 1985），對話雙方分別為陌生人、點頭之交、好朋友。相較於陌生人，好朋友組的對話常使用不言而明的開場白（如：「喂」或「喂，是我」）、有比較多的話題可聊、回應對方的話（例如，問更多問題）。好朋友要結束對話時，過程也複雜多了（如：明確約好下次相聚的日期時間）。點頭之交的對話和陌生人的對話差異不大。

言語協調理論（theory of speech accommodation）（Beebe & Giles, 1984; Giles, 1980）指出，我們會以口語或副語言行為來表現親疏程度或好感度。根據言語協調理論，互動的時候，我們會調整語言行為，藉由和對方同調或不同調，來表達喜歡或贊同的心意。喜歡或贊同的話，語言行為就調整得和對方趨於一致；不想靠近或不同意時，就強調彼此的言語行為差異。

研究者依種族和熟悉程度，詳細分析 18 份訪談稿，結果恰可證明言語協調理論（Scanlon & Wassink, 2010）。研究者請一位 65 歲中產階級的非裔女性擔任訪談者，訪談 14 位黑人和 4 位白人。他們都生長於同一個混合多種民族的社區。訪談者認識其中幾名受訪者。研究發現訪談黑人時，訪談者偏向說黑人英語，訪談白人時則用標準美式英語。於此同時，比起訪談不認識的受訪者，訪談者也會配合她所認識的受訪者調整說話風格。

在對話的時候調整副語言行為，也符合言語協調理論（Taylor & Royer, 1980; Thakerar, Giles, & Cheshire, 1982）。想要表達好感的人會刻意變化他們的發音、說話速度、聲音強度、停頓時間、說話時間等，盡量去配合對方。不以為然的時候，就將這些語音行為修正為迥異於對方的模樣。研究者召募 100 對情侶，經過三分鐘的對話後，這些情侶各自被隨機分派到五個組別。研究者指示情侶中的一人要在接下來三分鐘的對話，表現出非常疏離、疏離、親近、非常親近的樣子，最後一組則沒有給任何的指示。研究者錄下第二次的對話，編碼和分析每位參與者的 11 種行為出現頻率。不出所料，另一半會調整自己的行為來回敬對方的表現。用語言表現親密感最能

收到互惠原則（reciprocity）之效。其他非語言的指標，如喜逐顏開，也能增進彼此的親密感（Guerreo, Jones, & Burgoon, 2000）。

會說兩種語言的人，言語協調行為也會影響選用何種語言（Bourhis, Giles, Leyens, & Tajfel, 1979）。為增加彼此的親密度，雙語者會說對方較想聽到的語言。反之，若不想接受對方，就故意說對方不喜歡的語言。

如果親密度會引發言語協調行為，那麼，言語協調行為反過來也能增進親密度嗎？研究顯示最極端的協調行為就是模仿。以田野實驗法研究 60 名餐廳顧客，並將其隨機分成兩組。其中一組的服務生會重述顧客的點餐內容，另一組僅簡單地點頭說：「好」或「馬上來」。結果顯示，服務生重述點餐內容的第一組顧客，給的小費明顯多於第二組顧客（van Baaren, Holland, Steenaert, & van Knippenberg, 2003）。另一個相似的研究在實驗室進行。在六分鐘的面談中，實驗者模仿其中半數參與者的姿勢（身體方向、手腳擺放位置等）。結果發現，被模仿的參與者在實驗者的筆掉在地上後，更願意幫她撿起來（van Baaren, Holland, Kawakami, & van Knippenberg, 2004）。

即使是非常細微的副語言線索，仍可看到協調行為存在的證據。分析脫口秀節目主持人賴瑞・金（Larry King）訪問 25 位嘉賓的錄音檔（包括明星、運動員、政治人物），可聽出兩方的發音越來越趨向一致（Gregory & Webster, 1996）。下位者會調整自己的發音來配合上位者。此外，請學生評估賴瑞・金和來賓的地位關係，也發現地位和發音特色趨向有關。

用肢體語言和人際空間表現親密感已是眾所皆知的現象。例如，民間故事裡相愛的人深情款款相互凝望（Rubin, 1970）。事實上，我們會把他人長時間的眼神接觸解讀為釋放好感的訊息，也會用適度放鬆的姿勢、靠近對方、面對面、碰觸對方等來表達喜歡的心意（Mehrabian, 1972）。越是欣賞對方，肢體接觸的範圍越廣，如從搭肩到擁抱（Gurevitch, 1990）。不過，要類推這些線索的意義，仍需符合一個重要的資格條件。只有在互動是正向的前提下，相互凝視、拉近距離和碰觸才能反映和增進親密感；如果互動是負向的──如競爭、爭執或是積怨已久的宿敵，這些非語言行為反而會加重負向的情緒（Schiffenbauer & Schiavo, 1976）。

以「兄弟」為例

現在，我們要把本節探討的內容用一個具體的例子來說明。語言是與時俱進的；有些字詞被棄之不用（如：「村姑」），有些則憑空出現，如「兄弟」（dude）這

個詞。想想上次你在對話中講到「兄弟」這個詞的時候，你是對誰說呢？說這話當下的情境脈絡是什麼？研究者利用日記、訪談和對話內容分析，一窺該詞的使用情形（Kiesling, 2004）。「兄弟」最初是年輕男性在對話時的用語，顯示它帶有年輕和陽剛的意味。進一步來看，男性對父母親和老師說話時，幾乎不用這個詞，表示這是在彼此地位相近時才能使用的詞。至於親密程度，它卻只出現在朋友而非好朋友之間的對話，顯示「兄弟」一詞是用在普通朋友的閒話家常。「兄弟」跟其他年輕人常用的詞一樣，用法變化多端，如：打招呼（「近來可好，兄弟？」）、感嘆詞（「兄弟！」）、先發制人（「遜斃了，兄弟。」）、附和贊同。由此可見，它和所有的語言一樣，需遵守社會語言的規則，而且也能反映出對話者之間的同盟關係、相對地位和親疏遠近。

互動的標準距離

去埃及開羅旅遊的美國和北歐民眾，常很驚訝地看到當地男性在公眾場所對話時，緊緊靠在一起，甚至旁若無人地凝視對方。如果遊客和阿拉伯人說話，沐浴在他的溫暖鼻息中，恐怕會從驚訝轉為不舒服，覺得自己好像被性騷擾了。相反地，在我們所處的社群裡，很少發生因為別人靠這麼近而心生不悅的情形。大家都知道應該遵守自身文化中互動時應保持的標準距離。互動時究竟該保持的標準距離為何？距離受到侵犯時，又會發生什麼事？

●● 標準距離

Edward Hall（1966）以中產階級美國人的互動為依據，描述四種標準的人際互動空間範圍。每一空間範圍依特定活動和親疏關係，各有其應當考量的適當距離。公眾距離（約 3.5～7.5 公尺）是指正式會面、演講、審判和其他公眾活動的距離。用這樣的距離互動，溝通通常是單向的、感官刺激相當微弱、必須要大聲講話才能聽到、用字遣詞也要非常小心。社會距離（約 1.2～3.5 公尺）是指日常社交和商務往來的區域。這個距離的感官刺激仍然微弱、人們用正常的聲量說話、碰觸不到對方、保持適當的眼神接觸，以利溝通順暢進行。個人距離（約 45 公分～1.2 公尺）是親友之間的互動距離。在此距離下，可以輕柔的說話、碰觸對方，接收視覺、聽覺和嗅覺等大量

的感官刺激。親密距離（約 0～45 公分）是指安撫、做愛、肢體攻擊的距離。這個距離可以接收到強烈的觸覺、嗅覺、氣息和體溫等感官刺激。這些刺激訊號毋庸置疑、千真萬確。

諸多研究證實多數人都知道且遵守與特定人物會晤時應當保持的標準距離（LaFrance & Mayo, 1978）。比較不同文化和社會群體的差異，可以發現標準距離有相似的地方，也有相異之處。例如，所有的文化都認為和親友的距離會比陌生人的距離近。不過，互動時偏好的距離差異就大了。以個人距離而言，研究數個不同文化群體後發現，盎格魯撒克遜人（即美國人、英國人和加拿大人）偏好較大的空間或距離，其次是亞洲人和高加索人（西歐），地中海區和拉丁民族所需的空間最小（Beaulieu, 2004）。在西方國家，女性的互動距離通常比男性靠近（Sussman & Rosenfeld, 1982），但在某些穆斯林國家，男性之間互動的距離近在咫尺（Hewitt & Alqahtani, 2003）。社會階級也會影響人際空間。觀察加拿大的校園發現，無論種族為何，低社經階層的學童互動的距離比中產階級的學童近多了（Scherer, 1974）。觀察男女童軍團員的聚會，發現與同儕維持適當的身體和情緒距離，和同儕的接納度有關（Stiles & Raney, 2004）。

不同文化背景的人互動時，常因對標準距離的感受差異而造成困擾。出身不同國家或社經階級的人，很難透過雙方的人際距離來解讀彼此的關係親密程度，也很難找到令雙方都自在舒服的互動距離。對非語言溝通進行跨文化的訓練可以減少這方面的困擾。例如，阿拉伯人比較喜歡和接受過訓練、言行舉止像阿拉伯人的英國人互動——亦即，站近一點，面帶微笑、專注凝視、多碰觸對方（Collett, 1971）。

明確影響和反映地位高低的兩個人際空間面向，即身體距離和個人占據的空間大小。地位相當的人會一起協調出彼此都舒適的互動距離，用身體和所有物占據的空間也大致相當。若地位不等時，通常是由上位者掌控互動距離。此時雙方的身體距離會比地位相當時的距離遠一點，上位者也會大剌剌地用自己的身體和所有物占據較大的空間（Gifford, 1982; Hayduk, 1978; Leffler et al., 1982）。

侵犯個人空間

如果有人靠得太近，越過了標準距離，會發生什麼事？尤其當陌生人侵犯了我們的個人空間，你會怎麼做呢？

最早有系統性地檢視這個問題的，是兩個同時進行的研究（Felipe & Sommer, 1966）。在其中一個研究中，一位陌生人故意靠近精神病院裡獨自一人的男病患，

距離約 15 公分。另一個研究中,陌生人坐在大學圖書館裡落單女學生身邊約 30 公分處。結果顯示,無論是男病患或女學生,在陌生人靠近時,都很快地離開原地。僅僅兩分鐘的時間,30% 被侵犯個人空間的病人離開了現場。相較於未被陌生人靠近的病患,沒有半個人離開。另外,70% 的女學生在陌生人靠近後,紛紛在 30 分鐘內走避,對比其他沒有陌生人靠近的學生,只有 13% 離開。上述研究結果如圖 7.2 所示。

301

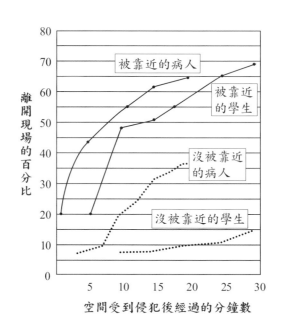

⦿ 圖 7.2　人際空間受到侵犯的反應

當陌生人侵入人際距離界線、擾亂個人空間時,一般人做何反應?常見的反應如圖所示。當陌生人坐在大學圖書館距落單的女學生約 30 公分處,或靠近精神病院男病人約 15 公分處時,這些人會比沒被陌生人靠近時更快離開現場。個人空間被入侵時,常見的反應就是走避遠離。

資料來源:*Social Problems* by N. J. Felipe and R. Sommer. Copyright 1966 by University of California Press—Journals. Reproduced with permission of University of California Press—Journals in the fornat Textbook and extranet posting via Copyright Clearance Center.

　　研究者在巴基斯坦的大學圖書館複製上述侵犯個人空間的實驗。一位裝扮得像學生的女性扮演侵入者,隨意坐在單獨一人的民眾(51 位男性、50 位女性)身邊約 90 公分處(Khan & Kamal, 2010)。侵入者坐在那兒 10 分鐘,或直到該位民眾起身離開(「躲開」)。觀察者另外記錄其他反應,如:瞪視或偷瞄一眼、低頭看書、身體側離、猛看手機、攀談、毫無反應等。結果發現,94% 的民眾有了動靜(相較於控制組,只有 6% 的人變換動作)。最常見的反應為瞪視或偷瞄一眼和猛看手機。男性一

般在兩分鐘內就遠離現場,而女性(和侵入者性別相同)則在九分鐘內離去。

對侵入者的反應,還是要看當下的情境。侵犯個人在圖書館書桌旁的空間,常見的反應或許是起身離開。不過,若被侵入的場域是圖書館的走道,反而會讓人想繼續停留在走道上(Ruback, 1987)。同樣地,打公共電話時若受到他人干擾,當然得花更多時間才能講完電話(Ruback, Pape, & Doriot, 1989)。畢竟,當你在找書或講電話時,個人空間受到侵犯容易令人分心。不消說,完成手邊任務的時間就拉長了。

直盯著人家看,是一種不必親身接近就能侵犯他人隱私的有力方式。被陌生人直盯著不放會引發逃離反應,顯示這是非常不舒服的刺激。例如,被陌生人盯著看時,行人會快步走過,駕駛人則會加速駛離(Ellsworth, Carlsmith, & Henson, 1972; Greenbaum & Rosenfeld, 1978)。

由於能源危機問題惡化,許多人以通勤方式上班上學。就算方便快速,其實大部分的人都不想搭乘公共運輸工具。為什麼?可能是因為擁擠的公車、電車和火車,讓乘客覺得個人空間受到侵犯。訪談開車者也發現,個人空間受到侵擾引發的不舒服情緒,是他們寧願開車也不願使用大眾交通工具的決定因素(Mann & Abraham, 2006)。研究觀察139位火車通勤者,發現他們的主觀壓力指數和唾腺可體松(壓力荷爾蒙)上升不少。這和長期在火車上與他人擠在一起有關。不得不和他人緊鄰而坐,引發乘客高度嫌惡的反應(Evans & Wener, 2007)。

在當今社會,公共交通設施(如:飛機和機場)除了擁擠之外,還特別吵雜。人

302

即使在擁擠的環境裡,人們還是能在地鐵車廂保有部分隱私。當陌生人互相侵犯到個人的空間時,雙方都會感到不舒服。為緩解不自在的情緒,乘客們刻意無視對方、避免身體接觸、迴避眼神交會和交談。

© Nick White/Image Source/Corbis

聲鼎沸、飛機引擎、嬰兒哭泣、青少年喧嚷、手機對話等等，在在侵擾旅客的聽覺空間。難怪抗噪耳機（noise-cancelling headphones）成為熱賣商品（Hagood, 2011）。至少它能幫使用者創造一個鬧中取靜的環境。

對話分析

　　雖然對話是日常活動的代表，但溝通卻不見得總能那麼順利。溝通出差錯的經驗列也列不完：不知如何開啟話題、話題中斷、陷入尷尬的沉默、喋喋不休、說話內容索然無味、轉換話題的時機不對、誤以為對方已經聽懂了等等。本節要來介紹避免在對話時出糗、犯錯的方法。若要讓對話順暢進行下去，必須瞭解一些規則和溝通技巧，例如：如何開啟對話、輪流說話、運用語言和非語言回饋調整對話。

●● 開啟對話

　　要開啟對話，必須先引起對方的注意，互動才會開始。打招呼、問問題或電話鈴響，都具有起頭的功能。但除非對方留意到這些訊號且願意談話，否則對話無法進行。眼神接觸是面對面時願意談話的一個重要非語言訊號。Goffman（1963a）指出，眼神接觸可以置對方於不得不互動的處境。當服務生和客人目光交會，表示她準備好去服務那位客人了。

　　若要以言語開啟對話，最常見的方法莫過於採用**召喚─回應序列**（summons-answer sequence）（Schegloff, 1968）。例如對方說：「傑克，你在家嗎？」你回答說：「在！」表示你們之間的對話成立。更重要的是，它還能帶動雙方繼續輪流說話和聽話。召喚者要負責提起第一個話題──這是溝通的鐵則，做到才算合乎禮儀。假使有人無視召喚─回應序列，若不是他刻意羞辱我們，就是缺乏社交能力或心不在焉（睡著了、喝茫了或發瘋了）。

　　從電話交談過程可看出對話的序列安排。請看下面來電者和接聽者之間的對話：

0.（鈴聲響起）

1. 接聽者：喂？

2. 來電者：我是約翰。

調情是個複雜的行為，表示一方有意接近另一方。這群年輕人正在透過姿勢、微笑和眼神交會來吸引對方的注意。

3. 接聽者：嗨！

4. 來電者：你好嗎？

5. 接聽者：還不錯，你呢？

6. 來電者：很好。跟你說，我打電話來是因為……

　　召喚—回應序列從對話 0 和 1 開始，接著則是確認—認可談話（對話 2 和 3）。在上例中，接聽者認識來電者（約翰），認得他的聲音，所以不必說明自己是誰。接下來，對話 4 到 6 就是交換「你好嗎？」這類的問候。最後，約翰要說明他打電話來的理由。這是典型的電話交談序列。不過，若是分秒必爭的緊急情況，對話的序列安排截然不同（Whalen & Zimmerman, 1987）。再看下面的例子：

0.（鈴聲響起）

1. 接聽者：中區緊急服務中心。

2. 來電者：嗯，是的，我家的車庫失火了。

3. 接聽者：您的地址是？

304　　看得出來，開場白變短了，省略了招呼語和「你好嗎？」之類的對話序列。緊急通話時，要盡快說明來電的理由。另外，確認一認可談話的次序也提前到對話 1 了。這些變化在毋須報上姓名、緊急的情況下加速溝通進行。不過，如果對方接起電話，但說話內容卻是：「我是約翰。」代表這是一通稀鬆平常的電話。由此可見，對話的序列安排可清楚反映當下的情境狀況。

●● 輪流說話

對話的普世規則之一，就是避免兩人同時講話。為使對話一來一往，我們會單用或並用許多語言和非語言線索，至於效果如何就不一定了（Duncan & Fiske, 1977; Kendon, Harris, & Key, 1975; Sacks, Schegloff, & Jefferson, 1978）。

輪流說話的訊號

說完話後直視聽者，這是說者要聽者接下去說話的訊號。此外，停頓和拉長尾音、象徵停止的手部動作、降低聲量、講些無意義的語句（例如，「對吧」），藉此結束他這一方的發言，表示準備把說話的角色讓渡出去。另一方面，原本是聽者的人，則是深吸一口氣，表示他想講話了。聽者也會加大手部動作、把頭轉向說者或特地提高聲量，表現出興趣盎然的模樣（例如，「對」、「嗯哼」）。

如果說者想一直說下去，他會刻意不看聽者、加強手部及肢體示意動作。有人說話的同時自己卻加大聲量來壓制對方。堅持這番行為的人，通常會被他人視為自私又跋扈。他們違反了不言自明的社交規則：「愛說話不打緊，但偶爾也該留點話讓別人說」（Richard Armour）。

對話時的口語內容和文法形式，也可以作為輪流說話的重要線索。說完一個有意義的語句，或說明清楚個人的想法後，通常就該換人說話了。接下來具有優先發言順序的，當屬被說者點名問問題、控訴或請其說話的人。對話停頓的時候，不必然是換人說話的訊號。不過，發問之後，幾乎就知道接著要換人說話了（Hanni, 1980）。事實上，不用問句而期待換人說話，還挺困難的。某研究要求說者用盡各種方式暗示別人他想把發言權交出去。結果顯示，若沒有使用問句，這番努力花費的時間，比說者直接提問還要多出兩倍（Kent, Davis, & Shapiro, 1978）。

安排輪流說話

多數的對話場合以較有組織而非隨興的方式輪流說話。例如，課堂討論、會議、面試、治療進行時，通常由其中一人負責掌控輪流說話的節奏，且事先安排好輪流說話的順序。不管是爭相發言或逃避發言，事先做好輪流說話的安排可降低緊張衝突。分配好輪流說話亦能增加談話的效率。輪流說話的安排，最適合用在需完成任務或講求公平情境（如正式的辯論），或只有一人能發言的場合（如球隊教練的指示）。

早期的對話結構研究幾乎都以英語為主。近幾年來，越來越多的研究轉而探討各種語言和社群／文化。這些比較研究欲找出溝通對話時會發生的問題，讓我們得以瞭解各種反映本土文化脈絡的解決方法（Sidnell, 2007）。

305

●● 回饋與協調

我們用對話來達成人際交流的目標 —— 獲取資訊、說服他人、加深印象、支配操控等等。為有效達成這些目的，我們必須評估說出口的話是否能引發他人的興趣、對方是否真正懂得我們想表達的意思。語言和非語言回饋都可以用來評估對話效果。透過回饋，談話者不斷地調整自己該向對方說什麼話。**非正規途徑回饋管道**（back-channel feedback）對於調整當下的口語反應特別重要。這些回饋是指說者在說話時，聽者在不搶著發言的情況下，表現出的細微語音與視覺線索。這樣的回饋方式包括回應「是」、「嗯哼」、簡短的澄清提問句（例如，「你說什麼？」、「啥？」）、重述說者的語句或接話、點頭稱是、微笑以對等。若希望對話順利開展下去，聽者的肢體動作節奏（搖晃、擺動、眨眼）最好能精準地配合說者的口語聲調（Condon & Ogston, 1967）。聽者的這些自發性動作也是另一種回饋，可以讓說者判斷聽者能否跟上和理解（Kendon, 1970）。

有無非正規途徑回饋管道，以及非正規途徑回饋管道出現的時機，都會影響說者。要使對話順暢，聽者要在說者冗長的發言後或把頭轉向聽者時，抓緊時機釋放興味盎然、頷首同意、恍然大悟的訊號。當說者沒有收到回饋，對話的品質將每況愈下。雙方開始雞同鴨講、溝通頻頻出錯，越來越雜亂無章、不知所云（Bavelas, Coates, & Johnson, 2000）。缺乏回饋之所以會讓對話的品質大幅滑落，原因在於說者無法從聽者身上瞭解下列事情：（1）聽者已具備相關知識，不需說者一再重複；（2）聽者已經懂了，說者可以摘要重點或略過不表；（3）聽者的資訊錯誤，說者應

予以糾正；（4）聽者不甚明瞭，說者應該從頭說明清楚；（5）聽者覺得無趣，說者應該就此打住或改變話題。

如果說者都沒有收到回饋，就該警覺到聽者可能注意力渙散或神遊太虛去了。說者應該想方設法重新吸引聽者的注意力，激發聽者再次給予回饋。例如在言談中加上「你知道的」（you know）這樣的措詞。感覺聽者好像忘了該給回饋或接話時，可以在說話要告一段落前頻繁穿插「你知道的」這樣的語句（Fishman, 1980）。

另一個說者可吸引聽者的策略就是問問題，藉此表明自己的疑問（例如，「那個節目的男主角叫什麼名字？」），重新賦予聽者有參與對話的機會（Goodwin, 1987）。若說者問問題時，把目光轉向在場的某個人，表示他想請這個人加入對話。

回饋對溝通品質的影響，還能帶來另一個相當有意思的結果。常常在對話中提供回饋的聽者，也較能完整、正確地理解說者的意思。透過聽者主動的回饋，有助於讓對話契合他們的需要。聽者對資訊的要求不一，其中一個就是資訊要正確。還記得合作原則嗎？說者和聽者必須合作，提供相關精確的訊息。平常時誇張地說：「我一毛錢都沒有」或許還說得過去，但在宣告破產的法庭上，律師或法官會要求更精確的數據。若無法提供精確的訊息，就會被耳尖的聽者質疑（Drew, 2003）。這也符合本章的宗旨：正確的溝通是人際互動的目標。

回饋的重要性不只表現在對話中，也表現在正式的演說中。講者得靠聽眾的回饋，才能得知聽眾的狀態。若聽眾聚精會神地看著講者、點頭稱是，就可以推論聽眾明白講者所要傳達的訊息。另一方面，一臉疑惑或失焦的眼神，表示聽眾可能聽不懂講者在說什麼。同樣地，聽眾也會從講者的回饋來調整個人的行為。講者看透人心的犀利目光讓聽者不敢再竊竊私語。

在許多演說中，最重要的回饋莫過於聽眾的掌聲。講者需要掌聲的理由百百種，可不只是為了自我滿足而已。有時候，講者會暗示聽眾何時該鼓掌；聽眾也會仔細觀察講者發出的訊號，以示自己正熱忱參與其中。例如，分析 42 個小時的政治演講錄音檔，可發現刺激聽眾鼓掌的訊息內容十分有限（Heritage & Greatbatch, 1986）。大多是抨擊反對陣營、外籍人士、某個團體，以及擁護個人的立場、頌揚過往經歷或所屬政黨，或表揚個人或團體，以此來博取掌聲。當這些訊息以特定修辭加以包裝呈現，更能獲得聽眾的掌聲。例如：

說者：政府會辯稱（停頓一下）沒有足夠的資源（停頓一下）來協助弱勢團體。（停頓一段時間）

真相是，政府花了太多錢在國防預算上，（停頓一段時間）卻吝於把錢（掌聲響起）花在促進和平上。

在上面的例子中，講者採用對比的修辭方式。如此一來，講者等於是將自己的論點重複兩次。在聽了第一段的鋪陳之後，聽眾已經預期接下來講者要說的論點。這種修辭方式意思就是「請聽眾鼓掌」。而在上例中，聽眾甚至在講者話音未落時就開始鼓掌了。

摘　要

溝通是傳達想法、感覺、意圖等資訊給他人的過程。

■ 語言與口語溝通

語言是溝通時最主要的工具。（1）所有的口語都是由聲音組成，聲音和文字搭配，形成固定的意義，並依文法規則組成句子。（2）根據編碼—解碼模式，溝通是由說者將訊息編碼和傳送出去，再由聽者解碼訊息。溝通的正確性取決於欲傳達的想法或感覺能否被編碼。（3）相對而言，意圖模式認為溝通是說者有意影響聽者，或向聽者傳達某種意圖。因此，訊息如何傳遞與解讀，會受到溝通的脈絡影響。（4）觀點取替模式主張溝通靠的是互為主體性——即說者和聽者共同建構的脈絡。由此可見，溝通是一個複雜的過程。為了相互瞭解，對話的時候，說者必須用聽者可以解讀的方式傳達訊息，將對方的背景知識納入考量，並主動地解釋訊息的意義。

■ 非語言溝通

互動的時候，許多訊息是靠非語言形式傳達的。（1）四種常見的非語言溝通類型為副語言、肢體語言、人際空間和個人選擇效果。（2）電腦媒介溝通（CMC）僅使用書寫語言，缺乏副語言和視覺線索來提高溝通的正確性與調節當下的互動。電腦媒介溝通也很容易產生缺乏克制力的行為。（3）臉部表情是相當重要的溝通管道，它可以為觀察者提供諸如社會認同和性格等方面的訊息。（4）溝通的時候，語言和非語言管道同時傳來訊息。多重線索的相輔相成可以減少模糊不清，提高溝通的正確性。但各溝通管道傳來的訊息若不一致，就必須判斷哪個線索才是說者真正的意圖。

■ 社會結構與溝通

　　和他人溝通的方式，反映出我們與對方的關係，也影響彼此的關係。（1）性別和溝通風格息息相關。性別的影響力依人際、團體或組織的脈絡而定。（2）不管是哪一個社會，遵循詞彙、發音和文法規則的口語，就成為該社會偏好或標準的口語。高社經地位者通常使用標準口語，聽者給予的評價也較高；低社經地位者多使用非標準口語，得到的評價也較為負面。（3）我們可以透過語言和非語言行為來表達、維持或挑戰關係的相對地位和親密感。地位和親密程度會影響稱謂用語、語言選用、打斷談話、說話風格、手部動作、目光接觸、身體姿勢和互動距離等層面，上述層面也會反過來影響地位和親密程度。（4）不同的活動和關係型態，有不同的適當互動距離。這些距離因文化而異。當陌生人打破距離規範時，多數人會離開現場或用其他方法保留個人的隱私。

■ 對話分析

　　若希望對話順暢進行下去，就必須遵守溝通規則，磨練溝通技巧。（1）藉由召喚開啟對話。但前提是對方要釋放出願意溝通的訊號。通常是以眼神接觸或口語回應來表示，（2）透過輪流說話，避免大家同時出聲搶話。語言或非語言的線索都可用來示意想讓別人說話或自己想講話了。在某些情況下，會先安排好要輪流說話。（3）有效的溝通者會隨時留意聽者提供的聽覺與視覺回饋，評估聽者的理解能力和注意力。若缺乏回饋或回饋的時機不對，溝通的品質恐將降低。有效的演說是講者和聽眾合作協調出來的，例如鼓掌的時機就是聯手努力下的結果。

重要名詞與概念列表

人際空間（251 頁）	口語（241 頁）
互為主體性（247 頁）	召喚─回應序列（270 頁）
合作原則（246 頁）	言語行為理論（246 頁）
言語協調理論（264 頁）	社會語言能力（249 頁）
肢體語言（251 頁）	非正規途徑回饋管道（273 頁）
非標準口語（259 頁）	副語言（251 頁）

思辨能力技巧　瞭解清楚溝通的重要性

　　我們的生活由各種與他人的關係——父母親或照顧者、手足、愛侶、朋友、上司、同事等組成。生活的品質有賴於這些關係的品質，那麼，關係的品質又和什麼有關呢？答案是：「溝通」。如第 11 章所言，自我揭露是培養關係的要件。自我揭露就是告訴對方一些個人的資訊——也就是溝通（見第 3 章）。

　　對許多人而言，滿意的關係就是能滿足個人需求，不管這些需求是什麼——有可能是求助、情緒支持、資訊、金錢、性愉悅等等。為獲取個人需求的滿足，對方必須知道我們要什麼、如何滿足我們的需求。我們常希望不用開口，對方就會心電感應般的秒懂我們的心思：「如果你真的是個好母親／好朋友／好伴侶，你就該知道我想要什麼。」仔細反省或思考一下，這些信念都是錯的。

　　若希望對方滿足我們的需要，就必須好好地、坦率地說明清楚。這可是知易行難的喔。多數時候，溝通就像是一套反覆排練過的腳本，和點餐、跟老師個別談話、調情一樣。我們遵循社會規則，但社會規則卻沒有教我們認清自己是誰、該如何清楚地表達需要。回頭看看本章曾提到的「幫我拿杯果汁來」的範例。如果你的目的是希望對方幫你拿杯果汁，「你去買果汁了嗎？」這樣的說法就太拐彎抹角了。對方回答「有」或「沒有」，雖然意思清楚，卻會讓你心底升起些許的失落感。清楚、直接地告訴對方：「請幫我拿杯果汁」，還比較有可能達到你想喝果汁的目的。

　　溝通牽涉到的不只有話語內容，還有副語言（你說話的方式），如：親切、冷淡、敵意、聲量大小或說話速度等。如前所述，這些線索都可以透露說者的情緒狀態。對話的時候，你可能心口不一，或拚命掩飾自己的怒氣。當同事問你是不是對他的遲到感到生氣，你回答說：「不會，沒事。」但你的語氣和聲量明顯洩露你的心情。你的口是心非終究徒勞無功。

　　溝通當然少不了非語言行為和肢體語言。身體緊繃、交叉雙臂、目光游移，可能是生氣或不想說話的徵兆；相反地，姿態放鬆、面帶微笑、點頭稱是，表示非常享受

談話的氣氛。

309 　　清楚的溝通並非得來全不費功夫，你得花點力氣學習和思考。首先，瞭解你自己。你到底想說什麼？等你認清自己的意圖，再來好好想想該如何表達。注意，社交腳本和規定沒法告訴你實際的做法。看好時機和場合，有話直說吧。想想對方的溝通風格。直言無妨，讓你的言行一致、表裡如一。

　　現在，是時候來應用這項技巧了。設想一個你想經由清楚溝通改善關係的實際生活情境——家裡、學校、職場均可。發生問題的場景為何？你的目標是什麼？你想得到什麼？接下來，請你想想有哪些方法可以達到清楚溝通的目的。哪些用詞可以清楚地傳達你的想法？該選什麼時機和場合較好？最後是最難的部分：付諸行動！練習，練習，再練習，不要想著一步登天。事實上，剛開始行動的時候，還有可能進一步退兩步。但你會驚訝的發現，別人也和你一樣躍躍欲試、迫不及待想改變呢！

chapter **8**

社會影響與說服

引　言

思考下面幾個社會影響的案例：

· 就在公寓門前，茱莉遇到鄰居艾瑞卡。艾瑞卡聽說廢棄物管理公司計劃要在社區不到一公里外的地方蓋新的垃圾掩埋場。艾瑞卡想發動抗爭，阻止這件事情。她說垃圾掩埋場不僅有害健康，還會拉低房價。她請茱莉參加社區集會，簽署請願書。茱莉覺得艾瑞卡的論點很有說服力，對社區未來的發展憂心忡忡，於是同意簽署請願書。

· 一天傍晚，24 小時便利商店被蒙面持槍的歹徒闖入。該名歹徒威脅店員：「把錢交出來，否則就打爆你的頭！」店員有兩個選擇──丟錢或丟命。最後，店員決定打開收銀機，把錢交給歹徒。

· 阿富汗戰爭期間，美國軍隊的指揮官下令部下攻擊恐怖分子可能躲匿的巢穴。這項任務十分危險。夜色降臨，一陣槍林彈雨後，敵人全數殲滅。儘管困難重重，軍隊仍忠實執行命令。

這些故事描述各種社會影響（social influence）的形式。根據定義，社會影響意指一個人（**來源，source**）使出某些手段（例如：說服、威脅、許諾或命令），促使他人（**目標對象，target**）轉變心意，改變原本想表現的行為。以上述故事為例，來源是艾瑞卡（說服茱莉）、歹徒（威脅受害者）、步兵指揮官（下令軍隊涉險攻擊）。

社會影響帶來各式各樣的結果。有的是造成目標對象的**態度改變（attitude change）**──也就是改變了目標對象對某些議題、人物或情境的看法和態度。但有些情況則是，來源在意的不是目標對象的態度有沒有轉變，而是強求對方服從。**服從（compliance）**意指目標對象的行為屈從於來源的要求或命令。當然，有些社會影響企圖同時引發態度改變與服從。

此外，我們也要瞭解，許多社會影響的企圖是希望目標對象不要改變。當權者的命令通常能令下屬服從；但有些時候，目標對象也會拒絕或公然違抗。由於影響的企圖成效不一，因此本章要來探討在不同的情況下，哪種影響企圖的效果最大。

●● 社會影響的形式

影響的企圖，有些是開門見山的，有些是拐彎抹角的（Tedeschi, Schlenker, & Lindskold, 1972）。開門見山的影響，企圖昭然若揭。目標對象知道有人試圖改變他的態度或行為。拐彎抹角的影響，企圖祕而不宣。拐彎抹角的影響手法如第 3 章談到的討好、策略性的自我表現等。本章的重點將放在開門見山的影響。

開門見山的影響形式有許多種，常見的有：（1）說服目標對象改變態度或看法；（2）用威脅或保證的方式取得對方服從；（3）利用合法的命令取得對方服從。

313

首先來看第一個影響手法——說服。當來源企圖說服目標對象時，通常會提出相當有用的資訊，希望能改變目標對象對某些議題、人物或情境的想法和態度。例如，艾瑞卡若能告訴茱莉垃圾掩埋場不為人知的真相和引發的後果，她成功說服茱莉的可能性將大大提高。同樣的，若來源可以提出目標對象沒想過的有力論點，亦可提高成功說服的機會。擁有正確的資訊是有效說服的利器。

以威脅或保證的方式企圖影響他人，主要是靠懲罰和獎賞的手法。如果威脅是為了讓目標對象服從，就必須讓目標對象相信來源可以施予懲罰。便利商店的店員之所以願意交出收銀機裡的錢，就是因為相信歹徒開槍的恫嚇所言不虛。獎賞也是一樣，只是換成用獎賞來控制。若目標對象認定來源根本沒有掌握懲罰或獎賞的權力，威脅或保證就派不上用場。

經由當權者或長官以下令的方式施加的社會影響，乃基於目標對象接受權威的合法性。此種社會影響常見於正式團體或組織內。當來源企圖以合法權力影響目標對象，亦即來源在團體中被賦予能要求目標對象的角色。此一企圖只有在目標對象相信來源確實處於可以下令的權力位置才有效力。這可以解釋為何軍令如山，士兵不得違抗。

由於影響企圖的成效不一、差別極大，況且我們與他人的關係也都會用到社會影響力。因此，有必要好好瞭解在哪些情況下，影響的企圖可以發揮效果。確切地說，本章要探討的問題如下：

1. 說服目標對象改變想法或態度時，有哪些因素會影響成敗？例如，使用的方法策略、來源或目標的特性、訊息本身的屬性等，才能有效達成說服的目的？
2. 在什麼樣的情況下，威脅或保證可以成功地讓目標對象服從？
3. 在什麼樣的情況下，目標對象會難以反抗權威的命令？

4. 要如何抗拒說服的企圖，使得態度不受影響而動搖？

態度改變與說服

314

日復一日，我們不斷接收他人企圖說服我們的訊息。以瑪莉亞典型的一天為例。早上，收音機鬧鐘響起，在瑪莉亞起床前，晨間節目主持人強力推銷新出品的三明治早餐。她的臉書和推特塞滿朋友催促她出門投票給某一候選人的訊息。坐上公車，她讀著頭頂上方的廣告。咖啡店員問她要不要捐點零錢給當地的慈善機構。好不容易坐在辦公桌前，瑪莉亞打開電子郵件，驚喜地發現她最愛的服飾店寄給她品牌日的免運優惠券。數分鐘後，同事經過她的辦公桌，請她幫忙購買女兒學校義賣的小文具。午餐時間，一位朋友提到週末想去聽音樂會，慫恿她一同前往。下午休息時，她聽到同事爭論是否要改變文書作業流程。傍晚下班回家，瑪莉亞打開信箱，發現慈善機構寄來一封字跡工整的信，央請她來當志工。另一封廣告傳單印著數家餐廳和商店的折價券。當天稍晚看電視，接二連三的保險、啤酒、化妝品和進口跑車的廣告不停地促銷產品。

瑪莉亞接收到的這些訊息都有個共同點：他們想要說服她。**說服**（persuasion）的定義是：藉由提供訊息或論點，改變目標對象的想法、態度或行為。說服在社會互動中隨處可見，方式變化萬千（McGuire, 1985）。本節要介紹以訊息為基礎的各種說服面向，包括：溝通—說服範式，以及影響說服效果的來源、訊息和目標對象特性。

溝通—說服範式

想想這個問題：「誰（who）對誰（whom）說了什麼（what），產生了什麼效果（with what effect）？」這個問題有條理地道出當今關於說服的研究。在這個問題中，「誰」（who）指的是說服訊息的來源，「對誰」（whom）則是說服的目標對象，「什麼」（what）是指訊息的內容，「產生了什麼效果」（with what effect）意指目標對象對訊息的各種反應。這些要素（來源、訊息、目標對象、反應）是**溝通—說服範式**（communication-persuasion paradigm）的基本組成要素。圖 8.1 顯示這些要素的相互關係。第一，來源的特性會影響目標對象對訊息的解讀。例如，來源的專業和值得信賴，將影響目標對象改變態度與否。第二，訊息本身的屬性深深影響說服

來源 - - - - - - - - - - -▶ 訊息 - - - - - - - - - - -▶ 目標對象 - - - - - - - - - - -▶ 效果
專業　　　　　　　　落差　　　　　　　　智力　　　　　　　　態度轉變
值得信賴　　　　　　訴諸恐懼　　　　　　涉入程度　　　　　　拒絕訊息
吸引力　　　　　　　片面或雙面　　　　　事先警告　　　　　　反駁
　　　　　　　　　　　　　　　　　　　　　　　　　　　　　暫不判斷
　　　　　　　　　　　　　　　　　　　　　　　　　　　　　貶損來源

圖 8.1　溝通—說服範式

的效果。例如，訴諸恐懼或片面論述的訊息，將左右說服的成效。第三，目標對象的特性也很重要。例如，已有既定立場、對某議題的關心涉入程度、堅守立場的程度等，都會影響目標對象是否拒絕訊息，或反之導致態度轉變。

315

●● 來源

若隨機挑選 25 個人，請他們閱讀一篇對營養抱持特定立場的說服性文章（如報紙的社論）。我們告訴這群人這篇文章是榮獲諾貝爾獎的生物學家寫的。於此同時，我們請另外 25 人閱讀同一篇文章，但卻跟他們說寫這篇文章的是當地一間速食店的廚師。接下來，我們請兩組人表明他們對這則訊息的立場。哪一組人比較容易被這篇文章說服呢？不用說，以為這篇文章是諾貝爾獎得主寫的人，會比以為是廚師寫的還要容易被說服。

為什麼來源的身分會造成差別效果？來源的身分提供給目標對象的訊息，超越了訊息內容本身之外的含義。由於有些來源較其他來源更具公信力，要判定該相信哪個訊息時，目標對象會先留意來源的身分。**溝通者的可信度**（communicator credibility）意指目標對象認為溝通者是訊息可靠來源的程度。注意，溝通者的可信度「因人而異」——也就是在某些人眼中，傳達者是可信的，但在另一些人的眼中則否。例如，很多人深信福斯新聞頻道（Fox News）是可靠的新聞來源，有些人卻半信半疑。

許多因素會影響來源讓人相信和可靠的程度。其中兩個特別重要的因素是來源的專業和值得信賴與否。

專業

一般說來，來源對某議題具備豐富的專業知識時，相對於專業知識水準較低的來源，雖然傳達的是同樣的訊息，但能改變目標對象態度的可能性較高（Chebat,

Filiatrault, & Perrien, 1990; Hass, 1981; Maddux & Rogers, 1980）。因為目標對象對高度專業來源的接受程度較高，也比較不會質疑訊息的可信度。

研究探討參與者對線上健康資訊的影響（Hu & Sundar, 2010）。有的是醫生的意見（Chris Park，醫學博士，可信度高的來源）或業餘人士的說法（Chris Park，可信度低的來源）。其中一項資訊是不要擦防曬乳，以免造成維他命 D 不足；另一項資訊則是提倡飲用生乳取代殺菌乳。這兩項資訊若為醫學博士說的，參與者相信的程度要比業餘人士說的高多了。

即使可信度低來源的說服企圖在剛開始的時候不見得順利，但由於「睡眠者效應」（sleeper effect），經過一段時間後，目標對象也被說服了。不過，這只有在目標對象注意到訊息的重要論點，以及忘記自己原本對訊息來源不信任，才有可能發生（Kumkale & Albarracín, 2004; Pratkanis, Greenwald, Leippe, & Baumgardner, 1988）。

來源的專業和目標對象的投入程度與背景知識交互作用，最後才能判定態度是否改變。當目標對象不覺得議題和自己有關，興趣缺缺、投入程度低，或缺乏相關背景知識的話，此時高度專業來源提供的訊息才比較能造成態度改變。和目標對象個人息息相關的議題，或背景知識雄厚的話，溝通者的專業程度反而對說服的效果影響不大（Rhine & Severance, 1970）。當目標對象的投入程度與背景知識高，他會比較願意仔細處理和思考訊息。訊息本身的內容成了態度改變的主因（Petty & Cacioppo, 1979a, 1979b, 1990; Stiff, 1986）。

值得信賴

雖然專業是溝通者可信度的指標，但卻不是唯一的條件。在某些情況下，來源雖具備高度專業，但卻不可靠。例如，假設你的車子性能不佳，想請修車廠調整一番。一位你從未見過的技師過來檢查你的車子，他指出了幾個問題，其中一個大問題是引擎需要大幅翻修。這位技師告訴你，恐怕得花兩萬多塊錢才能修好，否則你的車子就要報廢了。技師或許很專業，但你會接受他的話，認為得花大筆鈔票才能修好車子嗎？如果你相信他的話，他又會從中撈到多少油水？

如同這個案例所示，目標對象關心的不只是溝通者的專業，還有他的動機。如果訊息的來源露出私心，對溝通者本身太有利，目標對象的心裡恐怕會對訊息打上問號，懷疑溝通者意圖不軌（Hass, 1981）。相反地，看似違背個人利益的溝通者，卻顯得特別公正無私、值得信賴。例如，某家企業的員工告訴你不要買他們公司的產品，應該選購競爭對手的商品。他的意見出人意料，但此番言論的衝擊性，要比他主

© savas keskiner/iStock

車主專心聆聽技師的意見。此時他內心評估的不只有技師的論點內容品質，還有技師的可信度。技師或許具備專業知識，但他值得信賴嗎？

張你該買自家產品的效果大多了。即使你愛用國貨，聽到他這麼說之後，你可能還是會多加考慮。來源提出違反自身利益的論點，超乎你的預期，更具有說服力（Eagly, Wood, & Chaiken, 1978; Walster [Hatfield], Aronson, & Abrahams, 1966）。 317

　　值得信賴也會依來源的身分而異，因為來源的身分隱含著他的目標與價值觀。和接收訊息者抱持相似目標的來源，會更具說服力（Berscheid, 1966; Cantor, Alfonso, & Zillmann, 1976）。研究探討消費者對廣告中呈現宗教符號（例如，十字架）的反應，結果發現符號的效果不一（Taylor, Halstead, & Haynes, 2010）。一般說來，這類符號會提高消費者的評價、增加購買的意願，但效果僅限於路德福音基督教徒。因為這類符號的意涵和基督教徒的態度相似，所以值得信賴。不過，對宗教信仰沒那麼虔誠的年輕人而言，卻可能招致反效果。這群年輕人不喜歡購買宗教意味濃厚的商品。另一和相似性有關的是性別。男性代言的產品較吸引男性購買，女性代言的產品較吸引女性購買（Caballero, Lumpkin, & Madden, 1989）。

吸引力與好感

　　僅僅驚鴻一瞥、不需要想太多──來源的外表吸引力就足以影響訊息的說服力。

如同電視和雜誌上的廣告，業者常找有魅力的人代言產品。有吸引力的人代言的廣告訊息賞心悅目，自然吸引人們的目光，使人更加留意到訊息，因而提高了訊息的說服力（Chaiken, 1986）。此外，外表吸引力能引發好感。因此，我們傾向接受抱持好感來源所推銷的產品或擁護的立場（Burger et al., 2001; Eagly & Chaiken, 1975; Horai, Naccari, & Fatoullah, 1974）。不管你為什麼對來源有好感（相似性、吸引力、單純接觸），只要對其抱持好感，就可以提高說服影響力，強化我們和好感對象之間的關係（Cialdini, 2001; Roskos-Ewoldsen, Bichsel, & Hoffman, 2002）。

　　來源的吸引力若能結合其他因素（如訊息的強度），說服的效果更大。強而有力的論點通常包含大量的事實證據，內容詳盡，令人信服（Wood, Kallgren, & Preisler, 1985）。反之，薄弱的論點品質堪憂。某研究探討廣告對美黑油的促銷作用。不同組別的參與者分別接收到有魅力或無魅力女性代言者的廣告訊息（DeBono & Telesca, 1990）。結果顯示，有吸引力的來源更具說服力。因此，有吸引力的來源，再加上強而有力的論據，說服效果更好。若論據薄弱，就算是有吸引力的人，能發揮的說服作用也是微乎其微。

多重來源的影響

　　除了來源的專業與值得信賴外，還有其他因素會影響訊息的說服力程度。社會衝擊理論（social impact theory）（Jackson, 1987; Latané, 1981; Sedikides & Jackson, 1990）這個一般性的理論架構可以同時用來解釋說服與服從。該理論主張，一個影響企圖的衝擊力道，是實力（社會地位或權力）、直接性（生理或心理距離）以及影響力的來源數量，三者直接作用下的結果。當來源強而有力、近在咫尺又數量龐大，目標對象更容易受到影響。

　　並非所有的預測因子都可用社會衝擊理論加以解釋（Jackson, 1986; Mullen, 1985）。兩位社會科學家設計了一個非常有趣的實驗，他們用臉書（Facebook）測試直接性與來源數量這兩項因子（Egebark & Ekström, 2011）。經過使用者的知情同意後，研究者用不同的臉書帳號發布相同的動態訊息，但暗中變動按「讚」的數目和按讚的對象。動態訊息發布後，臉書朋友會看到三種結果：（1）一個不認識的人按讚；（2）三個不認識的人按讚；（3）一位共同朋友和一票人按讚。果然和社會衝擊理論的預測一致，至少有三個人（來源數量）或一位共同朋友（直接性）按讚時，朋友對該則動態訊息按「讚」的可能性，是看到陌生人按讚的兩倍。這個實驗結果和先前的研究不謀而合。透過數個不同來源傳遞出來的訊息，說服效果比單一來源好

（Harkins & Petty, 1981b, 1987; Wolf & Bugaj, 1990; Wolf & Latané, 1983）。當訊息的論點強而有力時，說服效果更為顯著。若目標對象能細察多重來源傳遞的強而有力訊息，進一步思考與之相關的議題，態度改變的成效可期。但是，多重來源傳遞的空洞膚淺訊息，若加以細察審視，態度也不會有多大改變（Harkins & Petty, 1981a）。

多重來源效果仍存在某些限制條件。第一，多重來源的效果勢必比單一來源來得更具影響力，但也須確保目標對象明白各個來源互為獨立。若目標對象認定這些來源事先串通好、共謀傳遞相同訊息，多重來源的影響力將消退瓦解，溝通效果也遠不如單一來源（Harkins & Petty, 1983）。

第二，多重來源的效果有其上限（Tanford & Penrod, 1984）。來源越多雖可增加說服力，但也有臨界點。例如，經由三個獨立的來源所傳遞的訊息，會比單一來源所傳遞的同一訊息更具說服力。不過，若來源增加成 13 個，說服力可就不一定比 11 個來源的效果好。

●● 訊息

說服性溝通的內容包羅萬象，令人目不暇給。有些訊息的論點呈現事實根據，有些卻充滿情緒性的言詞，企圖搧動你的恐懼或貪婪心理。每個訊息包含的細節、複雜程度、強度、平衡報導程度（片面或兩造說法）不一。這些特性將影響個體如何審視、解讀和推敲訊息。

訊息落差

假設有人告訴你，英國女王伊莉莎白二世的身高 163 公分，你會相信嗎？如果她說的是 178 公分，你相信哪一個說法？若她又改口說是 191 公分，甚至 230 公分呢？就算你不知道女王實際身高多少，但總有個粗淺的概念。你可能採信女王身高 178 公分，但要說女王有 230 公分，這可就令人懷疑了。聲稱女王身高 230 公分的訊息，和你原先的認知差距太大。

落差訊息（discrepant message）意指某人聲明的觀點和目標對象認定的不一樣。落差是程度上的差別。有些訊息非常矛盾，有些不會。要引發信念和態度改變，訊息至少不能與目標對象目前的想法差距太遠。否則，只會讓目標對象更為肯定自己的信念沒錯。在某種程度之內，訊息的落差越大，越能引發態度改變（Jaccard, 1981）。中度落差的訊息比稍微落差的訊息，更能有效改變目標對象的信念與態度。

319

當然，訊息有可能落差到讓目標對象直接置之不理的程度。例如，說女王身高 230 公分也太扯了。

訊息落差和來源的專業，兩者間的關係密不可分。當訊息的落差相當大時，可靠的來源比不可靠的來源更能造成態度改變。因此，可信度高的來源所傳遞的落差訊息，較能為目標對象所接受。若再加上訊息的論點強而有力，效果更是顯著（Clark, Wegener, Habashi, & Evans, 2012）。低可信度來源傳遞的落差大的訊息，說服效果最差。圖 8.2 即說明訊息落差、溝通可信度和論點強度間的交互作用影響。

許多實徵研究的發現和圖 8.2 的結果相符（Aronson, Turner, & Carlsmith, 1963; Fink, Kaplowitz, & Bauer, 1983; Rhine & Severance, 1970）。以某實驗為例，給參與者一張每晚睡眠時間應當多少，方能發揮最佳狀態的書面訊息（Bochner & Insko, 1966）。有些參與者拿到的是諾貝爾獎生理學家（高可信度）的說法，有些則是 YMCA 主管（中可信度）的說詞。每位參與者拿到的訊息內容一模一樣，唯一的不同點是，有些訊息內容聲稱人每晚需要八小時的睡眠，有些訊息內容則主張七小時、六小時，甚至不用睡也沒關係。在實驗開始前，多數參與者認為人每晚大約需要八小時

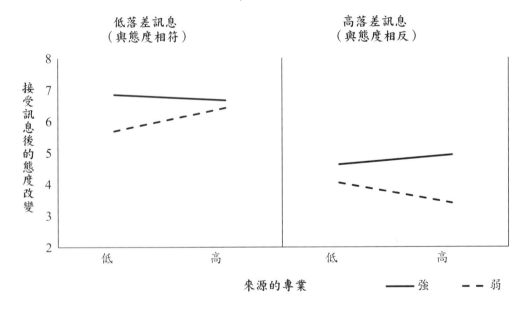

🖼 8.2 來源的專業、訊息落差與論點強度對態度改變的影響

上圖顯示閱讀高專業（頂尖健康學者）或低專業（高中生）來源陳述的論點（強度強或弱）後，對垃圾食物徵稅的態度改變情形。在閱讀前就贊成徵稅的參與者，最容易受到低專業來源說出來的訊息論點強度影響；落差大的訊息亦然。對這類參與者來說，當來源是專家時，論點的品質就成了左右態度的重要關鍵。

資料來源：改自 Clark et al., 2012, Figure 1.

的睡眠。也就是說，這些訊息和參與者的認知落差程度不一。研究結果顯示，和高可信度（諾貝爾獎得主）的觀點差距越大，態度改變的程度越大。除非訊息論點過於極端（人不需要睡眠），參與者才會拒絕相信該訊息。中可信度來源（YMCA 主管）的發現結果大致相同，其中最具說服效果的是稍有落差的訊息（每晚睡三小時）。訊息越極端（每晚睡眠可少於兩小時），中可信度來源的說服效果隨之變差。該研究證實高可信度的來源，加上落差大的訊息，態度改弦易轍的程度最大。

訴諸恐懼

多數企圖說服他人的訊息不是訴諸理性，就是訴諸情緒。訴諸理性的訊息以事實為根據，呈現具體、禁得起考驗的證據。訴諸理性的訊息通常已清楚知道聽眾的需求，提供他們以往沒想到的解決方法。也就是說，這些訊息是要緩和聽眾的情緒。相反地，訴諸情緒的訊息企圖喚起基本的生存驅力、激發需求。這些訊息刻意要刺激聽眾產生情緒。

最常見的訴諸情緒策略，莫過於喚起恐懼心理。當來源試圖鼓動目標對象採取特定行動時，訴諸恐懼的訊息特別有效。例如，政客警告選民若把票投給對手，將會害國家捲入國際紛爭。同樣的，反對吸菸的電視廣告，請來罹患喉癌和肺氣腫的病人現身說法，警告年輕人抽菸的下場。在上述例子中，來源就是運用訴諸恐懼的策略，這類訊息提醒目標對象留意負面後果發生的可能性。除非他們採取來源所訴求的特定行動，否則後果不堪設想（Higbee, 1969; Ruiter, Kok, Verplanken, & van Eersel, 2003）。

某些研究發現，喚起強烈恐懼的溝通方式更能導致態度改變（Dembroski, Lasater, & Ramires, 1978; Leventhal, 1970）。假使目標對象留意到這些訴諸恐懼的訊息，且相信這些訊息能告訴他們如何應付恐懼，他們就會仔細檢視訊息內容並改變態度（Petty, 1995）。訴諸恐懼的溝通方式已有效運用在減少吸菸、提倡安全駕駛、牙齒保健、改變對中國共產黨的看法等等（Insko, Arkoff, & Insko, 1965; Leventhal, 1970; Leventhal & Singer, 1966）。

不過，有些研究顯示，如果訊息過於強烈或讓人過於懼怕，恐會喪失說服效果。在感受到威脅的情況下，人會變得防衛，否認現實或威脅的重要性，忘了該以理性思考（Johnson, 1991; Lieberman & Chaiken, 1992）。由此可見，喚起中度恐懼的訊息，會比喚起極端恐懼的訊息來得有效。

某研究以大學生為對象，用訴諸恐懼的訊息宣導接種破傷風疫苗的效果（Dabbs

319

320

321

& Leventhal, 1966）。這些訊息描述破傷風的傳染性極強、致死率高，還說接種疫苗可以預防破傷風，過程簡單又有效。實驗將參與者分成高度恐懼組、低度恐懼組和控制組。高度恐懼組以栩栩如生的詞彙描述破傷風，讓參與者產生懼怕和憂慮心理。低度恐懼組則略加說明破傷風，僅讓參與者稍微害怕。控制組對破傷風略過不表，參與者幾乎感受不到恐懼。

為判定訊息是否發揮效果，研究者詢問參與學生認為接種破傷風疫苗重要與否、是否實際採取行動接種破傷風疫苗。學生的反應顯示，高度恐懼組的參與者比其他組更有意願接種破傷風疫苗。此外，大學健康中心的記錄資料亦顯示，高度恐懼組的學生在接下來幾個月內，真的去接種疫苗了。

這項研究證實訴諸恐懼的訊息的確能促成態度改變。但是，訴諸恐懼的訊息僅能在特定情況下發揮效果。首先，訊息必須明確的告訴目標對象，若不改變行為，必定遭致嚴重的後果。第二，訊息必須具有足夠的說服力，顯示嚴重後果極有可能成為事實。第三，訊息必須建議替代行動，告訴目標對象若改採替代行動，即可避免嚴重後果。沒告訴目標對象有替代行動可選擇，引發態度改變的可能性微乎其微。相反地，最好能讓目標對象覺得若不採取行動，將躲不掉負面結果（Job, 1988; Maddux & Rogers, 1983; Patterson & Neufeld, 1987）。

近期的研究焦點放在文化取向和訴諸恐懼的說服力。研究發現此種訴求方式若與接收訊息者內在的文化信念一致，說服效果更佳（Lee & Park, 2012）。拒絕菸害公共服務宣言（antismoking public service announcements, PSAs）強調抽菸對癮君子本人的健康危害（「抽菸，受害的是你自己」），這種說法對成長於個人主義文化下的個體（如美國）最為有效。同樣的意象和事實，若對成長於集體主義文化下的個體，則應強調抽菸對家人的危害（「你抽菸，會害了家人」）。

片面或雙面訊息

當來源採取訴諸理性而非訴諸情緒的策略時，也應考量訊息的其他特性。其中一個特性是訊息裡的觀點數目或向度。片面的訊息僅強調來源所支持的某一立場（如：「曝曬陽光會導致皮膚癌」或「曝曬陽光會增加皺紋」）。相反地，雙面訊息不僅呈現來源支持的立場，也提出對立的觀點（如：「曝曬陽光有助於留住體內的維他命D，但也會導致皮膚癌」或「曝曬陽光讓您的膚色發亮迷人，但也會增加皺紋」）。

哪種說法較有效？片面抑或雙面訊息？答案取決於目標聽眾的特性。片面訊息的優點是簡單明瞭。若聽眾早已同意來源的說法，效果尤佳。當聽眾對議題不甚了解

時，來源通常也不太想讓聽眾知道對立的觀點。雙面訊息較為複雜，比片面之詞需要耗費更多心力去處理訊息（Eisend, 2007; Petty & Cacioppo, 1986a）。雙面訊息的優點是讓來源顯得更為客觀無私、值得信賴。當聽眾一開始是反對來源的立場或熟知其他觀點時，這類訊息的效果最好（Karlins & Abelson, 1970; Sawyer, 1973）。以上述的曝曬陽光為例，四種訊息當中，最具說服效果、最能減少聽眾曝曬陽光的說法，是著眼於外表這個雙面訊息：「曝曬陽光讓您的膚色發亮迷人，但也會增加皺紋」（Cornelis, Cauberghe, & De Pelsmacker, 2013）。多數喜歡曝曬陽光的人看重的是它可以提升外表吸引力，而非在意它能改善健康（增加維他命 D）。因此，利用此一心態的說法，會比不符個人經驗或動機的說法更為有效。

●● 目標對象

到目前為止，我們已討論過來源和訊息內容的特性對說服的效果，但也不能忽略目標對象的特性在說服過程中仍占有一席之地。其中一個會影響說服效果的重要特性，即為目標對象的智力水準，另一個特性是關心涉入議題的程度。此外，任何說服企圖也會受到性格因素的影響，如：目標對象是否喜歡思考、是否是個容易焦慮的人。最後，在說服過程中，目標對象專心或分心，也是他是否易被說服的關鍵。

智力

智力高的人不容易受到影響，理由如下。智力高的人通常博聞強記，對某議題知之甚詳（Rhodes & Wood, 1992）。即使對該議題涉獵不多，聰明的人也比較會去審慎評估來源的訴求和訊息本身的真偽（Wood, Kallgren, & Preisler, 1985）。這不僅和先天的智能有關，也和後天習得的經驗和教育有關。研究易被詐騙的受害者，發現最容易受騙的年齡層為 18 到 25 歲。雖然他們熟稔各種高科技產品，但還是比不上受過高等教育和經驗老道的人（Sheng et al., 2010）。

323

對議題的關心涉入程度

目標對象的其中一個重要特性，就是對議題的關心涉入程度（Johnson & Eagly, 1989; Petty & Cacioppo, 1990）。假設有人提倡你就讀的大學應該進行全面改革，例如：增加學分、畢業考試等。這些改革方案即將在下學年度實施。此話一出，相信許多學生會非常關心這個議題，因為這些改革將提高畢業的困難度。現在，另外假設來

源提倡的改革將在十年後實施。目前就讀的學生可能就興趣缺缺了，因為早在改革前，他們就已經畢業了。

對議題的關心涉入程度強烈影響我們處理訊息的方式。關心涉入程度高時，目標對象會仔細審視訊息，反覆思索訊息內容。在這樣的情況下，強而有力的論點較有可能造成態度改變，而空洞膚淺的論點能產生的改變有限。相反地，一點都不關心議題的人，缺乏動力去思考訊息。若有任何態度改變的情形發生，多半是受到其他周邊因素影響，如：來源的專業或值得信賴，而跟論點本身無關（Chaiken, 1980; Leippe & Elkin, 1987; Petty, Cacioppo, & Heesacker, 1981）。

某研究將相似的訊息告訴一群大學生（Petty, Cacioppo, & Goldman, 1981）。該訊息主張大四學生畢業前得通過考試。這個研究操控了三個變項。第一個變項是個體對議題的關心涉入程度。實驗者告訴一半的參與者，新的政策將在來年實施（高涉入組），再告知另一半的參與者新的政策將在十年後實施（低涉入組）。第二個變項是訊息論點的強度。一半的參與者收到了八項強而有力、令人信服的訊息論述，其他參與者收到的是八項空洞貧乏、似是而非的訊息論述。第三個變項是訊息來源的專業程度。一半的參與者拿到的是普林斯頓大學教授提供的訊息（可信度高的來源），另一半的參與者拿到的是當地高中生提供的訊息（可信度低的來源）。

在高涉入組中，目標對象對考試的態度，主要受到論點強度的影響，強而有力的論點使參與者的態度丕變。來源的專業對態度改變無顯著影響。但在低涉入組中，目標對象對考試的態度，主要受到來源的專業影響，來源的專業使參與者的態度轉變。論點的強度對這一組無太大影響。

因此，目標對象對議題的關心涉入程度，是態度改變的調節因素。對關心議題的人來說，論點的強度比來源的專業更為重要。對不怎麼關心議題的人而言，來源的專業才是重點，因為他們根本沒有動力去仔細審視論點。近期的研究結果亦得出相似的結論（Byrne et al., 2012; Chaiken & Maheswaran, 1994）。

性格

除了關心涉入的程度外，個體喜不喜歡思考和解決困難的問題，在說服企圖上扮演相當重要的角色。熱中思考的人有高度的認知需求（Cacioppo, Petty, Feinstein, & Jarvis, 1996），更有動力去詳加檢視論點（Shestowsky, Wegener, & Fabrigar, 1998）。因此，他們會仔細思索論點的內容、忽視周邊次要線索，是不容易被說服的對象（Haugvedt & Petty, 1992）。面對有高度認知需求的聽眾（例如，大學教授），

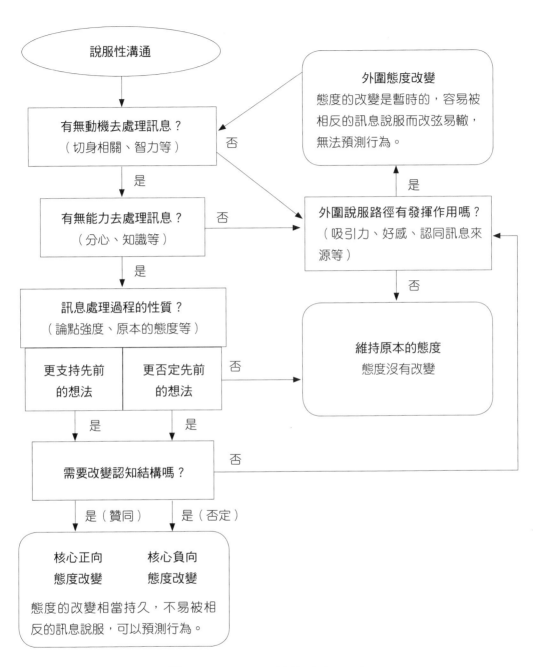

(圖) 8.3 推敲可能性模型（ELM）

推敲可能性模型（Elaboration Likelihood Model, ELM）是一套廣為人知的雙向歷程說服理論模式。依個體處理說服企圖的動機與能力，分成兩條路徑進行。外圍說服路徑靠的是直覺（吸引力、好感、認同），態度改變的可能性偏低。核心說服路徑得付出更多的思考與注意力（仔細推敲論點），較有可能造成持久的態度改變。

資料來源：改自 Petty & Wegener, 1999, Figure 3.1.

325 最好還是花心思好好地建構一系列堅實、禁得起檢視的論點。

除了認知需求外，還有其他會影響個體是否容易被說服的性格特質。**五大性格因素模式**（five-factor model）（Costa & McCrae, 1992; Digman, 1990）或稱「人格五大特質」（Big Five），是心理學常用的一套人格特質模式。這個模式將各種人格特質分成五大因素類別。這些因素和相關的特質分別是：合群（溫暖、友善）、盡責（勤勉、可靠）、外向（開朗、自我肯定）、開放（好奇心強、觀察敏銳）、神經質（自信、敏感）。研究發現過於神經質的人（例如，容易社交焦慮或沮喪），更容易被說服（Hovland, Janis, & Kelley, 1953）。比較開放、喜歡嘗新的人也是（Gerber et al., 2013）。至於外向、合群或盡責等特質是否易受社會影響，研究結果尚無定論。

分心程度

即便是關心議題、認知需求高的人，偶爾也會有沒把注意力放在論點上的時候。會讓聽眾分心的事情很多——身體不舒服、周遭噪音太吵、說者本人的問題等。任何會讓目標對象對論點分心的事物，都阻礙他們仔細思考論點或訴求，由此影響了說服企圖的效果（Albarracín, 2002）。從先前的討論可知，分心的時候，我們通常會運用周邊次要線索來形成自己的意見。環境中令人分心的因素讓我們無法好好的思考論點的細節，只好退而求其次，靠周邊次要線索來判斷，如：說者的吸引力（Petty & Brock, 1981; Petty, Wells, & Brock, 1976）。

屈從於威脅與保證

態度改變並非社會影響的唯一結果。另一個重要的結果是服從——亦即目標對象在行為上服從來源的要求。要求目標對象服從時，來源完全不顧是否合乎目標對象本人的信念，或他想不想改變態度。當然，在某些情況下，服從可以間接導致態度改變——改變了想法，連帶地改變行為表現。但說服不一定會造成行為改變。French 與 Raven（1959; Raven, 1992）主張有六種社會力量可令他人服從。本節要來詳加探討其中兩種：威脅與保證。

假設有位住在密西根州的理查先生。一月的某個寒冷日子裡，鋪天蓋地的暴風雪掩埋了車道與人行道。雖然理查是屋主，必須負責鏟雪的工作，但他認為青春期的兒子已經長大可以擔負這項任務了，他得想辦法讓兒子願意鏟雪。他可以告訴兒子：

「如果你去鏟雪的話，就付你 500 元。」用保證付錢的方式企圖利誘兒子服從。理查也可以威脅兒子：「快去鏟雪，否則這禮拜就不讓你用車。」用要求的方式命令兒子服從，否則就要處罰他。

以保證或威脅的方式施加社會影響力，在本質上異於說服。說服他人時，來源想要改變的是目標對象看待情境的觀點。以理查為例，他可以說服兒子鏟雪是一件非常好玩的事，或是鏟雪是好孩子應有的表現。這些訴求如果奏效，可以改變兒子對事情的看法，但並沒有改變情境本來的狀態。保證或威脅策略正好相反，來源重新架構了情境。例如，藉由對鏟雪施予保證與威脅，理查給這個情境附增了新的條件。不管是保證或威脅，理查都希望這兩種方式能讓兒子屈服。但，究竟哪種方式比較有效呢？

●● 威脅與保證的效果

威脅（threat）意指某人（來源）告訴另一人（目標對象）：「如果你不做（我想要的）X，我就做（你不想要的）Y。」（Boulding, 1981; Tedeschi, Bonoma, & Schlenker, 1972）例如，老闆告訴員工：「如果你不在期限內完成這個專案計畫，就領不到年終獎金。」若員工想領到年終獎金好付醫療保險的費用，而且沒有其他工作機會的話，他也只能乖乖聽從老闆的威脅，盡己所能地達成要求。

當來源使出威脅手段時，可採取的懲罰方式有：毆打、解雇、罰款、分手等。重點在於要使威脅發揮效果，必須讓目標對象對懲罰避之唯恐不及。被老闆威脅開除的員工若有其他工作機會，才不會在乎老闆砍不砍年終獎金，此番威脅對員工來說無關痛癢。

從服從的角度來看保證（promise）。它和威脅類似，只不過是以獎勵取代處罰。例如，提出保證的人會說：「如果你做（我想要的）X，我就做（你想要的）Y。」注意，保證的獎勵操控在來源手上。例如，理查答應兒子，若他肯去鏟雪，就付給他 500 元。人們通常用保證進行利益交換，無論是金錢或其他好處皆可。

透過保證，來源給目標對象一些選擇。例如，理查承諾兒子：「如果你肯去鏟雪，就給你 500 元。」這個時候，兒子的回應可以是：（1）聽從老爸去鏟雪的要求；（2）拒絕服從，這件事到此為止；（3）討價還價，如：「1000 元怎麼樣？車道很長、積雪很深耶。」同樣地，威脅者也可提出選項。此時，目標對象可以：（1）服從威脅；（2）拒絕服從；（3）反過來威脅對方（Boulding, 1981）。

對威脅和保證的反應，帶出了一個重要的問題：在什麼情況下，威脅和保證能奏

效、什麼情況又會失效呢？某些威脅與保證的特性，如：強度、可信度等，將影響目標對象服從的可能性。

威脅與保證的強度

就保證而言，來源提供的獎勵越多，目標對象服從的可能性越高（Lindskold & Tedeschi, 1971）。例如，工廠領班希望工人服從，他可以提出極為迷人的誘因：「如果你們下個月肯加班的話，九月時就讓你們多休幾天假。」不過，若領班只提出些許誘因：「如果你們下個月肯加班的話，今天早上就讓你們多休息五分鐘。」工人的反應可能就會變得很冷淡。

威脅也是一樣。會不會屈從於威脅，和懲罰的強度息息相關。在其他條件相同的情況下，若不從的後果無足輕重，目標對象對威脅極有可能不予理會；若不從的後果非同小可，就無法對威脅置之不理（Miranne & Gray, 1987）。研究發現與此相符，例如：越是嚴厲懲罰作弊，學生越是遵守自律規章（McCabe, Treviño, & Butterfield, 1999, 2001）。

搶匪用槍指著店員。當威脅強大且可信度高時，目標對象極可能屈服。
© Pixtal/SuperStock

威脅與保證的可信度

假設你養的小狗很愛到處亂跑，但你的鄰居卻很討厭狗。有一天，他惡狠狠地告訴你：「再不管好你的狗，我就叫捕狗大隊來抓走。」這番恐嚇的言語令人氣惱，因為你的狗常在他的房子四周撒野。不過，你的鄰居真的會說到做到嗎？或是嚇唬你而已？如果他說話算話，我想你會言聽計從，拴好你的狗。不過，如果他只是嚇嚇你，你可能就會把他的話當耳邊風。可惜，世上沒有絕對的事，誰也不知道該不該當真。唯一的測試方法就是對鄰居的威脅置若罔聞——拒絕服從，事實很快就會得到證明。

若鄰居只是嚇嚇你,就印證了你的假設。當然,如果他來真的,你就得承受後果,受 331
盡一番焦慮折騰,花錢把小狗從動物收容所領回。

　　不管是不是虛張聲勢,任何出言威脅的人都希望目標對象把威脅當真、俯首聽
命。威脅者才不希望目標對象說他是騙子。畢竟,能夠在不實際執行威脅的情況下讓
對方屈服,才是最高明的威脅。如果目標對象拒絕就範,威脅者要不承認自己只是裝
腔作勢,要不然就言出必行,說什麼也要把威脅付諸行動。

　　為判斷威脅的可信度,目標對象會揣測來源執行威脅時所需付出的代價。若執
行威脅需付出的代價很高,威脅的可信度隨之減少。例如,鄰居打電話叫捕狗大隊前
來,僅需花幾分鐘的時間。此外,目標對象也會從來源的社會身分評估威脅的可信
度。例如,一位空手道黑帶高手的攻擊威脅,可信度高過於一位弱不禁風的人。先前
的行為也會影響威脅的可信度。如果鄰居曾叫捕狗大隊來抓別人家的狗,你最好把他
的威脅當真。貫徹始終的威脅最為可信。就算只能偶一執行,也要讓對方誤以為這次
不是開玩笑的。

主觀期望價值模式

　　威脅的**主觀期望價值**(subjective expected value, SEV),意指目標對象感受到
威脅的壓力程度。主觀期望價值的高低取決於數個因素。當威脅的可信度提高、施加
的懲罰強度越大,主觀期望價值也跟著提高(Stafford, Gray, Menke, & Ward, 1986;
Tedeschi, Bonoma, & Schlenker, 1972)。當可信度與懲罰強度兩個因素都高的話,威
脅的主觀期望價值也相應提高;可信度與懲罰強度兩個因素都低的話,威脅的主觀期
望價值也相應降低,目標對象當然不覺得該服從。若可信度與懲罰強度其中之一降低
的話(例如,懲罰強度高、但可信度低),威脅的主觀期望價值也隨之偏弱。

　　要用威脅效果的主觀期望價值模式預測目標對象會不會服從於威脅,得看「威脅
的主觀期望價值」和「服從威脅後需付出的代價」兩個因素(Tedeschi, Schlenker, &
Lindskold, 1972)。也就是說,判斷要不要屈服於威脅時,目標對象會同時評估主觀
期望價值和服從的代價。這些因素對服從的作用力剛好相反。主觀期望價值升高,會
提高服從的可能性;但服從的代價越高,卻會降低目標對象服從的意願。

　　雖然上文以威脅來說明主觀期望價值,但它也可應用在保證上。當然,相關的
變項就要改成獎勵的強度和保證的可信度。研究顯示,獎勵越優厚、保證的可信度
越高,目標對象受影響而心生動搖的可能性越大(Lindskold, Cullen, Gahagan, &
Tedeschi, 1970)。這和主觀期望價值理論的說法一致。不過,此一研究結果只有在

服從之後保證提供的獎勵，比拒絕服從能得到的其他獎勵還要大時，才能成立。

服從權威

332 日常生活中的社會影響力，並非只有說服和服從兩種。你或許也看過一些不是使用威脅、保證或說服的情境，就能下令他人服從。例如，棒球裁判大手一揮，命令犯規的教練離開球場。教練氣得將帽子甩在地上，狠踹本壘板，心不甘情不願地走出球場。裁判不需要說服教練自願離開，他只要簡單地下個命令，就能使教練離場。這樣的服從案例之所以能夠成立，乃因裁判和教練雙方都是某一社會系統（棒球聯盟）的成員。他們的行為必須符合該系統的角色和規則。來源（裁判）影響目標對象（教練）的能力，是系統賦予角色的權力。在球賽的規則下，裁判有權命令犯規的教練離場。

在團體或社會系統中擔負某一角色，也就被賦予其他成員沒有的角色權利和責任。一般說來，這些角色權利和責任授予此人更多的權威，得以在特定的行為和表現

© panda3800/shutterstock

當軍隊指揮官下令時，更凸顯其權威。

上凌駕他人。**權威**（authority）意指某成員命令他人的能力——亦即，透過角色賦予的權力，他可以指揮或管理其他成員的行為。當裁判要求教練離場，就是基於合法的權威，行使他的權力。

不論是警察的喝令、法官的判決、父母親的指示和神職人員的告誡，都是有限定範圍的權威，受到規範的約束。來源只能憑藉角色或他在社會團體的職位，加上其他人願意接受他有權利指示行為時，方能行使權力（Kelman & Hamilton, 1989; Raven & Kruglanski, 1970）。行使權力時，來源援引規範，強迫目標對象服從。來源可以直接或間接影響的人數越多，以及指揮管理的行為範疇越大，代表他在團體中的權威越大（Michener & Burt, 1974; Zelditch, 1972）。

本節將探討合法權威的影響力。首先，介紹一些不當服從的有趣實驗。這些研究探討權威如何將行為推向極端。第二，探討有哪些因素會影響目標對象服從與否。

●● 服從的實驗研究

服從權威通常會帶來一些好處，例如可以促成人與人之間的合作。警察和司法人員為維持社會秩序而要求民眾服從命令；能遵循上司或雇主指導的員工，通常工作表現較佳。但，若無條件地服從權威，有時也會招致可怕的後果。

2012 年日舞影展（Sundance Film Festival）播放了一部名為《服從》（*Compliance*）（譯注：中文片名譯為《快餐店陰質事件》或《快餐店霸凌事件》）的劇情式紀錄片。劇情改編自 2004 年發生在肯塔基州一家餐廳的懸疑事件。看完這部影片的觀眾莫不驚惶地發現，原來一個人可以服從權威的命令到這種地步。

忙碌的星期五晚上，速食店的值班經理唐娜接到一位自稱「史考特警官」的電話，請她協助警方調查。史考特警官說店內一名員工被控偷竊。雖然他只能大致描述員工的模樣，但值班經理馬上知道被指控的是外場的年輕女服務生。史考特警官說現在警方派不出人手前來現場調查，因此他需要唐娜的協助，而且他已經得到店長的允許了。史考特警官要求值班經理將該名女服務生叫進辦公室，命令唐娜按他的話去做。首先，搜查女服務生的個人財物，接著要求她全身脫光接受檢查。由於餐廳的客人越來越多，唐娜必須到外場支援，史考特警官於是要求唐娜請一個她可以信任的人前來協助調查，唐娜就找了她的未婚夫尼克斯來店裡幫忙。接下來兩個小時，史考特警官命令尼克斯極盡所能地羞辱女服務生，包括檢查肛門和陰道，甚至還要求他表演性侵戲碼。最後，連尼克斯也覺得事情不大對勁，跟唐娜說他得離開了。忙碌的唐娜

333

不疑有他，叫餐廳的維修工人幫她調查。維修工人發現發生在辦公室的惡行後，拒絕助紂為虐。他的反應終於點醒了唐娜，起疑的唐娜打電話給店長，詢問他是否聽說所謂的史考特警官提過偷竊一事。店長說沒有。至此，謎底揭曉，這是一場惡質的騙局。唐娜和她的未婚夫盲目地服從這位不知名來電人士，成了他的共犯。但這不是唯一僅有的事件——相似的事件還在美國其他地方上演。

社會心理學也研究了服從權威的惡果。在一項研究中，醫院的護理師收到醫師的醫囑，令其餵病人吃藥。醫囑是透過電話傳達的，護理師並不認識下令的醫師。開立的藥物也非醫院的常用藥，因此，護理師並不熟悉藥物的作用。醫師開立的藥物劑量非常重，遠遠超過最高劑量。結果顯示，幾乎所有的護理師都準備按醫師的指示對病人投藥（Hofling et al., 1966）。

當然，該研究的情況條件——就像肯塔基州快餐店一樣，對服從較為有利。但在不同的情境條件下，服從的比率就沒有那麼高了。例如，其後即有研究指出，若護理師熟悉藥物的作用，且能大膽地向同事諮詢的話，服從的比率就會顯著降低（Rank & Jacobson, 1977）。

在某些情況下，服從權威的後果不堪設想，尤其是命令涉及道德問題或應受譴責的行為時。歷史的前車之鑑比比皆是，例如，越戰時期的美萊村大屠殺（My Lai Massacre）事件。當時的士兵因服從凱利中尉的命令，殘忍地殺害了手無寸鐵的無辜村民。還有 1930 到 1940 年代，德國納粹屠殺猶太人。因為服從希特勒威權政府的命令，一些德國民眾竟犯下多數人都知道違反良心的暴行——毆打、沒收財產、刑求，殺害了數以萬計的猶太人。這些看似瘋子才會做的行為，但 Arendt（1965）指出，其實多數參與大屠殺的人都不是精神病患，也不是喜歡殺人遊戲的虐待狂，而是受制於強烈社會壓力下的尋常百姓。

為探討服從合法權威的極限，Stanley Milgram 進行了一項實驗（Milgram, 1965, 1974, 1976; Miller, Collins, & Brief, 1995）。Milgram 建立一個權力位階，其中一人（實驗者，扮演權威者的角色）可以下令研究參與者傷害另一人（實驗助理，扮演受害者的角色）。研究的目的主要是想瞭解研究參與者會不會服從有違道德良心的命令，去傷害無辜的受害者。

一開始，Milgram（1963）透過報紙廣告，召募了 40 名男性為研究參與者。他們的年齡介於 20～50 歲，職業各不相同（有的是藍領階級的勞工、白領階級或大學教授）。當研究參與者抵達實驗室，才發現還有另外一位前來應徵的人（面貌和善的 47 歲男性會計師）。這個人外表看起來雖然像是另一位參與者，其實是實驗助理

假扮的。實驗者告訴參與者，研究的目的是測試懲罰（電擊）對學習的效果。其中一位參與者擔任學生，另一位則擔任老師的角色。兩位參與者抽籤決定由誰擔任哪一個角色。但參與者不知情的是，抽籤早就設定好由實驗助理來擔任學生了。接著，學生（實驗助理）被帶到隔壁的房間，綁在電擊椅上，手腕連著電極。學生提及他有心臟方面的疾病，擔心電擊會有危險。穿著白袍的實驗者回答說，電擊雖然會痛，但不至於造成永久性的傷害。

參與者和學生以兩兩配對的方式進行學習任務。擔任教師角色的參與者透過對講機念出一些字詞，隔壁房間的學生要牢牢記誦。複述完這些字詞後，參與者要測試學生是否有好好學習。參與者再次大聲地念出第一個字詞和第二個字詞的四個選項（就像選擇題一樣）。學生的任務就是選出正確的答案。

就像表面上要探討懲罰對學習的效果一樣，實驗者命令參與者在學生答錯的時候要施以電擊。電擊由發電機傳送電壓，電擊的範圍是 15 到 450 伏特，有 30 個耐壓等級。參與者依指示從最小的 15 伏特開始電擊，學生每犯一次錯就增加電擊量。亦即從 15 到 30 伏特，再到 45 伏特，最高到 450 伏特。依發電機的標示，最低的 15 伏特是「輕量電擊」，135 伏特是「強力電擊」，375 伏特是「危險的激烈電擊」，最高的 450 伏特則醒目地寫著「×××」（緊急信號）。事實上，這套發電機是假的。學生根本沒受到任何電擊，但他演得十分逼真，可以騙倒參與者。

實驗開始後不久，實驗助理很明顯地跟不上學習。雖然有答對幾題，但很多題都答錯了。參與者依令須對他施加一次比一次高的電擊。當電擊量來到 75 伏特時，隔壁房間電擊椅上的學生開始大聲呻吟。120 伏特時，他痛苦的大喊大叫。150 伏特時，他要求實驗者放了他（「讓我離開這裡！我不當實驗品了！我不想再做下去了！」）。270 伏特時，學生發出可怕的尖叫（參與者聽到的尖叫聲是事先錄好的，所以每位參與者聽到的尖叫聲都一樣）。

不管參與者對實驗程序如何擔心或驚慌，實驗者仍堅持要求參與者繼續（「實驗必須繼續進行」、「你沒有選擇——你必須繼續」）。300 伏特時，學生絕望的哀求放過他，他不會再回答任何題目了。實驗者的反應是告訴參與者若對方不回答，就視為答案錯誤。來到 315 伏特時，學生發生淒厲的尖叫；330 伏特時，已聽不到任何聲音。此時，就算學生沒有回答，實驗者依舊冷靜地指示參與者繼續施以最高的 450 伏特電擊。

這個研究揭示了一個基本問題：「有多少比率的參與者會繼續電擊到最高的 450 伏特？」結果顯示 40 位參與者中，有 26 位（65%）持續進行到最高的 450 伏特電擊

335

量。雖然他們可以拒絕繼續做下去，但沒有一個參與者在按下 300 伏特電擊鈕前停止實驗。即使學生淒切的哭喊，多數的參與者仍然服從實驗者的命令。

可以理解的是，這樣的實驗情境對參與者造成的心理壓力有多大。多數參與者還是很擔心學生的安危。隨著電擊量一再提高，參與者越來越坐立難安。有些參與者開始冒汗、苦笑，還有許多人哀求實驗者去看看學生的狀況或立刻中止實驗。少數參與者心情沮喪到不願再服從實驗者的命令。然而，整體的服從比率如此之高，反映出合法權威所下的命令，影響力不容小覷。

請注意，基於保護研究參與者的倫理議題，Milgram 的實驗已無法在今日複製重現。要求參與者電擊他人——就算最後讓參與者知道這不過是一場研究把戲，還是有可能造成參與者情緒不安，甚至引發創傷後壓力症候群（PTSD）。今日的大學、醫院和其他組織機構的人體試驗委員會（Institutional Review Board, IRB）會詳加審查任何以人體為實驗的研究，衡量潛在的風險與利益。必須先得到委員會的同意方能進行研究。

●● 影響服從權威的因素

如 Milgram 的研究所示，在權威的命令之下，人通常會聽命順從，尤其是命令具有合法性，或背後有力量撐腰時。儘管如此，權威下達命令時，可能引發十分複雜的過程，造成各種不一樣的反應（Blass, 1991）。服從並非必然的結果；下位者有時也會抗命不從。在 Milgram 的研究中，雖然多數參與者服從了權威的命令，但也有些參與者不肯就範。其他研究也得出相似的結果：服從雖是最為常見的反應，但反抗權威的例子亦有所聞（Martin & Sell, 1986; Michener & Burt, 1975）。此一結果衍生了一個基本的問題：在什麼樣的情況下，人會服從權威的命令，而在什麼樣的情況下，卻會拒絕服從呢？有哪些因素會影響團體成員是否服從權威？

某些因素對服從的影響直接明瞭。例如，在其他條件相同的情況下，亮出權威的象徵——如制服或徽章，就可以提高服從的結果（Bushman, 1988）。在一項研究中（Sedikides & Jackson, 1990），實驗者請動物園的遊客不要伸手碰觸鳥類展示區的護欄。若實驗者身穿動物園管理者的制服而非便服，遊客顯然較願意服從此一命令。Milgram 的實驗也使用了權威的象徵——讓實驗者穿上白袍。

另一個重要的因素是，下達命令的人是否有權在對方不服從的情況下施予懲罰。雖然這不是 Milgram 實驗裡著眼的因素，但其他研究曾操控權威行使懲罰的強度。結

果顯示，懲罰的強度越大，服從的可能性越高（Michener & Burt, 1975）。

Milgram（1974）也進一步擴展他的實驗，探討其他可能影響服從的因素。例如，其中一個操弄變項即為實驗者對參與者的監控程度（Milgram, 1965, 1974）。在某組的實驗進行過程中，實驗者坐在離參與者僅數步之遙的位置，全程緊迫盯人。另一組的實驗者說完指導語後就離開實驗室，在遠端用電話發出指示。結果顯示，面對面下令時服從的參與者人數，比用電話遙控而服從的參與者還多三倍。換句話說，被直接監控的參與者更為服從。用電話交談時，有些參與者會跟實驗者保證，說他們已經提高電擊的強度。但實際上，他們僅施以輕微的電擊，甚至根本沒按下電擊鈕。這番伎倆既對得起自己的良心，同時又可避免直接挑戰權威。

Milgram（1974）操控的另一個變項為參與者和受害者的身體距離。結果顯示，參與者和受害者的距離越近，參與者越能體會受害者的痛苦——大為降低參與者施予電擊的意願。最極端的情況是，受害者就坐在參與者旁邊。此時，服從的舉動銳減。Tilker（1970）亦有相似的研究發現。當參與者要為自己的行動負完全責任時，他們比較不願意傷害受害者。

服從權威也會因參與者被下令時所處的職位所影響。Kilham 與 Mann（1974）採用和 Milgram 類似的實驗情境。其中一位參與者為實際按下電擊鈕的人（執行者），另一位參與者只是傳達實驗者的命令（傳達者）。結果顯示傳達者的服從比率是執行者的兩倍。換句話說，越靠近權威者職位、但不必進行按下電擊鈕這個不快任務的人，越為服從。

抗拒影響與說服

我們並非只是他人說服和命令之下無力的受害者。社會心理學家已找出數個可以強化我們抗拒態度改變的能力。本節將探討三個避免被說服的主要因素，分別是：態度免疫、事先告知，以及逆反作用。

●● 態度免疫

該如何培養不被輕易說服的能力呢？McGuire（1964）主張，目標對象可以透過「免疫」來對抗說服。他具體指出各種**態度免疫**（attitude inoculation）的方

式，以此來鞏固個人信念，抵抗說服企圖。其中一個方式是**反駁答辯**（refutational defense）。就像醫學的預防接種一樣，讓病人注射少量的病原體，慢慢發展出抗體。反駁答辯的步驟包括提供目標對象：（1）和個人信念有落差的訊息；（2）提出與不一致訊息相矛盾的論點，以支持目標對象原本的信念。藉由讓目標對象接觸微量的攻擊，並教導他們反駁的技巧。此種態度免疫的方式可以建立目標對象的反擊能力，並替未來可能遇到的強大攻擊預做準備。

338

某些研究（McGuire & Papageorgis, 1961）已證實反駁答辯在對抗說服企圖的效果。研究中的大學生收到三種和原本個人信念與「文化常理」（cultureal truisms）不一樣的訊息。在接到訊息的前兩天，這些大學生接受態度免疫的訓練，培養其對說服的抵抗力。針對第一個文化常理，大學生接受的是反駁答辯訓練。第二個文化常理，則接受**支持性答辯**（supportive defense）訓練——贊同該文化常理的精闢論點。第三個文化常理，沒有接受任何訓練。實驗接著攻擊大學生的態度信念，請他們評估同意每個文化常理的程度。結果顯示反駁答辯訓練在對抗說服企圖上最為有效，支持性答辯次之，毫無防備訓練者對說服最無招架之力。後期的研究亦將反駁答辯的範圍，從文化常理擴展到其他領域的態度（如：政治、健康）。

●● 事先告知

第二種對抗影響的方式為警告目標對象即將遭遇說服企圖。事先告知（forewarning）並不需要額外提供反駁論點的訊息——只須警告他們的態度即將受到攻擊，自然就會發展出一套自我防禦的論點（Freedman & Sears, 1965）。不過，若能結合反駁答辯和事先告知兩種技巧，效果特別顯著。例如，向中學生宣導的反菸宣言，若包含事先告知的訊息（「不管你現在有沒有抽菸。事實上，中學是你最容易屈從於同儕壓力而抽菸的時期」），再加上反駁答辯技巧（**抽菸好酷**。「朋友才不會希望看到你做蠢事。真正的朋友會尊重你珍惜生命的決定，他們知道什麼樣的生活方式對你最好」），這樣的宣導說法能有效地保護拒絕吸菸的態度，避開危險的行為（Pfau, Van Bockern, & Kang, 1992）。

越早提醒他人即將遭遇說服企圖，就越有充分的時間預備反駁的論點。若有動力及早準備，就越能培養出抵抗說服的能力（Chen, Reardon, Rea, & Moore, 1992; Petty & Cacioppo, 1979a）。由此可見這是使事先告知發揮效果的重要條件，目標對象必須關心、重視這個議題。如果他們真的關心這個議題，事先告知可以驅使他們捍衛個人

的立場。但，假使他們漠不關心，事先告知能發揮的效果就很有限。在某些情況下，甚至會反過來使態度丕變（Apsler & Sears, 1968）。

●● 逆反作用

有時候，說服的企圖太超過了。以高壓粗暴的方式想說服他人改變態度，反而引發反效果，這個現象稱為逆反作用（reactance）或回力鏢效應（boomerang effect）。亦即目標對象覺得個人的自主性和自由度受到威脅，心生反感（Brehm, 1966）。為奪回控制權，目標對象起而反抗，以維護自主性。研究顯示，拒酒、拒菸、反塗鴉；醫師的忠告；電視警語標示和酒類飲料上，皆可看到逆反作用引發的效應（例如，Bensley & Wu, 1991; Bushman & Stack, 1996; Pennebaker & Sanders, 1976; Ringold, 2002）。

339

摘 要

某人（來源）促使他人（目標對象）改變想法或原本想表現的行為，即產生社會影響。重要的公開影響形式包括：說服、威脅與保證、行使合法權威。

■ 態度改變與說服

說服是為了改變目標對象的態度而經常使用的社會影響方式。（1）溝通─說服範式指出，來源、訊息和目標對象的特性，都是影響訊息能否改變信念與態度的因素。（2）來源的某些特性會影響訊息的效果。可信度高的來源（專業和值得信賴）較具說服力。若訊息的論點強而有力，有吸引力的來源更能發揮說服效果，多重且互為獨立之來源提供的訊息，要比單一來源提供的雷同訊息更具說服力。（3）訊息的特徵也會影響說服訊息的效果。落差大的訊息若出自可信度高的來源，說服的效果最佳。當來源試圖鼓動目標對象採取特定行動，以避免迫近的負面結果時，訴諸恐懼的訊息特別有效。若目標對象已然同意說者的觀點，或對議題不太瞭解時，此時片面訊息要比雙面訊息有用。（4）目標對象的特性也會影響訊息的效果。相當關心議題、喜歡思考細節、專注用心、仔細審視訊息內容的目標對象，較易受論點的強度而非周邊次要因素影響。

■ 屈從於威脅與保證

威脅與保證是用來讓目標對象服從（而非改變態度）的影響技巧。運用威脅與保證手段時，來源可藉由直接操控附加條件，改變目標對象的情境。威脅的效果取決於懲罰的強度與執行懲罰的可能性。懲罰越重、執行的可能性越高，越能令對方服從。保證也是一樣，只不過採用的是獎勵而非懲罰。

■ 服從權威

權威意指某一團體成員，利用角色被賦予的權力，具備下令或要求團體成員的能力。（1）服從權威的研究顯示，參與者會因為服從權威的命令，而對無辜的受害者施予極端強烈的電擊。（2）當權威者身著制服、有對抗命者施加懲罰的權力，再加上參與者受到下令者直接監控、與受害者的距離較遠、是傳達者而非執行者時，更容易發生服從權威的情形。

■ 抗拒影響與說服

340

透過態度免疫的過程，在被來源的論點說服之前，提供可以讓目標對象練習抗拒說服企圖的反面論點。事先告知目標對象即將遭遇說服企圖，亦可降低被說服的可能性。最後，若說服企圖過於高壓強勢，讓目標對象覺得個人的自由意志受到威脅時，目標對象會為了捍衛自主性而抗拒說服。

重要名詞與概念列表

五大性格因素模式（294 頁）	主觀期望價值（297 頁）
目標對象（280 頁）	來源（280 頁）
服從（280 頁）	社會影響（280 頁）
社會衝擊理論（286 頁）	保證（295 頁）
威脅（295 頁）	逆反作用（305 頁）
溝通者的可信度（283 頁）	溝通─說服範式（282 頁）
落差訊息（287 頁）	態度免疫（303 頁）
態度改變（280 頁）	說服（282 頁）
權威（299 頁）	

[思辨能力技巧] 評估說服訊息

　　如本章所述，日常生活中充斥著各種說服訊息。有些訊息令人信服，有些訊息則否。思辨能力可以幫助我們辨別兩者的差異。

　　牙醫經常鼓勵大眾要定期刷牙和用牙線清潔牙齒。這類訊息和牙膏、漱口水、牙刷廣告的訴求不約而同，都是要你做好牙齒衛生保健。這類訊息沒什麼不對，沒有人會叫你忽視牙齒與牙齦健康。

　　不過，那些喜歡找你出去喝一杯的朋友也會告訴你相似的保健訊息。他們說的訊息和秀出潔白牙齒的商業廣告如出一轍。和牙齒保健訊息一樣，各種來源提供的訊息內容差不多。然而，這些訊息仍存在重大差異。根據你在本章所學，你覺得這些說服企圖的差異在哪裡？往下讀之前，請你先思考一下。

　　或許和來源的可靠性與可信度有關。如果你好好保健牙齒，牙醫還能有什麼賺頭？事實上，如果你無視牙醫的警告，反而得花更多的錢修補牙齒，讓牙醫賺進大把鈔票。

　　或許和訊息的目的有關。你的朋友是真的關心你，但也想和你同樂，出去喝一杯。邀你出去或許出於私心，有個大家可以一起開心相聚的時光。賣伏特加或漱口水的廣告也是出於私利，目的啟人疑竇。想想不管哪個訊息，是否都隱含偏見或私心在裡面？

　　或許和來源的證詞及論證有關。牙醫對牙齒保健知之甚詳。口腔保健廣告通常提出正面的證據，如：「能殺死口腔內 99% 的細菌」、「八成的牙醫師推薦」。你的朋友或酒類廣告業者還有提出哪些證據，證明你們在酒吧的聚會很歡樂呢？能假設大家都很開心嗎？你的朋友或廣告業者有努力要證明這個論點嗎？思辨能力就是要你評估訊息的論點。它有說服力嗎？訊息呈現的方式合乎邏輯嗎？最後的結論是什麼？

　　學會區分何謂有效的說服訊息、何謂無效的說服訊息，不僅能讓我們成為聰明的訊息接收者，還能協助我們更有效地說服他人。

341

chapter **9**

利他與利社會行為

引　言

　　珍妮佛‧拜爾，22歲，二月時駕著她的車，沿著威斯康辛州的老河路而行。她正要去拜訪一位老朋友，但一位濕淋淋的孩子招手要她停車，她立刻下車查看怎麼回事。傑夫‧拉索基全身顫抖、飽受驚嚇，他說他的朋友——九歲的柯林‧迪格——在冰凍的河面上玩，不慎失足掉入河中。傑夫想盡辦法爬上來，跑到岸邊呼救。但柯林仍被困在河裡，動彈不得。

　　珍妮佛往河面走去，她看見柯林在嚴寒的水裡掙扎。像這種時候，很多人不敢冒著個人生命危險前往搭救，但珍妮佛仍執意前進。她一吋吋地往冰上靠近，設法用圍巾將柯林拉出來。但冰面突然碎裂了，她噗通一聲栽進水裡。柯林的意識逐漸模糊，就在這個時候，傑夫找到另一位大人辛蒂‧葛拉芙。她趕緊撥打報案電話，接著跑向河邊。

　　珍妮佛捉住柯林，試著讓他浮出水面，但卻徒勞無功。柯林已經昏過去了，衣服濕透的重量拉著他往下沉。珍妮佛的四肢因寒冷而開始麻痺，可是她還拚命抬著柯林的頭。此時，警察和消防隊都趕到現場，他們飛快將兩人送往鄰近的聖伊莉莎白醫院。醫生分秒必爭地搶救。一星期後，柯林脫離險境，身體漸漸康復。

　　珍妮佛的義行可嘉，令人欽佩。其實每天都有人需要我們伸出援手，幫助他人有很多方法，例如讓人搭便車、更換爆掉的輪胎、捐血、到慈善機構當志工、歸還失物、協助意外的受害者等等。當然，你會去幫助人，其他人不見得會這麼做。在上述的例子中，雖然珍妮佛不顧一切地營救柯林，但也有人做壁上觀；有些人甚至不肯停下來幫助拋錨的機車騎士或捐點小錢做慈善。因此，社會心理學家想探討助人行為的變項。我們何時會助人、何時不會，為什麼？根據實徵研究和理論，本章要探討下列問題：

1. 驅使我們協助他人的動機為何？
2. 受助者有哪些個人特質，會影響他人伸出援手？
3. 文化因素，如規範和角色，對助人行為的影響為何？
4. 情境特徵會如何影響助人行為？
5. 發生緊急情況時，決定旁觀者是否介入和提供協助的因素為何？

6. 伸出援手後，有哪些因素會影響受助者的反應？

　　探討正面的社會行為時，社會心理學家通常會使用三個互有關聯的名詞。利社會行為（prosocial behavior）泛指考量他人利益的行為，能為社會帶來正向的結果。包括捐款給慈善機構、合作互助、分享交流、志願服務、犧牲奉獻等。與之相反的是攻擊、暴力或破壞性的反社會行為。助人（helping）是一種利社會行為，能帶給某些人好處或改善他們的福利（Dovidio, Piliavin, Schroeder, & Penner, 2006）。意圖不重要，助人者的行動不一定懷著裨益他人的意圖。此外，助人者或可從助人中獲益。根據這個定義，助人行為或許帶有自私或利己的動機。另一種利社會行為是利他。雖然何謂利他，可說是眾說紛紜（Kalmijn & De Graaf, 2012），在這裡，我們把利他（altruism）定義為：有意幫助他人、不期待任何回報（但可能會帶來好心情）、會對助人者造成極大風險的助人行為。注意，利他的意圖很重要。根據利他的定義，助人者必須意圖裨益他人（Piliavin & Charng, 1990; Schroeder, Penner, Dovidio, & Piliavin, 1995; Simmons, 1991）。事實上，這才是利他行為最主要的目標（Batson, 2011）。

助人的動機

　　驅使我們協助他人的動機為何？至少有三種主要的觀點，各有其人性觀作為依據。第一種觀點認為人是自私的利己主義者，只關心自身欲望的滿足。助人是起於某些隱而不顯、自私自利的動機。潛在的助人者會估量助人的代價與好處。第二種觀點認為人是慷慨、無私的，能夠真心的關懷他人的福祉。例如，路人衝去幫助車禍受害者，緩和受害者的痛苦。第三個是演化心理學的觀點。演化心理學認為利社會行為是演化而來的特質。助人可以確保個體把基因傳遞到下一代。我們會在這一節詳細說明這三種觀點。

●● 利己主義

　　認為人性基本上是自私的，只關注個人欲望的滿足。這個看似簡單的觀點，被社會科學用來解釋大部分的社會行為，包括利社會行為。雖然這個觀點承認助人行

為出現的頻率還算高，但背後總帶著某些隱而未說、自私自利的考量（Gelfand & Hartmann, 1982）。例如，會協助同儕完成困難的作業，是為了得到他人的讚賞與認可、不想懷著罪惡感或丟臉、施恩於人或藉此提升個人的自尊。受自我滿足感驅使的助人行為，稱為利己主義（egoism）。

即使是最為他人著想、慈善的行為，背後都有酬賞和代價的考量，影響著是否提供幫助的決定。每個助人行動，多多少少都會讓助人者覺得負擔（危險、費時、財物損失、費力）。一般說來，要付出的代價越大，越不可能提供協助（Kerber, 1984; Shotland & Stebbins, 1983）。你會比較願意幫助同學準備當學期你也在修習的科目考試，還是上學期的科目呢？如果你也要研讀考試科目，幫同學瞭解考試內容不需花費你太多時間，甚至還能幫你自己精熟考試內容（算是額外得到的收穫）。不過，協助同學準備一個你沒有選修的科目考試，得付出某些代價。你得花費寶貴的時間研讀別的科目，而且得不到什麼好處。

不提供協助也要付出代價（讓他人失望、尷尬丟臉、受到責怪）。評估這些代價是助人行為很重要的歷程。許多理論學家相信，除非給予個體認可的酬賞（不是立即的酬賞無妨）超過需付出的代價，否則個體才不會提供協助（Lynch & Cohen, 1978; Piliavin, Dovidio, Gaertner, & Clark, 1981）。

能激發助人的酬賞不勝枚舉，包括得到：受助者的感謝、他人的讚賞、財物報酬和獎品、能力受到認可等。如果能夠得到地位提升方面的酬賞，將會大大提高助人的動力（Bienenstock & Bianchi, 2004; Kerber, 1984）。即使是小的酬賞——每次捐款都可以獲得一塊巧克力餅乾——也能提高個體的助人行為。因助人而得到回報，是個體做出助人行為的自私理由（Holmes, Miller, & Lerner, 2002; Perlow & Weeks, 2002）。

助人的形式依個體追求的酬賞而定。反過來，也要依個體自身的需求而定。例如，某研究邀請學生擔任有相似報酬的利社會活動志工。若讓他們選擇，學生通常會選擇擔任和個人價值觀與喜好有關的志工。比方說，那些喜歡新鮮事的人，更常去擔任超常意識（超感官知覺，ESP）和催眠課程的志工。而那些喜歡親密社會關係的學生，則偏好去課後輔導學業成就低落的高中生（Gergen, Gergen, & Meter, 1972）。

●● 利他與同理心關懷

我們常對他人的情緒痛苦動容，並以提供幫助作為回應。同理心（empathy）一

詞，意指感同身受的替代性情緒經驗——與他人的情緒經驗幾乎一致（Barnett, 1987; Eisenberg & Miller, 1987）。例如，媽媽看到兒女受苦，她的心情也和孩子一樣難受。諸多證據顯示，對亟需幫助的人懷抱同理心的感受，才會引發助人行為（Batson et al., 1981; Dovidio, Allen, & Schroeder, 1990; Eisenberg & Miller, 1987; Fultz et al., 1986）。

同理心—利他模式

同理心—利他模式（empathy-altruism model）主張，目睹他人的痛苦，會引發兩種獨特的情緒激發狀態：悲痛（distress）與同理心。悲痛是看見他人受苦時產生的震驚、驚恐、擔憂和煩亂等令人不愉快的負向情緒；同理心則是對他人抱持悲憫、關心、溫暖和心軟等情緒（Batson, 1987, 1991; Batson & Coke, 1981; Batson & Oleson, 1991）。這些情緒喚起狀態激發兩種不同的動機，但都能導向助人行為。若個體因目睹他人受苦而心生悲痛，助人行為的動機是為了緩解自身的痛苦（利己）。這種情況和目睹他人受苦而產生的同理情緒相反。同理心讓旁觀者出手相助，但動機卻是出

347

© Ocean/Corbis

誰願意當教會的志工？誰會捐錢呢？個人的特質有時是助人的驅力，但計算成本—利益、文化規範、情境因素甚至基因，也都扮演相當吃重的角色。

自於想緩解他人的痛苦（利他）。同理心─利他模式得到眾多實驗證據支持。一般說來，會讓參加實驗的參與者目睹他人受苦，再自行決定是否願意提供協助。這些研究的自變項是同理程度和逃離現場的容易程度。同理程度越高，助人行為也越多，與是否能逃離現場無關。不過，若痛苦程度太高，助人行為恐怕會大幅減少，因為逃開現場容易多了。此時參與者會選擇離開現場，而不是付出助人的代價（Batson et al., 1983）。藉由離開現場轉移痛苦，但富有同理心的人則不會這麼做。

利他會促發助人行為，在同理心的催化下所引發的助人行為，似乎比利己主義更為持久（Piferi, Jobe, & Jones, 2006）。研究探討 911 恐攻事件後的助人行為，發現：出於關心他人的動機（付出是為了緩解他人的不適）而捐錢、捐血、捐物資或做出其他助人形式者，在事件發生一年後，持續助人的可能性高出為了緩解個人痛苦者（利己動機）四倍之多。這可能是情緒激發狀態不同使然。911 事件對美國人造成相當大的情緒衝擊。為緩解個人痛苦而助人者，在初次付出之後，情緒激發狀態和情緒痛苦就跟著降低了。然而，為緩解他人痛苦而助人者，即使在恐攻發生一段時間之後，仍持續同理受害者。

●● 演化論的觀點

解釋利社會行為的第三種觀點為演化論，基本概念為：任何由基因決定的生理屬性或特質，都是為了幫助個體生存，傳遞基因給下一代。最後，擁有這些屬性的個體會比沒有的個體更容易存活下來。演化論常以動物界為例證明其論點。例如，助人行為和利他、自我犧牲的行為，在自然界隨處可見。以地松鼠為例，當掠食者靠近，牠們會發出警報聲。這些警報聲警告其他的地松鼠危險來了，但同時也會引起掠食者注意發出警報聲的地松鼠，導致這隻地松鼠的性命危在旦夕（Sherman, 1980）。有些動物會犧牲自己以保護族群的生存（Wilson, 1971）。這些自我犧牲的行為乍看之下似乎和演化論背道而馳。動物的利他行為通常會害得自己的生存機會降低，甚至無法擁有後代。既然如此，利他傾向為什麼還能持續傳遞給後代呢？當然，人類也面臨同樣的問題。

演化心理學和其他相關理論觀點，被稱為**社會生物學**（sociobiology）（Archer, 1991; Buss, 1999; Ketelaar & Ellis, 2000; Wilson, 1975, 1978）。這些理論可以回答利他的矛盾問題，提出諸多證據支持利他具有演化的基礎（Buss & Kenrick, 1998; Krebs & Miller, 1985）。要從演化論的脈絡瞭解助人行為，得先明白所謂「最適合」

的生物，就是能將自己的基因傳遞給後代的物種。不管是靠物種自己或由親族（如兄弟姊妹、表親等）來繁衍後代皆可。所以，雖然利他行為不會增加個體的存活價值，但卻可以讓和自己享有共同基因的他者生存，提高個體基因傳遞的機率（Hamilton, 1964; Meyer, 2000）。想像一隻母鳥犧牲自己以保全八隻幼雛的性命。每隻幼雛都帶有母親一半的基因，因此，這些幼雛攜帶的基因，比起母鳥本身還多達四倍。

此外，有些社會生物學者主張，利他行為之所以能延續下去，都是為了互惠共生。在族群裡，若所有的動物都能表現利他行為，長期下來對彼此都好（Hardy & van Vugt, 2006）。例如，所有的個體輪流擔任警哨的角色，警告掠食者正在靠近。這麼一來，比起無人站哨，輪流守衛較能提高族群裡存活和繁衍的個數。

演化論對利他的看法，引發眾多有趣的研究和理論觀點。例如，動物對於基因相似的親族，會表現出較多的利他行為——亦即，相較於幫助遠親，牠們更會即時對家人伸出援手；比起幫助異族或陌生者，牠們更願意協助遠親（Burnstein, Crandall, & Kitayama, 1994; Rushton, Russell, & Wells, 1984）。第二，親化傾向對健康的子女表現利他行為，因為健康的子女較能生存和傳遞基因。相反地，孱弱或不健康的子女或許在能繁殖前就死了，因此較不會對他們表現出利他行為（Dovidio et al., 1991）。第三，助人行為應該只及於能繼續繁衍後代者。因此，針對年輕女性的助人行為，會比年長女性還多。因為年長女性已經來到了停經期（Kruger, 2001）。

一般說來，這些演化論的觀點都有研究支持。然而，也有例外和其他解釋（Buss & Kenrick, 1998; Caporeal, 2001; Dovidio et al., 1991）。例如，Sime（1983）檢視火災時的行動，發現相較於救出朋友，人們更願意身陷險境去救家人。然而，這種行為與其說是親族基因選擇（genetic kin selection）的影響，倒不如說寧願犧牲自己也要救所愛的人，因為失去摯愛引發的痛苦更為強烈。

社會生物學的論點雖然有趣，但要類推到人類身上也頗受爭議。例如，批評者就質疑利他行為是否真靠基因傳遞給後代（Buck & Ginsburg, 1991; Kitcher, 1985）。演化論認為，動物與人類只會幫助親族，鮮少（或甚至不會）協助和自己毫無基因關聯的對象。但就我們所知，人類經常幫助素不相識的陌生人。有些批評者就主張，要解釋幫助陌生人的利他行為，必須從文化層面切入，例如：宗教就很看重救助陌生人的價值。因此，演化論還無法完美地解釋利他行為。

349

350

促進助人行為的受助者特徵

身處危急時刻，某些人比其他人更易得到援助的機會。我們是否有意願協助有需要的人，取決的因素相當多。一些重要的因素包括：是否認識與抱持好感、與我們相似或相異，以及對方是否值得援助。

●● 相識與好感

我們傾向幫助認識或親近的人。例如，研究天災後的反應發現，儘管大家都很樂意對他人伸出援手，但最先救助的對象往往是親人，其次是朋友和鄰居，再來才是陌生人（Dynes & Quarantelli, 1980; Form & Nosow, 1958）。研究顯示之以會有這種傾向，部分原因是我們對認識的人較容易產生同理心（Maner & Gailliot, 2007），對他們的情緒痛苦感同身受，因而促發助人行為。親近的關係會提高助人行為，這關係涉及相對強烈的規範責任、更強烈的情緒和同理心，以及若不伸出援手，付出的代價恐怕更高。就算才剛認識，即足以產生協助的念頭（Pearce, 1980）。簡短的介紹與寒暄，就能讓素不相識的人成為「熟悉的陌生人」（Milgram, 1977），進而提高助人的可能性。

相較於不喜歡的人，我們較願意協助抱持好感的對象，這些正向的情緒可能來自於喜歡對方的容貌、個性或友善的言行舉止（Kelley & Byrne, 1976; Mallozzi, McDermott, & Kayson, 1990）。另外，比起不喜歡我們的人，我們會更願意協助喜歡我們的人（Baron, 1971）。

●● 相似性

一般說來，我們會比較願意幫助和自己相似的人，更甚於幫助和我們相異的人（Dovidio, 1984）。也就是說，我們更願協助和我們在種族、態度、政治立場，甚至服裝穿著相似的人。以種族為例，諸多研究證實，有些拒絕提供協助的情況，和種族因素脫不了關係。白人更願意協助白人，而不是黑人（Benson, Karabenick, & Lerner, 1973; Dovidio & Gaertner, 1981）。觀念和政治立場相似，也有利於提高助人行為

（Hornstein, 1978）。研究者針對紐約市的路人進行一系列田野研究，故意將錢包或信件遺落在行人必經的顯眼之處。從這些失物裡的訊息，可看出失主對以阿兩國衝突、有名望或不受歡迎的組織、或一些瑣碎言論的態度。失主對這些議題的態度，跟遺失物掉落的街區特性，有的相似、有的相異。撿到錢包或信件的人，通常會歸還給和個人態度相似的失主。即使是看似微不足道的特徵，如喜歡同一種運動，仍會影響助人（或傷人）的機率。

相似效應和個人對團體成員的看法有關。我們會在第 12 和 13 章詳加探討團體和團體歷程。我們偏好協助（特徵相近的）內團體成員更甚於（特徵相異的）外團體成員，這是因為我們較能對內團體成員將心比心。一項針對卡崔娜風災後的研究可說明此一相似效應（Cuddy, Rock, & Norton, 2007）。研究者請白人、黑人、拉丁裔的參與者閱讀一段虛構的故事，內容敘述一位在風災後喪女的母親。從主角的名字可以約略猜出受害者的種族。讀完這則新聞故事後，研究者請參與者描述這位母親的情緒經驗，以及他們是否願意去當志工，協助風災受害者緩解痛苦。

研究者感興趣的重點是情緒在助人中扮演的角色。他們區分出兩種不同的情緒類型——原始情緒和次級情緒——想要瞭解它們的效應。原始情緒是因外界刺激而直接引發的情緒結果。例如，親密關係結束（如情侶分手）的當下，會讓人產生陣陣難過、受傷、挫折等情緒。次級情緒則是那些當下情緒的延伸。難過的情緒逐漸化為不安、焦慮或憂鬱。

結果顯示，參與者都能體會到內團體和外團體成員的原始情緒（難過、沮喪、痛苦、恐懼等）。換句話說，不管白人或黑人參與者讀到的是哪個種族的故事，他們都能體會那位喪女母親的難過情緒。然而，若請參與者評定次級情緒（悲傷、悔恨、哀悼、罪惡感等）的程度，差異就浮現出來了。確切的說，參與者對外團體成員的次級情緒體驗不夠深刻，以為外團體成員的悲傷不比內團體成員深痛。更重要的是，同理受助者的次級情緒，對助人的影響遠大於僅僅是同理受助者的原始情緒。

●● 值得與否

卡崔娜風災發生後，有些美國人覺得颶風來臨期間，仍繼續待在紐奧良市的居民不值得救助。畢竟，是他們自己要無視政府官員的撤離命令。認為某人值不值得協助，意味著我們想不想代替他負起責任。

假設你接到一通電話，請你幫忙援助失業、收入驟減的年長者。這群年長者是因

351

352

為竊盜和說謊，還是因為工作項目被裁撤而丟掉工作，是否會影響你的協助意願呢？研究威斯康辛州居民接到此類電話的反應，發現如果年長者是因為裁員而非因偷盜才失業的話，接到電話的居民會很樂意提供協助（Schwartz & Fleishman, 1978）。

像這樣的情況，重要的是潛在助人者對受助者的需求所做的歸因（如第 5 章探討的歸因）。當個人的需要是因無法控制的外在因素引起時，潛在助人者的回應會較友善。這樣的人才是真正的「無辜受害者」，值得救助。相反地，若個人的需要是因自己的行為、罪行或失誤造成的，就會大大降低他人救助的意願（Bryan & Davenport, 1968; Frey & Gaertner, 1986）。例如，研究發現相較於因輸血而感染愛滋病，學生對因性行為雜亂而同樣罹患愛滋病的人較無同情心，也不大願意協助（Weiner, Perry, & Magnusson, 1988）。美國人有犯下基本歸因謬誤的傾向（亦即歸因時過於強調個人性格缺失所致），認定那些需要幫助的人要為自己深陷困境負責，低估或忽略情境因素非當事人能控制或克服。受助需要若起因於個人的違法亂紀，恐會抑制同理關懷心、阻斷社會規範的責任感，會更加譴責受害者，也不願表現社會讚許的助人行為。

即使是緊急情況，潛在助人者也會考慮受害者值不值得救助。實驗者在紐約市的地鐵設計了一個緊急事態（Piliavin, Rodin, & Piliavin, 1969）。就在電車駛離車站後不久，一位年輕人（研究助理假扮的）頹倒在地，距離下一站還有七分鐘的路程。在其中一個實驗情境中，這位年輕人帶著一根拐杖，看似行動不便；在另一個實驗情境中，年輕人則手握酒瓶，酒氣沖天。旁觀者見狀立即幫忙這位行動不便的男子，但等了數分鐘後，才有人協助那位醉酒倒地的年輕人。

美國廣播公司（ABC）的節目《你會怎麼做？》（What Would You Do?）曾設計一個場景，測試毫不知情的路人是否會協助或無視需要協助的人。在某集中，節目演員穿得像流浪漢一樣，倒臥在人來人往的人行道上。當演員是位穿著得體的女性時，馬上就有路人停下來幫忙，一群旁觀者也趕忙叫救護車。但是，當手拿啤酒罐的男性倒在路旁，只有一位名為琳達‧漢彌頓的女士停下來。她試著央求旁人幫忙，但卻徒勞無功。琳達其實也是個無家可歸者。接著，她拿走醉漢手上的啤酒，希望能引起他人前來救助。就在她放棄希望時，終於有位女士願意打 911 報警。馬上就有第二位女士停下來，其他人也紛紛過來幫忙。

© ABC News

353

助人的規範性因素

你會介入兩位看似已婚夫妻之間的爭吵嗎？在某個實驗中（Shotland & Straw, 1976），參與者目睹一對男女在電梯裡大打出手。男士粗暴地攻擊女士，女士則掙扎反抗。其中一個實驗組將這對男女設定為互不相識的陌生人。女士大喊：「離我這一點！我又不認識你！」另一個實驗組的女士則大喊：「走開！我真不知道當初為什麼要嫁給你！」這點細微的差異卻大大影響參與者的助人傾向。實驗結果顯示，65% 的參與者會介入陌生人的打鬥，但只有 20% 的人介入那場夫妻吵架。

上述差異的原因或許出自於參與者認為比起婚姻暴力，女性較易在陌生人打鬥中受傷害。他們以為陌生人的攻擊會比丈夫的攻擊更為殘忍激烈。然而，這種默許丈夫施暴的態度，也是來自規範性的期待。對目睹婚暴場面的參與者說，他們之所以猶豫不前，是因為不確定需不需要插手。幾乎所有未介入的參與者都說他們覺得夫妻吵架「不關我的事」。顯然，「妻子」和「丈夫」都是社會角色，有某些廣為人知的規範在管理夫妻和外人的關係。其中一個規範即是，除非涉及肢體虐待，外人最好不要冒然介入，讓夫妻兩人自己去解決爭端。當電梯內的女士自稱是男子的妻子，這項規範突然關乎重大，改變了介入的意義。介入夫妻爭吵是侵犯婚姻關係，恐會引起男方、女方或雙方報復。事實上，以為攻擊者是女性丈夫的參與者，咸認若不當介入，自己可能會成為下一個被攻擊的對象。參與者若為能採取自我保護行動的男性，較願意對受暴女性出手相助（Laner, Benin, & Ventrone, 2001）。

354

●● 責任與互惠規範

文化規範驅策我們在哪些情況下應當表現出助人行為，哪些情況則不適合。若為適當的場合，助人就會成為令社會支持和讚許的行為。通常社會規範都認為助人行為是適切的行為表現。

社會責任規範

社會責任規範（social responsibility norm）是一種普遍的規範，它告訴個體應當幫助前來求助的人。當被問到為什麼會提供協助時，人們的回答通常是「應該去

做」——被一種內化的標準驅使（Berkowitz, 1972）。例如，Simmons（1991）的研究曾提到，骨髓捐贈者最常說的話就是：「這是生死攸關的問題，你必須盡最大的努力去助人，不管對方是家人、朋友或陌生人。」（p. 14）「必須」這個詞顯示規範正在背後運作。

社會規範的作用隨處可見。有些研究指出，僅僅是告知個體另一個人（就算是陌生人）需要幫忙，就足以誘發助人行為（Berkowitz, Klanderman, & Harris, 1964）。不過，社會規範亦有強弱之分。幫助親人或朋友是眾所周知的社會規範，但應該幫助陌生人的觀念，就不是那麼被大家廣為接受了。雖然明白陌生人需要幫助，有時亦能誘發助人行為，但並不完全管用。例如，無視路邊拋錨的騎士，依然疾駛而過；興味盎然地在一旁隔岸觀火，卻不展開行動。每天都有成千上萬的人拒絕捐款給慈善機構。

有些學者認為，社會責任只有在明確提醒的情況下，才能有效地誘發助人行為。為測試此一假設（Darley & Batson, 1973），研究者要求學生撰寫文章並錄下一段話。有些學生被分配到評論一篇見義勇為者的故事，有些則是撰寫求職履歷。在他們準備去錄音的路上，學生會看見一名男士在走廊上跌倒。雖然撰寫利他美德的學生理應想著助人的事，但其實他們幫助這位陌生人的機率，僅比準備無關主題的學生稍微高一點。這個研究發現顯示，社會責任規範不過是一個相當微弱的助人動力，很容易被助人的代價削弱掉。

互惠規範

另一個文化規範是**互惠規範**（norm of reciprocity），它聲明個體應該：（1）知恩圖報；（2）不必幫助那些因沒有正當理由而拒絕協助你的人（Schroeder et al., 1995; Trivers, 1983）。想像室友的車子壞掉了，他請你載他去購買民生用品。如果他曾在你需要的時候伸出援手，你會很樂意幫他。但是，如果他曾拒絕你的請求，例如你曾請他寒假過後載你從公車站回宿舍，但他卻說：「不行」，此時你幫他的意願會大打折扣。互惠規範適用於曾經從他人身上獲得利益的情況，普世皆然（Gergen, Ellsworth, Maslach, & Siepel, 1975）。小小的友好表示，為家人、朋友和同事製造了互惠的契機。

互惠規範不僅影響行為，行為研究也證實互惠確有其事（Bar-Tal, 1976; Wilke & Lanzetta, 1982）。若有再次見到助人者的機會，互惠更是常見（Carnevale, Pruitt, & Carrington, 1982）。我們會評估先前得到的幫助和現在應該回報的分量是否均衡。

透過衡量利益，以維持關係平等，避免虧欠他人。瞭解互惠規範後，就可以明白為什麼有些人不願求助，因為他們覺得自己無以回報（Fisher, Nadler, & Whitcher-Alagna, 1982; Nadler, Mayseless, Peri, & Chemerinski, 1985）。也就是說，我們不會回報每一個接受到的幫助。有無責任去回報，取決於我們如何歸因助人者的意圖。如果助人者是出於自願、有意為之的行動，而非被迫、隨意偶發的心態，我們會覺得更有回報的責任（Gergen et al., 1975; Greenberg & Frisch, 1972）。

●● 個人規範

　　雖然社會責任和互惠等普同規範無疑會影響助人行為，但這些規範本身卻無法精確地預測助人行為發生與否，理由有三。第一，偶發事件太多，這些規範過於空泛，以至於無法明確指示我們在所有情況下的應有作為。第二，不是每個人對這些規範都照單全收；有些人的內化程度比其他人高。第三，能運用到某一情境的社會規範，有時也會自相矛盾。例如，社會責任規範或許能驅使我們協助受暴婦女，但這些規範同時又告訴我們不要隨意干涉別人的婚姻。

　　為回應上述批評聲浪，社會心理學家發展出另一種形式的規範理論（Schwartz & Howard, 1981, 1984）。這個理論不僅可以說明哪種規範在何種情況下能驅動助人行為，亦可解釋特殊情況下助人行為的個別差異。與其探討一般的社會規範，此理論側重的是**個人規範**（personal norms）——個體因內化的價值系統，自覺有道義責任而表現特定的行為。

　　例如，器官捐贈的問卷題目問道：「如果有陌生人需要骨髓移植，而你剛好是適合的捐贈者。你會覺得自己有捐贈骨髓的道德責任嗎？」完成問卷後，研究者刻意讓問卷填答者巧遇另一不相干的機構組織代表，請求他們幫忙協助。諸多研究顯示，個人規範可以預測捐贈骨髓、捐血、教導盲童、救濟窮人（Schwartz & Howard, 1982）、參與社區資源回收項目（Hopper & Nielsen, 1991）的意願。

　　這些個人規範可能和個人的角色認同有關（Piliavin, Grube, & Gallero, 2002）。我們會表現符合個人身分認同的行為，好讓自己看起來真誠一致，以維護個人認同（見第 3 章）。例如，信仰虔誠的人之所以樂善好施，乃因「這是基督徒該做的事」，或是他們堅信這條金科玉律：「己所不欲，勿施於人」（Do unto others as you would like done to you）。同樣地，認同自己是「捐血者」的人，會比沒有這項認同的人更樂意去捐血（Piliavin & Callero, 1991）。若激發個人規範與去除防衛機制等

356

條件同時存在，將大大提高助人行為發生的可能性。

●● 性別規範

　　雖然助人並沒有顯著的性別差異，但男性和女性的助人形式仍存在極大差異。這些差異和性別角色規範與期待有關（Piliavin & Unger, 1985）。例如研究發現，比起女性，男性更易介入緊急危險的事件（Eagly & Crowley, 1986）。研究加州被公認為英雄的人物（亦即，保護他人免於成為行凶搶劫或銀行搶匪的受害者），除了一位之外，所有的英雄都是男性（Huston, Ruggiero, Conner, & Geis, 1981）。他們勇於面對危險的英雄般作為，忠實呈現傳統男性的性別角色。女性提供的協助通常為撫育、照護和情緒支持。相較於男性，女性更常援助受虐兒童（Laner, Benin, & Ventrone, 2001）、日復一日地照顧孩子與年邁父母，善盡協助者的功能（Brody, 2004）。女性也比男性更會依朋友的需要來提供情緒支持、資訊分享等幫助（Eisenberg & Fabes, 1991; Otten, Penner, & Waugh, 1988）。

情境的影響

　　利社會行為不只受規範性因素影響，也會受到情境的影響。例如，若時間許可，比較有可能去助人。早期研究發現在神學院學生前往發表好撒馬利亞人（見義勇為者）寓言故事演說的路上，時間壓力這個因素比演說主題更強烈影響學生的助人意願（Darley & Batson, 1973）。趕時間的學生比不趕時間的學生更少伸出援手；不趕時間的學生或許覺得有社會責任在身，不得不停下來（Batson et al., 1978）。本節將探討一些影響助人的情境因素，如：楷模、心情、助人的潛在代價。

●● 楷模

　　影響助人和攻擊的重要因素之一，就是行為楷模——正挽袖助人者在場與否。行為楷模能提高助人行為的原因如下。第一，楷模示範該情境下哪些行為可行或有效。之前不知道該怎麼做的人，現在有楷模可以模仿。例如，有位大學生想幫助拋錨的機車騎士脫困，但因為對車輛的結構一無所知，當場束手無策。此時，若該位大學生曾

於相似的情境下，見到某人懂得記下道路公里處，拿出電話通知公路巡邏警察機車騎士的所在位置。這位大學生就有了行為楷模，學會該如何因應類似的場面。

第二，助人楷模傳達出在特定情況下提供幫助是合宜舉動的訊息。例如，楷模凸顯了社會責任規範的重要性。一旦注意到社會責任規範，其他人也會起而效法。曾有一系列非常受歡迎的保險公司廣告，恰能說明楷模的善行和責任感如何傳到整座城市。起初是一位母親看到一名男士彎腰拾起孩子的玩具。她留意到這件事，隨後在餐廳裡，她伸手扶好一杯差點從桌沿掉落的咖啡。另一位目睹這位母親善行的路人，也在稍後停下來幫助一名滑倒在地的年輕人。這個廣告故事就是由一位又一位楷模和觀察者接力，每一位觀察者最後都成了另一位觀察者的楷模。

最後，楷模提供助人的代價與風險等資訊——面臨危急情境時，這是特別應該好好考慮的重要因素。在需要冒著危險救人或危及個人生命財產安全的情況下，楷模向他人證明，冒點風險又何妨。

●● 心情

如第 4 章所述，心情是一種短暫的情緒，例如：快樂、得意、洩氣、沮喪等等。好心情和壞心情都有可能促進或抑制助人行為。

好心情與助人

心情好的時候會比較願意幫助他人（Salovey, Mayer, & Rosenhan, 1991）。好心情會讓人自動自發地表現助人行為、順從他人求助的要求。好心情能促發助人傾向的理由如下（Carlson, Charlin, & Miller, 1988）。第一，心情好的時候，比較不會只想著自己的事、關心自己的問題。這麼一來就有多餘的心力關注他人的需求和問題，透過同理心而助人。第二，心情好的時候，會覺得自己比困頓的人幸運。自己的好運可能是由他人的需求失衡換來的。為了恢復平衡，得動用個人的資源去幫助他人（Rosenhan, Salovey, & Hargis, 1981）。第三，心情好的時候，會比較用正向的眼光看待這個世界，希望這世界常保幸福安康。因此，若能因為多做一些利社會行為而維持甚或提升好心情，何樂不為呢？

儘管如此，好心情也有可能在某些特殊狀況下，抑制了助人行為。心情好的時候，特別不想介入會引發不悅、尷尬的助人行動，以免打亂或破壞了好心情（Cunningham, Steinberg, & Grev, 1980）。

壞心情與助人

難過或憂鬱等壞心情，對助人行為的影響相當錯綜複雜。在某些情況下，壞心情會抑制助人行為。然而，在他種情況下，壞心情或可促發助人行為（Carlson & Miller, 1987; Rosenhan, Salovey, & Hargis, 1981）。

壞心情之所以會抑制助人行為，理由如下。第一，壞心情弱化了他人需求的重要性。與好心情相反，心情差的時候，僅有心力關心自己的問題，無暇顧及他人的需求。若潛在助人者注意不到他人的需求，遑論提供協助（Aderman & Berkowitz, 1983; Rogers, Miller, Mayer, & Duval, 1982）。第二，心情差的時候，通常會覺得自己比別人倒楣。由於相較起來比他人還要困頓，難怪會不想動用個人資源去協助他人，免得情況變得對自己不利（Rosenhan et al., 1981）。

反過來說，壞心情有時也會提高助人行為。其中一種說法是**負面狀態解除假說**（negative-state relief hypothesis）（Cialdini, Kendrick, & Baumann, 1982; Cialdini et al., 1987）。該假說主張：（1）個體有減輕不愉快情緒的驅力；（2）我們從小就學到可以藉由助人來得到他人的感謝或讚美，以此改善心情。負面狀態解除假說預測，心情差的時候去助人，反倒可以提振精神。顯然這是利己大於利他的動機。因為助人的出發點主要是為了減輕個人的負向情緒，不是真的想緩解他人的痛苦。不過，它仍然達到了助人的效果。此外，這個假設另有兩個重要的含義：（1）唯有相信助人可以改善心情，個體才會藉由助人來減輕負向情緒（Manucia, Baumann, & Cialdini, 1984）；（2）在沒有其他替代方式可以緩和壞心情的情況下，才會去助人（Schaller & Cialdini, 1988）。

●● 代價

決定要助人前，我們通常會估算行動的潛在代價和獲利。計算助人的代價包括衡量助人者應付出的代價，以及受害者的需求。若不提供協助的話，可能會造成受害者付出極端的代價，此時助人者或許會願意承受高額代價去助人（Dovidio et al., 1991; Piliavin et al., 1981）。本章一開始的案例提到，珍妮佛知道若她不救柯林的話，柯林必死無疑。這一潛在代價太高，讓珍妮佛願意冒險涉入冰凍的河水裡救人一命。

面對緊急情境，旁觀者通常會考量幾個自己要付出的代價。第一，旁觀者會考慮助人的代價，包括：費時、危險、費力、令人厭惡的經驗等成本。第二，旁觀者會考

量不助人的代價。如果受害者沒有得到援助，旁觀者要付出的代價包括：目睹他人受苦引發的不舒服情緒、他人有難卻無能採取行動的代價（自責、他責、尷尬等等）。

359

這時候你會介入嗎？高風險代價令旁觀者不敢介入這場打鬥。許多旁觀者不覺有責任介入，不想被牽連進去。
© Cathy Yeulet/123rf

諸多研究證實，代價會影響利社會行為。首先，研究發現，助人的代價越高，越不大可能提供協助（Darley & Batson, 1973; Shotland & Straw, 1976）。以一個在紐約市地鐵進行的研究為例（Allen, 1972）。搭上地鐵後，一位面露困惑之色的年輕人向受試者（乘客）詢問這輛車是開往市區抑或遠離市區。坐在年輕人旁邊的是一位體格精壯、正在閱讀健身雜誌的男性。他雖然回答了年輕人的問題，但卻說錯了（年輕人和男子都是研究助理喬裝的）。受試者若要糾正這位壯漢的錯誤答案，就得冒著被他指責的風險。受試者會不會提供協助，取決於這位壯漢有多危險。危險的程度依數分鐘前他對某事件的反應而異。若這位壯漢作勢要打不小心踩到他腳的人，只有 16% 的受試者會提供協助；若這位壯漢僅是輕斥那位不小心踩到他的人，有 28% 的受試者願意提供協助；當這位壯漢對踩到他腳的人無動於衷，則有 52% 的受試者會提供協助。因此，與壯漢為敵的預期代價越大，就越少人協助那位六神無主的年輕人。

緊急情況下的旁觀者介入

有些早期又有趣的社會心理學助人研究，乃是受到 Catherine（Kitty） Genovese（凱蒂）事件的啟發。事件發生在 1964 年 3 月 13 日凌晨 3 點 20 分。凱蒂在住家附近遭到襲擊。海契（Milton Hatch）聽到尖叫聲而驚醒。他往公寓窗戶外一瞧，看見一個女人跪倒在對街的人行道上，一名身形矮小的男子擋在她的面前。凱蒂不斷大

喊：「救命！救命！天啊！他要殺我！」海契靠著窗邊，大叫：「放了她！」其他住戶紛紛打開窗戶一探究竟，歹徒立即跳進一輛車子逃逸。但沒有人打電話報警，他們只是眼睜睜地看著凱蒂沿路緩慢地拖著身體。十多分鐘後，鄰居親眼見到歹徒又回來了，對著凱蒂再補一刀。凱蒂驚叫：「我快死了！我快死了！」仍然沒有人報警。最後，歹徒在離凱蒂家門外僅有數步之遙之處刺了致命的一刀。凌晨 3 點 55 分——此時距凱蒂第一聲尖叫已過了 35 分鐘，住在凱蒂樓上的克萊恩（Harold Klein）終於報警。警察在兩分鐘後抵達現場，但為時已晚（Seedman & Hellman, 1975）。案件發生後，才知道總共有 38 個人目擊她被跟蹤和刺殺。

這個悲劇隨即成為紐約的頭條新聞，傳遍全美國。社會心理學界一片嘩然，研究紛紛出籠。凱蒂事件最根本的問題在於：「在什麼樣的情況下，旁觀者和目擊者會願意介入緊急事件，提供幫助？」、「為什麼有些緊急情況人們會挺身相助，有些時候卻袖手旁觀？」本節將詳細探討這些問題，檢視各種會影響旁觀者是否援助受害者的因素。

●● 介入的決定

旁觀者介入（bystander intervention）意指目睹緊急事件後，立即對身陷危難的人做出反應。要不要介入緊急事件，以及該如何介入，是一個複雜的決策歷程，因為提供協助通常會置助人者於險境。這些決定必須整合龐大的自我與情境訊息。假設沒有足夠的時間正確評估狀況，決策歷程特別容易失靈，阻止緊急介入。Latané 與 Darley（1970）指出決策歷程的五個步驟（見圖 9.1）。任何一個步驟出了差錯，決策歷程就會終止，旁觀者也就不會提供協助。

1. 旁觀者必須注意到有狀況發生。某些研究故意轉移潛在助人者的注意力。果不其然，被個人思緒干擾的人，較無法留意到狀況發生，因而不及反應（Darley & Batson, 1973）。

2. 一旦旁觀者注意到狀況發生，他也要將之解讀為緊急事件。多數緊急狀況看似曖昧不明，若不認為那是緊急狀況，旁觀者將不會採取行動。

3. 旁觀者必須認定他們對該狀況負有個人責任。某一著名研究在海灘進行。研究者安排一位小偷，偷走泳客的收音機。當時約有 80% 的遊客沒有採取任何行動阻止。然而，若物主先請身旁的人在他游泳時協助看守收音機，幾乎所有答應的人

都會出面阻止小偷的不良行為（Moriarty, 1975）。若自認對收音機負有責任，他們比較願意協助受害者。若旁觀者認為「不關我的事」，就不會有介入的情形發生。

4. 旁觀者必須知道該如何提供協助。有時候，協助的方式相當簡單，像是撥打 119 即可；但某些情況較為棘手。例如，目睹某人癲癇發作，多數人只會愣在當場不知所措。看到這種情形，受過醫學訓練的人比較知道該如何反應（Cramer, McMaster, Bartell, & Dragna, 1988）。

5. 旁觀者必須做出採取行動的決定。即使前四個步驟的條件俱足，人們通常還是會躊躇不前、遲不採取救助行動，因為他們害怕助人的結果會對自己不利。一般說來，介入緊急事件前，會先評估風險（Fritzsche, Finkelstein, & Penner, 2000）。例如，我們之所以遲遲不敢介入他人的紛爭，就是因為害怕惹禍上身，甚至被人反咬一口。

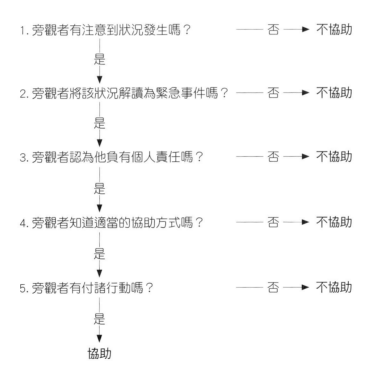

361

圖 9.1　介入緊急狀況的決策歷程

●● 旁觀者效應

　　發生緊急狀況時，潛在助人者也會受到他和其他在場旁觀者關係的影響（Dovidio, 1984; Latané & Darley, 1970）。這樣的影響在決策歷程的每個步驟都顯而易見。為探究旁觀者的影響，研究者進行了各種模擬緊急情境的實驗。例如，在某個早期研究中（Latané & Rodin, 1969），受試者聽到隔壁房間傳來巨大聲響，一個女人大叫：「天啊，我的腳！我……不能動了。天啊，我的腳踝。我沒辦法拿開這些東西。」在另一個實驗中（Darley & Latané, 1968），受試者原本正用對講機討論事情，突然聽到團體中某人發出喘不過氣來的噎住聲，呼喊救命，顯然是癲癇發作了。

　　在每個實驗的緊急情況中，受試者的人數都不太一樣。有的是單獨和受害者在一起，有的則是一到多位旁觀者在場。實驗一再出現相同的結果：隨著在場旁觀者人數增加，救助的可能性反而遞減（Latané & Nida, 1981）。如果只有自己一個人和受害者在場，旁觀者最常也最快出手相助。換句話說，僅僅知道有其他潛在助人者也在場，就會妨礙介入緊急事件。此外，隨著旁觀者人數增加，任何一位旁觀者協助受害者的可能性隨之減少。社會心理學家稱此為**旁觀者效應**（bystander effect）。

　　理論學者已找出幾個造成旁觀者效應的特殊狀況，包括：判讀情境、評價焦慮、責任分散等社會影響（Latané, Nida, & Wilson, 1981; Piliavin et al., 1981）。每個歷程都會影響決策過程的每一個步驟。

判讀情境

　　緊急的要素之一，就是情境曖昧不明。回顧凱蒂事件，似乎一點也不曖昧模糊。但在情急之下，我們通常不確定該如何回應非比尋常的狀況。她真的被刺了嗎？那是親密暴力還是某方過於歇斯底里？那兩人是不是在演戲，好製造搶劫的機會？種種疑問推遲了反應速度，猶豫是否該採取行動。就在遲疑的時候，我們會以周遭人的反應為線索，好釐清現在發生了什麼事以及該如何反應。如果其他人看起來很冷靜，旁觀者可能就覺得當下的事件沒什麼特別，或不需要伸出援手。同樣的，他人沒有反應，對旁觀者來說也是個訊號，表示沒有適當的方式予以協助。如此一來，旁觀者面面相覷，就錯失助人時機。

　　旁觀者常試著冷靜自持，避免表現一副擔心的模樣，並觀察別人是否露出驚恐的表情。這種謹慎的態度，會讓每一個旁觀者無意間認定該情境或許沒問題。旁觀者越是平靜，相互牽制的效果越是強烈。如圖 9.2 偽裝癲癇發作的實驗資料所示。但在某

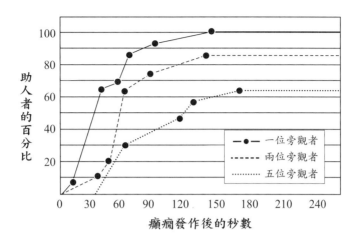

圖 9.2　旁觀者效應

當學生正透過對講機討論的時候，突然聽到團體中某人發出喘不過氣來的嗆住聲，呼叫救命，似乎是癲癇發作。會盡速介入幫助受害者的參與學生，通常是唯一在場目睹受害者呼救的人。超過 90% 的旁觀者會在受害者發作 90 秒內就出手救人。然而，認為有其他人在場的旁觀者，僅有不到 50% 的人會在 2 分鐘內和不到 70% 的人會在 4 分鐘內提供協助。旁觀者效應說明緊急情況發生當下，若旁觀者的人數越多，出手協助的人越少。

資料來源：改自 Darley and Latané, "Bystander intervention in Emergencies: Diffusion of Responsibility," *Journal of Personality and Social Psychology, 8*, 377-383. Copyright 1968 by the American Psychological Association.

些情況下，就算旁觀者的人數很多，也不會抑制個體的助人行為。例如：（1）看到他人大驚失色（Darley, Teger, & Lewis, 1973）；（2）不用靠他人的反應即可判斷受難者千真萬確急需援助（Clark & Word, 1972）。

評價焦慮

　　旁觀者不僅會注意他人的反應，他們也知道其他旁觀者正在觀察他們。因此，旁觀者也有評價焦慮（evaluation apprehension）——擔心他人對我們的評價，以及他人會如何評價我們的行為。評價焦慮可能會抑制或促發助人行為。一方面，當旁觀者害怕其他人會覺得自己的介入是愚蠢、失當或錯誤的做法時，評價焦慮就會抑制助人行為。看到其他人目睹緊急情況卻無動於衷（如凱蒂事件），就會推想其他人並不覺得需要介入，甚至反對介入。以助人與否的決策歷程來看，評價焦慮主要是影響步驟 4（選擇反應的方式）和步驟 5（決定要不要採取行動）。另一方面，評價焦慮也能促成助人行為。若沒有任何線索顯示其他在場目擊者反對介入，或彼此心知肚明，介入

是必要的舉動（Schwartz & Gottlieb, 1976）。

責任分散

僅有一位旁觀者目睹緊急情況時，介入的責任無疑落在這位旁觀者身上。但是，若有多人在場，介入的責任就會分散，不幫助受害者而受到的責難也會因此而分散。也就是說，若有他人在場，會減少目擊者的介入情形。因他人在場而分散介入的責任，使得旁觀者不採取行動的現象，稱為**責任分散**（diffusion of responsibility）。在助人與否的決策過程中，責任分散主要是影響步驟 3（旁觀者決定他是否有責任採取行動）。

責任分散僅發生在旁觀者相信其他目擊者也有能力提供協助的時候。若其他目擊者的距離過於遙遠，無法採取有效的救助行動；或他們太年輕，沒有能力應付緊急情況，我們分散給其他目擊者的責任就會減少（Bickman, 1971; Ross, 1971）。同樣地，若旁觀者認為其他在場的人更有能力處理，責任分散的傾向就越強。例如，其中一位目擊者是曾有急診室工作經驗的醫學系學生，這時候其他旁觀者就會覺得自己幫不上什麼忙（Pantin & Carver, 1982; Schwartz & Clausen, 1970）。

尋求與接受幫助

雖然本章的重點多在提供協助而非接受協助，受助者對接受幫助的反應──即願意在第一時間尋求幫助──也是非常值得關注的重要議題。一般對助人的反應通常是感恩與道謝。然而，有些情況未必如此。事實上，助人也會招致憤恨、敵意和焦慮。

助人與回報的義務

請求與接受幫助時，代表資源（如勞力與物資）從一個人身上轉移到另一個人身上。若這是強調互惠規範的情況，受助者便會覺得蒙受助人者的恩惠，虧欠助人者（Greenberg & Westcott, 1983）。因此，（非緊急情況下的）受助者有時會陷入兩難。一方面，他們可以尋求幫助，但也得忍受尷尬或背負社會責任。要不然，他們也可以忍受痛苦，自己解決問題（Gross & McMullen, 1983）。假設受助者有機會且有能力回報恩情，請求幫助自然沒問題。但若無以回報，受助者會對助人者產生揮之不去的虧欠感（Nadler, 1991; Wills, 1992），反倒累積負向情緒，對助人者心懷忿恨

（Clark, Gotay, & Mills, 1974; Gross & Latané, 1974）。

對自尊的威脅

研究人們接受他人幫助的反應，學者指出，受助者究竟會心懷感激抑或惱羞成怒，重要決定因子在於接受幫助反倒損害受助者自尊的程度（Nadler, 1991; Nadler & Fisher, 1986; Shell & Eisenberg, 1992）。雖然接受幫助可以緩和痛苦，但也會傷害受助者的自尊和自立感。例如，社會福利的公認目的為救助貧困個體和家庭免於飢餓，幫助他們自立更生。但社會福利與其他形式的援助有時給得勉為其難，或援助方式無法達到上述目的。不管有意或無意，助人者都在向受助者傳達接受幫助就是地位和能力矮人一截、就是不夠自立和有成就等訊息（DePaulo & Fisher, 1980; Rosen, 1984）。接受幫助會讓受助者尷尬，因為它挑戰了自立這一項規範：個體應該要照顧好自己和家眷。同樣地，學生也會不敢請求教師的幫助，就怕老師或同儕會覺得他們沒能力或不夠聰明。

364

與助人者的相似性

針對個人和心理問題尋求幫助的調查研究顯示，我們最願意向和自己相似的人求助。Wills（1992）發現，對於這類問題，我們最常求助的對象是朋友、熟人或親戚，而非專業工作者或陌生人。

儘管如此，助人者和受助者的相似性，就給予協助與尋求協助而言，的確是個複雜的因素。從態度或背景相似的人身上尋求協助，意味著我們的能力嚴重不足，更加威脅我們的自尊（Nadler, 1987; Nadler & Fisher, 1984）。相似性會拉低受助者的自我評價，因為相似的助人者是自我比較的參照標準（例如，「如果我們那麼相像，為什麼你貴為助人者，而我卻淪為受助者？」）。比起接受不相似助人者的協助，接受相似助人者的幫助雖得以完成任務，但受助者的自我概念分數報告顯示，其自尊與自信程度更形低落、受挫感更重（DePaulo, Nadler, & Fisher, 1983; Nadler, Fisher, & Ben-Itzhak, 1983）。

其他形式的利社會行為

本章雖把重點放在幫助特定的他人，但其實社會心理學家也對以組織形式推動的

利社會行為感興趣。本章最後一節將把焦點放在兩種特殊型態的助人行為：慈善行動與志願服務。

慈善行動

慈善助人或慈善行動，包括小額捐款（掏出零錢放入超商的捐款箱），或捐贈大筆款項（在當地大學設立獎學金）。教會和宗教組織最常看到此種助人行為，鼓勵教友捐出 10% 的薪水給慈善機構或教會，在美國被視為是一種「付出文化」（giving culture）（Wright, 2001）。不過，研究發現此種文化之所以能延續下去，部分原因是美國人覺得施比受更有福。另外，還可以扣抵稅額、提高社會聲望等。

若有其他因素加持，人們會比較願意付出。除了剛才提到的覺察他人的需要、覺得他人值得幫助之外，亦有研究建議，若能直接要求人們捐獻，他們會更有意願捐錢。換言之，若眼前就有奉獻的機會，我們會更易付出（Bryant, Jeon-Slaughter, Kang, & Tax, 2003）。若需要捐款的組織，其宗旨與價值觀和我們相符，加上奉獻可以造就改變，也會讓我們更想付出（Parsons, 2003）。付出不僅能幫助慈善機構，也能改善心情——奉獻後渾身散發出「溫暖的光輝」（Meier, 2006）。

志願服務

志願服務意指為了增進他人、團體或組織的利益，自願付出個人的時間（Wilson, 2000）。志願服務有別於其他形式的利社會行為，其四大特色為：**長期經營**（longevity；有制度、持續進行、常重複出現）、**計畫性**（planfulness；思慮周延、謀定而後動）、**非義務性**（nonobligatory；出自於關懷有特殊需要的對象）、**組織脈絡**（organizational context；多數的志願服務非為個人獨自行動）（Penner, 2002）。

具備某些特質的人較願意從事志願服務。例如，較佳的社會整合能力與社交網絡，都會提高個體加入志願服務行列的機會（Penner, Dovidio, Piliavin, & Schroeder, 2005）。擁有社會整合能力的人較能覺察需要關注的議題。研究亦顯示，已婚、宗教信仰虔誠、受過良好教育、女性以及社會地位較高者，更樂意投入志願服務（Wilson, 2000; Wilson & Janoski, 1995; Wilson & Musick, 1997）。儘管研究結果分歧，但志願服務似乎有助於改善個人的健康狀態，特別是提升心理健康和幸福感（Greenfield & Marks, 2004）。

摘　要

　　利社會行為泛指任何助人行為。助人是一種裨益他人的特殊利社會行為，利他則是另一種不特意期待獲得外在獎賞的自發性利社會行為。這樣的意圖是利他的重要元素。

▊ 助人的動機

　　表現利社會行為前，助人者常會算計代價和獲利的情況，亦想從助人中獲得某種獎賞。不過，無私忘我的利他行為要歸功於人類的同理能力。透過演化歷程，利社會行為傳遞到下一代，增加個體基因存續給後代的機率。如果和受助者共享基因，就算自我犧牲，也有利於讓自己的基因延續下去。但若助人的成本太高，可能就不會有助人行動。

▊ 助人者與受助者

　　有許多個人特質會影響獲得他人協助的機會。相識與好感、助人者與受助者的相似性皆可提高助人行為。潛在助人者也會考量受助者值不值得幫助，單純無辜的人更容易獲得協助。

▊ 利社會行為的背景脈絡

　　規範和情境等外在因素，對利社會行為的影響不容小覷。我們會比較願意協助依賴我們的人（社會責任規範）和回報過去曾協助過我們的人（互惠規範）。驅動助人行為和決定如何提供協助的個人規範，通常和角色顯著性與社會身分認同有關，包括性別。助人楷模的示範亦能推動他人表現利社會行為。不過，心情對助人的影響就複雜多了。在提供協助之前，我們會衡量受助者和我們本身須付出的代價與獲利結果。個體經由社會學習歷程，學會評估代價與獲利結果。

▊ 緊急情況下的旁觀者介入

　　在實際投入緊急情況的助人行動之前，旁觀者的內心已悄然經歷一段決策歷程。首先，旁觀者必須注意到有事情正在發生，並判斷該情境是緊急情況；認定自己有責

366

任採取行動；知道該採取何種適當的協助行為；最後決定付諸行動等。曖昧不明的社會情境使得旁觀者必須尋找線索，才能判定是否要提供協助。依據他人對這些線索的反應，結果常導致無人出手相救，因為大家都在等待別人採取行動，此即為**旁觀者效應**。由於責任分散，旁觀者越多，採取行動的人越少。

■ 尋求與接受幫助

接受他人的幫助不見得是件高興的事，因為有回報的義務或威脅到個人的自尊。受助者和助人者越相似，接受協助時越是尷尬困窘。

■ 其他形式的利社會行為

志願服務與慈善行動主要是指造福組織（而非個人）的利社會行為。

重要名詞與概念列表

互惠規範（320 頁）	同理心（312 頁）	利己主義（312 頁）
利他（311 頁）	利社會行為（311 頁）	助人（311 頁）
社會責任規範（319 頁）	個人規範（321 頁）	旁觀者介入（326 頁）
旁觀者效應（328 頁）	責任分散（330 頁）	

思辨能力技巧　創意思考

透過本書，你已經閱讀到大量跟你的生命有關或無關的研究文獻。有些論文雖然有趣，但你也可能會思考該如何運用這些研究資訊到實際生活裡。

例如，研究顯示，致力於利社會行為的異性戀已婚者，他們親切友善、尊老愛幼、宅心仁厚、願意寬恕對方的錯，所以他們的婚姻滿意度較高，比較不會想和伴侶離婚（Dew & Wilcox, 2013）。你周遭有已婚的朋友，所以你可以跟他們分享這個研究發現，期能改善他們的關係或瞭解為什麼他們可以成為人人眼中稱羨的神仙眷侶。但，有沒有更深一層的解釋呢？如果你未婚，這樣的研究發現又能為你帶來什麼啟示？

想要培養批判性的創意思考，我們得學會舉一反三。

最常見的是應用到未婚伴侶身上。無論是同居或還在交往、異性戀或同性戀，從 Dew 與 Wilcox（2013）的研究中所看到的行為表現，都可以用來增進彼此的關係，降低關係結束的風險。你能舉出具體的例子來嗎？

若是其他形式的關係呢？你能運用這些研究發現，來改善你的友誼或親子關係嗎？有哪些友好、尊重和寬容對方的方法，可以應用在這些關係上？你和鄰居或同事的關係又是如何呢？你可以跟主管分享這些研究發現，助他一臂之力，想想看該怎麼提高員工的滿意度、減少離職率。

科學家常用此種創意思考觸類旁通，思考接下來可以探討的議題。讀到這篇研究的社會心理學家或許想召募一批同性伴侶，詢問他們同樣的問題，看看利社會行為、關係滿意度和承諾之間的相關，在這群同性伴侶中是否更為顯著（Carrington, 1999）。不過，就算你沒有要做研究，你仍然可以從創意思考中獲益。舉一反三不但有助你瞭解這些特殊議題，也鼓勵你更加深思、關心這個世界。

chapter **10**

攻擊

370

- 2007 年 4 月 16 日，維吉尼亞理工學院一名大四男學生，持槍闖入校內學生宿舍，槍殺兩名學生。兩個小時後，他再度闖入理工學院大樓，鎖上大門後，殺害一間教室內上課的 32 名師生，隨後飲彈自盡。Livi Librescu 教授企圖以肉身擋住門，不讓槍手進入，爭取一些時間讓學生從窗戶逃命。不幸的是，他仍慘遭兇手射殺。

- 2011 年 11 月，一名 15 歲的少女在派對中被四名年輕男子聯手性侵害。其中一名男子還拍下性侵過程，散發給朋友看。這些照片隨即被上傳到 Facebook 等社群網路上。照片裡的女孩 Rehtaeh Parsons 被同儕訕笑辱罵，更被不計其數的訊息疲勞轟炸。有些人罵她是妓女，還有人問可不可以跟她上床，也有些人說她假腥腥，只是為了博取大眾同情。2013 年 4 月，不堪這般霸凌的 Rehtaeh 以自殺結束自己的生命。

- 被控謀殺妻子後，法庭允許 Josh Powell 可以在監管下探望七歲的 Charlie 和五歲的 Braden。社工員一把車停在他們的租屋處，兩名稚子迫不及待跑到門口，焦急地奔向父親。Powell 讓孩子進到屋內，把社工員鎖在門外，然後拿出斧頭砍殺兒子。當社工員通報她被鎖在外面時，Powell 放火燒了房子，三人命喪屋內。

從上述悲劇可看出人們如何對他人做出傷害致死的舉動。我們該怎麼解釋這些發生在美國境內和世界各地的悲劇？這是本章探討的重點。

●● 何謂攻擊？

攻擊的定義看似簡單：攻擊意指傷害他人身心的行為。但再想一下這個定義，可以發現它並沒有把意圖考慮進去。即使心臟移植手術病人死在手術檯上，我們仍不會把奮力救人的外科醫師視為攻擊者。根據 Krebs（1982），我們把**攻擊**（aggression）定義為：任何故意傷害他人（目標對象）的行為。重要的是，此一傷害行為是目標對象極力避免的。據此定義，暗殺失敗是攻擊行為，但病患同意且能改善健康狀況的外科手術——即使病人因手術死亡，顯然就不是攻擊行為。

371

一想到攻擊，美國文化多聯想到肢體暴力，忽略心理和情緒暴力也是一種攻擊。如果社福單位和社會大眾能認識此類虐待，就能鼓勵更多受害者尋求協助。

©miriam-doerr

攻擊不等於肢體暴力。攻擊行為的範疇極廣，舉凡意圖對他人的身體、心理或社交造成傷害，從謀殺或毆打，到情緒虐待和網路霸凌、漠視或傷害他人名譽，皆屬攻擊行為。

根據研究結果與理論，本章要探討的問題如下：

1. 觸發攻擊的動機為何？
2. 目標對象的特性如何引發攻擊？
3. 情境如何引發攻擊？
4. 如何降低社會上攻擊行為發生的頻率？
5. 有哪些因素會引發虐待、霸凌、施暴、性侵害、謀殺等人際攻擊事件？

攻擊與傷害的動機

如引言中的案例所述，人類具有傷害他人的能力，即使是所愛或應當保護的對象，也能痛下毒手。為什麼人會轉而攻擊他人？動機是什麼？至少有四個可能的答案：（1）人類具有攻擊的本能；（2）受到挫折之後的反應；（3）出於厭惡的情緒；（4）學到用攻擊為手段獲取所需。本節將依序討論。

●● 攻擊是種本能

回溯漫長的心理學歷史，至少佛洛伊德（Freud, 1930, 1950）就曾提出攻擊是人類的本能之一。亦即，若未經社會化或訓練，此種天生本能似乎蠢蠢欲動。佛洛伊德

認為破壞的本能就像呼吸一樣自然。攻擊本能會不斷地積累敵意，伺機爆發。我們常得透過攻擊他人或傷害自己（自殺）、或以蒙受生理或心理疾病之苦來釋放敵意。

如果攻擊衝動是天生本能，意味著它是透過基因密碼代代傳遞下來，是長期演化的結果。前面章節曾提到，演化論建基在達爾文的適者生存法則上。根據 Lorenz（1966, 1974），攻擊本能是為了增加物種生存的機會。例如，在許多物種上都可以看到，最強壯和最具攻擊性的個體，將可占據團體社會階層最高的位置。爭奪位階是適應策略，以獲得食物、躲避處和其他各種生存所需的資源，還可找到交配的對象。

本能論者對於能否壓制住人類的攻擊性抱持悲觀的態度。他們最多只敢相信攻擊可以導向其他可被社會認可的競爭性活動，如：運動、學業或商場。此類活動有社會規則可抑制攻擊表現，防止競爭惡化為破壞。然而，社會認可的競爭性活動經常觸發攻擊：橄欖球和曲棍球員互毆、足球迷暴動叫囂、商界人士為打敗對手爾虞我詐，欺騙社會大眾。

雖然攻擊的習性代代傳遞，使得攻擊成為社會生活常態，但大部分的社會心理學家並未將攻擊本能論視為主流觀點。理由之一是將動物行為推論到人類行為並不恰當。再者，跨文化研究顯示，人類的攻擊性缺乏普遍性和週期性兩種典型的動物本能行為特徵。例如，飲食與呼吸是所有物種都有的需求，同時也是週期性需求，飢而食、渴而飲、飽則足。相反地，並非所有人類都具有攻擊性。某些個體和社會充滿暴戾之氣，其他則否。另外，人類的攻擊性也沒有週期性，人類的攻擊行為大致受特殊社會情境影響。攻擊行為不會因沉寂很長一段時間後而變多，也不會因才剛攻擊過而減少。因此，生物本能僅能說明我們有攻擊潛能，但非無法避免。

●● 挫折—攻擊假說

攻擊行為的第二個可能解釋原因是，攻擊是特定事件誘發出來的內在狀態。主張攻擊是被誘發出來的驅力，其中最著名的論點即為**挫折—攻擊假說**（frustration-aggression hypothesis）（Dollard et al., 1939）。此假說認為：（1）每個挫折都會引發某種形式的攻擊；（2）每種攻擊行為都起因於先前的挫折。和本能論相反，挫折—攻擊假說聲稱攻擊是由外在環境事件引發。

早期一項研究可證實此說（Barker, Dembo, & Lewin, 1941）。研究者帶兒童進入一個布滿有趣玩具的房間。有些兒童可以馬上玩玩具，有些則需等待 20 分鐘。等待組的兒童在遊戲時表現出更多的破壞行為，如擠壓玩具或將玩具丟向牆壁。由此可

見攻擊是對挫折（frustration）——目標活動受到阻礙——的直接反應。藉由阻撓兒童接近迷人的玩具，研究者讓兒童陷入挫折，轉而誘發兒童的攻擊驅力，破壞研究者準備的玩具。近期的研究顯示挫折與攻擊的關聯，恰是電玩和暴力間呈正相關的力證。電玩越具競爭性，越會引發攻擊行為，支持挫折（輸掉競賽）在攻擊上擔任的角色（Adachi & Willoughby, 2011）。

數十年來的研究漸次修正原來的假說（Berkowitz, 1978）。首先，研究顯示挫折不必然導致攻擊反應（Zillman, 1979）——因為害怕遭到懲罰，受挫者通常不敢訴諸攻擊。以裁員為例，失業是一個挫折經驗。研究者預測小幅裁員會導致社區暴力事件。然而，大舉裁員的時候，還在職的員工因怕惹事而招致解雇，暴力事件反倒減少了（Catalano, Novaco, & McConnell, 1997）。蒐集舊金山地區的資料支持此一預測。除了攻擊之外，挫折也會誘發其他反應，如：絕望、沮喪或退縮。第二，研究指出，在沒有挫折的情況下，也會引發攻擊（Berkowitz, 1989）。例如，即使對手並沒有阻撓他們的目標，黑心商人或無良科學家仍為了名利栽贓對手。

挫折—攻擊假說隱約道出挫折的本質會影響其後攻擊的強度。導致攻擊強度增加的兩個要素，分別是挫折的強度與挫折的無理性。 373

攻擊行為通常導因於挫折。上圖的媽媽會對孩子吼叫，或球員對裁判咆哮，都是因為受到挫折（媽媽受不了孩子爭吵喧鬧，球員不滿裁判的判決）。
左圖: © Ocean/Corbis; 右圖: © Gabe Palmer/Corbis

挫折的強度

達到目標的渴望越強烈，以及越接近目標的時刻，一旦目標受阻，挫折感就越重。排了好久的隊、就快輪到我們的時候，此時若有人不識相地插隊，我們的挫折感

會益發尖銳，引發更激烈的攻擊反應。一項田野實驗印證了上述說法（Harris, 1974）。研究者請人在戲院、餐廳和超市結帳櫃臺假裝插隊，有的插隊者硬擠在第二位前，有的擠在第十二位前。觀察者在旁偷偷記下被插隊者的反應。果不其然，隊伍中越前面的排隊者，攻擊反應越猛。他們對插隊者的反彈程度，是排在後面的人的兩倍。

　　「路怒症」（road rage）等案例也符合挫折—攻擊假說中，挫折強度與攻擊強度成正比的關聯。路怒症最常發生在駕駛者阻撓到另一位駕駛者的目標，如擋住急著要赴約者的去路，或占用唯一的停車位。此類挫折可引發多種攻擊行為。社會心理學家將其區分為駕駛者的攻擊行為（按喇叭、逼車、比出不雅手勢等）和駕駛者的暴力行為（窮追不捨、丟擲物品、開槍射擊等）。輕微的挫折引發攻擊行為，強烈的挫折則引發暴力行為。研究發現男性和女性在面對挫折事件時，涉入攻擊行為的比例相當，但只有男性會採取暴力行動（Hennessy & Wiesenthal, 2001）。

挫折的無理性

　　若認定挫折蠻橫無理或不合法時，所感受到的敵意會比將挫折歸因於合理、意外或合法來得強。

　　某研究證實此一原理。研究者要求學生用電話募款（Kulick & Brown, 1979）。參加實驗的學生碰到的挫折是被所有人拒絕（研究者請人假裝的）。在合理的挫折情境中，對方說出站得住腳的拒絕理由（如：我才剛失業）；另一不合理的挫折情境中，對方給的拒絕理由莫名其妙（如：慈善事業都是騙人上當的伎倆）。如圖 10.1 所示，遭受不合理挫折的受試學生，比起遭受合理挫折的學生，情緒更為激動。他們也比較會直接以言語挑釁對方。

●● 激起厭惡情緒

　　自挫折—攻擊假說提出 80 年來，研究者又陸陸續續找出數個引發攻擊的成因。在一項研究中，研究者詢問社區居民和大學生會讓他們生氣的事件（Averill, 1982）。有些人說即使他人的行動合理，或為無法避免的意外，也會觸發攻擊反應。生理的疼痛（如：不小心撞到腳趾）、口語與肢體攻擊，皆可能誘發我們的攻擊反應。他人的辱罵——特別是牽涉到我們看重的價值，如：智力、誠實、種族或吸引力——也可能激發攻擊。同學們不斷地冷嘲熱諷和霸凌，是科倫拜（Columbine）高中等多起校園槍擊事件的主因。

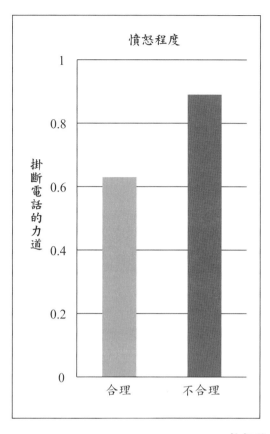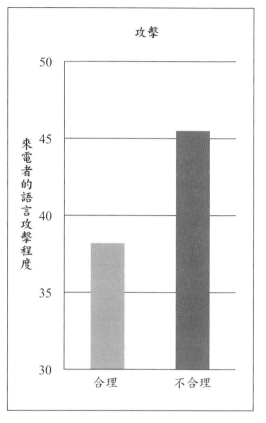

挫折的合理性

圖 10.1　挫折的合理性與否對攻擊反應的影響

資料來源：改自 "Frustration, Attribution of Blame, and Aggression" by Kulick and Brown, *Journal of Experimental Social Psychology, 15*, 183-194. Copyright 1979, with permission from Elsevier.

　　意外、攻擊和侮辱之所以會引發攻擊，原因在於激起了人人避之唯恐不及的**厭惡情緒**（aversive affect）（Berkowitz, 1989）。這類攻擊行為是因厭惡情緒而起，可說是種工具性的行為。亦即，是為了減少或舒緩厭惡情緒。厭惡情緒多為怒氣，但也包括其他各種痛苦或不舒服的情緒，例如，夏季高溫是造成暴力升高的原因之一。因為高溫悶熱令人不舒服，得找方法緩解這種不適感（Anderson, Anderson, & Deuser, 1996）。打開冷氣、對妹妹咆哮、踢小狗一腳或反唇相譏等，都是想要緩和不舒服情緒的手段。

　　因厭惡情緒而引發的攻擊稱為**情感攻擊**（affective aggression）。認為攻擊行動可以讓心情變好的人更易發動情感攻擊。若認定攻擊行為無助於降低不適感或厭惡情

375

緒，就會想其他方法排解。

●● 社會學習與攻擊

社會學習論是攻擊行為何以發生的第四種解釋。攻擊乃透過模仿與增強兩個過程習得而來。

模仿

很多人看到別人表現出攻擊行為，也跟著有樣學樣。在一項實驗裡，兒童觀察成人如何對待 150 公分高的充氣橡皮不倒翁（Bandura, Ross, & Ross, 1961）。其中一個實驗情境是，成人不斷地攻擊橡皮不倒翁，如：重擊、踢打、坐在上面，並伴隨著辱罵等等長達九分鐘之久。稍後，研究者故意讓兒童受到挫折，把他們獨自留在散布各式各樣玩具的房間裡，包括一個較小的橡皮不倒翁。看到成人粗暴對待不倒翁的兒童，比沒有觀察到此一攻擊行為的兒童，對不倒翁的攻擊行為尤甚，如：又踢又蹬，對待不倒翁的方式和成人如出一轍。

許多兒童的攻擊行為是從父母親身上學來的。的確，仍有 90% 的美國家長採體罰方式管教小孩（見第 2 章）。因為違反規定而被責打或掌摑的兒童，也學到當他人犯錯或惹你生氣時，使用暴力又何妨。一項針對 717 名男孩的縱貫研究顯示，在 10 到 12 歲被雙親嚴厲管教者，在 16 歲時更容易對約會對象暴力相向（Lavoie et al., 2002）。家庭內的其他攻擊行為，如：兒童虐待、伴侶虐待、手足虐待等，都可用社會學習論來解釋。虐待伴侶或兒童的人，通常也成長於受虐家庭，或曾目睹家庭暴力（Gelles & Cornell, 1990）。在暴力家庭下長大的小孩，不但學到拳打腳踢是可以接受的行為，同時也學到某些角色，如：妻子、女友或兒童，是適合攻擊的對象。

增強

社會學習論主張攻擊反應的習得與維持，就像其他社會行為一樣，是增強與酬賞的經驗結果（Bandura, 1973）。很早就學到能靠攻擊滿足需要的人，攻擊行為因而得到增強。搶劫犯攻擊路人、搜括錢財；兒童為了喜歡的玩具不惜打人；學生霸凌他人以贏得同儕的敬畏與順從。即使我們並非有意獲得酬賞，仍可領略攻擊帶來的好處，由此增強攻擊行為。

成為攻擊目標的特徵

前一節介紹四種可以解釋攻擊的動機。動機一旦受到激發，極可能引發攻擊行為。然而，是否發動攻擊，還須視攻擊**目標對象**（target）（意指攻擊行為指向的對象）的特徵。本節將探討和攻擊目標有關的四個特徵：性別與種族、對攻擊的歸因和反擊能力。

●● 性別與種族

攻擊不是隨機發生的，否則所有人不分性別、種族、年齡，都可以是攻擊行為指向的目標對象。事實上，攻擊是有跡可循的。首先，攻擊行為通常發生在相同的種族或民族之間。這跟家庭暴力很像，家庭成員的同質性很高，多來自同文同種。其他的暴力犯罪，如：重毆、性侵害、謀殺亦然。表 10.1 呈現 FBI 的謀殺統計數據，證明同種族犯罪的傾向。

攻擊和性別的關係視攻擊行為的種類而定。以家庭暴力為例，男女兩性同為受害目標。男孩和女孩被雙親虐待的機率相似，妻子虐待丈夫與丈夫虐待妻子的比率不相上下（Gelles & Strauss, 1988）。不過，虐待的形式卻不同。女性常掌摑、踢、咬，或拿東西打人；男性則常用痛扁、推、抓、撞等方式虐待伴侶。以現任或前任親密暴力為例，女性成為謀殺受害者的比率為 74%，成為重毆或性侵受害者的比率為 85%（Greenfeld et al., 1998）。這樣的型態不分非裔、拉美裔和白人（Rennison, 2001），但亞裔和太平洋諸島住民的發生比率較低（Johnson & Ferraro, 2000）。

雖然男性和女性採取「攻擊」行為的比率幾乎一樣，但男性明顯「暴力」多了。95% 以上的強暴或性侵害案件是由男性犯下，女性淪為受害者。如表 10.1 所示，2009 年的男女性謀殺案中，殺人犯 90% 為男性。多數的殺人與**重傷害**（aggravated assault）（即蓄意傷害他人身體）案件，兩造均為男性者居多。

此一型態顯示攻擊行為的表現受制於社會信念與規範。目睹家庭暴力的兒童學到對家人施暴是被默許的。同樣地，美國社會的信念和規範亦鼓勵男性對女性或其他男性直接毆打甚或性侵害。例如，男性沙文主義煽動男性支配女性（Connell, 2005）。這些性別規範和男性的地位與陽剛氣概掛勾，促使男性採取攻擊的手段博取他人尊

敬（Thompson & Pleck, 1986）。美國社會的男性必須為贏得各式各樣的酬賞展開競爭，如：影響力、團體地位、求偶或各種成就象徵。這些競爭常引得肝火大動或肢體衝突。某些團體、文化或次文化規範，更要求男性在某些情況下要挺身捍衛自己。例如，美國南部對男性有著「士可殺，不可辱」的規範，亦即「榮譽文化」（culture of honor）。

377

表 10.1　2009 年犯罪加害人與受害者的種族與性別

	總計	加害者的種族				加害者的性別	
		白人	非裔	其他	未知	男性	女性
受害者的種族							
白人	3518	84.2%	12.9%	1.1%	1.7%	87.7%	8.7%
非裔	2867	7.3%	90.8%	0.5%	1.4%	88.5%	10.0%
其他	181	27.6%	14.4%	57.5%	0.6%	89.5%	9.9%
未知	65	41.5%	33.8%	1.5%	23.1%	67.7%	9.2%
受害者的性別							
男性	4638	44.3%	52.2%	1.9%	1.6%	87.9%	10.4%
女性	1928	60.6%	34.3%	3.7%	1.4%	89.2%	9.4%

註：此表乃依執法單位提供的加害者犯案資料繪製而成。因此，若加害者的年齡、性別和種族不詳，即排除此項資訊。僅摘要性別百分比，性別不詳者略之。

資料來源：FBI Homicide Data.

●● 對攻擊意圖的歸因

直接攻擊，包含口語和肢體攻擊，通常會引發攻擊反應（Geen, 1968; White & Gruber, 1982）。儘管如此，若認為攻擊乃對方無心之過，就不會採取報復行動。例如，我們比較不會攻擊在停車場為救小孩免被疾駛的車撞到，而將購物車用力推向我方車子的男性。不過，我們必須先瞭解該名男士的動機。若將傷害歸因於對方意圖不軌，而非意外或合理的外在壓力，那麼受到傷害後的反擊就會更理直氣壯（Dyck & Rule, 1978）。在前面的例子裡，如果傷害不是意外造成的，我們對目標對象的攻擊反應恐怕有過之而無不及。

根據雙向歷程模式而發展出的一般攻擊模式（general aggression model）（Anderson & Bushman, 2002）主張，對攻擊或敵意情境進行初步、立即的評估（或歸因）後，除非具備足夠的資源（例如：時間或認知能力），以及對初步評估結果不

甚滿意，才會對情境進行再評估。

　　對情境和傷害的評估，是影響攻擊反應的重要因素。在一項針對 70 名受虐婦女的研究中，與家暴加害人住在一起的女性有時會自責不已。她們會把受虐原因歸諸自己能力不佳、缺乏魅力、愛回嘴等等。其他女性則歸因於外在情境因素，如伴侶壓力太大。會責怪加害人的女性，比起為受虐自責或歸咎於情境的女性，更有可能離開加害者（Andrews & Brewin, 1990）。

　　影響歸因的一項重要因素是攻擊者有沒有道歉。道歉讓人覺得傷害不是故意造成的。某實驗研究者存心犯錯，讓參與者完成不了任務。當實驗者道歉後，參與者的攻擊行為便軟化了。道歉可緩和攻擊的另一個原因是，它提供的緩和情報（mitigating information），讓人重新評估冒犯者的行動可能是外在因素所引起（Barlett & Anderson, 2011）。不過，須注意的是，若傷害造成的損失越慘重，道歉的效果也隨之降低（Ohbuchi, Kameda, & Agarie, 1989）。

379

●● 反擊能力

　　估量攻擊的代價（和好處）時，要考慮的後果之一，就是攻擊目標的反擊能力。

　　研究顯示擔心受到報復的威脅，能降低攻擊行為。在一項實驗中，研究者請參與者對另一人實施電擊，但可以選擇電擊的強度。其中一個情境是，參與者在電擊實驗結束後，就可以瀟灑的離開。另一個情境是，參與者的電擊結束後，須和對方交換位置。換句話說，被電擊的一方要對參與者實施電擊（可以反擊）。結果顯示第二個實驗情境的參與者，實施電擊的強度比前者弱多了（Prentice-Dunn & Rogers, 1980）。這些研究發現有助於解釋為什麼匿名的網路霸凌會比那些具名的霸凌來得嚴重。若能使用假名或透過匿名網站貼文，霸凌的攻擊程度更容易一發不可收拾，因為遭到反擊的風險幾近闕如。

　　有時還會發生**替代性攻擊**（displaced aggression）的情況──意指攻擊的目標並非原先引發攻擊的始作俑者。激發攻擊情緒的源頭和攻擊目標毫無關係，但卻將攻擊轉向弱勢或身邊根本毋須對最初反應負責的對象（Umberson, Williams, & Anderson, 2002）。替代性攻擊常用來解釋對伴侶、兒童或寵物的攻擊──「她在拿我們出氣」。但真的會這樣嗎？一項社會心理學研究的後設分析顯示，替代性攻擊確有其事（Marcus-Newhall, Pedersen, Carlson, & Miller, 2000）。有些學者主張替代性攻擊是低社經家庭暴力頻仍的部分原因（Umberson, Anderson, Glick, & Shapiro, 1998）。

在外面的工作場合或人際關係受挫，無力改變，回家就找家人麻煩。同樣的過程也可以解釋為什麼受到霸凌的兒童，也有可能去霸凌別人（Salmivalli & Nieminen, 2002）。

替代性攻擊的研究結果亦發現，侮辱、攻擊或挫折越是不堪、罪魁禍首和攻擊目標越相似，替代性攻擊發生的可能性越高。

引發攻擊的情境因素

有許多特定的情境因素讓攻擊行為更易出現。本節將探討五個因素：潛在酬賞、有模仿對象、規範、壓力與攻擊線索。

●● 潛在酬賞

有三種酬賞會增強攻擊行為：物質利益、社會讚許，以及注意力。

持槍劫匪和黑手黨成員利用暴力攻擊手段獲得物質利益。若減少物質利益——也就是重懲重罰——此類攻擊暴力就會減少。

社會一般說來會同聲譴責暴力攻擊，但社會讚許也是攻擊行為常見的第二個酬賞。事實上，每個社會都有支持攻擊行為的特殊情境規定，如：認可軍人可以在戰場上開槍殺敵、嘉許兒童為了保護手足大打一架，還有很多人不時煽動朋友以暴制暴。

注意力是攻擊行為的第三種酬賞。嘲弄或霸凌同學的青少年，即使被校規懲處，卻彷彿站在聚光燈下，享受同儕注意的樂趣。針對小學班級進行的研究顯示，即使好鬥的孩子通常不受同儕喜愛，但學校裡的攻擊行為卻因同儕的笑聲與關注而得到增強（Powers & Bierman, 2013）。雖然現在還有些人建議應該要忽視霸凌行為，但從研究可看出，獎勵合作與漠視攻擊雙管齊下，是減少學齡前兒童攻擊的有效策略（Brown & Elliott, 1965）。

●● 模仿

第二個會增加攻擊的情境因素是有行為模仿的對象。如同攻擊行為是透過觀察與模仿一樣（Bandura, Ross, & Ross, 1961），模仿對象在特殊情境的攻擊行為，會起

效尤作用。此種「同儕跟風」（peer contagion）（Dishion & Dodge, 2005）現象不僅發生在小學生和青少年身上，連成人也不例外。

　　如同上一章提到楷模在助人行為上的重要性一般，攻擊者則是展現不良的行為。回想 2011 年發生在倫敦及英國等其他城市的暴動。本來只是抗議警方執法行為過於殘暴的和平遊行，卻突然惡化為警方與抗議者間的暴力衝撞，加上掠奪、縱火，場面火爆混亂。某媒體平臺指出，社群軟體與 24 小時的新聞報導，是讓暴動一發不可收拾的禍首。由於手機與社群軟體在組織動員、散布煽動和不實言論，以及廣發破壞與混亂畫面的威力，這場事件因而被封為「黑莓機之亂」（BlackBerry Riots）。

　　媒體的報導誇大某些地區暴動的程度，讓暴動變成自我驗證的預言，吸引許多人加入。社群軟體、新聞播放畫面和影片也提供了攻擊模仿的對象。攻擊模仿對象以三類資訊影響觀察者。第一，模仿對象表現出該場合可行的特殊攻擊行為；第二，模仿對象透露攻擊是適切的訊息——在該場合是合情合理的行為。起初參加那場英倫暴動的人，都認為他們的行為是合適的。電視直播畫面在不知不覺中成了幫兇，而社群軟體更是有意地告訴千萬名收看的觀眾，歡迎他們來參加這場盛會。第三，模仿對象提供攻擊行動後果的訊息。觀察者目睹模仿對象是否遂其目的、行為得到獎賞抑或懲罰。想當然耳，看到模仿對象獲得獎賞、免受懲罰，將提高觀察者模仿攻擊行為的機率。模仿攻擊行為也可以用來解釋為什麼同一城市的暴動接二連三（Olzak, Shanahan, & McEneaney, 1996），以及為什麼透過大眾傳播媒體，暴動可以迅速擴散到另一個城市（Myers, 1997）。

381

　　如果觀察者並無傷害人的打算，這些模仿對象的影響力就無足輕重。但那些曾壓抑攻擊欲望的人，若被模仿對象的攻擊行為煽動的話，恐將喪失自制力，一觸即發。他們最有可能模仿攻擊行為。換句話說，類似科倫拜校園槍擊事件的新聞報導，不至於影響原本就不想持槍進入校園或傷害同學的人。然而，這樣的新聞報導可能會慫恿早就對同儕懷有敵意的人，暗示他們對學校發動攻擊無可厚非，而且還可以透過大眾傳播媒體成為紅人（Coleman, 2004）。

●● 規範

　　有正向的互惠規範（見第 9 章），同樣地也有**負向的互惠規範**（negative norm of reciprocity）。此種「以牙還牙，以眼還眼」的規範，合理化報復的正當性。對榮譽文化的研究顯示，認為應該挺身捍衛家族財產或保護自己——甚至不惜殺人的

文化比比皆是。亦有證據顯示男性比女性更在意榮譽（Barnes, Brown, & Osterman, 2012）。這類規範會影響行為。在犯罪者中，認同「以眼還眼」和相似論調的人，更常在數年間涉入暴力行為（Markowitz & Felson, 1998）。

負向的互惠規範指出，報復必須與被激怒的程度相稱。無數實驗證明，報復和攻擊的程度幾成正比（Taylor, 1967）。不過，在盛怒的情況下，可能會高估對方挑釁的嚴重度，低估個人反應的強度。生氣的時候，容易把沒有攻擊意味的反應，誤解成有心挑釁。因此，即使力求報復和攻擊持平，仍難免攻擊過頭。

研究 444 名攻擊警察的嫌犯，可看出反擊的力道之所以升高，最常見的原因就是雙方誤會加重，導致暴力擴大（Toch, 1969）。一般說來，警方只是例行盤查，但被盤查的人卻將警察的要求視為強人所難、不可理喻和不公不義的舉動，拒絕配合。警察將此一拒絕配合的動作解釋為妨礙公務，作勢要逮捕嫌犯。警方的怒氣似在濫用職權，嫌犯也飆罵髒話，情勢逐漸劍拔弩張。對於嫌犯出手還擊，警方生氣地將其摔倒在地。這幾幕情節描繪出彼此的對峙如何演變為暴力攻擊，但正在氣頭上的人覺得他們只是剛好回敬對方的攻擊而已。

實驗也印證負向的互惠規範。兩名參與者需在時限內完成競賽任務。每次嘗試作業後，贏的人可以在輸的人耳邊播放噪音（Bushman, Baumeister, & Strack, 1999）。

實驗者做了些手腳，所以參與者嘗試錯誤、被噪音干擾的機率一半一半（隨機挑選）。隨著時間過去，參與者播放的噪音強度，逐漸和對方一致——完全就是互惠原則的翻版。

●● 壓力

壓力也會增加攻擊行為發生的可能性。社會性壓力源，例如：長期失業、受到歧視等，都會因挫折和憤怒引發攻擊。一項研究探討經濟衰退對婚姻和同居暴力的影響，發現客觀的指標，如：家庭收入和虐待成反比。當家庭收入增加，肢體虐待的頻率也跟著減少。然而，不管實際收入多少，當任何一方希望伴侶增加工作時數（或賺更多錢）時，期望和現實的差距拉大，會加劇肢體暴力衝突（Fox, Benson, DeMaris, & Van Wyk, 2002）。

另有其他數個壓力源會引發親密暴力。某些潛在的壓力源，如：交往時間過短（彼此還不夠瞭解）、性別角色界定格格不入（一方觀念傳統，一方觀念現代）、物質濫用、子女眾多等。這些因素之所以導致親密暴力，部分原因在於關係矛盾的地方

太多，水火不容的情形變本加厲（DeMaris, Benson, Fox, Hill, & Van Wyk, 2003）。爭執的時間越來越長，毫無停止的跡象；牢騷發個沒完沒了，根本無意解決問題，使得衝突的情況居高不下。

　　生活條件也會造成壓力。研究發現親密暴力常見於經濟條件不利的社區（Benson & Fox, 2004），就算經濟情況比鄰居稍好一點的也一樣（Fox & Benson, 2006）。同理可證，鄰里社區的特性亦可降低親密暴力。研究者檢視芝加哥的問卷調查資料、人口普查與謀殺數據，發現就算是經濟不利的社區，假使居民懷有生命共同體的信念（例如：「住在社區的每個人都可以信任」），認為鄰居間可以相互扶持，親密暴力的比率相對較低（Browning & Cagney, 2003）。此種社區情感可說是環境壓力指數低的明證。

　　有些環境壓力源也會激發攻擊。許多研究發現高溫會加劇重傷害、性侵害、謀殺和暴動等暴力犯罪（Anderson, 1987; Baron & Ransberger, 1978）。部分原因是高溫讓人不舒服，看什麼都不順眼（Anderson, 2001）。近期的研究顯示，調節氣溫，如打開空調系統，可以緩和跟高溫有關的暴力，可惜這種技術有其限制，無法全面普及（Rotton & Cohn, 2004）。有趣的是，將一天當中的時間列入考慮的話（因為有許多犯罪發生在晚上，氣溫較低），暴力犯罪高峰的溫度約為華氏 80 到 90 度之間（約為攝氏 27 到 32 度）（Cohn & Rotton, 2005）。高於這些氣溫，暴力反而減少了。或許是忙著避暑，不想與他人互動的緣故（Cohn & Rotton, 1997）。

　　高溫也會喚起攻擊意念，間接導致攻擊行為增加。研究發現接觸和高溫有關的字詞（曬傷、滾燙、烘烤、炎熱、流汗），無論實驗室的體感溫度高不高，參與者的攻擊意念與敵意反應，都比接觸和低溫（凍傷、結冰、寒冷、發抖）或跟溫度無關的中性字詞來得強烈（DeWall & Bushman, 2009）。

383

●● 攻擊線索

　　引發攻擊的情境，剛開始時通常曖昧不明。究竟該將嘲諷當成無傷大雅的玩笑，還是在挑釁一位男性的男子氣概呢？看到男友和另一位女性談笑風生，他們到底是在互相打趣，還是在調情呢？身處其中的觀察者和參與者，須從環境中尋找線索，來幫助他們釐清究竟發生了什麼事，才能決定接下來的反應。

　　環境裡的攻擊線索可能會強化攻擊反應（Berkowitz, 1989）。即使沒有身處現場，這些線索仍可激化攻擊動機或降低抑制力。例如，怒氣高漲或受挫的人，看到

槍枝的反應，比看到中性物品來得更具攻擊性（Carlson, Marcus-Newhall, & Miller, 1990）。所謂的武器效應（weapons effect），就是指這群被武器沖昏頭的人。武器效應牽涉到認知準備傾向（cognitive priming）；看見武器就在身邊，由此引爆攻擊意念或付諸行動（Anderson, Benjamin, & Bartholow, 1998）。

透過反芻思考的過程，攻擊線索也會引發攻擊（Marcus-Newhall et al., 2000）。反芻（rumination）就是耽溺於傷心事，反覆不斷地思索壞的結果，卻不去克服解決。一直苦思先前不如意的事，很容易因為現在的一點小事（引爆點）抓狂。若室友邊做飯邊想著早先在課堂上教授羞辱她的畫面，當你問她飯做好了沒，她很可能會惡聲惡氣的回嘴。如果她想的是即將到來的週末，就有可能只是淡淡地告訴你晚餐快做好了。

為檢視反芻對攻擊的影響，社會心理學家請一群大學生參與三階段的實驗（Bushman et al., 2005）。實驗第一階段（激怒階段），參與者要解開困難的字謎，但背景音樂非常的吵雜，令人分心。幾分鐘後，實驗者把題目收走，關掉音樂，離開去改考卷了。稍後，實驗者回來告知參與者他們的分數低於平均數，應該重做一次題目。不過接著實驗者又用嘲弄的語氣說這樣只是在浪費時間，乾脆直接進行第二階段好了。實驗第二階段，參與者被隨機分派到反芻組，要求他們回答許多審視自我的題目（「你是哪一種人」、「為什麼別人要這樣對待我」）。其他參與者則把注意力放在外界或能改善心情的事物上。實驗最後一個階段（引爆階段），所有的參與者都要進行一個很無聊的活動。當研究助理故意把題目念得很快、發音不標準（例如把「達文西」念成「大問七」），偶爾還會搞錯題項。此時，反芻組參與者（相較於實驗第二階段的非反芻組，或沒有進行最後一個引爆階段的參與者），他們的反應顯得非常不爽，看得出來心情很糟，還說研究助理根本不適任（見圖 10.2）。

減少攻擊行為

攻擊行為讓個體、團體和整個社會付出極大代價。與攻擊行為有關的問題一直是重要的研究議題。本節探討減少攻擊行為的四種可行策略：減輕挫折感、懲罰攻擊行為、示範非攻擊行為、提供宣洩的機會。

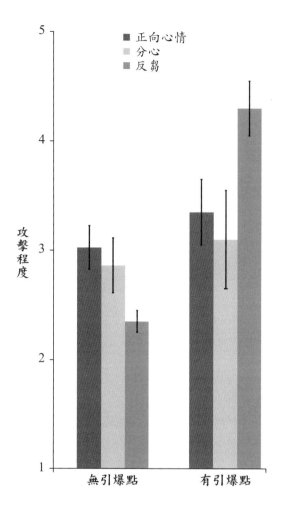

正向心情
分心
反芻

攻擊程度

5

4

3

2

1

無引爆點　　　　有引爆點

圖 10.2　反芻與輕微惱人的事對攻擊的影響

實驗要求參與者反芻回想，喚起被攻擊的感受。比起在實驗第二階段的非反芻組，或沒有進行最後一個引爆階段的參與者，些微的促發事件就可能引爆反芻組相當強烈的攻擊反應。

資料來源： Figure 1, Bushman et al. (2005). "Chewing on It Can Chew You Up: Effects of Rumination on Triggered Displaced Aggression." *Journal of Personality and Social Psychology, 88*, 969-983.

●● 減輕挫折感

　　假設挫折是引發攻擊的關鍵因素，那麼只要降低挫折的頻率或強度，或許可以減輕攻擊行為。例如，美國社會最大的挫折來源，就是資源分配不均。比較不同城市（如 Land, McCall, & Cohen, 1990）和國家（Gartner, 1990）的犯罪比率後，研究發現經濟不利是犯罪最佳的預測因子。搶劫、重傷害、謀殺的起因，往往僅是對錢財起

了貪念或貧窮所致。因此，如果每個人都能擁有基本的生活條件，應能減少因挫折產生的攻擊。

許多挫折來自人際衝突。所以，降低攻擊行為的另一個方法，就是教導人們如何化解人際紛爭。增聘受過專業訓練的調停者和培訓社區委員衝突解決技巧，是近期發展出來的創新做法。這些創新做法也可以應用在學校。以同儕為調停者而設計的衝突解決方案，便是為因應與日俱增的校園槍擊事件和校園霸凌。

●● 懲罰

很多人相信懲罰能起到嚇阻作用，故常以之為壓制攻擊的手段。威嚇的確可以有效減少攻擊行為，但適用情況寥寥可數（Baron, 1977）。若要用威嚇壓制攻擊，下手必須要重，而且說懲罰就真的要懲罰。即便如此，當潛在攻擊者怒不可遏的情況下，懲罰還是發揮不了效果。

實際加諸懲罰（不是口頭恐嚇而已）是可以抑制攻擊，但須嚴格遵守下列條件（Baron, 1977）：（1）懲罰在攻擊行為之後迅速執行；（2）是攻擊行為的合理結果；（3）符合社會規範的非暴力做法。除非滿足上述條件，否則懲罰會成為不正當的措施，反而讓受罰者更為生氣或伺機反擊。

儘管研究證實上述條件可以達到嚇阻效果，但司法系統卻無法面面俱到。犯罪破案率低，犯罪者逍遙法外是原因之一。即使抓到嫌犯，卻不會馬上受到制裁。再者，極少犯罪者真心認為懲罰是其犯罪行為的合理或合法後果。最後，犯罪者從攻擊中得到的利益甚多。一項針對成人犯罪者的縱貫研究發現，受到司法制裁的風險和犯罪行為無關。預測犯罪最顯著的因子是犯法後可以獲得錢財的機會（Piliavin et al., 1986）。由此看來，司法系統對於嚇阻犯罪攻擊的效果非常有限。

●● 示範非攻擊行為

如同攻擊模仿對象可以強化攻擊行為，示範非攻擊行為的楷模亦可減少攻擊。領導印度擺脫英國殖民、邁向獨立建國的聖雄甘地，即採取和平主義方式，受到世人的愛戴追隨。實驗研究亦證實非攻擊行為的楷模在抑制攻擊上發揮的影響力。某研究（Baron & Kepner, 1970）讓參與者看到攻擊者對助手施以較多電擊，另一組參與者則看到非攻擊楷模施以最低限度的電擊，控制組則沒有觀察對象。結果顯示，觀察非

攻擊楷模者表現出的攻擊行為遠低於其他兩組。其他研究亦顯示非暴力攻擊楷模不僅能降低攻擊，還能抵銷攻擊模仿對象造成的影響（Baron, 1971）。

●● 宣洩

在辦公室受了老闆一頓氣後，克莉絲汀娜請兒子馬吉爾開車來接她回家。「你瘋了嗎？為什麼開車橫衝直撞的？」克莉絲汀娜犯了替代性攻擊的錯誤。馬吉爾大吃一驚，他的時速還不到 60 公里呢，他覺得母親的指責莫名其妙。當克莉絲汀娜對馬吉爾發脾氣後，她的心情會變得比較好嗎？

許多人認為宣洩比讓敵意悶燒好，一個相當古老的心理學概念傳遞了這樣的說法（Aristotle, *Poetics*, Book 6）。宣洩（catharsis）意指藉由表現攻擊行為來排解攻擊欲望。宣洩假說主張，透過攻擊行為體驗強烈情緒，反而可以化解敵意情緒。觀看戲劇、電視節目或運動比賽，也可以釋放攻擊情緒。

無數研究支持宣洩的效果，看來宣洩的確能減少攻擊（Geen & Quanty, 1977）。但同樣的，條件必須俱足才行。要達到宣洩的目的，攻擊行為必須直搗引發挫折的源頭，而非無的放矢、胡亂衝著某人發作。搞錯對象或替代性攻擊，如：踢狗或對家人吼叫，通常無助於宣洩。還有，別人要能接受你的攻擊行為，宣洩完後你自己也不會心懷罪惡感才行。

事實上，雖然有少數例外，但研究顯示攻擊會帶出更多的攻擊，而不是減少攻擊。不管一開始是用言語、肢體或攻擊性遊戲的方式宣洩皆然（Bushman, Baumeister, & Stack, 1999; Geen, Stonner, & Shope, 1975）。例如，研究發現，參加身體接觸運動（摔角、籃球）的大學運動員，比參加非身體接觸運動（田徑、游泳）的大學運動員，涉嫌心理和身體約會暴力的比率更高（Burns, 2009）。

原初攻擊之所以會促發更進一步的攻擊，在於產生去抑效應（disinhibition）——即對社會不認可之行為的一般內在控制力減弱。去抑效應可從殺人犯和軍人的自陳報告中看出來。他們表示第一次殺人很難下手，但後來變得越來越容易。第二，原初攻擊行為只會讓怒氣加重。第三，它給了我們傷害他人的經驗和機會，成了更易表現的行為選項。最後，如果真的在攻擊之後得到宣洩，就是增強了攻擊，得到酬賞的行為總會接二連三頻繁出現。

社會的攻擊現象

過去 20 多年來，攻擊行為成了一些重大社會問題的焦點，引起大眾注意。會這般受到矚目，部分原因在於校園槍擊等大屠殺事件引起社會關注。所幸，大規模屠殺案件仍是少數，常見的是各類型的人際暴力，也就是直接攻擊他人，有意傷害甚至殺害對方。本節將探討三種特殊的人際關係暴力。首先探討性侵害的原因及後果。接下來，檢視色情對性侵害的影響。最後，討論電視節目和電玩是否會觸發暴力。

●● 性侵害

性侵害（sexual assault）是指在未獲得對方同意的情況下，以脅迫、操縱、恐嚇或武力的方式，達到性碰觸或性交的目的。外力或造成的傷害越大，侵害就越嚴重。一項性脅迫問卷調查 165 位男性兄弟會和 131 位女性姊妹會成員。結果顯示，男性更容易脅迫女性進行非合意性行為，而且只有女性自陳被肢體暴力強迫就範（Larimer, Lydum, Anderson, & Turner, 1999）。多數案件的加害者與受害者為同種族。

某些加害者受到性慾驅使，另有些加害者的目的是為了支配、羞辱或傷害受害者。性侵害就是一種性攻擊。性攻擊是一個連續向度，從賄賂誘惑、口語施壓，到下藥迷姦、強暴、綁架受害者等等都是（Jewkes, Sen, & Garcia-Moreno, 2002）。

性攻擊的原因為何？

這個問題有幾個答案，其中一個是特殊的文化信念和慣例，創造出鼓勵強暴的環境。有強暴傾向的社會，容許女性被男性侵害或忽略女性的權益（Sanday, 1981, 2003）。強暴傾向社會的共同特徵如下。第一，人際暴力事件頻傳；第二，具有男性主導、女性次等的意識形態，暗示女性是男性的財產，應該臣服於男性的控制；第三，男女授受不親、界線分明（例如：進行宗教儀式時）。美國是一個強暴傾向的社會，強暴犯罪率居高不下。直到目前，男性仍在政治、經濟和性方面支配女性。男性和女性在某些領域（運動節目、職場等）仍沒有打破分野。

強暴傾向也滲透到大學校園。研究發現若兄弟會或男生宿舍可以舉辦派對，但姊妹會或女生宿舍卻不行時，男性就有權力設計派對流程，操控來賓的動向和行為

（Armstrong, Hamilton, & Sweeney, 2006）。男性亦可藉此管理和發放酒精飲料，這是性侵害能在大學校園流傳的重要因素（Logan, Walker, Cole, & Keukefeld, 2002）。男性是主人，女性也自知要溫柔一點，對男性的追求半推半就，暗助男性主宰校園派對這個有強暴傾向的環境（Armstrong, Hamilton, & Sweeney, 2006）。

性侵害加害者

當然，是個人而非社會或文化犯下強暴罪。造成性侵害的第二個主因是，男性的特質和攻擊行為掛勾。研究顯示有些男性具有性攻擊傾向——亦即，常在親密關係中對女性暴力相向（Malamuth, Heavey, & Linz, 1993）。這些男性在渴望支配女性、敵視女性的測驗中得分較高。他們的態度在在傾向攻擊女性，包括一些強暴迷思，如：女性內心都想被強暴、而且享受強暴，是受害者讓強暴發生，別的男性也想強暴女性（Koss & Leonard, 1984; Malamuth, 1984）。這些男性也很容易被強暴畫面喚起性慾。在實驗研究裡，贊同強暴迷思的男性受到輕微的侮辱或拒絕時，更容易去攻擊女性（Check & Malamuth, 1983）。除了這些特殊的性別態度外，研究也發現使用色情物品和酗酒，是性暴力犯罪的重要預測因子（Carr & VanDeusen, 2004）。

男性採取性攻擊的傾向根深柢固、難以撼動。研究者蒐集 423 位年輕男性的資料，測量他們對女性的敵意和崇尚暴力的態度。十年後，研究者再度訪談其中一些男性及其女性伴侶（Malamuth, Linz, Heavey, Barnes, & Acker, 1995）。從兩方的報告得知，十年前的特質得分，可以預測哪些男性會以性攻擊方式對待伴侶。此研究顯示犯下性侵害罪的男性，已經習得一套對待異性的腳本，包括：以言語虐待或肢體暴力強迫女性就範，或從女性身上得到性滿足（Huesmann, 1986）。腳本一旦形成，各種場合的行為便大同小異。研究發現腳本是在人生幼年時期習得（Jacobson & Gottman, 1998），很可能幼時經常目睹暴力、攻擊行為得到增強、本人也是暴力攻擊的目標等等。

389

性侵害受害者

性侵害受害者以 15～24 歲的女性居多。有些女性是被不認識的男性強暴，此種陌生人強暴通常發生在室外、公園、偏僻的停車場，或受害者的住處。加害者多為隨機犯案，攻擊易得逞或剛好在附近的受害者。

然而，多數的情況是，女性被認識的人侵犯。加害者可能是正在交往的對象（約會強暴）、鄰居或同事（熟人強暴）。大部分約會強暴的受害者為年輕、單身的高中

或女大學生。近期的研究發現，在大學校園中，78% 的非合意性行為發生在「勾搭上床」的時候（Flack et al., 2007），部分原因在於有強暴傾向的兄弟會及勾搭文化（見第 5 章）。比起其他種族，白人男大生涉嫌性侵害的比率略高（Armstrong, Hamilton, & Sweeney, 2006）。

有許多原因會導致性侵害發生，其中一個罪因是酒精，一半以上的性侵害罪都和酒精脫不了關係（無論飲酒者是加害者、受害者抑或雙方皆然）（Abbey, 2002）。酒精會降低攻擊的自制力，也會影響判斷力。問卷調查和實驗研究均證明，飲酒後容易從事危險行為、涉足危險場所。事實上，某些男性還故意藉酒或藥物，讓女性自動放鬆戒備（Abbey et al., 2001）。某研究將男性參與者隨機分派成兩組。一組喝酒，另一組喝無酒精飲料，接著請參與者觀看熟人強暴的影片。與無酒精組相較，喝酒組認為男性可以採用霸王硬上弓的方式，也樂意如法炮製（Abbey, 2011）。若男性對女性的態度原本就不友善，酒精更會加重男性對女性的惡意。

另一個造成性侵害的因素為誤解語言或非語言訊息。男性錯誤解讀女性的某些行為帶有性暗示意味（Bondurant & Donat, 1999）。誤解不僅造成性侵害盛行，也影響性侵害的歸因。把原因歸咎於受害者而非加害者，稱為**怪罪受害者**（victim-blame）。支持怪罪受害者的人聲稱女性的勾引或衣著暴露，會讓男人想入非非，以為女性同意進行性行為。男性較容易將女性的行為解讀為性試探訊息（Farris, Treat, Viken, & McFall, 2008）。

文化信念是導致性侵害的第三個主因。根據一項針對 14～17 歲青少年少女的調查，顯示兩性雙方都認為，如果女性挑起男性的性慾，或兩人交往一段時間了，男性就有權強迫女性發生性行為（Goodchilds & Zellman, 1984）。其他具有影響力的文化信念另有：男性的性衝動一旦被喚起，就停不下來、丈夫不會強暴妻子、女性其實很享受強暴（Edwards et al., 2011; Ryan, 2011）。

錯誤認知與文化信念也會影響女性對非自願、非合意性行為的解讀。許多遭受性侵害的女性並不認為她們被強暴了（Kahn, Mathie, & Torgler, 1994）。這可能是因為她們和熟人約會、愛撫，繼之被襲擊的經驗，不符合她們對強暴的認知腳本（強暴是指被陌生人暴力性侵害）（Ryan, 1988）。在某研究中，研究者請女性寫下「強暴事件發生前、發生當下和發生後」的場景，並描述她們過去被侵害的經驗。有些女性自陳曾被迫性交，但在「妳曾被強暴過嗎？」這個問題上，卻也回答「否」。這些女性通常認為強暴是指被陌生人攻擊。同樣的，女性對親密關係的腳本想像是平等愛和浪漫愛，這常使得她們忽視伴侶的不良行為，重視男性的性需求（Lloyd & Emery,

2000）。和腳本不符的被侵害經驗往往略過不表。這是腳本形塑經驗的絕佳範例（見第 5 章）。

●● 色情與暴力

性攻擊腳本存在的原因，和生長在暴力虐待家庭有關，另一個是觀看或閱讀色情作品（Ryan, 2011）。

2013 年 8 月 1 日，Ariel Castro 因在俄亥俄州克里夫蘭的自家，綁架、強暴和攻擊三名女性，被判終生監禁 1,000 年。聽到判決確定的那一刻，Castro 辯稱他的行為乃耽溺於色情，無法自拔。他和越來越多的加害者，包括承認殺害 24 名女性的連續殺人魔 Ted Bundy 一樣，用色情成癮當脫罪藉口。這樣的說法引起大眾的興趣和熱烈討論，社會心理學也進行相當多研究，想釐清色情與暴力兩者間究竟有何關聯。

非暴力色情

許多研究顯示色情對行為的影響，須視色情作品的內容而定。大膽描繪成人性活動的色情內容，稱為**非暴力色情**（nonaggressive pornography）或情色作品。閱讀或觀看非暴力色情內容所喚起的性衝動（Byrne & Kelley, 1984），一般是透過認知與想像的過程而來。

非暴力色情本身並不仇視、攻擊女性（Donnerstein & Linz, 1998）。不過，觀看者如果喝醉，或正想從事危險性行為的話，他們的抑制力會因此降低（Vega & Malamuth, 2007）。研究發現當男性怒火中燒或受到挫折時，觀看非暴力色情影像，會對女性表現出更多的攻擊行為（Donnerstein & Barrett, 1978）。此一心理機制稱為「衝動移轉」（transfer of arousal）：觀看色情作品喚起的性衝動，讓怒氣更為上升，終於引發性攻擊。

好萊塢的電影一向不在意色情的問題，描寫你情我願的性活動越來越粗俗低級，羞辱女性的意味也越來越強。例如，研究 007 系列電影後可發現，性活動和傷害女性的內容一集比一集多（Neuendorf et al., 2010）。某實驗探討物化女性的影片對觀看者的影響。參與研究的男女性觀看知名電影《愛你九週半》（*Nine½ Weeks*）、《美國舞孃》（*Showgirls*），或其他動畫卡通。稍後請參與者閱讀並評估描寫約會強暴或陌生人強暴的文章。觀看電影情色片段的男性，更是認為約會強暴的受害者「樂在其中」且「咎由自取」（Milburn, Mather, & Conrad, 2000）。這些結果顯示，越來越多

的廣告和平面媒體描寫對女性施暴的內容，不啻是一大隱憂（Cortese, 2004）。

暴力色情

暴力色情（aggressive pornography），意指赤裸裸地描寫用蠻力威嚇或強迫女性性交、攻擊女性的內容（Malamuth, 1984; Malamuth, Addison, & Koss, 2000）。和情色作品不同的是，暴力色情對態度和行為的影響深遠。在探討對態度的影響研究中（Donnerstein, 1984），研究者請男性觀看三部描寫暴力、非暴力色情或暴力色情的影片。看完影片後，參與者要填答態度問卷，包括測量其對強暴迷思的接受度。觀看暴力或暴力色情影片的男性參與者，比觀看非暴力色情影片的男性參與者，在強暴迷思接受度上的得分較高。這些男性也表示挺樂意嘗試用暴力達到性目的。同樣是描繪暴力，即使是非色情的暴力影片，都比非暴力影片還要能左右態度。研究顯示是「暴力」，而非赤裸的性描寫，在影響男性對性攻擊的態度。此類實驗研究證實觀看色情內容的影響，並非如有些人所言：觀看色情內容的男性，已經內化攻擊女性的傾向，容易被暴力色情所吸引（Malamuth, Addison, & Koss, 2000）。雖然確有上述情況，但接觸色情同樣也會對性攻擊造成影響。

在另一個實驗中（Donnerstein & Berkowitz, 1981），研究助手（有男有女）有的故意激怒男性參與者，有的以中立態度待之。接下來請參與者觀看下面其中一部影片：中性影片、非暴力色情影片、暴力色情影片（影片中的女主角被推撞、捆綁、脫光衣服和強暴。一種版本是女主角顯得相當厭惡這些做法，但另一種版本是女主角在最後露出微笑）。看完影片後，這群男性參與者被賦予電擊研究助手的機會。結果顯示觀看何種影片並不影響參與者對男性助手的攻擊強度，但看過暴力影片的參與者，卻對女性助手施加更強烈的電擊。

暴力色情引發攻擊行為的方式有三：喚起性衝動、攻擊線索、降低自制力。有些男性看到暴力色情的內容，性衝動就被挑起。此外，這類內容多把女性當成攻擊目標。根據 Donnerstein 與 Berkowitz 的研究，這類影片在觀看者心裡留下一個印象，影片中的受害者和現實中激怒他的女性意象重疊，擺明可以攻擊惹他生氣的女性。值得注意的是，暴力影片提高參與者對女性助手的攻擊性，此一結果與上述說明不謀而合。這些影片也可能降低攻擊自制力，暗示攻擊女性可以帶來正向的結果。

重點在於，我們可以把實驗室得到的結果，類化到現實情境中嗎？現實生活中，觀看暴力色情影片，是否真的會導致攻擊女性？研究發現色情氾濫程度和暴力犯罪率確有關聯（Baron & Straus, 1984）。結果顯示州內八種「色情雜誌」（如：《花花公

子》、《好色客》等）的發行量，是強暴犯罪率最具說服力的預測指標。另一研究讓
10～15 歲青少年刻意接觸 X 級內容（18 歲以下不宜觀看），檢視其對性攻擊行為的
影響（Ybarra et al., 2011）。控制好其他可能影響的變項（例如：藥物濫用、曾為性
暴力受害者）後，研究發現接觸暴力 X 級內容的青少年少女涉入性攻擊行為的比率，
是沒有觀看（或觀看的是非暴力 X 級內容）者的六倍。

●● 媒體暴力與攻擊

過去這一世紀來，花費大量時間收看電視和網路上的娛樂節目與新聞報導，大大
改變美國人的生活型態。這些媒體充斥各式各樣的暴力、性與攻擊行為。無所不在的
媒體和花樣百出的性、肢體與心理暴力，正在襲捲全世界。研究者和社會大眾無不關
注媒體對行為的影響。

暴力電視節目與攻擊

Evelyn Wagler 帶了兩加崙的汽油回到熄火的車上。但她隨即被六位年輕男性團
團圍住，逼她自己淋上汽油。接著，一名男子朝她丟了一根火柴，害她全身著火致
死。前天晚上，全國的電視媒體還大肆報導類似的謀殺案。

暴力正在滲透電視節目。英雄與惡棍在電視上捉對廝殺，不只真人演出的節目
如此，連卡通裡的角色也用各種花招相互折磨取樂。在黃金熱門時段，每小時的節目
會出現三到五個暴力情節；週六早上的兒童節目，每小時更高達 20～25 個暴力情節
（Americn Psychological Association, 1993）。整體而言，60% 的電視節目和 70% 的
兒童節目都含有暴力內容（Wilson et al., 2002）。18 歲之前，平均每位美國兒童會
看到將近 20 萬個電視暴力事件，包含 4 萬件謀殺案在內（Plagens, Miller, Foote, &
Yoffe, 1991）。僅有四分之一的暴力事件能看到加害者受到懲罰（National Television
Violence Study, 1996）。雖然研究指出觀看暴力電視節目和攻擊行為有關（Anderson
et al., 2003; Coyne et al., 2011），但相關並不等於因果關係。

暴力電視節目真的會增加觀看者的攻擊行為嗎？實驗者將參與者分成兩組，一
組觀看暴力節目，一組則否，隨後測量兩組參與者的行為和態度。結果顯示確有因果
關係（Comstock, 1984; Friedrich-Cofer & Huston, 1986; Murray & Kippax, 1979）。
該研究亦指出，可用五個過程來解釋為什麼接觸媒體暴力可能會增加攻擊行為
（Huesmann & Moise, 1996）：

- **模仿**（imitation）：觀看者從媒體上學到特殊的攻擊技巧。在 Evelyn Wagler 案件裡，暴力攻擊明顯起了社會學習的作用。

- **認知準備**（cognitive priming）：暴力的內容觸發攻擊的想法和贊同攻擊的態度。攻擊態度被活化後，將增加表現攻擊行為的可能性。

- **合理化**（legitimization/justification）：看到節目中的角色可以用暴力達其所願，獲得正向結果（例如，懲罰作惡者），攻擊成了正當合法的手段，接受度變高。

- **降低敏感度**（desensitization）：反覆觀看暴力節目後，觀眾對暴力越來越無感，傷起人來毫不遲疑，對他人的痛苦漠不關心。

- **激化**（arousal）：觀看暴力電視節目會喚起興奮感和生理激動狀態。受到激化後，即使只是輕微動怒，也可能爆發強烈的攻擊反應。

　　此外，這些實驗研究結果亦同理可證於各個性別、年齡、種族、社經地位、智力水準和國籍（Huesmann & Moise, 1996）。將當時所有的研究進行後設分析後，可發現事實上每個研究──無論是跨區域研究（n=86）、縱貫研究（n=46）或實驗研究（n=152）──均可看出媒體暴力和攻擊間的顯著相關（Anderson & Bushman, 2002），電視、電影、網路媒體無一倖免（Ybarra, Diener-West, Markow, Leaf, Hamburger, & Boxer, 2008）。

　　網路上的暴力形式更是花樣百出，如：上傳到 YouTube 或 Vine 上的暴力視頻、以照片編輯而成的暴力影像和情節，以及展現肢體與性攻擊的廣告。網路上還四處流竄一種心理暴力方式，就是 Facebook、ask.fm 和各種社群網站的「黑特版」（Hate Pages），用來騷擾、詆毀和進行網路霸凌。不管在線或離線，使用者（特別是青少年）常模仿這種明目張膽的攻擊方式（Ybarra et al., 2008）。

　　然而，媒體暴力和攻擊並非單向關係。越來越多證據顯示，攻擊和媒體使用行為事實上是互為表裡的關係（Friedrich-Cofer & Huston, 1986）。由於脾氣不好、攻擊性強的孩子多半不受同儕歡迎，他們轉而花更多的時間看電視、打線上遊戲，接觸了更多暴力情節，學到了攻擊腳本和行為，誤以為自己的暴力舉止再合理不過。當他們用這些腳本和同儕互動，卻只是讓他們更不受歡迎，再次退回到電視機前面──如此惡性循環下去（Huesmann, 1986; Singer & Singer, 1983）。

　　即使種種證據指向媒體暴力和暴力行為確有關聯，科學家卻無法說服電影電視節目製作人削減暴力內容的數量。事實上，節目分級制度的標準越來越寬鬆，連 PG-13（13 歲以下須有家長陪同觀看）的節目，都在前幾年允許播出更為暴力的內容

（Leone & Barowski, 2011）。換個角度來看這個問題，研究者轉而把焦點放在提出可以減緩媒體暴力負面效應的策略（Rosenkoetter, Rosenkoetter, & Acock, 2009）。

　　社會心理學家採用田野研究和實驗法，想瞭解父母、教師等採取何種策略對抗媒體暴力的毒害（Rosenkoetter, Rosenkoetter, & Acock, 2009）。先前的研究顯示，富有同理心的人較不具攻擊性（Dean & Malamuth, 1997）。據此，研究者想引出觀看者的同理心。當成人要求兒童同理受害者時，兒童比較不會容忍攻擊，也會覺得卡通裡的攻擊方式一點也不好笑（Nathanson & Cantor, 2000）。成人亦可藉由對攻擊發表負面評論，減少兒童模仿攻擊。不過，中立的評論和不評論的效果一樣（Cantor & Wilson, 2003）。

　　如果是長期的介入策略，成效最佳。為小學生設計為期一年的方案，告訴他們電視如何歪曲攻擊的真實情況，不僅可降低兒童對暴力節目的評價、不再認同好勇鬥狠的英雄，暴力節目也看得少了。曾比女童還愛看暴力節目的男童，參與方案後，攻擊行為亦緩和許多（Rosenkoetter, Rosenkoetter, Ozretich, & Acock, 2004; Dodge, Coie, & Lynam, 2006）。

暴力電玩與攻擊

　　暮夏午後，一位八歲男童從後腦勺開槍射殺了正在客廳看電視的保母 Marie Smothers。媒體報導時聲稱槍殺是男童蓄意為之，痛斥男童殺害保母前正在玩的暴力電玩「俠盜獵車手」（Grand Theft Auto），才該為男童的暴力行為負起責任。雖然斷定攻擊行為的原因不易，但已有研究顯示，短期和長期接觸暴力電玩，與攻擊脫不了關係（Anderson et al., 2010）。無論男性或女性，玩電玩都很容易涉入攻擊行為（Bushman, Baumeister, & Stack, 1999）。

　　雖然電玩一度受限在購物中心和電視遊樂器，時至今日，電腦、手持裝置、iPod、手機等型態的電玩比比皆是。科技的進步改良了電玩的聲光效果，電玩更讓人目不轉睛了（Ivory & Kalyanaraman, 2007）。2008 年，97% 的 12～17 歲青少年自陳有玩電玩，31% 說每天都會玩（Lenhart et al., 2008）。多數電玩描述人際暴力情節。分析 33 款受歡迎的電玩內容，發現 80% 牽涉到攻擊或以暴力為打敗對手的策略。半數以上的電玩鼓勵對人使用暴力，21% 包含以女性為攻擊目標（Dietz, 1998）。

　　電玩涉及多項心理歷程。暴力電玩會提高生理激發狀態（心跳、體溫）和煽動情緒（怒氣、敵意）（Anderson et al., 2010）。玩家，就像本節案例提到的男童，

可能只是模仿電玩的劇情。然而，若再持續玩下去，就會習得以暴力攻擊贏得高分的行為模式與腳本（觀察學習），由此獲得酬賞（增強）（Funk, Flores, Buchman, & Germann, 1999）。長期接觸暴力遊戲內容，也會使玩家對暴力麻木不仁，視暴力為家常便飯（Krahé, 2013），且越來越不在意攻擊，對攻擊一笑置之（Anderson & Dill, 2000）。這也是去抑效應造成的後果。

電玩角色多少會誇大暴力攻擊的份量。例如，血淋淋的場景和栩栩如生的槍枝，讓人熱血沸騰、敵意升高（Barlett, Harris, & Baldassaro, 2007; Barlett, Harris, & Bruey, 2008）。認同暴力電玩的人物角色也喚起了攻擊的欲望（Williams, 2010）。最後，研究發現性化和物化女性（女性角色穿著性感火辣）的電玩，會提高男性對強暴的接受度，更以負面批判的眼光看待強暴受害者（Stermer & Burkley, 2012）。

科技進步使得年輕人更容易接觸到媒體，特別是媒體暴力。連成人也鮮少有機會和年輕人一起討論他們究竟接收到什麼內容。
© CREATISTA/Shutterstock

摘　要

攻擊意指任何故意傷害他人的行為。此一傷害行為是目標對象極力避免的。

◼ 攻擊與傷害的動機

解釋攻擊動機的四種主要理論為：（1）人類具有攻擊的本能；（2）受到挫折之後的反應；（3）出於厭惡的情緒；（4）學到用攻擊為手段獲取所需、得到酬賞。

◼ 成為攻擊目標的特徵

攻擊欲望一經挑起，也要看攻擊目標的特徵。攻擊行為通常發生在相同的種族或民族之間，攻擊目標的性別也會影響攻擊反應。遭受攻擊時，對攻擊者意圖的歸因同樣也會影響攻擊反應。我們不太可能攻擊有反擊能力的人，因此轉而替代攻擊其他目標。

396

◼ 引發攻擊的情境因素

情境條件是引發攻擊行為的重要影響因素。鼓勵表現攻擊行為的酬賞包括：物質利益、社會讚許、注意力。模仿攻擊對象透露攻擊是可行選項，既符合規範又可達其所願（或不必承擔後果）。負向的互惠規範認可某些特定情境下可展現攻擊行為。當高溫等壓力源存在時，攻擊行為較易發生。攻擊行為也常因攻擊線索（特別是武器）近在身邊而易引爆。

◼ 減少攻擊行為

滿足每個人的基本需求或許可以減少挫折，讓攻擊動機不致得到酬賞。要使懲罰有效抑制攻擊行為，必須滿足下列條件：（1）懲罰在攻擊行為之後迅速執行；（2）是攻擊行為的合理結果；（3）符合社會規範的非暴力做法。非攻擊行為楷模不僅能減少攻擊，還能抵銷模仿攻擊對象造成的影響。受到攻擊之後雖然可以宣洩，但這樣的宣洩只會帶出更多的攻擊。

社會的攻擊現象

人際暴力是美國社會的嚴重問題。性侵害的犯罪率與接受度，受到該社會的特性影響，如：男性支配女性、鼓勵男性攻擊女性的腳本。非暴力色情和暴力色情都會影響態度與行為，但後者的感染力更強。實驗研究顯示，觀看電視、網路和電玩的暴力內容，會激化日常生活的攻擊態度與行為。

重要名詞與概念列表

反芻（352頁）	目標對象（345頁）	攻擊（338頁）
性侵害（356頁）	怪罪受害者（358頁）	武器效應（352頁）
非暴力色情（359頁）	宣洩（355頁）	重傷害（345頁）
挫折（341頁）	挫折—攻擊假說（340頁）	情感攻擊（343頁）
替代性攻擊（347頁）	厭惡情緒（343頁）	暴力色情（360頁）

思辨能力技巧 ／ 運用科學研究制定政策

槍械暴力令許多美國民眾憂心忡忡。不過，政府官員與民眾對於如何有效遏止槍械暴力，仍無法達成共識。有些人認為只有警察和軍人才能佩帶槍枝，有些人主張應該嚴格限制購買自動化武器或槍枝的途徑，另外一些人則堅稱取得槍枝的管道不是問題，應該想想別的辦法。一般民眾或政策制定者在這個重大議題上，究竟應抱持何種立場？要做出最佳決策，最好的方法就是採用堅實的科學證據，三思而後行。這些科學證據或來自相關研究，例如田野與問卷調查，或運用實驗法。

397

近來，槍械暴力的爭論點集中在槍枝的取得管道。要判斷是否槍枝取得氾濫，造成槍械暴力增加，科學家可以比較槍枝取得合法的國家，和一般民眾不得擁有槍枝的國家，兩者在槍殺案件（因槍傷致死）的發生率。研究者計算槍枝取得和槍械暴力兩者是否相關。假設結果為顯著正相關——也就是民眾越容易取得槍枝（合法擁有、容易購買等），每年因槍殺致死的人數也越多。這樣的證據即可支持制定限縮槍枝的政策。然而，由於這是相關研究，因此無從得知槍枝取得的便利性，是否為暴力發生的

直接原因。

回答問題的另一方法是進行實驗研究。在田野實驗研究（field experiment）中，科學家選擇兩個槍械暴力犯罪率近似，且其他特徵（如：種族差異、財富不均、教育和收入水準等等）相近的城市。科學家商請官員制定法律，限制其中一個城市的民眾取得槍火。追蹤兩個城市的槍械暴力案件，即可精算出此一做法是否能有效減少暴力。不過，種種混淆變項讓此類實驗窒礙難行，難以解釋研究結果。

另一方面，科學家可以進行實驗室研究（laboratory experiment），找一群參與者，設計一個實驗情境，例如像電玩場景一樣，不是極易取得槍枝、就是很難購得。接著研究者故意讓參與者碰到挫折，看看他們是否會用槍枝反擊，還是另想他法克服攻擊情緒。再來比較參與者採用槍枝之外的反應可能性有多高。雖然實驗室研究可以讓科學家好好控制實驗情境，但最大的問題是電玩場景。此外，參與者很明白研究者正在檢視他們的行為。這樣的研究發現無法類推到真實世界。

上述研究有何優點與限制？你會怎麼進行研究？

若不同的研究（相關或實驗研究）得到的結果相似，研究結論最令人信服。綜合考量這些研究提出的假設後，才會比較有信心地做出最後的決定。因為每個研究都會說明一些其他研究沒有的研究限制。

這些研究對政策制定有何啟示？這時候，好的政策就和成本—效益分析有關。限制民眾取得購買槍枝的管道，可能會讓其他民眾更易受到他人的暴力攻擊。如果槍枝製造商和販賣者的唯一客戶是政客和軍人，他們早就賠錢了。這些就是成本。還有哪些成本呢？不過，被槍殺死亡（無論是意外或故意致死）的人數越少——就是一個效益。還有其他的效益嗎？

總之，制定政策時若已有現有的科學證據，也應該要評估證據的品質，權衡政策實施的成本與效益。

chapter **11**
人際吸引與關係

引 言

丹很期待新學期的到來。既然升上大三，他想多修一些有趣的課程。他走進教室，看到中間走道邊有個空位。當他看向前方時，一位漂亮的女同學正脫下外套準備坐下。就在丹看得目不轉睛之際，女同學在他前方一排坐了下來。

丹每堂課都看到她，她總是坐在同一個位子。有天早上，他終於鼓起勇氣，越過從前的位子，到她身旁坐下來。

「嗨！」他出聲打招呼：「妳一定很喜歡上這門課，從沒看妳蹺過課。」

「是啊！可是作業好多。」

閒聊一陣之後，兩人才發現他們來自同一個城市，都是主修經濟學。當教授宣布第一次小考時間後，丹問蜜亞要不要一起準備考試。考前一晚，他們和蜜亞的室友一起用功了好幾個小時。丹和蜜亞都考得非常好。

隔週，他邀蜜亞去看電影。再過一個禮拜，蜜亞請他參加宿舍辦的派對。那天晚上，他陪蜜亞走回房間，蜜亞告訴丹，室友的雙親剛分居，室友顯得很沮喪。丹說他懂那種感覺，因為他的哥哥才剛和嫂嫂離婚。由於夜色已深，他們相約明天再一起吃早餐。整個星期天，他們天南地北的聊，談愛情、婚姻、父母和對未來的抱負。到了學期末，蜜亞和丹幾乎每週見二到三次面。

從一開始，丹和蜜亞的關係，就是基於人際吸引（interpersonal attraction）——對某人抱持好感。漸漸地，他們慢慢互相依賴對方，親密感與日俱增。

人際關係的發展與結局包含數個階段，本章將逐一探討，特別要請讀者思考以下問題：

1. 誰是潛在交友對象？哪些因素會決定我們相遇接觸的機會？
2. 誰是意中人？在所有潛在交友對象中，有哪些因素會使我們想要和某人建立更進一步的關係？
3. 吸引或喜歡的決定因素是什麼？
4. 兩人間的友情與愛情是如何發展出來的？
5. 何謂愛情？
6. 決定愛情消長的因素有哪些？

誰是潛在交友對象？

數以百計或千計的人跟你上同一所學校，或在附近居住或工作。絕大多數仍是陌生人，彼此沒有什麼交集。能夠與之往來的人，不管關係是否稍縱即逝，都屬潛在交友對象（availables）的範圍——都可能發展為友情或愛情（Kerckhoff, 1974）。決定誰成為潛在交往對象的因素有哪些？例如，難道只因喬治是你的室友、而非比爾？或丹與蜜亞相遇，而非與海瑟？答案當然是「不」。

誰能成為潛在交友對象，有兩個重要的關鍵因素。第一，制度結構（institutional structure）會影響我們和誰相遇。學校的招生委員會、學位頒授單位、行政會議等等，都會影響丹和蜜亞是否能在同一班級上課。第二，個性（personal characteristics）會影響我們選擇參加的活動。丹選修經濟學，在課堂遇見蜜亞，因為他對經濟學有興趣，想往商學院研究所深造。因此，制度結構和個性，兩者共同決定了誰能成為潛在交往對象。

假設有一群人都是潛在交友對象，我們如何選哪一個或兩個人進一步認識呢？有三個因素會逐步縮小我們的選擇：日常活動（routine activities）、接近性（proximity）、熟悉性（familiarity）。

●● 日常活動

我們大部分的生活都是由日復一日、週復一週的日常活動所組成。上同樣的課、坐在同樣的位子、吃同樣的餐廳、在同樣的商店購物、搭同樣的公車、和同樣的人共事等等。這些活動賦予我們和某些人成為潛在交友對象的機會，但也排除了其他人。我們很少對初次見面的人說：「讓我們做個朋友吧！」這樣太唐突了，而且可能會給人可乘之機，被拒絕的話也挺傷自尊的。相反地，我們會先聊聊所上的課、出身背景、學校、天氣等共同活動來開啟話題。

多數的關係都是經由日常活動開始的。針對大學生的研究發現，關係始於課堂、宿舍或職場（36%），或透過他人介紹（38%），或參加派對（18%）和酒吧（14%）的聚會。調查 3,342 位 18～59 歲的成人，詢問他們如何結識性伴侶（Laumann, Gagnon, Michael, & Michaels, 1994）。三分之一的人說是朋友介紹的，

401

另外三分之一則說是家人或同事牽線。由此可知，社交網絡在關係發展中扮演相當吃重的角色。研究城市居民的友誼模式，也發現朋友亦以親戚、同事和鄰人居多（Fischer, 1984）。可見日常活動和社交網絡對關係發展有重要影響力。

　　網際網路對伴侶的相遇管道有何影響？研究 2,462 對異性戀伴侶和 462 對同性戀伴侶，可看出趨勢變化（Rosenfeld & Thomas, 2012），如圖 11.1 所示。自 1995 年

402

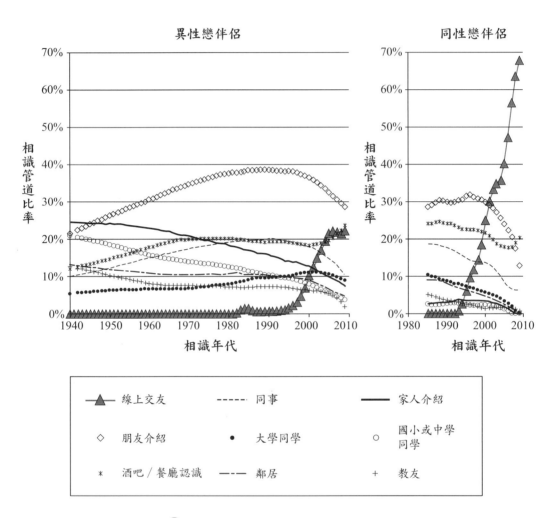

🔘 11.1　網際網路對相識管道的影響

這份特別的資料讓我們一窺網際網路的發展如何影響人們相識的管道。研究調查 2,462 對異性戀伴侶和 462 對同性戀伴侶，詢問他們在何處及何年相遇。結果顯示如圖。自 1995 年以來，異性戀伴侶透過朋友介紹的情況越來越少了。2010 年起，有 20% 以上的伴侶經由網路結識。傳統的認識管道對同性戀伴侶的重要性急轉直下，2010 年時幾乎 70% 是在網路上認識的。

資料來源：M. J. Rosenfeld & R. J. Thomas (2012). "Searching for a mate: The rise of the Internet as a social intermediary." *American Sociological Review, 77,* 523-547.

以來，透過親朋好友介紹對象的比率逐年下降，經由網路相識的比率與日俱增。網際
網路大大改變同性戀伴侶的相遇方式。

401

●● 接近性

雖然日常活動把我們帶進同一間教室、餐廳或職場，但和在場人士相識的機會也
不見得相等。確切來說，我們比較可能和物理距離接近的人發展出進一步的關係。

在班上，座位安排是友誼發展的重要影響因素。研究者比較 25 位學生在三個班
級的不同座位安排（Byrne, 1961a）。其中一個班級整學期 14 週的座位都固定不變，
第二個班級學期中換一次座位，第三個班級每 3.5 週就換一次座位。學期初和學期末
分別評量學生的關係程度。結果顯示每 3.5 週就換一次座位的學生，關係建立不易。
另外兩個班級，坐得近的同學比坐得稍遠的同學要熟稔許多。此外，沒有換座位的班

402

級，學生間的感情也比較好。

物理距離接近性和友情的正向關聯，也發生在其他類似的場所，如：宿舍（Priest
& Sawyer, 1967）、已婚學生複合式公寓（Festinger, Schachter, & Back, 1950）、商
業辦公室等（Schutte & Light, 1978）。

距離接近之所以比較能發展出友誼，是因為這樣的關係酬賞高、成本少。和距離
接近的人互動省事多了。與坐在旁邊的人打交道，要比跟坐在房間另一端的人互動省

403

時省力不少。

●● 熟悉性

時間一久，修同一門課、住同一棟公寓，或常去同一家洗衣店的人，越來越熟
識。見過數次面後，多少會點頭微笑。重複暴露在同一刺激下，就足以產生好感，
這就是**單純曝光效應**（mere exposure effect）（Zajonc, 1968）。換句話說，熟悉會
衍生好感（familiarity breeds liking），而非俗話說的：「親近生狎慢」（familiarity
breeds contempt）。單純曝光效應相當普遍，各種刺激、各種情況皆能適用，例如：
音樂、視覺藝術、連環漫畫等（Harrison, 1977）。

只因單純曝光、重複接觸，就能產生吸引力嗎？答案似乎是肯定的。研究請女大
學生進行味覺實驗，安排她們兩兩成對進到一排攤位，為各種飲料的口味評分。研究
者設定好時間表，這麼一來兩位參與者可能會同時光顧同一攤位一次、兩次、五次、

說到可以在哪裡遇見潛在交友對象時，一般人最常想到的地方是單身酒吧。不過，針對異性戀關係的研究顯示，其實很少人是在酒吧結識另一半。常見的相遇場合是課堂、宿舍或職場。

十次，有的則一次也沒碰到面。實驗結束後，每位女大學生要評分她有多喜歡另一位參與者。不出所料，越常碰到另一位參與者，喜歡的程度就越高（Saegert, Swap, & Zajonc, 1973）。有趣的是，越是不著痕跡地讓人多接觸刺激，越能提高好感度（Bornstein, 1992）。

誰是意中人？

我們和許多潛在交友對象相識，但相識並不代表就會發展出關係。兩人的關係能否進一步深入，要看彼此是不是相互吸引。社會規範、外表吸引力和人際交換歷程，是影響相識最初吸引的因素。如果相互吸引的話，彼此的互動會再受到腳本的安排。

●● 社會規範

　　文化自會限定人們的關係型態。針對每種關係型態，亦有規範加以界定哪些人可發展出哪種關係。這些規範告訴我們哪些人適合當朋友、伴侶或良師。美國社會有一種**同質性規範**（norm of homogamy）——要求朋友、情侶和配偶在年齡、種族、宗教與社經地位上相似相近（Kerckhoff, 1974）。研究顯示同質性是所有社會關係（從泛泛之交到親密愛人）的特徵（McPherson, Smith-Lovin, & Cook, 2001）。訪談 832 位高中修同一門課的白人學生，蒐集親密 / 性關係的資料（Bearman, Moody, & Stovel, 2004），發現這些學生偏好智商、家庭社經地位、酒醉程度、性活動與升學計畫和他們相似的人。

　　調查 3,342 名成人，請他們評估伴侶在以下幾個向度的相似程度（Laumann et al., 1994）：年齡相仿的約為 75～83%、教育程度為 82～87%、種族為 88～93%、宗教為 53～72%。一或多項以上的差異，會使彼此的適配度下降，成為親密伴侶的可能性減少，或反之更適合發展成其他型態的關係。因此，社經地位和種族相同、但年長許多的人，適合成為提供生涯建議的良師前輩。異性、單身且年紀、社經地位、種族和宗教相似的人士，往往才能成為潛在約會對象。同性伴侶的種族、年齡、教育程度同質性沒那麼高，可能是社交圈受限、伴侶尋覓不易之故（Schwartz & Graf, 2007）。

　　規範設定了何謂適切交往的關係，影響的方式如下。第一，每個人都在用規範監控自身的行為。要和不符規範所定的人交往，讓人有所顧忌。所以，地位低的人不敢高攀地位高的人。例如，法律助理不敢跟資深合夥人大談自己的嗜好（除非對方問起）。第二，就算大膽地想和不符規範所定的人交流，對方也可能不領情。如果法律助理跟資深合夥人高談闊論蒐藏古董模型火車的樂趣，資深合夥人可能轉身就走。第三，即使雙方有意互動，也常有第三方介入阻撓（Kerckhoff, 1974）。例如，公司其他同事可能會斥責法律助理，叫他不要痴心妄想。

　　21 世紀初，美國的跨種族關係案例還很少。研究青少年友誼，發現他們「最好的朋友」通常是同種族的，如：白人中比例為 92%、黑人 85%、西班牙裔 51%、亞裔 48%（Kao & Joyner, 2004）。2010 年，僅有 9.5% 的已婚伴侶為跨種族通婚。其中 38% 為白人—西班牙裔、8% 為黑人—白人，其餘為白人—其他種族（U.S. Bureau of the Census, 2010）。同質性規範的威力可見一斑（Blackwell & Lichter, 2004）。跨種族戀愛關係的研究顯示，比起其他種族 / 性別的組合，非白人男性更不受白人女

根據配對假說，人會尋找和自己門當戶對的伴侶——亦即，年齡、種族、社經地位和外表吸引力相去不遠的對象。

© Cathy Yeulet/123rf

性家人和朋友的認可（Miller, Olson, & Fazio, 2004）。

●● 外表吸引力

除了社會規範界定誰適合往來外，每個人對交往對象各有所好。有些人雖為符合規範的適當交往對象，但卻引不起你的興趣。外表吸引力是否合意，仍占相當重要的地位。

外表吸引力的作用

諸多證據顯示，假設有一位以上的潛在交往對象，個體還是會選外表吸引力勝出的那位（Hendrick & Hendrick, 1992）。例如，一項研究調查 752 名大一新生，發現絕大多數學生都想跟最有魅力的人約會（Walster [Hatfield], Aronson, Abrahams, & Rottman, 1966）。在這個研究中，學生受邀參加一場舞會。舞會開始之前，由四名助手祕密評分每位學生的外表吸引力，並另外要求每位學生填答問卷。雖然學生以為他們是由電腦配對，但事實上，男女生是隨機配對的。在舞會中場休息時間，學生要回

答問卷，評分配對對象的外表吸引力。

這個研究在測試**配對假說**（matching hypothesis）──亦即，我們都在尋找和個人魅力約為同一水平的對象。研究者預測，外表魅力相當的人，越喜歡他的舞伴；外表魅力越不相稱，對舞伴越是興致缺缺。但這個研究結果卻和假說相反，學生還是偏愛較有魅力的對象，根本不管自己的長相如何。

該如何解釋外表吸引力的重要性？其中一個因素是賞心悅目。一般說來，我們都喜歡美的事物。雖然也有「情人眼裡出西施」的說法，但文化標準深深影響我們的審美觀。研究女性外貌後發現，對於何謂漂亮，男大生幾乎眾口一詞（Cunningham, 1986）。這些男大生認定的魅力特徵有：水汪汪的大眼、小巧的鼻子、尖俏的下巴。至於女性認為的男性魅力特徵呢？答案是：濃眉大眼、顴骨突出、寬下巴等（Cunningham, Barbee, & Pike, 1990）。研究也發現男性看女性身材（Wiggins, Wiggins, & Conger, 1968）、和女性看男性體格的眼光所見略同（Beck, Ward-Hull, & McLear, 1976）。

第二個因素是和有魅力的人在一起，預期得到的酬賞較多。被美女簇擁的男性，總比帶著一位長得不怎麼樣的女性，更讓人欣羨和刮目相看（Sigall & Landy, 1973）。

吸引力刻板印象

第三個因素是**吸引力刻板印象**（attractiveness stereotype）──認定「美就是好」（what is beautiful is good）（Dion, Berscheid, & Walster [Hatfield], 1972）。我們往往假定有魅力的人擁有其他許多美好的特質。研究一再發現，人們常推論具有外表吸引力的人擁有較多討人喜歡的人格特質，想必個人和社交生活也是順風順水（Berscheid & Reis, 1998; Lorenzo et al., 2010）。

吸引力刻板印象的影響力也有侷限。對 70 個以上的研究進行後設分析後發現，外表吸引力對體貼、仁慈、有趣等社交能力，僅有中等程度的作用（Eagly, Ashmore, Makhijani, & Longo, 1991）。此外，要判斷一個人的適應力、智商、正直與關懷他人與否，外表吸引力也沒什麼太大影響。同樣的，若有其他資訊可以用來判斷個人的能力，就比較不會用外表來推論個體的心智能力了（Jackson, Hunter, & Hodge, 1995）。

若認定他人擁有某些特質，這樣的信念會影響我們對待他的方式。我們對待他人的方式，接著又會引導對方做出符合我們信念的行為（見第 5 章）。在實驗中，研究

者給男性參與者看有吸引力或沒有吸引力女性的照片，然後要求男性與該名女性通話10分鐘（女性其實是助理假冒的）。研究者錄下每句對話，拿給評判員評分。被男性認定較有吸引力的女性，會比那些被認定較無吸引力的女性，表現得更為友善、親和、熱絡。之所以會這樣，乃因男性依其吸引力刻板印象，給該名女性製造表現的機會，更印證其既定印象（Snyder et al., 1977）。這是自我應驗預言的絕佳範例。

407

外表吸引力的判定向度似乎有跡可循。研究邀請大學生就 95 張女性時裝模特兒的照片分類，分析結果顯示，不論男女，一致看重性感、可愛（青春有活力）、時髦（衣著打扮跟得上流行）這三個向度（Ashmore, Solomon, & Longo, 1996）。

每個人都知道外表吸引力有加分效果，可以獲得差別待遇。因此，我們花費大筆金錢與時間，好提升自己的魅力。男女兩性皆愛花錢添購服飾、珠寶、香水、染髮等，都是為了增加外表吸引力。我們選購的產品，反映出當代對美貌的標準。

有趣的是，不少人想靠整形手術提升外貌。整形手術可以緊緻、拉提、除皺、塑鼻、削骨、豐胸、縮腹、壯陽、抽脂等等。2012 年，美國共進行一千萬次以上的整形美容，其中 170 萬件為侵入性手術（American Society for Aesthetic Plastic Surgery, 2013）。絕大多數並非緊急手術——目的是為了增加外在魅力，由此可見外表吸引力刻板印象的威力。90% 的整形美容手術施加在女性身上，看來女性深受外表吸引力的荼毒。批評者指出整形美容手術未必都成功，還會導致局部變形扭曲、留下傷疤，重則死亡。這也是過度在意印象管理的缺點。

不是每個人都是外貌取向的。俗話說：「美色是膚淺的」（beauty is only skin deep）、「人不可貌相」（you can't judge a book by its cover）。哪些人容易被外表迷得神魂顛倒，哪些人卻是美色當前不受誘惑呢？研究顯示性別觀念越傳統的人，越會以貌取人（Touhey, 1979）。

吸引力的演化觀點

根據演化論的觀點，男性和女性都想找健康的人交配，如此才能繁衍出健康的後代，將基因成功地傳遞下去。據此一說，外貌和身材魅力是生理和荷爾蒙健康的表徵（Thornhill & Grammar, 1999）。因此，我們才會偏愛年輕、有吸引力的伴侶，因為他們才有較高的生殖潛力。

抱持這種觀點的研究指出，女性和男性在短期（偶發）交往和長期的求偶與繁殖方面，各有不同的問題該面對。這些差異衍生出不同的解決問題策略或行動。短期交往時，女性會選擇能供給她即時資源（如：食物、金錢）的男性。長期交往時，

女性傾向選擇願意且能夠提供資源以保障不確定未來（婚姻）的伴侶。男性或許會選擇性感尤物來短期取樂，但在尋找長期伴侶時，對這種女性就敬謝不敏了。研究求偶策略後發現，外表吸引力和財富資源是選擇長期伴侶的重要判斷依據，但選擇「一夜情」對象時，靠的是性魅力與大方送禮（Schmitt & Buss, 1996）。此外，不論男性或女性，選擇長期關係的伴侶時，無不更為慎重小心（Stewart, Stinnett, & Rosenfeld, 2000）。根據演化觀點，難怪單身交友廣告強調的不外乎魅力和財富。值得注意的是，20 歲到 60 歲的求偶標準，似乎沒什麼差別（Buunk, Dijkstra, Fetchenhauer, & Kenrick, 2002）。

408

吸引力並非一切

或許因為外貌顯而易見，外表吸引力因而成了評價他人的重要因素。初次見面時，外表吸引力是最能快速判斷的特徵。但若能得知其他相關訊息，就能減少外表吸引力的比重。事實上，分析 70 個研究後發現，一旦獲知對方的其他個人資訊，吸引力刻板印象的效應就會減弱（Eagly et al., 1991）。

●● 交換過程

如何從「知道有這個人存在」，然後有進一步接觸的機會呢？回想引言的例子，丹注意到每次都來上課的蜜亞。由於蜜亞年輕又沒戴婚戒，丹希望他有機會一親芳澤。蜜亞的確是個令人中意的對象——漂亮又親切。有哪些因素會讓丹決定展開行動呢？其中一個重要的因素是還有沒有其他的替代關係，以及替代關係是否令人滿意（Backman, 1990）。因此，在丹決定和蜜亞交往之前，他可能會先考慮周遭是否還有其他更好的選擇。

選擇朋友

我們可以將身邊每一段關係（不管是朋友、同事、室友或情人）視為利多於弊、瑕不掩瑜的人際交往。我們在關係中得到陪伴、知識、自尊、滿足情感或性需求等酬賞，但也得付出時間、精力、難堪、焦慮、金錢等代價。

交換理論（exchange theory）主張這就是我們看待人際互動的角度（Blau, 1964; Homans, 1974）。用酬賞和代價衡量每段互動關係，計算付出成本之後預期剩下的獎賞。若結果為正，就傾向於展開關係或繼續維持關係；反之，若結果為負，就比較不

願開啟新關係或保持現狀。丹預期和蜜亞的關係會帶來酬賞，因為蜜亞迷人風趣，是位很有魅力的女性。於此同時，丹也知道蜜亞希望他多花時間陪她，所以勢必得減少打籃球的時間。

我們用哪些標準衡量關係獲利與否的結果呢？標準有二（Kelley & Thibaut, 1978; Thibaut & Kelley, 1959），其中之一是比較水準（comparison level, CL），意指依個人過去相關關係的經驗來預測獲利結果。每段關係都會和個人的比較水準掂量，看是比過去的經驗好還是糟。高於比較水準的關係令人滿意，低於比較水準的關係則讓人大失所望。

如果這是唯一的標準，我們就只會去找看似能比過去經驗要好、能帶來正向結果的關係，遠離不妙結果的關係。但有時候，我們會採用第二個標準——替代性比較水準（comparison level for alternatives, CLalt），意指在所有的替代關係中，個人可以接受的最差結果。替代性比較水準因人而異，端視個人自認可以在所有替代關係中獲得的最佳利益。替代性比較水準可以說明為什麼我們有時會拒絕某一看似條件不錯的人，或即使感覺另一對象毫無缺點，但仍選擇繼續停留在現有關係中。

不管是否要展開新關係，都以比較水準或替代性比較水準為依歸。個體通常會迴避預期結果低於比較水準的關係。若潛在交友關係的預期結果高於比較水準，就再評估預期結果是否高於替代性比較水準。丹認為和蜜亞的關係會是令人滿意的結果。雖然他正在與另一位女生交往，但關係差強人意。因此，若與蜜亞發展關係，不論在比較水準或替代性比較水準上，結果都是好的，這讓丹決定展開追求行動。

比較水準是絕對且難以撼動的標準。相反地，替代性比較水準會受到幾個因素影響，包括：日常活動是否有與他人接觸的機會、合乎理想條件的人有多少、個人的社交技巧是否高明等等。

製造接觸機會

決定展開行動時，下一步就是製造接觸的機會。有些時候靠電話或 e-mail 等高科技，不過，通常我們會安排近距離接觸的機會。派對、酒吧是人們常聚會的地方，可以拉近眾多賓客的物理距離。

一旦拉近距離，彼此吸引的陌生人就會開始聊聊感興趣、不牽涉到承諾的話題。初次見面時，模糊曖昧的言詞可用來化解這類問題。在異性相遇的場合，比較「輸不起」的性別（尤指女性）通常會想主導互動場面。因此，女性常先釋放男性不一定會覺察到的非語言線索（Grammar, Kruck, Juette, & Fink, 2000）。研究觀察 45 對留在

等待室的 18～23 歲陌生男女，請他們填問卷，評估每位參與者對其他人感興趣的程度如何。女性對男性的興趣可從幾個線索看出來，如：偷瞄、靦腆的微笑、精心打扮（偷偷整理儀容）。男性則是開門見山地和女性說話。如果女性點頭回應，男性就會開始滔滔不絕。這樣的互動型態幾乎每天在飛機、火車和公車上演著。

腳本

關係的發展也受事件基模或腳本的影響。腳本涵蓋：（1）情境定義（搭訕、約會或求職面試）；（2）社會角色身分；（3）社會容許的行為發生順序與範圍（見第5章）。請回顧第1章符號互動論的討論。

開啟關係總得有開場白，通常會聊與現場情況有關的事。例如丹就以蜜亞從沒蹺過課來展開對話。等著參加心理學實驗的參與者，會先閒聊猜測實驗的目的。天氣是最常用來打破沉默的話題。第一次接觸或見面後，就可用其他線上軟體如 Facebook、LinkedIn 聯絡。 ₄₁₀

關係開啟後，腳本繼續指導下面的步驟。美國社會（至少以大學生的次文化而言），有所謂的「初次約會」（first date）攻略腳本（Rose & Frieze, 1993）。若請大學生描述初次約會「男女雙方會採取的行動」時，得到的回答通常是：盛裝打扮、忸怩不安、挑選日期、前往約會地點、確認計畫、瞭解對方、打量評估、談天說笑、吃點東西、嘗試靠近、半推半就、送對方回家、吻別等。一般而言，男女雙方都期待男性採取主動攻勢、女性擔任被動接受的角色。近期研究邀請大學生描述「典型的約會」情節，結果 15 年來並無太大變化，顯示約會的腳本仍然相當傳統、性別定型（Bartoli & Clark, 2006）。研究檢視黑人和白人大學生的差異，發現他們的約會重點不一樣（Jackson et al., 2011）。非裔美人較看重送禮收禮、和約會對象的家人見面， ₄₁₁白人則強調和約會對象的朋友一起出遊同樂。

當然，實際上第一次約會不會完全按照腳本進行。研究大學生的性別角色變化（Lottes, 1993），詢問男女性是否感覺到女性主動開口邀約、主動投懷送抱或付賬單等。結果發現越來越多的女性開始做出傳統上應為男性主動採取的行為。

2000 年起，「勾搭上床」（hook-up）已成為大學校園的常態，有些人甚至認為它已取代了約會。研究顯示勾搭和約會很像，仍是由男性主動接觸和主導規劃、雙方談天話地、評估關係是否有進展可能、結束約會然後回家（Eaton & Rose, 2011）。箇中的差異在於約會是長期關係發展的第一階段，但勾搭卻不是。

我們是怎麼學到這些腳本的呢？又該如何擺脫它？其中一個來源是大眾傳播媒 ₄₁₂

在傳統的約會腳本中，由男性負責買單。但現代的年輕人都說女性付帳的比率增加，或至少會付個幾次。

© gchutka/iStock

體。一些受歡迎的雜誌幾乎成為男女兩性學習愛情關係的聖經。研究女性雜誌（如：《柯夢波丹》、《Glamour》和《Self》）及男性雜誌（如：《花花公子》、《閣樓》和《GQ》）後發現，裡面描述的男女關係情節大同小異（Duran & Prusank, 1997）。這類雜誌相當強調性關係。女性雜誌（1990 年 1 月到 1991 年 12 月）的兩大主題是：（1）女性在性方面很笨拙；（2）愛情關係中的性最美妙。同一時期男性雜誌的主題為：（1）男性在性關係中處於不利的位置；（2）男性本有天生的男子氣概和強烈的性需求。同樣的，這些女性雜誌的文章都把男性描寫成不會經營關係的無能弱者。

喜歡的決定因素

當兩人相遇接觸並開始交流互動，接下來還有好幾個因素會影響兩人喜歡對方的程度。本節將探討其中三個：相似性、共享活動、互相喜歡。

●● 相似性

相似性有多重要？是「物以類聚」？還是「異性相吸」呢？這兩個成語對喜歡的

說法根本南轅北轍。因此有許多研究想找出究竟哪一個說法才比較正確。研究證明物以類聚有其道理——我們會被和自己相似的人吸引（Markey & Markey, 2007）。相似性當中，最重要的是**態度相似**（attitudinal similarity）——彼此的想法、觀念、好惡近似。

態度相似

最常用來研究態度相似的技術是 Byrne（1961b）發展出來的「吸引陌生人」範式研究（attraction-to-a-stranger paradigm）。首先，請參與者填答態度問卷，測量他們對各種議題的看法，如：大學校園生活。隨後，參與者拿到一位陌生人的資訊，包括人格或社會背景，還附上一張照片，再加上這名陌生人的問卷填答結果。表面上，這件事和研究毫無關聯。但事實上，這位陌生人的問卷答案是研究者捏造的，刻意配合參與者的填答反應。看過陌生人的問卷後，參與者要回答有多喜歡或討厭這位陌生人，以及想不想和這位陌生人共事。

多數案例顯示，參與者受陌生人吸引的程度，與陌生人在態度問卷上和參與者本身的態度相似程度呈正比（Byrne & Nelson, 1965; Gonzales, Davis, Loney, Lukens, & Junghans, 1983）。就算是朋友，我們也很少凡事意見相同，重要的是在多數議題上取得共識。態度相似和喜歡之間的關係可見一斑。不管參與者或陌生人是男性或女性，研究結果依然如出一轍（Berscheid & Walster [Hatfield], 1978）。

在「吸引陌生人」範式研究中，僅研究參與者對陌生人的印象，並沒有讓他們互動，如此一來研究者才能精算出相似性和喜歡間的關係。但如果雙方可以互動呢？兩人關係又會變得如何？相似性真的這麼有威力？

為回答這個問題，研究者為 44 對男女安排約會（Byrne, Ervin, & Lamberth, 1970），一樣先讓大學生填答 50 題有關態度和人格的問卷。從這些問卷中，研究者挑選 24 對答案非常相似（66～74% 完全相同）和 20 對答案不相似（24～40% 完全相同）的男女組合。每對組合經過相互介紹後，告訴他們是經由電腦配對的，請他們花 30 分鐘的時間一起待在學生活動中心，還有免費的汽水無限暢飲。研究者請他們在離開前先評分對方的吸引力，等他們回來後，再評一次對方的性吸引力、想不想再和對方約會、願不願意以結婚為前提交往、有多喜歡對方等。研究者還記下雙方站在桌前相隔的距離。

實驗結果顯示，態度相似性和外表吸引力皆為喜歡與否的影響因素。外表有魅力和態度近似的一對，都互評滿喜歡對方的。此外，相似性高的組合認為對方較聰明、

413

更願意選擇對方為約會和結婚對象。相似性高的組合比相似性低的組合在聊天過後站的距離較近——這是另一個相似性衍生喜歡情愫的象徵。

到了學期末，詢問 88 名中的 74 位參與者，他們：（1）記得對方的名字嗎；（2）第一次碰面後還有找機會聊天嗎；（3）有再度約會嗎；（4）想再和對方約會嗎。高吸引力／高相似性參與者的回答都比低吸引力／低相似性參與者的回答更為肯定。

從丹和蜜亞的故事亦可看出相似性在關係發展早期階段的重要性。第一次碰面後，他們就發現彼此的共同點很多。如：來自同一個城市、選讀同樣的科系、對主修領域的看法接近，以及學士學位在這個領域的用處。兩人都受到對方吸引，正如高吸引力／高相似性的實驗研究參與者一樣，丹和蜜亞在初次相約後都說好要再碰面聊聊。

相似性為何重要？

為什麼態度相似會讓人產生喜歡的感覺？一個說法是態度和知覺印象間有尋求一致的傾向，另一個說法則是我們偏好能帶來滿足感的經驗。

大多數人都有尋求認知一致性的傾向——即對某人的態度和好惡印象協調一致。如果你對某件事抱持正向的態度，看到別人對同一件事的態度和你一樣，而你對此人的印象也不錯，你的認知就沒有衝突、和諧一致（Newcomb, 1971）。當丹發現蜜亞對他的主修科系抱持正向態度，他的認知一致性傾向讓他對蜜亞產生好感（見第 6 章的「平衡理論」）。認知一致性將我們的注意力吸引到在重大議題上和我們態度相似的人身上。

之所以會喜歡態度相似的人，另一個原因是與之互動能帶來三種增強效果。第一，和態度相似的人互動，結果通常令人滿意（Lott & Lott, 1974）。如本章一開始的故事，丹預期他和蜜亞應該合得來，因為他們的好惡不謀而合。

第二，相似性肯定我們對世界的看法合理無誤。我們會用某些標準評估並核實自身的態度與信念。有些時候，物理現實自有一套檢驗信念的客觀標準。但多數時候往往沒有客觀標準可循，此時就只好將自身的態度和他人相互對照比較（Festinger, 1954）。和我們的態度相似的人，支持了我們的想法觀念沒有錯，讓我們更有信心去面對這個世界（Byrne, 1971）。若有人在某些方面（例如政治立場）和我們態度不一，此時他人的肯定就會格外顯得珍貴（Rosenbaum, 1986）。

研究顯示心情相似也是影響人際吸引的重要因素。在「吸引陌生人」範式研究

中，心情開朗的參與者也偏好心情開朗的陌生人（Rosenblatt & Greenberg, 1988）。實驗請男女學生和心態樂觀或意志消沉的同性組員互動。同質性高的組別比特質混雜的組別，更為滿意彼此互動的結果（Locke & Horowitz, 1990）。另一個研究測量參與者及最好朋友的憂鬱水準。研究顯示憂鬱的人，所交的朋友也很憂鬱（Rosenblatt & Greenberg, 1991）。

第三，喜歡態度相似的人，是因為我們也期待對方喜歡自己。研究者告訴大學生某一陌生人的態度，以及陌生人對他們的評價（Condon & Crano, 1988）。接著請參與者評估陌生人和他們的相似性，以及他們對陌生人的評價。結果顯示參與者喜歡正向評價他們的陌生人，證實態度相似的影響力。

●● 共享活動

彼此接觸互動就是在共享活動（share activities）。還記得蜜亞和丹相遇之後，他們開始在上課時坐在一起，下課後討論作業。當教授宣布考試在即，丹馬上邀請蜜亞一起讀書準備。蜜亞的室友也修同一門課，於是他們三人在考前一晚加緊復習衝刺。蜜亞和丹的考試成績不錯，兩個人都覺得這樣一起讀書很有幫助。幾天後，蜜亞邀請丹連袂參加派對。

共享活動讓每個參加的人得到增強的機會，增強來自於其他一起參加的人。蜜亞發現丹對她有興趣，這是相當令她振奮的消息。若和某人的相處常帶來正向的經驗，對此人的喜歡就會與日俱增（Byrne & Clore, 1970）。考試得到好成績對丹和蜜亞來說，更是相當正向的經驗。這些正向經驗和此人產生連結，使得好感度不斷攀升。

因此，隨著關係發展，共享活動有助於提高喜歡的程度。研究請同性朋友填寫態度問卷，並列出對不同活動的偏好（Werner & Parmelee, 1979）。這些參與者的友誼長達 15 年以上。研究結果顯示，朋友間的活動偏好和態度具有高度的相似性。對愛情關係的研究也發現，共享活動是喜歡與否的有力預測因子（Stafford & Canary, 1991）。因此，參加彼此都滿意的活動，有助於關係的發展與維持。綜合五個研究的結果，可看出參加令人耳目一新且能振奮精神的活動，遠比枯燥乏味的活動更能提升關係品質（Aron, Norman, Aron, McKenna, & Heyman, 2000）。當丹和蜜亞想加深彼此的認識，他們的共享活動如：學習、看電影、參加派對等，都成了關係構成的基礎，為態度相似性增益效果。

若共享活動那麼重要，假設情侶不一起從事一些活動的話，後果又將如何？這個

415

問題不能等閒視之。許多伴侶分隔兩地，只能偶爾見面、鮮少共享活動。有些情侶發展地下祕密戀情，因為害怕被別人知道，只好減少在一起的時間。某些研究指出祕密的吸引力更難以抗拒（Wegner, Lane, & Dimitri, 1994）。但如果共享活動如此重要，欠缺共享活動恐有礙正向經驗累積，相處的成本也大為增加，例如負荷變重（難以協調時間、耗費心力）。眾多研究顯示負擔變大、滿足感變少、相處品質變差，是地下戀情比公開戀情吃虧的地方（Foster & Campbell, 2005）。涉入地下戀情的人也說對伴侶輒有煩言、愛意大不如前。這些研究結果更加證明共享活動有其必要性。

●● 互相喜歡

最為一致的研究發現是，喜歡對方、感覺對方也喜歡我，兩者具有正相關（Backman, 1990）。多數關係是兩造相互吸引的。越喜歡對方，對方也會回報更多的愛意。當情侶增加互動的機會，會不會同時加深互相喜歡的程度？為回答這個問題，研究者請 48 位參與者（32 位男性、16 位女性）評分相識一週、二週、四週、六週或八週時，喜歡對方的程度（Kenney & La Voie, 1982）。研究結果顯示，雙方評定相互喜歡的分數呈正相關；相識的時間越長，相互吸引的程度越深。這個研究的參與者，有些為室友，有些是朋友。難道是因為接近性效應的影響，才讓他們相互喜歡嗎？但若刪除室友這一關係選項，喜歡程度的相關反而大幅增加。

416

關係的進展

我們已經追溯關係發展的早期階段，從雙方毫無接觸，到覺察對方的存在（誰是潛在交友對象），再到初步接觸（誰是意中人），然後相互喜歡。從本章一開始的故事，可看到丹和蜜亞相遇，發現彼此的態度和興趣相似，共享愉快的活動時光，如：一起準備考試，取得好成績、相約去看電影、相偕參加聚會。

但多數關係僅停在「最低限度」相互接觸的層次。我們結識了許多朋友、鄰人、同事，其中不乏喜歡的人，也定期互相往來，但卻不覺得特別親近。僅有少數關係能深入進展，從「中等程度」的交集，到視彼此為「最重要」的伴侶。關係的進展涵蓋三個面向，分別是：自我揭露、信任、相互依賴。隨著朋友、室友和同事間的相互關係日益加深，自我揭露、信任、相互依賴的程度也逐漸充實鞏固。

●● 自我揭露

回想丹和蜜亞從派對回來的那晚，蜜亞告訴丹她室友的父母分居了，室友的心　　417
情十分低落。蜜亞說她不知道該如何安慰室友，束手無策。此刻，蜜亞就是在自我揭
露——告訴對方自己的個人資訊。自我揭露通常隨關係進展而日益月滋。剛開始時，
只談一些無傷大雅、別人聽了無妨的小事。漸漸地，揭露越來越多切身相關、別人聽
了不一定能接受的細節（Backman, 1990）。

自我揭露隨關係進展慢慢加深。研究者將原本不認識的同性大學生帶到實驗室
配對，介紹他們相互認識（Davis, 1976）。研究者給他們 72 個話題，每個話題先
由其他學生依私密程度評分（1 到 11 分）。參與者可揀選任一話題，一人至少發言
一分鐘以上，另一人則安靜聆聽。這樣的互動持續進行，直到談完其中 12 個話題為
止。研究指出，參與者揀選的話題私密性，從第 1 個到第 12 個話題依序增加。每組　　418
參與者的話題私密程度平均為 3.9 到 5.4 分。研究亦發現，在 10 分鐘的對話期間，
越來越多的自我揭露讓他們的情緒益發高昂（更快樂、興奮），顯示其受到對方吸引
（Vittengl & Holt, 2000）。

當蜜亞告訴丹室友的情況，丹回應說他知道她的感受，因為他哥哥剛與嫂嫂分
居。這種對話就是相互自我揭露：當一方揭露隱私的細節，另一方也跟著坦露相同程
度的隱私（Altman & Taylor, 1973）。Davis（1976）研究每位參與者選擇的話題私密
程度，跟前一題或下一題差不多水準。不過，隨著關係發展，相互揭露的情況卻減少
了。在另一研究中，研究者召募學生為參與者，每個人要帶一位朋友或好朋友到實驗
室來（Won-Doornink, 1985）。每一組人會拿到不同私密程度的話題清單，他要從這
張清單中挑選至少四個話題來討論。研究者錄下每句對話，分析對話裡相互揭露的情
形。結果發現，關係的發展階段和相互揭露的程度呈曲線型——亦即，朋友間的揭露
程度高於點頭之交；但對好朋友的揭露程度，卻遠不及朋友（見圖 11.2）。

不見得每個人都會跟所有認識的人透露個人資訊。有些人較願意敞開心胸，隨
時可以講自己的事；有些人性格內斂，不輕易透露心事。在這點上，我們常以為男性
較少談論個人感受。然而，研究顯示自我揭露不僅要看性別，還有關係的本質。若是
泛泛之交，男性就比女性少揭露個人資訊（Reis, Senchak, & Solomon, 1985）。但若
是約會交往關係，揭露的程度就要看性別角色取向，而非單看生理性別（Rubin, Hill,
Peplau, & Dunkel-Scheker, 1980）。傳統的性別角色涇渭分明，男有分、女有歸。但
性別平等取向強調分享、共同參與活動，自我揭露的機會就多了。在異性親密關係

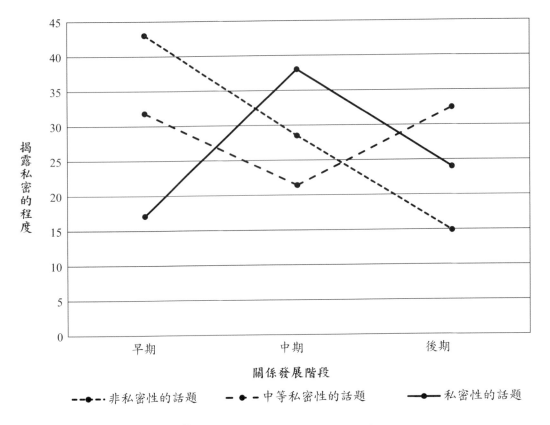

419

圖 11.2　相互揭露與親密的關係

相互揭露——意指揭露內容的私密程度，和對方的揭露程度相當——能促進關係進一步發展。相互揭露的程度取決於話題的私密性和關係的發展階段。參與者分別和點頭之交（早期階段）、朋友（中期階段）或好朋友（後期階段）對話。非私密性的話題（如天氣），相互揭露的情況隨關係發展階段穩定遞減。相反地，私密性話題的相互揭露程度，中期階段最高，後期階段次之，早期階段最低。

資料來源：改自 Won-Doornink, 1985, Figure 4.

418

裡，男女兩性的自我揭露程度並無差別（Hatfield, 1982; Mitchell et al., 2008）。

　　研究年輕人的自我揭露，詢問他們在各種不同面向，包括：性生活、丟臉的事、個人身心健康、感覺、創傷事件的揭露程度。一般說來，男女幾無差異。非裔年輕男性極少自我揭露，但分析結果顯示，這和收入低有關，而非種族和性別因素造成的（Consedine, Sabag-Cohen, & Krivoshekova, 2007）。

　　到目前為止，我們的討論重點集中在自我揭露的私密程度。但自我揭露其實相當錯綜複雜，包含許多特性，如：內容（自我或關係）、數量、情緒語調（Bradford, Feeney, & Campbell, 2002）。研究蒐集情侶對話超過 10 分鐘的 1,908 條記錄。依上

述那幾個特性評分揭露程度，結果顯示揭露的私密程度和數量多寡，和伴侶的依附型 419
態息息相關。

●● 信任

　　為什麼丹會向蜜亞透露哥哥嫂嫂分居的事？或許是受到互惠原則的影響。因為
蜜亞對他吐露心聲，她也期待丹投桃報李。但若丹懷疑蜜亞的動機，恐怕不會吐露半
字。這顯示信任在關係發展的重要性。

　　當我們信任（trust）一個人，表示我們相信對方是個既誠實又善良的人
（Larzelere & Huston, 1980）。我們相信他說的是真話（或至少不會騙人），他沒有
心懷不軌。表 11.1 為人際信任量表。量表的問題主要在問受試者是否覺得對方自私、
誠實、真誠、公平或體貼。對於值得信任的人，我們才會向他坦露個人資訊。你有多
信任你的伴侶？填答表 11.1 的問題，算出分數。分數越高，表示你越信任另一半。 420

　　為瞭解信任和自我揭露的關係，研究者從大學班級、新婚人士、電話隨機挑選等
三種方式召募男女性為參與者，請他們依現任配偶或近期約會對象的狀況填答問卷。

表 11.1　人際信任量表

	非常 同意	同意	稍微 同意	不知道	不太 同意	不同意	非常 不同意
1. 我的伴侶根本只關心自己的權益。							
2. 我的伴侶有時不值得信任。							
3. 我的伴侶對我非常誠實與忠誠。							
4. 我可以完全信任我的伴侶。							
5. 我的伴侶非常重視承諾。							
6. 我的伴侶一點都不體貼。							
7. 我的伴侶待我公平公正。							
8. 我可以指望伴侶的幫忙。							

註：第 1、2、6 題，非常同意 1 分，同意 2 分，稍微同意 3 分，以下依此類推。第 3、4、
　　5、7 和 8 題為反向計分。

資料來源：改自 "The Dyadic Trust Scale: Toward Understanding Interpersonal Trust in Close Relationships,"
　　by Larzelere and Huston, *Journal of Marriage and the Family, 42*(3). Copyright 1980 by the
　　National Council on Family Relations, 3989 Central Ave. NE, Suite 550, Minneapolis, MN 55421.
　　Reprinted by permission.

問卷資料包括表 11.1 的「人際信任量表」。研究計算出七種異性關係型態在人際信任量表上的平均分數，如圖 11.3 所示。注意，當關係變得越來越專一排外，信任的分數上升得越高。信任和自我揭露間存在著關聯嗎？研究者問每一位參與者，對伴侶吐露宗教、家庭、情緒、與他人的關係、學校或工作、婚姻等六方面的程度。結果顯示信任和自我揭露呈正相關。也就是說，越信任伴侶，自我揭露的程度越高。

其他人際信任方面的研究顯示，除了誠實和善良之外，可靠也是信任的重要面向之一。我們比較會信任靠得住、有擔當（Johnson-George & Swap, 1982）、不會讓人捉摸不定的人（Rempel, Holmes, & Zanna, 1985）。

今日，有許多談遠距離戀愛的情侶。他們雖然互許承諾，但卻沒辦法住在同一個城市，甚至同一州、同一個國家。一項縱貫研究比較住在同一城市或遠距離戀愛的學生情侶（Cameron & Ross, 2007）。研究推論伴侶給的安全感、信任感和忠誠度，是維持遠距離戀愛關係的重要因素。情侶提供的安全感尤能預測遠距離戀愛能否穩定維持長達一年以上。遠距離戀愛關係很容易破局。當男方說安全感不夠，以及關係初期

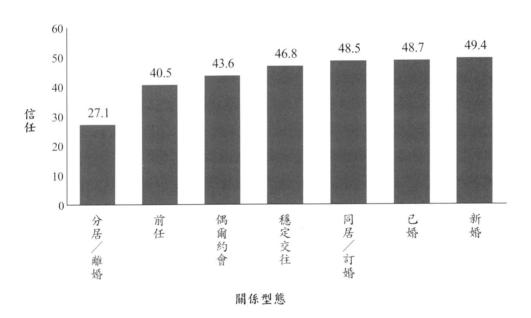

圖 11.3　七種異性關係型態在人際信任量表上的平均分數

信任包含兩個要素：相信對方是個誠實、善良的人。超過 300 名參與者依其現任或近期異性伴侶的狀態填答人際信任量表（見表 11.1）。結果顯示關係的親密程度和信任程度強烈相關。

資料來源：改自 "The Dyadic Trust Scale: Toward Understanding Interpersonal Trust in Close Relationships," by Larzelere and Huston, *Journal of Marriage and the Family, 42*(3). Copyright 1980 by the National Council on Family Relations, 3989 Central Ave. NE, Suite 550, Minneapolis, MN 55421. Reprinted by permission.

負向情緒過多（低自尊、神經粗線條），遠距離戀愛關係極有可能以分手收場。

●● 相互依賴

本章稍早曾提及，我們會評估關係帶來的後果（酬賞與代價）。丹會跟蜜亞接觸，因為他預期和蜜亞在一起會是愉快的經驗。蜜亞也是關係進展的功臣，因為她同樣預期酬賞會大於付出的代價。隨著關係發展，雙方都相當滿意這段關係。因此，他們漸漸投注更多時間和心力在關係上面，也減少涉入其他關係。當他們的關係越來越相依相偎，蜜亞和丹就越來越倚賴對方提供酬賞（Backman, 1990）。結果就是強烈、頻繁且多方面的相互依賴（Kelley et al., 1983）。

因為對彼此的關係感到滿意，因而逐漸依賴伴侶，同時也漸漸減少依賴他人的現象，稱為**雙邊撤出**（dyadic withdrawal）（Slater, 1963）。為探討此種撤出的現象與程度，研究者找來 750 位男女學生，先請他們指出目前關係的熱切程度，再列出一張名單，說明哪些人的意見對他而言是重要的。參與者也要標明名單上每個人的意見有多重要，以及他向這些人吐露心事的程度（Johnson & Leslie, 1982）。不出所料，當前的伴侶關係越是親密，名單上的朋友數目越少（但列出的親戚數目沒有差別）。此外，關係投入的程度越深，情侶的共同朋友也越多（Milardo, 1982）。其他研究也發現，當伴侶關係越來越緊密，和朋友互動的時間越少，但和親戚的互動可能會增加（Surra, 1990）。

相互依賴是透過雙方協商慢慢培養起來的（Backman, 1990）。每個人提供伴侶各式各樣潛在的酬賞，伴侶也會選擇性的接受或拒絕。隨著關係進展，這種交換過程日趨穩固。共享活動是很重要的酬賞來源。各人偏好的活動不一，雙方必須調和個人的喜好，找出可以共同參與的活動。研究約會關係的情侶後發現，男性偏重性、遊戲、運動；反之，女性則希望有人陪伴、娛樂和藝文活動（Surra & Longstreth, 1990）。有些情侶是輪流參與對方喜愛的活動，有些則一起參加彼此都有興趣的活動，如：下廚、採買日用品等等。有些情侶則為了要做什麼而爭吵不休。

性滿足是許多關係的潛在酬賞。當關係日漸相互依賴，肉體的親密感也隨之增加。情侶雙方也會協商性親密要發展到何種程度，此時女方的喜好就是關鍵（Lear, 1997）。性滿足對關係有多重要？研究請 149 對情侶評估各階段關係（約會、穩定交往、訂婚、同居、結婚）中，哪些酬賞有助於增進親密感。這些情侶不約而同地提到性滿足是維繫關係的基石（Centers, 1975）。其他調查研究亦顯示，感情越好的情

422

侶，越有可能擁有親密的性關係（Christopher & Roosa, 1991）。

<h1 style="text-align:center">愛與喜歡</h1>

我們難免會受到朋友、室友、同事和約會對象的吸引。但就只有被吸引的感覺而已嗎？偶爾，會有比好感更為強烈的感覺出現。有時，一陣愛意突然湧上心頭，甚至脫口而出「我愛你」這三個字。

愛和喜歡究竟有何差別？本章已摘述相當多社會心理學中對人際吸引或喜歡方面的研究。但，關於愛情的研究相對少多了。本節將探討愛情的三個面向：愛和喜歡的差別、激情愛、浪漫愛。

●● 喜歡 vs. 愛

423 　　最早關於愛情的實徵研究，是想區辨愛（love）和喜歡（liking）之間的差異（Rubin, 1970）。愛比喜歡更為濃烈，是依戀與關懷對方（Rubin, 1974）。依戀（attachment）係指強烈渴望和對方在一起，受到對方的細心呵護；關懷（caring）意指盡力滿足對方的需要，就像滿足自己的需要一樣的重要。

　　根據上述區別，Rubin 發展出一套評定愛與喜歡的量表。喜歡量表評量約會對象、情人、配偶的各個向度，包括：適應性、成熟度、責任感、可愛度。愛情量表評量依戀與關懷伴侶的程度，以及親密感（自我揭露）。這些量表蒐集自 182 對情侶對另一半和同性好友的填答分數（Rubin, 1970）。結果顯示，各個量表的內在一致性分數很高，但量表間的相關很低。可以說這兩個量表測量到不同的構念。

　　如果可以這麼有效地區分喜歡和愛之間的差別，你會如何評定約會對象和好朋友呢？Rubin 預測約會對象、情人或配偶的喜歡和愛情兩種量表的分數會很高，而好朋友（純友誼）雖在喜歡量表的分數高，但愛情量表的分數卻會降低。182 對情侶的平均分數證實上述預測所言不虛。Davis（1985）的研究結果亦發現友情和愛情確有差異。友情的特質包括：信任、理解、互助；愛情除了包含友情的特質外，還包括關心（付出所有、支持對方）和激情（朝思暮想、性渴望）。

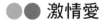
●● 激情愛

愛的確含有依戀與關心的成分。但這就是愛的全部嗎？因愛生恨、生妒、狂喜，又是怎麼一回事呢？另一剖析愛情的角度為探討愛的情緒，著重於**激情愛**（passionate love）——一種強烈的生理激發反應，渴望和對方合而為一（Hatfield & Walster, 1978）。

認知與情緒因子交互作用，產生了所謂的激情愛。每個人都是從父母（Trotter, 2010）、朋友和大眾傳播媒體（Ward, 2003）學習如何愛人、該和誰墜入情網、戀愛的滋味為何，以及該如何示愛。情緒體驗和生理激發反應息息相關。因此，唯有強烈的生理反應，加上周遭環境氛圍（花前月下），才能體會到激情愛的感覺。

激情愛包含三種成分：認知、情緒、行為（Hatfield & Sprecher, 1986）。認知成分包括：朝思暮想、美化對方或關係、相知相惜。情緒成分包括：生理激發反應、性吸引力、合而為一的渴望。行為成分包括：奉獻付出、親近對方。

在美國境內，運用量表測量激情愛，研究發現各題項的相關極為接近，都測量到同一個因素（Hendrick & Hendrick, 1989）。針對 60 位男性和 60 位女性的研究發現，量表分數和關係發展階段有關。激情愛從早期約會到穩定交往階段直線上升。一旦關係穩定到同居或訂婚，激情愛的分數卻未見遞增（Hatfield & Sprecher, 1986）。研究不同戀愛階段的 197 對情侶（包括新婚夫妻），發現隨著交往期間越長，愛的激情也慢慢消退（Sprecher & Regan, 1998）。

激情愛也和其他強烈的情緒有關。當愛得到回應，得以與對方親近挨攏，滿足、歡欣、狂喜的感覺油然而生。反過來，正向的情緒經驗，如：興奮、性衝動，也會促發激情愛。研究 197 對情侶，發現激情愛和性渴望呈正相關（Sprecher & Regan, 1998）。有趣的是，性渴望和性行為並無關聯（Regan, 2000）。另一方面，單戀通常會伴隨著嫉妒、焦慮、沮喪等情緒，失戀的話則會情緒崩潰。

常用來測量愛的量表有四種。對 81 個研究共 19,000 名參與者的資料進行後設分析（Graham, 2011），解析愛、迷戀、友情三大面向。結果發現交往期越長，愛情分數跟著提高，痴迷的分數則下降。這些研究結果顯示，激情愛通常會隨時間褪色。愛情分數也和關係滿意度呈正相關。

激情愛是普世經驗，還是西方文化獨有？分析九個文化（1,809 名受試者）在量表的 15 個題目上的分數，找到一個共同因素結構的六個向度，分別是：承諾 / 情感、安全感 / 不安全感、自我中心 / 他人中心（Landis & O'Shea, 2000）。詳細分析

男性和女性的填答反應，亦可看出性別橫跨文化所造成的變異，有其相對重要性。

●● 浪漫愛情理想

到目前為止，探討愛情的研究和理論都假設愛是由獨特的情緒和行為組成。此外，多數人亦認為一生中至少有一次這樣的經驗。但這些可說是相當受到文化制約的假設。有些社會或國家的人民，還沒聽過「愛」這個字呢。事實上，美國社會仍主張把愛當作結婚的前提。

美國社會教導民眾一套關於愛的信念，引領人們的行為表現。以下五個信念就是大眾熟知的**浪漫愛情理想**（romantic love ideal）：

1. 真愛說來就來，毋須經營培養（「一見鍾情」）。
2. 每個人都有一個真命天子（天女）。
3. 真愛無敵（「愛能戰勝一切」）。
4. 情人眼裡出西施。
5. 我們應該跟著感覺走──用愛而非理性來挑選伴侶（Lantz, Keyes, & Schultz, 1975）。

已有研究者發展出一套量表，測量個體的愛情信念有多強（Sprecher & Metts, 1989）。以 730 名大學生為受試對象，結果顯示，許多年輕人抱持前四個信念。有趣的是，男大生比女大生更常懷有這些想法。

研究亦可看出第四個信念──理想化伴侶的現象，是影響關係滿意度的重要因素。以荷蘭成人為對象進行的兩個研究發現，很多人認為他們的關係要比別人好，這種想法和主觀自陳幸福感有關（Buunk & van der Eijnden, 1997）。這種自認關係比別人優秀的想法，反映出他們對關係相當忠誠，有助於度過關係緊張的時期。另一個研究詢問交往中（98 位）和已婚（60 位）的伴侶，就 21 項人際特質評分自己、另一半和理想情人（Murray, Holmes, & Griffin, 1996a）。資料分析顯示參與者給伴侶和理想情人的分數，和給自己的分數類似，但卻和伴侶的自我評分略有差距。此外，縱貫研究也發現，相處超過一年後，伴侶才會告訴對方他的理想化形象為何（Murray, Holmes, & Griffin, 1996b）。

浪漫愛情理想並非全美適用通行。一群研究者分析四個不同時期的暢銷雜誌（Lantz et al., 1975; Lantz, Schultz, & O'Hara, 1977），計算雜誌文章提到上述任一

浪漫愛情理想信念的次數。他們發現提到的次數，有隨時間穩定增加的趨勢。此一發現顯示，自 1741 到 1865 年，美國人逐漸接受浪漫愛情理想的觀念。浪漫愛情理想首度問世，大約在南北戰爭時期。

●● 愛是一個故事

一想到愛情，浮上心頭的常是偉大的愛情故事：羅密歐與茱麗葉、灰故娘和王子（如電影《麻雀變鳳凰》）、愛德華八世與華麗絲‧辛普森夫人，以及電影《窈窕淑女》（*Pygmalion/My Fair Lady*）的故事。根據 Sternberg（1998），這些故事可不只有娛樂效果而已。它們形塑了我們對愛情和關係的信念，這些信念反過來影響我們的行為。

> 查克和黛咪已經結婚 28 年了。從新婚伊始，朋友幾乎都唱衰他們會離婚。他們的爭執不斷，黛咪威脅說要離開查克，查克說這樣最好，他的日子會更快活。但他們的感情卻是越吵越甜。

> 瓦萊莉和雷納德的婚姻幸福美滿，至少他們是這樣對另一半和朋友說的。孩子們說從沒看過他們吵架。雷納德卻傳出辦公室戀情，和瓦萊莉分手。最後他們離婚了（改自 Sternberg, 1998）。

慢著！結局是不是寫反了？查克和黛咪才應該離婚，瓦萊莉和雷納德應該快樂地生活在一起，不是嗎？如果愛真是兩個人的溝通、交往互動的話，你的看法或許沒錯，故事的結局寫錯了。但愛可不是只有單純的交往互動而已，問題在於雙方如何解讀這個互動過程。要弄懂關係出了什麼事，要看我們的愛情故事。

愛情故事（love story）指的是，愛情應該像什麼的故事（腳本）。包含人物角色、情節與主題。每個愛情故事都有兩個中心主角，他們扮演的角色在故事裡相輔相成。情節詳述關係中發生的各種事件，主題則是故事的中心主旨，為構成情節的各種事件賦予意義，指引主角應該如何行動。引導查克和黛咪關係的，是所謂的「戰爭」故事。兩人都視愛為戰爭——也就是「不是冤家不聚頭」。兩位男女主角是戰士，必須捍衛個人的信念，維護個人的主體性。劇情就是不斷的爭吵、戰鬥、揚言走人——簡言之，就是情場如戰場。愛的主題是戰爭，戰爭雖然有贏有輸，但仗還是要打下去。查克和黛咪的關係能夠歷久不衰，是因為他們的愛情觀相似，也符合他倆的性格

脾氣。你可以想像一個懦弱無用的人，能在這種關係當中存活下來嗎？

　　從故事的角度來看，當你遇到符合你愛情故事的人時，你就會墜入愛河。此外，如果你和伴侶的角色契合故事裡的人物特徵，你們便會安於這樣的關係（Beall & Sternberg, 1995）。瓦萊莉和雷納德的婚姻看似美滿，其實根本不符合雷納德的愛情故事。等到他遇到能在他原本的愛情故事裡扮演對手戲的女子，他隨時能離開妻子奔向「真愛」。

427
　　愛情故事從哪兒來的？許多都跟文化有關 —— 源自民間故事、文學、戲劇、電影、電視節目。文化和我們的個人經驗、個性交互影響，創造出個人獨有的故事（Sternberg, 1996）。一進到關係當中，故事即逐步開展，連意料之外的事件都考慮進去。每個人不只有一個愛情故事，而這些故事有階層等級。雷納德的故事之一是「房子與家」。家是關係的核心，他（扮演的角色是管理員）的全副心力都放在這間房子和孩子們身上，而非瓦萊莉。但當他遇見冰山美人雪倫，她那曖昧模糊的過去、深邃的眼眸，緊緊勾住了雷納德。她渾身散發出「愛情是撲朔迷離的推理小說」的味道，讓雷納德更加心醉神迷。他說不出為何要離開瓦萊莉和孩子們。就像我們絕大多數的人一樣，沒有清楚意識到自己的愛情故事。從這些例子可以看出，愛情故事具有自我實現的力量。我們根據情節發展關係和製造事件，再依主題詮釋這些事件。愛情關係其實是一種社會建構，因為愛情故事是自證預言，難以撼動改變。

　　Sternberg 及同僚指出，美國文化裡的愛情故事，大致可分成五類，每一類故事包含數個特定的故事情節、主題和表現手法。例如，同意「我認為爭吵能為關係帶來活力」和「我喜歡和我的另一半鬥嘴」這種說法的人，傾向抱持「戰爭」故事。Sternberg 與 Hojjat 研究 43 和 55 對伴侶（Sternberg, 1998），發現伴侶的故事大致相同。若伴侶的故事差異越大，他們就越不快樂。有些故事和高滿意度有關，例如「花園」故事，是把愛當成需要辛苦培育、時時耕耘的花園。有兩種故事和低滿意度有關，分別是「商場」故事（特別是主管和員工的故事）和「恐怖」故事（恐怖分子與受害者的故事）。

　　愛情故事，或關係的內隱理論（Franiuk, Cohen, & Pomerantz, 2002），隨時間日趨定型。堅信唯一真愛或「靈魂伴侶」的人，認為找到真命天子或天女，才是關係滿意的關鍵。至於抱持像 Sternberg 所說的「花園」故事，認為美滿關係需靠經營的人，則堅信苦心孤詣方為關係成功之道。前者看重伴侶的特質，以此來評定關係的滿意度，如果伴侶不是真命天子或天女，他們可能會揚長而去，非找到真愛不可。後者把關係視為未完成的工程，評定關係滿意度的重點不在伴侶身上。如果關係不夠令人

滿意，他們會想辦法改善，努力灌溉與施肥。

　　Sternberg 聲稱愛情故事反映了文化意涵。意思是說美國具有獨特的故事或主題嗎？研究召募美國境內 61 對情侶和 81 對已婚配偶（多數為白人）、中國境內 46 對情侶和 94 對已婚配偶。用 Sternberg 發展出來的量表測量美國受試者偏好的主題，同時將量表譯為中文版，交由中國受試者回答。分析結果顯示，兩種文化皆看重奉獻／關心和務實主義等數個要素。「愛是戰爭」及「愛是童話」的故事為美國文化獨有；「愛是需要悉心照料的花園」及「愛情像霧又像花」的故事為中國文化的特色。奉獻／關心是關係滿意度最強的預測因子（Jackson, Chen, Guo, & Gao, 2006）。

428

分　手

●● 漸入佳境？混沌未明？

　　本章前面的討論，都是假定親密關係的發展呈直線進行。相遇、相知、相惜、相結合、相互依賴、相愛相守，永遠快快樂樂地生活在一起。此一線性模式是以關係成立和關係穩定／不穩定為基礎。然而，另一模式——混沌理論（chaos theory），或許更能適切說明關係的變化（Weigel & Murray, 2000）。混沌理論指出，關係發展並非如直線般簡單明瞭。相反地，關係會突如其然、不由自主地變化；不是漸入佳境（變好），就是每況愈下（變差）。一件小事（如：漏接一通電話）可能演變成一發不可收拾的風波；一個創傷事件（如：罹患癌症）可能不過爾爾。結果就是，要正確預測一段關係會走向何方，是件難如登天的事。以下將探討混沌理論對關係的看法。

　　不管漸入佳境或混沌未明，很少關係能持續到永遠。天下無不散的筵席，一旦畢業，曾經形影不離的室友也會分道揚鑣，曾無話不談的閨中密友也可能形同陌路。也有曾經愛到天翻地覆的情侶，變成對簿公堂的怨偶。關係為何瓦解？研究顯示答案有二：獲利不均，以及承諾差異。

●● 獲利不均與關係失衡

　　本章稍早提到，關係的建立與維持，獲利結果（outcome）占有舉足輕重的地位。會不會開展一段關係，要看我們預期能從中得到什麼好處。對於正在進行的關

係，我們會評估實際獲利（得到的酬賞和付出的代價），再衡量要不要繼續維持下去。調查大學生關係滿意度的影響因子，其中一個因素是，整體獲利結果的價值和個人的比較水準相對照（Michaels, Edwards, & Acock, 1984）。分析只有單一約會對象的男女性資料，可看出獲利結果和關係滿意度最為相關。其他的研究結果大致一樣（Surra, 1990）。

替代性比較水準也是估量獲利結果的重要指標。這段關係的獲利結果會比跟其他對象在一起來得突出嗎？衡量的一個向度是外表吸引力。和美女帥哥交往，酬賞十分誘人。外貌相當的情侶，在外表吸引力這個向度上的獲利結果相似。如果兩個人的外表差很多呢？較無吸引力的一方憑藉較有吸引力的一方得到好處，但較有吸引力的一方則無法從較無吸引力的一方沾光。由於外表吸引力是一種寶貴的可見資產，越具外形魅力的人，越有可能見異思遷，找到其他替代關係，並期望替代關係可以帶來更多好處。

某研究以 123 對情侶為對象來檢驗上述說法。各由五位男性和五位女性評分每位參與者的容貌，每位參與者的另一半也評分彼此的外表吸引力。被評為比伴侶還具魅力的男性和女性，自陳異性朋友較多——也就是替代關係比較不具吸引的一方還多。經過九個月的追蹤後，發現外表吸引力程度相似的情侶，幾乎都還在交往當中（White, 1980）。這些研究結果符合若獲利結果低於替代性比較水準，結束關係的可能性將大大提高的假說。

不是每個人都會把目前交往對象的獲利結果，拿來和替代關係比較一番。White（1980）的研究對象中，互許承諾的情侶（有的同居、有的訂婚或結婚了），自陳的替代關係對象數目差異不大。同樣的，他們的外表吸引力和九個月後是否還在一起無關。互許承諾的人在意的是公平性，而不是有沒有替代對象。

體重是外表吸引力的面向之一。研究 1,405 位青少年和成人情侶，調查肥胖者（BMI 值大於 30）的關係匹配和交換（付出與獲利）情形（Carmalt et al., 2008）。肥胖者（不論男女）的另一半，外表也好不到哪裡去。肥胖的女性比起男性尤為不利，肥胖的黑人女性也比肥胖的白人女性吃虧。良好的教育、討喜的個性、善加修飾的外表（自我表現）可以彌補肥胖的劣勢，交到比預期中更有吸引力的對象。

公平理論（equity theory）（Walster [Hatfield], Berscheid, & Walster, 1973）假設每個人都在暗中比較關係裡的付出與酬賞是否對等。投入越多，越想從關係中獲益乃人之常情。因此，我們會比較自己和另一半的獲利結果（酬賞減掉代價）。公平理論預測，公平的關係（equitable relationship）——即獲利均等——關係才得以穩定長

久。獲利失衡，關係就岌岌可危。

以有約會對象的 537 位大學生為參與者，檢驗上述預測（Walster [Hatfield], Walster, & Traupmann, 1978）。每位學生閱讀一張清單，上面列出有助於關係維持的條件，如：好看、聰明、可愛、體貼、熱心。另外再閱讀一張清單，上面列出關係的潛在後果：各式各樣的酬賞與挫敗。接著，要求每位參與者評估自己為關係付出了什麼、得到什麼，另一半又付出了什麼、得到什麼。每個項目用八點量尺評定，從相當正確（+4）到相當不正確（-4）。研究者計算：（1）關係的潛在後果分數除以付出分數，求得每位參與者的整體獲利分數；（2）伴侶得到的潛在後果分數除以伴侶的付出分數，求得主觀意識裡伴侶的獲利分數。比較兩項的得分，即可得知參與者是否覺得他們的關係公平合理。

過了 14 週後，再度請學生評估關係的穩定度。穩定度由他們是否還在交往，以及在一起多久而定。研究結果清楚顯示，不公平的關係也不穩定。一開始就不太公平的關係，14 週後分崩離析的可能性較高。此外，認為自己和另一半獲利不均的參與者，關係維持的時間更短。

430

●● 承諾差異與關係瓦解

獲利結果（酬賞減掉代價）只是關係維持與否的唯一考量嗎？情感依戀或投入奉獻又該怎麼說？我們會想繼續交往下去，是因為對伴侶懷有情感上的承諾，忠心不渝且自覺責任重大，為對方的幸福著想。承諾的重要性，可從調查 234 位大學生的研究結果看出（Simpson, 1987）。每位參與者現有交往對象，要填答 10 個和戀愛關係有關的問題。三個月後，再問每位參與者是否還跟原來的對象交往。和關係穩定度最有關聯的特徵，包括：交往期長短、專情程度、性親密感等，都是承諾的特性。一項回顧婚前關係的研究所下的結論為：承諾——即願意維持關係的心態——才是關係歷久不衰的主因（Cate, Levin, & Richmond, 2002）。

對 137 個長期研究非婚姻關係的戀情穩定度、共 37,000 位參與者進行後設分析（Le et al., 2010）。研究者評估 16 個常見的測量變項和穩定度之間的關聯，從初識到研究追蹤期間，交往平均時間為 145 週（接近三年）。發現長期關係的三個主要預測因子為：承諾、愛、欣賞對方的優點。

研究 101 對異性戀伴侶，檢視付出不對等和關係不穩定是否有關。每對伴侶先填答一份問卷作為基準線，再持續追蹤 6 個月、18 個月、30 個月和 42 個月。在第 42

個月時，有 41 對伴侶還在一起，其中 28 對已經結婚。情感投入不對等的感受其實非常普遍；75% 的伴侶，其中一方（或雙方）都說對方不夠投入。不夠投入的伴侶覺得權力握在自己手上——反映出「最小興趣原則」（principle of least interest）。投入程度越相似，滿意度越高（Sprecher, Schmeeckle, & Felmlee, 2006）。

另一個研究也證實投入程度相等的重要性。研究者從波士頓地區的四個大學召募參與者（Hill, Rubin, & Peplau, 1976），請 231 對情侶填答第一份問卷，並在接下來的半年、一年、兩年再填答一次。第一份資料完成當時，情侶們的平均約會時間為八個月，其中絕大多數為只跟對方交往，10% 甚至已經訂婚了。兩年後，研究者再度確認其中 221 對情侶的狀態。有些仍在一起，有些則已分手。

兩年後仍在一起的情侶，和那些分手的情侶有何不同？一開始就比較投入關係的情侶（只跟對方約會，認為兩人非常親密、相愛，極有可能步上紅毯），兩年後還是情侶。一開始很投入，但兩年後卻分手的比例只有 23%。一開始交往時，投入程度就不對等，兩年後有 54% 的比例不再見面。

431　　　無怪乎，情侶分手通常跟某一方交往初期就不怎麼投入有關。關係結束的情侶，有 85% 會說是對方想分手。分手的時間點也有明確模式可循，如 5 月到 6 月、9 月和

分手令人痛苦。對關係付出較多承諾的一方更是難以接受。圖片後方的男性顯然非常不高興。

12 月到 1 月，顯示關係以外的因素，如：畢業、搬家、就學，會讓人想提分手。這些變化，或稱生命歷程轉換（見第 2 章），可能會增加維持關係的成本，如：排不出見面的時間。有趣的是，其他研究顯示，大學生更容易在情人節前後兩週分手（Morse & Neuberg, 2004）。這是一個強調親密關係的傳統文化節日，提醒我們親密關係應該要如何如何。或許這種大肆宣傳的手法讓人生厭，在關係走下坡時萌生分手之意，尋找下一個會更好。

分手的代價很高。誰付出的代價較大？研究調查主動提分手和被動接受的人（Perilloux & Buss, 2008），發現女性在分手後，易於失去男性的保護，或被前男友跟蹤。女性的負向情緒也比男性多。無論男女，被拒絕的一方往往比拒絕的一方自尊受到更強烈衝擊，容易陷入沮喪的情緒。從另一個研究亦可看出，被迫分手的一方、最近剛分手，以及還沒談新戀情的，心情比較不容易平復（Field et al., 2011）。

關係瓦解令人痛苦，但分手不見得是壞事。可以把分手想成是一種篩選的過程，結束不適合彼此的關係。此外，從失戀當中學習，也是一種成長，讓未來的關係更為順利成功（Tashiro, Frazier, & Berman, 2006）。

432

●● 對不滿的反應

並非所有獲利不均或承諾差異的關係都會走向分手。為什麼會有這樣的差別？部分原因在個人對情境的反應。獲利結果和投入關係的程度，是影響關係滿意度的關鍵（Bui, Peplau, & Hill, 1996; Rusbult et al., 1986）。研究 60 名學生和 36 對已婚伴侶發現，影響關係滿意度的重要因素，在於是否覺得伴侶支持你達成重要的目標（Brunstein, Dangelmayer, & Schultheiss, 1996）。只要個人覺得滿意，不管獲利或投入多少，一樣會想繼續維持關係。滿意目前關係的人比較願意去**調整**（accommodation）——以建設性的方式回應伴侶可能會危及關係的行為（Rusbult, Verette, Whitney, Slovik, & Lipkus, 1991）。研究黑白通婚超過 14 年的伴侶發現，經常使用侮辱性的言詞爭吵、謾罵、咆哮（換句話說，並未做出調整），離婚已是可預見的下場（Orbuch, Veroff, Hassan, & Horrocks, 2002）。

處在不滿意的關係當中，個人可能採取四種基本的替代方案（Goodwin, 1991; Rusbult, Zembrodt, & Gunn, 1982）：退出（終止關係）、說出心聲（和伴侶討論）、忠貞不移（逆來順受）、忽略不管（留在關係中，但已不想再付出）。會選擇哪個替代方案，要看分手的預期代價、是否另有替代關係，以及曾從關係中得到的酬

賞（念舊記恩）。

　　對於要不要分手，個體會權衡維持一個不滿意的關係，和結束這段關係要付出的代價。結束關係的三種阻礙或代價分別為：實質的、象徵的，和情感上的損失（Levinger, 1976）。實質的代價損失就是失去伴侶的經濟奧援。清算財產和所得後，導致彼此的生活水平下降。象徵的代價損失包括他人的反應。調查 254 位受訪者，其中 123 位正在交往中。測量其覺知朋友和家人對關係的支持和投入程度（Cox, Wexler, Rusbult, & Gaines, 1997）。結果顯示，無論是約會情侶或已婚者，得到的支持越多，對關係越是投入。親朋好友的支持或反對，真能左右關係成敗？長期研究情侶後發現，朋友越不看好的關係，越有可能終止（Felmlee, Sprecher, & Bassin, 1990）。情感的代價損失包括與他人的關係也跟著變化。分手會造成朋友流失，或減少親戚往來，引發孤單（loneliness）的感受。研究已婚人士，請他們列出「讓你們在一起的最重要因素」。最常見的回答是「為了孩子」（31%），其次為「宗教」（13%）和「經濟需要」（6%）（Previti & Amato, 2003）。

434　　第二個因素為評估是否另有替代關係。缺乏替代關係的人，只得繼續這段索然無味的關係。不過，只要具外表吸引力的替代對象出現，就會讓這位心懷不滿的人終止關係。

　　本章一開始曾提到影響誰是潛在交友對象的因素有二：個性和制度結構。說到前者，有交往對象的人，會比沒有交往對象的人認為同齡的異性沒那麼吸引人（Simpson, Gangestad, & Lerum, 1990）。此種貶抑心態有助於維繫關係。然而，長期研究發現，若認為替代對象的優點更多，關係隨後也跟著結束了（Johnson & Rusbult, 1989）。至於制度結構，社區居民的性別比例將決定合適對象的數目。綜合問卷調查和參與者居住地區的人口普查資料，可發現離婚風險最高的地區，是丈夫或妻子能邂逅眾多替代對象的區域（South, Trent, & Shen, 2001）。

　　第三個因素是關係變糟前得到的酬賞水準。若關係曾令人相當滿意，要下定決心結束可不是件容易的事。

　　這三個因素的個別重要性又是如何？也就是說，哪個因素得以判斷一個不滿意關係的人，究竟會和伴侶溝通討論、坐等關係改善，抑或對伴侶視若無睹、還是終止關係？研究請參與者閱讀這三個因素各異的短篇故事，詢問他們若碰到每種情況，他們會怎麼做（Rusbult et al., 1982）。結果顯示關係滿意度越低，也就是心情越糟、越不關心伴侶的人，越有可能忽視或終止關係。付出越少，也就是鮮少吐露心事、失去關係也不覺得可惜的人，越有可能忽視或終止關係。最後，替代對象越是吸引

人，關係終止的可能性也跟著提高。後來針對現行關係的研究，得出的結論大致相同（Rusbult, 1983）。

研究在一起超過 15 年的 167 對伴侶，也發現滿意度、付出程度、替代對象的優缺點，能預測伴侶是否會互許承諾。承諾度高的關係才能走得長長久久（Bui et al., 1996）。

·············

摘　要

·············

人際吸引意指對某人抱持好感，是親密關係發展、維持、結束的基礎。

■ 誰是潛在交友對象？

制度結構與個性會影響誰能成為我們的朋友、室友、同事和情人。有三個因素會影響我們從生活圈中挑選出潛在交友對象：（1）日常活動使我們更容易遇到某些人；（2）接近性使得我們和某些人交往，得到酬賞比付出的代價多；（3）熟悉性使得我們容易對經常接觸的人心生好感。

■ 誰是意中人？

在所有的潛在交友對象中，我們挑選出意中人的標準如下：（1）社會規範告訴我們哪些人適合當朋友、伴侶或良師。年齡、種族、宗教與社經地位的同質性或相似性，是美國社會親密關係的特徵；（2）無論從審美的角度或預期可以得到較多的酬賞，有外表吸引力的人總是比較討喜。若無從得知其他個人資訊，外表吸引力的重要性將大為提高。（3）預算潛在關係的酬賞與代價得出的結果，就是我們的選擇。也就是選擇去發展獲利結果超過比較水準（CL）和替代性比較水準（CLalt）的關係。與對方接觸，就是把選擇付諸行動；關係的發展通常按腳本進行。

■ 喜歡的決定因素

許多關係（包括朋友、室友、同事和情人間），都含有喜歡的成分在內。有三個因素會影響兩人喜歡對方的程度。

（1）最主要的影響因素是兩人的態度有多相似。態度越相似，越喜歡對方。相似之所以會讓人產生喜歡的感覺，因為我們偏好認知協調一致，和相似的人互動也比

較能帶來滿足感。（2）花時間和對方一起共享活動，有助於提高喜歡的程度。（3）互相喜歡——喜歡對方、感覺對方也喜歡我。對方的正向回饋，更增加了彼此的好感。

關係的進展

關係的進展涵蓋三個面向，分別是：（1）逐漸透露有關個人的切身資訊。自我揭露通常是雙向的過程，一方說出個人的事，對方也加以回應。（2）信任一個人，表示我們相信對方是個誠實、善良、可靠的人。信任對遠距離戀愛關係尤為重要。（3）相互依賴意指對關係感到滿意，因而逐漸依賴伴侶，減少對他人的依賴。

愛與喜歡

（1）喜歡是指對對方懷有好感，愛則是依戀和關懷對方。愛同時也有激情愛的成分——一種強烈的生理感受，迫切想和對方結合的欲望；（2）激情愛包含三種成分：認知、情緒、行為。交往期越長，愛的感受越深，激情愛的程度卻會減弱；（3）愛的概念並非普世皆同。浪漫愛情理想逐漸在美國萌芽興盛，大約在南北戰爭時期。（4）愛情故事（腳本），形塑了我們對愛和關係的信念，信念反過來再影響我們在關係中的行為表現和如何解讀關係。

分手

有三個因素會影響關係是否會走向結束：（1）如果一方覺得獲利結果（酬賞減去代價）不如預期，可能會想分手。個人會將現有的獲利結果和替代關係的可能獲利相比較，也會檢視伴侶的獲利結果，評估關係是否公平。（2）對關係承諾與投入的程度，是關係能否維持下去的重要因素。不夠依戀和關懷伴侶的人，有可能會提出分手。（3）對於不滿意的關係，反應的方式包括：退出、說出心聲、忠貞不移、忽略不管。會採取哪種反應，要看分手需付出的經濟和情感代價、是否另有替代關係，以及先前對關係的滿意度。

重要名詞與概念列表

人際吸引（370 頁）　　　　　　公平的關係（398 頁）

比較水準（380 頁）　　　　　　同質性規範（375 頁）

吸引力刻板印象（377 頁）　　　孤單（402 頁）

信任（389 頁）　　　　　　　　浪漫愛情理想（394 頁）

配對假說（377 頁）　　　　　　單純曝光效應（373 頁）

替代性比較水準（380 頁）　　　愛情故事（395 頁）

態度相似（383 頁）　　　　　　潛在交友對象（371 頁）

調整（401 頁）　　　　　　　　激情愛（393 頁）

雙邊撤出（391 頁）

思辨能力技巧　做決定與問題解決

　　要做出好的決定，你必須：（1）界定你的目標；（2）列出至少兩種以上的可能做法或問題解決方案；（3）評估各個解決方案的優缺點（有助於你達成目標嗎？有沒有什麼壞處？）；（4）選擇最佳的解決方案。我們以下面這個故事為案例來探討。

　　布蘭妮是你班上的學生，已經跟克雷格約會一個月了。克雷格好像很喜歡她，她也深受他吸引。有次聚會的時候，她看見雪莉在跟克雷格調情，懷疑雪莉是不是想橫刀奪愛。回到宿舍後，布蘭妮越想越覺得應該做些什麼來留住克雷格。他們還沒有發生性關係，除此之外什麼都做了。布蘭妮突發奇想，或許該送給克雷格一張她的裸照，挑起他的性致，來顯示她很迷人。

　　布蘭妮應該怎麼做？運用前述做決定的技巧，設想什麼才是最佳決定：（1）她的目標為何？（2）至少有哪兩種解決方案？（3）評估每個解決方案是否有助於達成目標，以及是否有任何缺點。往下讀之前，先寫下你的答案。

　　布蘭妮的目標是和克雷格繼續交往下去。解決方案之一是寄給他裸照，另一種解決方案是什麼都不做。什麼「都不做」也是一種「做」，看看做出任何舉動之前，是否會有什麼問題發生。你還有想到其他解決方案嗎？第三種解決方案是寄給他一封文情並茂的簡訊，但不附上裸照。第四種解決方案是隔天上課前先約他見個面，釋出善

意。如果布蘭妮能拿出一張紙，寫下各個解決方案的優缺點就更好了。

以下為每種解決方案的評估結果。

1. 寄給克雷格裸照。這個解決方案雖可能達成她的目標，但也有可能弄巧成拙，讓克雷格對她的印象變差。缺點是布蘭妮不確定克雷格會不會將這張私密照外流。他可能傳給哥兒們看，害她丟臉。

2. 什麼都不做。這可能無助於達成布蘭妮的目標，但也沒什麼壞處。她可以藉此觀察下次約會前，克雷格的行為表現是否有所不同。

3. 和 4. 寄一封文情並茂的簡訊給他，或邀他明天出來碰面。這兩種解決方案差不多，都是製造和對方接觸的機會。如交換理論提到的，愉快的接觸經驗也很重要，可以提高吸引力。3. 和 4 的不同在於用電子通訊，還是面對面的方式接觸。兩種方案都可以幫布蘭妮達成目標，而且沒什麼缺點。

總括來說，要做出好的決定前，先靜下心來好好想一想！清楚界定你的目標，多想幾個解決方案，不要輕易放棄喊停（尤其不該動怒）。接下來，審慎地評估每種可能的解決方案。選擇最能幫你達成目標、壞處最少或沒有壞處的為最終解決方案。

chapter **12**
認識團體

引　言

　　團體無所不在。我們每天都要花費許多時間參與團體活動。以布蘭登為例，他是大學橄欖球隊的明星角衛球員。他和父母親、兩位姊姊的感情很好。學校放假的時候，他必定花時間和家人度過。他定期前往當地的伊斯蘭清真寺，也和商業學的小組同學合作，完成學期報告。雖然曾考慮搬到兄弟會的宿舍，但他還是想繼續和萊利當室友。他覺得住在宿舍很自在，他和三個室友相處得還不錯，也覺得擔任宿舍管理委員會的會計是個很寶貴的經驗。在休賽期間，布蘭登也要工讀，到圖書館整理架上的書。他對其他工讀生很友善，每天都很期待上工。他和女友從大一就開始交往了，他們是在社會學這門課認識的。這學期的課業很忙，布蘭登非常希望春假快點來，他計畫和暱稱為「動物園幫」的高中密友到海邊度假。

　　布蘭登真的很忙。但即使我們的社交生活不像他那麼多采多姿，團體仍是無孔不入地存在於日常生活當中。我們是家庭、職場、球隊、黨派、班級、學術研討會、治療與復健團體、古典音樂和搖滾樂社團、軍隊、鄰里自治會、教會等團體的其中一員。團體之所以如此重要，在於它能提供社會支持，是指引行為應如何表現的文化架構，也提供各式各樣的酬賞獎勵。若失去團體的依靠，絕大多數人將形同孤島，無人關愛、失去方向、渾渾噩噩度日，而且還可能面臨餓肚子的窘境。

　　為瞭解團體以及團體對生活的重大影響，本章將運用概念與理論兩大工具，探討並研究團體的類型。下一章（第 13 章）則深入瞭解社會心理學家感興趣的團體歷程。

●● 何謂團體？

　　對於「團體」，每個人各有一套看法。但就社會心理學來說，我們對團體的概念過於籠統。本章和下一章要探討的**團體**（group），特別指稱包含兩人以上的社會單位，並具備以下各個屬性：

1. **成員資格**（membership）：要成為團體的一員，必須認同自己隸屬於該團體，且受到同一團體其他成員的認可（Lickel et al., 2000）。

2. **成員互動**（interaction among members）：團體成員須有交流互動——彼此溝通（面對面、線上或其他媒介均可），相互影響。

3. **共享目標**（goals shared by members）：團體成員或許各自擁有相同、獨特或互補的目標。但不管如何，團體成員都應該同心協力達成目標。換句話說，一個成員向目標邁進，其他成員也跟著離目標越近。

4. **共享規範**（shared norms）：團體成員對於行為約束與行動指引抱持相同的期待（亦即，規範或規則）。

441

如定義所述，團體不僅是一群個體集合在一起；更甚者，團體是有系統的組織，成員的關係具有相當的結構和模式可循。就這點來說，並非所有兩人或兩人以上的社會單位都可稱為團體。例如，因失火而驚恐四處逃竄的戲院人群，就不能算是團體。雖然群眾裡的個體可能會互通訊息，但彼此之間卻沒有清楚明確的規範要求或一體感。同樣的，顧客和櫃臺收銀員之間的商業交易，也不算團體互動。在這種情況下，他們沒有共同的目標或明確的成員資格。

社會心理學家通常將團體分成兩大類：初級團體和次級團體（Cooley, 1909）。**初級團體**（primary group）的團體規模雖小，但情感連結深厚，禁得起時間考驗。相較於其他團體，隸屬於此種團體的成員雖沒那麼正式，但卻親密許多。布蘭登的家庭和密友「動物園幫」，就是初級團體。相反地，**次級團體**（secondary group）就顯得較正式、缺少人情味，是透過工具性的目標而組織起來的團體——例如，布蘭登為了完成作業，得和小組同學合作，或和其他工讀生一起在圖書館整理書籍。有時，次級團體亦有初級團體的優點。例如，在球賽期間，球隊就像布蘭登的家人一樣。因為大家有共同的目標，想贏得比賽、想戰無不勝，整個球隊頓時培養出親密感。他們互相鼓勵，不論賽前賽後，都提供彼此情緒支持。

本章介紹社會心理學對團體的觀點，特別著重在團體形成的力量，並定義團體成員的行為。本章的待答問題如下：

1. 哪些因素讓成員聚在一起形成一個單位？也就是說，團體為什麼會產生（或缺乏）凝聚力？
2. 團體如何界定出它的結構和目標？
3. 何謂團體規範？規範如何管理成員的行為？團體如何讓成員服從？
4. 團體間的衝突是怎麼發生的？要如何減少或化解衝突？
5. 衝突如何影響團體歷程？

團體凝聚力

各個團體的連結程度不一。以「美洲豹」這個業餘壘球社團為例，它是一個緊密團結的次級團體。美洲豹隊是城市聯盟的常勝軍，隊員以球隊的表現為榮，對球隊十分忠誠。在練習和比賽期間，球隊成了熱情與合作精神的楷模。面臨連敗的時候，所有的球員會自動自發地額外加強練習，精進攻守技巧和團隊戰力。球員之間彼此欣賞，享受打球的時光，慶祝光榮贏球的時刻。雖然對戰術的看法不一定能取得共識，但美洲豹隊總能快速化解歧見。有些球員把隊友視為最佳夥伴，賽後也經常聚在一起消磨時光。美洲豹的隊員很少流失——就算是二線球員，也鮮少棄球隊而去。

另一支聯盟球隊「企鵝隊」，狀況截然不同。企鵝隊已經連三個球季戰績墊底，甚至曾因湊不齊九名球員而失去比賽資格。球隊在球員心目中不是最重要的優先選項。他們經常忙於別的活動，在練習時間缺席。球員也很少在場外聚會聯絡感情，上一次春訓期間，球員還為了要不要添購新設備鬧得不可開交。他們的爭端越演越烈，連球員自己都懷疑是否能參加聯盟來年的比賽。

美洲豹隊和企鵝隊顯然存在一些差異。其一是，美洲豹隊幾乎戰無不克，企鵝隊卻是一勝難求。另外，兩隊球員願意為球隊效力的決心有如天壤之別。美洲豹的球員滿腔熱忱、交流互動頻繁；企鵝隊的球員卻意興闌珊、漠不關心。美洲豹隊員對球隊忠心耿耿；企鵝隊則像一盤散沙——亦即，美洲豹隊的團體凝聚力高於企鵝隊。

團體凝聚力（group cohesion），意指團體成員渴望留在團體、不想離開的程度（Balkwell, 1994; Cartwright, 1968）。凝聚力高的團體成員願意奉獻自己的時間、精力、忠誠與承諾，成員之間的情感連結十分穩固，彼此互相欣賞，對事情的看法類似（Bollen & Hoyle, 1990; Braaten, 1991; Evans & Jarvis, 1980）。由於凝聚力高的團體成員有強烈的歸屬感，互動起來氣氛愉悅、其樂融融，反映出「我們同心一體」（we）的感受。

●● 團體凝聚力的本質

每個人參加和留在團體的動機各不相同。有的人是因為喜歡自己在團體裡擔任的工作，有些人則喜歡和其他團體成員交流分享，因為團體的價值觀和個人不謀而合，

有的則是因為團體帶來的好處（如：特權、金錢、機會、保護或擴展社交圈）。種種不同的動機，致使成員產生不同層次和型態的凝聚力感受（Cota et al., 1995; Hogg & Haines, 1996; Mullen & Copper, 1994; Tziner, 1982）。

團體凝聚力的基本型態之一是**社會凝聚力**（social cohesion）（Dion, 2000）。如果成員留在團體裡，主要是因為彼此欣賞、想和對方互動，該團體即具有社會凝聚力（Aiken, 1992; Lott & Lott, 1965）。在其他條件相等的情況下，若團體成員的相似性越高，社會凝聚力也越高。相似性帶來好感，因此，教育程度、種族、身分地位、態度等各方面相似的團體成員，社會凝聚力較高。

另一種主要的團體凝聚力型態是**任務凝聚力**（task cohesion）。任務凝聚力高的團體，成員聚在一起的主因是對團體任務極為熱衷。若成員認為團體任務本身很有價值、有趣、具有挑戰性，任務凝聚力就越高。如果團體目標和相關任務相當明確，也可以提高任務凝聚力（Raven & Rietsema, 1957）。成功達成目標的團體（如美洲豹隊），任務凝聚力通常比屢戰屢敗的團體（如企鵝隊）高。

●● 凝聚力的來源與結果

社會心理學的研究顯示，成員對團體抱持正向情感，是凝聚力的重要來源（Lawler, Thye, & Yoon, 2000, 2008）。例如，當美洲豹隊的球員贏得比賽後，士氣大振，他們把榮耀歸功於球隊贏球（見第 5 章）。即使必須辛苦練習，他們也從贏球中獲得無上的喜悅，樂意繼續參加球隊的活動。看重團體、視團體為不可分割的存在，可以增加成員對團體的向心力。例如美洲豹球員以球隊為重，願意投注更多心力在團體上（Lawler, Thye, & Yoon, 2000）。

上述說明也隱約道出凝聚力和相互依賴的關係。亦即，團體成員越是仰賴彼此達成目標，成員的成就感越是深刻，也越願意再為團體效力（Lawler, 2001; Lawler, Thye, & Yoon, 2008）。如果美洲豹隊能贏是因為隊上有明星球員，而不是靠團隊合作，那麼贏球的喜悅恐怕會少很多，起不了強化團體連結的作用。因為贏球只能歸功於某位球員，而非整個球隊的通力合作。

凝聚力會衍生出更多的凝聚力。只要有機會，高凝聚力團體的成員都很樂意交流切磋（Moran, 1966），互動的品質也比較好。高凝聚力團體成員的互動，常散發出友善、合作的氛圍，必要時還會盡量取得共識，相互協調配合（Shaw & Shaw, 1962）。

高凝聚力團體的成員對彼此的影響力，也比低凝聚力團體的成員來得好（Lott & Lott, 1965）。這不只是因為高凝聚力團體的成員更願意嘗試發揮他們的影響力，而且也比較容易成功做到。高凝聚力團體的服從性，也比低凝聚力團體好很多（Sakurai, 1975; Wyer, 1966）。

高凝聚力團體的成員樂於付出時間精力給團體（Lawler, Thye, & Yoon, 2000），希望團體表現更上一層樓。這可以解釋為什麼凝聚力有助於提高團體的生產力和執行力。不過，凝聚力並不能保證事事順利無礙（Evans & Dion, 1991; Gully, Devine, & Whitney, 1995; Mullen & Copper, 1994）。凝聚力的效用，取決於團體凝聚力的型態。任務凝聚力（成員致力於完成團體任務）有助於提高團體生產力，但其他型態的凝聚力（如社會凝聚力和團體自尊）則不利於生產力（Mullen & Copper, 1994）。原因可能是社會凝聚力高的團體成員寧願花時間社交，不是很在乎產出效益。

家庭是初級團體，將家人緊緊相繫在一起。就像圖中的家庭一樣，參與需團隊合作的活動並得到正向情感回饋，可以增加團體成員的凝聚力。把活動帶來的正向情感歸功於團體，強化了「一體感」。比起低凝聚力的團體，高凝聚力團體的成員樂意投注更多時間精力在團體活動上。

© Hero Images/Corbis

團體目標

團體的目標，以及追求目標的過程中成形的團體結構，也是團體的特色。**團體目標**（group goal）是團體成員視為重要且想共同達到的結果。這些目標的明確性不一，從團體的宗旨和存在目的等一般性說法，到具體希望成員達成的目標與任務都有。初級團體的目標通常較為尋常或籠統（如：互相打氣或關心對方）。相反地，次級團體則有明確的目標（如：贏得橄欖球比賽、完成課堂報告）。

445

●● 團體目標與個人目標

　　個人目標和團體目標雖然有關，但不見得一模一樣。它們的差異可是攸關團體的運作。

　　若團體目標和成員的個人目標可以相容並存，團體的運作最為順暢。**目標同形**（goal isomorphism）意指團體目標和個人目標並行不悖。能達成團體目標的行動，亦有助於達成個人目標。團體目標和個人目標越是趨於一致（高同形），對團體和成員個人都是利多。以此來激勵成員追求團體目標，對團體貢獻一己之力（Sniezek & May, 1990）。許多教練喜歡諄諄告誡球員：「在團隊這個詞裡，沒有『我』這個字」（there's no I in team），提醒球員不要因個人目標妨礙團體目標。不把球傳給隊友的球員，只在乎個人的成績與名聲，這是在扯團體後腿，導致團隊失分或阻礙團隊成長進步。

　　為增進目標同形，團體可採用多種策略。首先，許多團體會選擇性的召募成員——也就是只允許某些擁護團體目標的人加入團體。第二，利用社會化訓練的方式。例如，籃球教練刻意要一直霸著球不放的明星球員坐冷板凳，藉此教育他融入團體，或在練習時非要他傳球不可。最後，提醒成員他們和團體密不可分，提高成員隸屬於團體的意識，認同個人是團體的一員，如此方可增進成員對團體的支持（Mackie & Goethals, 1987）。方法有：讓成員彼此接近、分享共同經驗、增加社交接觸與交流的機會（Turner, 1981）。採用一個名稱標記團體成員（如：「企鵝隊」、「癮幫」），也能凸顯團體認同感（Dion, 1979）。

團體規範

　　規範（norm）是指團體成員在特定情況下，應當遵從的行為準則（Hechter & Opp, 2001）。多數團體自有一套規則，管控成員的行動。例如，免費資源回收網（Freecycle）規定該區會員在索求物品之前，必須先在網路上提供一項物品才行。這類規範顯然會影響供需比例，也影響了成員對團體目標的理解。大學招生委員會必須制定規則，才能讓委員做出判斷。這些規範會間接影響哪些申請者能入學、哪些會被拒之門外。家務規定則指明誰該洗碗盤、誰該去整理庭院。

●● 規範的功能

446

規範可提供團體幾個重要功能（Feldman, 1984）。首先，驅策成員齊心協力完成目標。規範通常可反映出團體的基本價值系統，藉此要求成員表現應有的行為，協助團體達成重要目標。當成員遵守團體規範，亦可預期其他成員也會跟著這麼做，促進了彼此的協調性。如果全家人約定每星期日晚上要共進晚餐，就毋須費心思考晚餐之外的計畫，家庭成員也會在星期天即將到來之前，預先排除其他活動。

第二，規範提供團體成員解讀和判斷所處環境的認知參考架構。亦即，規範協助成員分辨好壞是非、輕重緩急、利弊得失。面臨新的或曖昧不明的情境，規範尤能派上用場，指引行為表現方向。由於規範深植在團體的價值觀與文化信念裡，能讓團體活動具有可預測性和一致性。

第三，規範界定並提升團體成員的集體認同感，特別是當團體規範要求成員表現出和外團體不一樣的行為時。以此方式，規範指定成員做特定打扮（如穿著或髮型）或表現特有的說話型態（如方言或用詞）。這些規範劃定出團體的界線，強化團體與眾不同的認同感。

團體規範涵蓋各個層面的行為，包括服儀與外表。重機騎士和企業人士的著裝規定雖截然不同，但團體內的一致性卻相當高。
左圖：© hroe/iStock; 右圖：© Squaredpixels/iStock

●● 從眾與影響力

如果團體無法讓成員遵守規範，那麼規範也是無用武之地。個體遵循團體的規範和準則，稱為從眾（conformity）。日常生活的行為表現，幾乎都是遵守團體規範下

的結果。團體成員常刻意改變行為，好符合團體規範的要求。

Asch 的從眾範式實驗

在團體裡，影響力四處奔流——成員之間相互影響、此消彼長。然而，應特別留意的是團體中多數人加諸影響力在個別成員身上的現象。社會心理學家使用**多數人影響**（majority influence）一詞，指稱團體裡多數人對個別成員施加壓力，使其服從某議題或採取特定立場。

Asch（1951, 1955, 1957）進行了一系列實驗，描述個別團體成員如何受多數人影響。在實驗室裡，Asch 讓個體在真實事件（空間判斷）上，面臨多數人壓倒性同意的狀況，但多數人的判斷顯然是錯的。這些研究顯示，團體只要適度地對成員施壓，就可以改變他們的判斷，使其服從多數人的立場（即便這立場錯得離譜）。

Asch 的基本做法是，八位參與者參加一項名為「視覺區辨」（visual discrimination）的實驗。但事實上，除了一位參與者外，其他人都是研究者找來的同謀，但這位參與者並不知情。在實驗室裡，參與者的面前攤著許多大型圖片，上面畫有一條標準線和三條比較線，如圖 12.1 所示。參與者的任務是指出哪一條比較線的長度和標準線最為接近。

任務看似簡單明瞭：其中一條比較線的長度和標準線一模一樣，另外兩條線根本

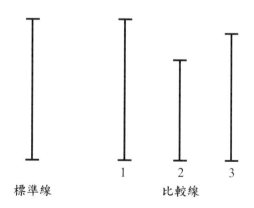

標準線　　　　1　　　2　　　3
　　　　　　　　　比較線

圖 12.1　Asch 從眾實驗中的判斷任務

在 Asch 的範式實驗中，不知情的參與者會看到一條標準線和三條比較線。他的任務是判斷哪一條比較線的長度和標準線最為接近。任務本身看似容易，其實除了這位不知情的參與者之外，其餘都是實驗者的同謀。他們大言不慚地說出錯誤的答案。此一實驗情境的目的是要向參與者施加壓力，使其屈從錯誤的判斷。

資料來源：改自 Asch, 1952.

差太多。團體重複這項任務 18 次，每次用不同長度的線。每一次分項實驗，標準線的長度都和其中一條比較線一樣。在分項實驗嘗試期間，實驗同謀一個接著一個公開說出自己的意見，不知情的參與者排在最後才說。雖然任務淺顯易懂，但稍後參與者會發現實在很傷腦筋。18 次的實驗中，實驗同謀選對 6 次，其餘 12 次則故意選擇錯誤的答案。同謀者的錯誤回答令不知情的參與者相當為難。一方面，參與者根據自身判斷，知道哪一條線才是對的；但另一方面，在 12 次的分項實驗嘗試中，他們又會聽到其他人（包藏禍心）異口同聲地說出錯誤的答案。

結果顯示，多數人的意見就算錯得離譜，還是能左右不知情參與者的判斷。在 12 次的分項實驗嘗試中，有將近三分之一的參與者回答錯的答案（Asch, 1957）。只有四分之一的參與者不會服從，從頭到尾堅持自己的判斷沒錯。其他參與者或多或少都屈從了，甚至有三分之一的參與者讓步的程度達 50%。這個結果和控制組比較起來，相當不可思議。但若沒有同謀在場，以及讓參與者在紙上偷偷寫下答案，錯誤率可降至 1% 以下。

實驗結束後的訪談，可發現參與者明明知道多數人的判斷和自己的判斷大相逕庭。他們的內心深感困惑、飽受壓力，想搞清楚究竟發生了什麼事。有些人猜想是不是自己誤解了實驗的指導語，有些人則開始找理由或質疑自己的視力。即使是那些不服從多數人影響的參與者，也說他們有點戒慎恐懼，不過還是決定有問題的不是自己，而是那群多數人。訪談結果顯示，在這個研究中，參與者的從眾程度呈現特殊的型態：公開服從，內心卻不以為然。雖然許多參與者表面看似服從了，但其實內心並非真的相信或接受多數人的判斷。事實上，他們把公開服從當作為難情境下的最佳選擇方案。

為什麼會從眾？

團體之所以會發生多數人影響和從眾的傾向，乃因個體須在認知、社交和功利實用等各層面仰賴多數人的意見。首先，個體須蒐集資訊以瞭解社會現實，依多數人的意見來肯定自己對團體和世界的理解與看法。其次，個體想得到各種酬賞與好處——尤其是得到團體的接納——所以個體才會那麼容易受多數人影響。個體仰賴多數人意見的現象，讓多數人的影響力得逞，因為多數人可以剝奪少數人的利益。

規範式影響

許多研究分析出規範式影響和訊息式影響兩者的差異（Cialdini & Trost, 1998;

Deutsch & Gerard, 1955; Kaplan, 1987; Turner, 1991）。當團體成員為獲得社會酬賞或為了逃避懲罰而順從他人的期待（即規範）時，就是受到**規範式影響**（normative influence）（Janes & Olson, 2000）。得到他人的喜愛或接納，是規範式影響能提供的重要酬賞。要施展此類影響力，團體至少要在某種程度上能監控成員的行為。例如，要求成員公開表態而非不具名的回應，就可以提高規範式影響（Insko et al., 1983; Insko et al., 1985）。

　　服從社會規範也是一種追求實用效果的行為，雖比不上逃避懲罰或討好那麼直接，但不失為鞏固關係、預測團體行為的一種手段。遵從規範且身體力行，可以讓團體成員更瞭解彼此的行動，讓關係中的交換過程順利進行（Horne, 2004）。以鮑伯為例，他想在 eBay 上賣東西，就必須遵守網站的規定，正確描述商品、好好包裝運送、索取合理的運費、管控成本等等。他會遵循 eBay 定下的規矩，不只是因為怕被制裁（負評、取消帳號），而是因為遵守規範可以讓這個交易系統運作得更為順暢，買方賣方正常出貨取貨，雙方都能安心買賣，也便於網站管理。

訊息式影響

　　當團體成員接受他人提供的訊息，作為判斷現實的合理證據時，就是受到**訊息式影響**（informational influence）。當成員想減少不確定性（指周遭環境曖昧不明或缺乏客觀的判斷標準）時，此類影響更有效力（Baron, Vandello, & Brunsman, 1996）。更具體地說，訊息式影響通常發生在成員試圖解決對他們而言不熟悉的複雜問題時（Kaplan & Miller, 1987）。回想你第一次到大學餐廳吃飯的情形。你不知道該怎麼做，看看四周也沒有明顯的標示說明。你轉頭張望別人的動作，才能決定下一步的行動。此時，具備專業知識者特別能發揮訊息式影響的作用。此類影響通常出現在危急場合，大家必須迅速展開行動，但又缺乏應變知識時。

　　至於 Asch 的線條判斷任務，應為規範式影響在操控全局。在 Asch 的實驗裡，順從多數人影響的參與者說，他們這麼做是為了避免尷尬、不想被其他人嘲笑。他們想得到多數人的接納認可（或至少不要被排擠）。Asch 以相同的刺激重新測試參與者的反應，但稍加變化實驗情境，不讓多數人（實驗者同謀）待在現場。此時參與者都可以說出正確答案。可見多數人在場時，判斷線條的經驗並沒有永久改變他們對線條長度的理解。顯示訊息式影響並非主要的影響因素。

　　雖然訊息式影響在 Asch 的實驗情境中顯得微不足道，但也不該低估訊息式影響在其他場合的重要性。在 Asch 的線條判斷研究進行前數年，Sherif（1935, 1936）就

曾做過一個相當著名的研究，生動地指出訊息式影響在曖昧不明情況下發揮的影響力。Sherif 的研究採用名之為「自發動作效應」（autokinetic effect）的生理現象。當你在黑暗的房間裡盯著遠處不動的光點看時，就會產生「自發動作效應」。大部分的人會看到這個光點飄忽不定、不規則移動（實際上根本沒有）。Sherif 以自發動作效應理論為基礎，研究團體的訊息式影響。首先，他將一群參與者留在實驗室裡，要求他們估計光點移動的距離。判斷的時候，參與者要待在黑暗中，沒有任何的外在參考架構。研究者記下每位參與者的回答，判定每個人的估計範圍。參與者的反應差距相當大，有些人說光點只有移動 3～5 公分，有的則說移動了 20～25 公分。

不久，Sherif 又再度召集所有參與者，將他們分成三組進行實驗。雖然個別參與者的估計範圍差異極大，但聚在一起之後，估計的範圍卻縮小了，趨近成一個共同值。這樣的改變證實訊息式影響的作用。在缺乏外在參考架構、又不確定個人判斷正確與否的情況下，團體成員開始把其他人的答案當作判斷基準。每個團體各自建立主觀標準，成員以此為參考架構。這個規範形成的過程相當隱微。事實上，其他研究（Hood & Sherif, 1962）也發現，參與自發動作實驗的參與者，並未覺察到自己的判斷正受其他人的影響。

Sherif 的研究另有一個有趣的發現。實驗過後一兩個星期，研究者又再度將參與者單獨請回實驗室。結果顯示，參與者會拿之前的團體規範作為個人的判斷架構。雖然不是所有的研究都發現此種延續的規範內化現象，但有個研究在一年後重新召回參與者，發現即使經過一段時間，團體規範仍繼續影響參與者的判斷（Rohrer, Baron, Hoffman, & Swander, 1954）。

●● 提高從眾性

在某些情況下，個體的從眾性會高出許多。社會心理學家指出，能提高從眾性的若干因素如下。

多數人的規模

假使多數人異口同聲——也就是所有的成員立場一致——此時多數人的規模大小將衝擊、影響個體的行為。意見雷同的人越多，個體的從眾性越高（Asch, 1955; Rosenberg, 1961）。例如，在 Asch 這類的研究中，若參與者只須面對一名他者，參與者的判斷幾乎不會受到影響。不過，若面對兩名他者，參與者承受的壓力更大，越

會同意多數人一致的錯誤判斷。面對三名他者時，參與者的從眾性更是向上攀升。Asch（1951）的早期研究發現，當多數人的規模變大，服從錯誤判斷的程度越高。但當多數人到達三位時，從眾性就沒什麼太大變化。雖然某些研究（Bond & Smith, 1996; Gerard, Wilhelmy, & Conolley, 1968）質疑多數人的規模究竟該為多少，從眾性才會趨於穩定。但當多數人到達一定的數目時，就算再增加額外的人數，也無法提高從眾性。

眾口一詞

如果團體的多數人不夠異口同聲，情況又會變得如何？基本上，多數人的意見若不一致，反而能讓個體如釋重負。若有其他成員自多數人脫隊，個體就比較不會那麼服從了（Gorfein, 1964; Morris & Miller, 1975）。其中一種解釋認為，不再順從多數人意見的成員，即是肯定了個人的觀點，帶給個體社會支持的效果。例如，在 Asch 的實驗中，若有一或兩個成員不願聽從多數人的意見，說出正確的答案，他們的行為就能再度證實參與者對現實的判斷無誤，降低參與者從眾的傾向。

不只如此，任何背離多數人意見的行動，無論是否提供社會支持，都能減弱個體從眾的壓力（Allen & Levine, 1971; Levine, Saxe, & Ranelli, 1975）。在一項實驗中（Allen & Levine, 1969），研究者將四名同謀摻入一個五人團體裡。參與者要針對各式各樣的題目做出判斷，包括和 Asch 實驗相似的視覺區辨任務、和訊息有關的問題（例如，「舊金山距紐約有幾千公里遠？」），以及沒有正確答案的意見題（例如，「同意或不同意年輕人的受教年限太長了」）。依實驗情境，有些參與者會面臨四名多數人全數同意的情況（控制組），有些則得到 3～4 名多數人倒戈、說出正確答案的情況（社會支持組），另有些參與者碰到的是 3～4 名多數人倒戈、但卻說出更離譜的錯誤答案（大錯特錯組）。

控制組的多數人眾口一詞，此時參與者的從眾性最高。社會支持組有異議者加入參與者這一陣營，此時參與者的從眾性顯著低於控制組。連在異議者答案比多數人還要糟糕的大錯特錯組中，參與者的從眾性仍顯著低於控制組。因此，任何違抗多數人的舉動，都可以降低從眾性。在有機會質疑多數人立場是否正確的情況下，得以削弱個體的從眾傾向。

451

團體的吸引力

深受團體吸引的成員，會比不受團體吸引的成員，還要更心甘情願地接受團體規

範（Kiesler & Kiesler, 1969; Mehrabian & Ksionzky, 1970）。一種解釋是，當個體受團體吸引時，也會希望自己能被其他成員接納。成員抱持相似的態度與行為準則，可以促進彼此的接納與友情。因此，深受團體吸引的人，會更樂意聽從其他成員的意見（Feather & Armstrong, 1967; McLeod, Price, & Harburg, 1966）。不過，這只有在能得到其他成員接納的情況下，團體的吸引力才有辦法提高從眾性（Walker & Heyns, 1962）。

對未來互動的承諾

若成員預期他和團體的關係會穩定持續下去，就會比較願意遵循團體規範（Lewis, Langan, & Hollander, 1972），無論成員是否受團體吸引亦然（Forsyth, 1999）。例如，就算你並不喜歡你的同事和工作，但若這個工作有願景，你還是會繼續遵守團體規範（準時到班、親切友善、以客為尊）。

能力

另一影響從眾的因素為，個體和其他成員的專業水準比較起來如何。在任務表現上傑出的成員，就算意見和其他多數人不一樣，仍然不會心服口服。因為他相信自己的能力比其他成員優秀（Ettinger et al., 1971）。有趣的是，個人相信自己的程度要比實際的能力水準來得重要（Stang, 1972）。事實上，有些人的能力不過爾爾，但仍抗拒得了從眾壓力，甚至還想說服其他成員改變立場，就是因為他相信自己比其他人優秀。

事先指點

兩位研究者綜合 Sherif 與 Asch 的實驗設計，研究**事先指點**（priming）對從眾的影響。Louise Pendry 與 Rachael Carrick（2001）要求參與者計算聽到的嗶嗶聲數目（任務不像 Sherif 的自發動作效應那麼模糊，但仍有許多參與者會犯錯）。每一次實驗，參與者會聽到 100 次嗶嗶聲。但實驗者同謀（如 Asch 的實驗般）卻謊報說聽到120～125 次。不出所料，參與者通常會從眾，把聽到的數目改成 100 次以上。

然而，這個實驗最有趣之處在於，可以透過事先指點的方式（短暫地接觸某一刺激，來影響個體對另一刺激的反應）來操控從眾行為。研究者先給參與者看人物照片，其中有「龐克型」（代表雜亂無章、不協調）、「會計師型」（代表整齊、有秩序規則），或沒有提供照片（控制組）。看照片的同時並要求參與者大聲讀出描述該

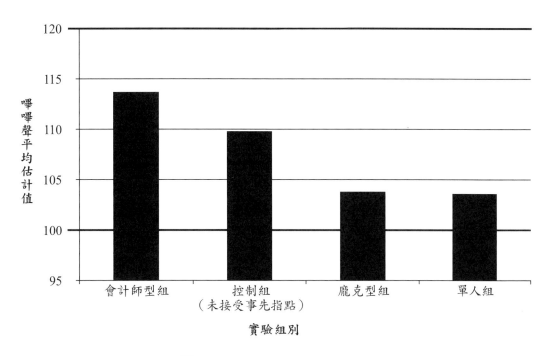

圖 12.2　事先指點對從眾的影響

本實驗綜合 Asch（從眾實驗）和 Sheriff（模糊情境實驗）的設計。研究發現事先指點會影響從眾性。被事先引導至思及會計師型的參與者，比其他組別更為從眾。此外，在實驗前被事先指點至龐克型組的參與者，任務表現和單人組（指未受任何影響）不相上下。

資料來源：改自 Pendry & Carrick, 2001.

類人物（龐克或會計師）的文字說明。結果顯示，事先接收會計師型指點的參與者，在三組當中最為服從實驗同謀對嗶嗶聲數目的估計。沒有接收任何指點的控制組也會服從，但從眾的程度不若會計師型組。龐克型組的參與者則根本就不從眾。他們的估計判斷和單人組（也就是沒有從眾壓力）的情況相去不遠。

團體間衝突

團體之間的歷程變化，深深影響團體內部的歷程發展。團體鮮少像在實驗室一樣，自顧自地獨立存在。球隊和幫派都有敵手；家庭和朋友圈也有許多同輩人；美國是世界上眾多國家之一。其中會對團體歷程產生深遠影響的，莫過於團體間衝突。

團體間衝突（intergroup conflict）一詞通常有兩種不同的用法。第一，有組織的

453

團體（團體成員有所互動，彼此間有界定清楚的角色關係、相互依存的目標）之間發生衝突。第二，分屬不同社會團體的成員發生衝突。雖然他們不一定是有組織的團體，但這群人視彼此同屬某一社會類別，抱持強烈的情感認同。例如，種族間的成員衝突（如邁阿密地區爆發的非裔和西班牙裔喋血火拼）就是團體間衝突，即使涉入其中的個體並未隸屬於有組織的團體。

●● 團體間衝突對團體內部歷程的影響

團體間的衝突會改變團體的內部結構，導致衝突擴大，一發難以收拾（Coser, 1967）。其中三種主要的變化為：團體凝聚力提高、團體領導階層激進好戰，及團體規範有所更動。

團體凝聚力

研究發現，與其他團體發生衝突、或遭受其他團體威嚇時，團體會變得更有凝聚力（Dion, 1979; Ryen & Kahn, 1975; Worchel & Norvell, 1980）。發生衝突期間，團體的界線益發分明深刻，成員對團體更為忠誠、奉獻與配合（Sherif, 1966; Sherif & Sherif, 1982）。

為什麼團體間衝突能提高凝聚力？首先，當衝突升高，團體更要向成員標榜其所堅持的理由，從而增加團體成員的向心力。第二，團體間衝突勢必帶來威脅。若外團體發出威脅訊號，很快地就會被當成敵人。共同的敵人會激發內團體成員同仇敵愾，提高凝聚力（Holmes & Grant, 1979; Samuels, 1970）。

當團體間發生衝突，團體內的凝聚力升高，會招致什麼後果？如前所述，凝聚力高的團體會讓成員想留下來，不會背棄離開。一般而言，高凝聚力的團體能牢牢抓住成員的時間和心力，為團體效忠獻身。由於高凝聚力的團體比低凝聚力的團體更為服從與合作（Sakurai, 1975），因此有凝聚力的團體會同心協力、合作無間地追求目標。團體發生衝突期間，高凝聚力的團體通常會顯得更積極活躍，競爭味十足。

當然，團體凝聚力亦有其限制。假使捲入紛爭的團體無法占上風，成員將會大失所望，導致凝聚力衰微，成員脫隊求去。與其他團體的糾紛若有機會扳回一城，團體的凝聚力通常會再度提高。

領導階層激進好戰

團體領導者面對團體間衝突所採取的行動,與相安無事時期的行動,當然不可同日而語。衝突期間,領導者必須下令對抗外侮。他們要規劃戰術、獲取資源、協調成員的行動、擔任談判時的發言人。這些行動的執行成效,攸關團體能否在衝突中取勝。

陷入嚴重紛爭的團體經常陣前換將(更換領導者)。若壓制敵對團體的行動失利,團體內恐怕會出現不滿領導者的競爭對手。這些對手往往更為憤懣、激進,比在位的領導者還要好戰。面臨對手的步步進逼,在位領導者備感壓力沉重。為去除威脅,領導者可能會對外團體採取更加強硬的手段與立場。遭受威脅時,團體成員更容易受領導者影響,也易於接受領導者日益升高的戰鬥姿態。雖然在位的領導者不見得以此方式因應威脅,但當他們在團體的地位岌岌可危時,極可能採行這類做法(Rabbie & Bekkers, 1978)。

454

規範與服從

團體間衝突不僅能提高團體凝聚力,也會改變團體的規範與目標。一旦團體嚴重交惡,團體成員會越來越在意輸贏(或如何在衝突下生存)。衝突發生前,團體原先看重的行為和活動,如今已無關緊要,甚至妨礙取得勝利。這種情況下,團體只得重新設定目標的優先順序,支持那些有助於贏得勝利的目標。

基於此,團體會重新評估各種任務的重要性,要求成員在角色定義和任務分配上做出相應的改變,導致成員的身分地位和酬賞利益重新洗牌——若以衝突發生前的標準來看,或許並不公平。若重新分派的任務,利益和勞務不均,與成員的資歷或過去的貢獻不符,這樣的變動有可能造成團體內成員的緊張情勢升高(Leventhal, 1979)。但若衝突急劇惡化,對團體效益和生存的顧慮,將會凌駕於對公平公正的考量。

在嚴重衝突的情況下,要求成員服從團體規範與標準的呼聲不斷擴大。團結合作與圓滿完成任務,有利於團體在衝突中取勝。於此同時,也會有屈從、採納團體對敵方負面態度與刻板印象的壓力——一種「政治正確的思考方式」(right thinking)。對內要忠心耿耿,槍口一致對外。不服從者將不受團體信任,甚至被團體流放或驅逐。

服從的壓力有可能會侵犯個別成員的權利與自由,且相較於衝突發生前,團體再

也不關心個人的權益是否受損,更無法容忍異議分子的言行(Korten, 1962)。如果內部出現反彈聲浪,多數派將會展開鎮壓行動,或強迫異議分子離開團體,尤其是懷疑異議分子同情敵方,甚至危及己方獲勝時,掃蕩異議分子更是勢在必行。

上述三個歷程(團體凝聚力、領導階層激進好戰、規範與服從),從美國發生911事件後,可以明顯看出這個趨勢。外在的威脅不僅把美國人團結在一起,也支持小布希總統加強監控民眾、嚴格查緝航空安全、挹注更多的軍事人力與經費防止恐怖攻擊。此外,抗拒服從規範的人通常會被貼上反美人士的標籤。

團體間衝突的原因

以911事件為例,團體間衝突原本起因於單一嫌惡事件、美國境內一連串的恐怖攻擊,還有數起其他團體間的攻擊。之所以演變成公開攻擊,原因是團體檯面下的利害關係擺不平。當這些利害關係妨害團體同時達到目標,造成彼此的敵意與嫌隙,終究惡化為公然的對立衝突。衝突也可能起因於其中一個團體的成員自認在諸多方面比其他團體還要特別,以歧視性的言行對待外團體。或起因於某一團體突然威嚇或剝削另一團體,挑起攻擊反應。這些因素並非全然互斥。事實上,團體間衝突通常是這些因素交互作用下引發的結果(Taylor & Moghaddam, 1987)。

●● 現實的團體衝突

數年前,Muzafer Sherif 和同僚在奧克拉荷馬州的 Robbers Cave 州立公園進行了一個重要的團體間衝突研究(Sherif, 1966; Sherif et al., 1961; Sherif & Sherif, 1982)。參與者都是適應良好、成績優秀、11 和 12 歲的中產階級美國白人小男孩。這群小男孩參加為期兩週的夏令營活動,但不知道他們的行為正受到系統性的觀察。研究目的是想瞭解潛在的利害關係對立是否會演變成公開的團體衝突。因此,這群小男孩被分成兩組,名為「老鷹隊」和「響尾蛇隊」。

實驗共分數個階段進行。第一個階段約持續了一個星期,先讓每個團體各自建立團隊向心力。這群小男孩分別搭乘兩輛巴士,紮營在兩棟相隔有點距離的小木屋。透過這樣的實驗設計,給兩個團體內部的成員相當多的接觸機會,但兩個團體之間卻毫無交集。

每個團體的男孩都得參與許多不同的活動，玩得不亦樂乎。多數活動又需要團體合作才能完成目標，例如，露營、野炊、修建泳池、運送獨木舟、各式各樣的遊戲等等。當大家一起活動時，每個小男孩都盡心竭力地為團體付出，分工合作並負起個人的責任。最後，這群小男孩越來越認同各自所屬的團體。兩個團體分別培養出高度的團體凝聚力和向心力。

接下來，實驗者著手進行第二階段，製造團體間的衝突。具體做法為，營地工作人員開始設計一些競賽活動，包括：棒球、橄欖球、拔河、尋寶遊戲等。這些競賽活動只頒發獎牌給獲勝的一方。因此，唯有打敗對手才能獲此殊榮。

以運動家精神為前提的競賽活動就此展開。但隨著比賽漸趨白熱化，運動家精神也一點一滴消失。良好的運動家精神口號本應為「二、四、六、八，我們欣賞誰？」（two-four-six-eight, who do we appreciate），結果卻被改成「二、四、六、八，我們討厭誰？」（two-four-six-eight, who do we appreci-HATE）。團體間的敵意逐漸升高，兩隊成員開始罵對手是「告密者」和「作弊者」。經過一場激烈的比賽後，老鷹隊燒了響尾蛇隊留下的旗幟。響尾蛇隊怒不可遏，跑去找老鷹隊理論，差點爆發肢體衝突。隔天早上，響尾蛇隊也搶走老鷹隊的旗幟。辱罵、恐嚇、扭打、打劫小木屋等事件層出不窮。當研究者請每位小男孩評定其他人的個性時，絕大多數同一小隊的男孩都給敵對方負面的評語。即使競賽活動結束，兩隊人馬依然拒絕和好。

本研究為**現實團體衝突理論**（realistic group conflict theory）的經典範例，可用來說明團體間衝突的發展過程。現實團體衝突理論的基本論點如下：（1）當團體為了達到目標，但卻因此造成另一團體的損失時，彼此就產生了利害關係對立；（2）利害關係對立造成團體成員的挫折，因而對另一團體產生反感；（3）當此團體成員對彼團體成員衍生出反感和怨氣，就會越認同與依賴自身所屬的團體；（4）隨著每個團體的凝聚力與向心力增加，團體之間公然發生衝突的可能性日積月累。即使是一點小紛爭，也可能爆發軒然大波。

老鷹隊和響尾蛇隊的關係衝突型態，和現實團體衝突理論不謀而合。日常生活中因為檯面下的利害關係對立導致如：不同的種族團體為了爭奪就業、住宅和求學機會等經濟資源，團體間衝突的例子屢見不鮮（Bobo, 1983, 1999, 2000; Olzak, 1992）。

456

●● 社會認同

團體間衝突的另一因素為，成員對所屬團體的認同程度。即使沒有潛在利害關係

對立，只要有強烈的團體認同感，就足以對外團體產生偏見。

人有喜歡自己的團體（內團體）、厭惡競爭對手或反方團體（外團體）的傾向（Sumner, 1906）。這是**我族優越感**（ethnocentrism）作祟，這種心態認為自身所屬團體是世間萬物的中心，比其他外團體還要優秀高等。我族優越感是指對內團體懷有好感，但對外團體則持負面觀感。例如，覺得內團體是高等人種、外團體是低等人種；內團體強盛無敵、外團體積弱不振；內團體正派和平、外團體奸詐陰險（LeVine & Campbell, 1972; Wilder, 1981）。

我族優越感不僅讓內團體成員貶低和瞧不起外團體，也會導致**歧視**（discrimination）——公然以不公平、貶損的態度和行為對待特定外團體的成員。此一簡化的**社會類別**（social categorization）過程——毫無道理地將團體分門別類——就足以造成團體間的歧視（Tajfel, 1982b; Tajfel & Billig, 1974）。

最小團體範式（minimal group paradigm）實驗證實上述影響。研究發現無論是先入為主或微不足道的團體差異，都會引發內團體和外團體之別。以實驗為例，投擲硬幣將參與者隨機分類，臨時湊出來的團體，得出的結果和牢不可破的團體一樣：偏袒內團體、討厭外團體。這種偏見也顯現在態度、評價、預算與獎勵分配上（Brewer, 1979; Brewer & Brown, 1998; Oakes & Turner, 1980; Tajfel, 1981）。

Tajfel 和其他研究者發展出**團體間行為的社會認同理論**（social identity theory of intergroup behavior）（Tajfel, 1981, 1982a; Tajfel & Turner, 1986），用以解釋歧視的想法和行動其實和利害關係無關。該理論假設個體想維持正向的自我概念。自我概念包含兩個要素：個人認同與社會認同。只要提升其中一種認同的評價，都可以改善自我概念。社會認同主要取決於個人所屬的團體或社會類別，而個人對所屬團體的評

最小團體範式研究一貫發現，即使是先入為主的團體差異，也會引發內團體和外團體之別，如：我族優越感和偏頗的團體表現評價。與外團體的成員接觸，可以打破刻板印象，緩和團體間衝突。Comic courtesy of xkcd.com.

價，又來自於和其他團體比較。因此，正向的社會認同有賴於與相關的外團體比較之後，內團體是否優於外團體。

想維持正向自我概念的欲望，衍生出正面評價所屬團體的壓力。因此，在最小團體範式的情況下，當個體被分派到某一團體，自然而然地會認為內團體比外團體好，如此方能提升個人的自尊（Aberson, Healy, & Romero, 2000; Rubin & Hewstone, 1998）。個體也會以行動支持此一想法，例如把預算資源分配給內團體的成員。

●● 嫌惡事件

像 911 恐怖攻擊這樣令人嫌惡的單一事件，會激起團體間的公開敵對狀態（Berkowitz, 1972; Konecni, 1979）。**嫌惡事件**（aversive event）起因於內團體成員對外團體的不滿，由此引發的所作所為。籃球比賽意外輸球對主場球迷來說，就是個嫌惡事件，衝突有可能從球場內延伸到球場外。雖然嫌惡事件的形式變化多端，但後果人人避之唯恐不及，包括：肢體或言語遭受攻擊、被輕視或羞辱、收入或財產被沒收。

嫌惡事件挑起團體間公然衝突的理論觀點，乃基於挫折─攻擊假說（見第 10章）。此假說主張挫折引發心頭火起，若情況條件推波助瀾，很快就會演變成攻擊（Berkowitz, 1989; Gustafson, 1989）。挫折─攻擊假說不僅適用於團體，也適用於個人。若嫌惡事件看似由外團體引起，內團體就會動員起來攻擊外團體。當團體間存在著潛在的利害關係對立，加上容易識別團體的特徵（如：語言、宗教、膚色），或某一團體成員積怨已久、改不掉負面的刻板印象，挫折攻擊極可能一觸即發。

458

僵持不下的團體間衝突

團體間衝突會僵持不下，大部分起因於對外團體的偏見。在團體間衝突中，處處可見內團體成員對外團體成員抱持不合實際的想法。當內團體成員誤會外團體，爭執的情況會變得越來越難以化解。錯誤的印象源於偏頗的團體看法，包括：外團體同質性錯覺、過度依賴刻板印象、歸因錯誤、對外團體的表現評價偏頗。

●● 外團體同質性

內團體成員有高估外團體成員同質或相像的傾向（Linville, Fischer, & Salovey, 1989; Quattrone, 1986）。雖然內團體成員通常能理解並欣賞所屬團體成員的多樣性，但卻無視外團體成員的差異（Mullen & Hu, 1989; Rothbart, Dawes, & Park, 1984）。換句話說，他們仍視外團體成員是「一個模子刻出來的」，也就是**外團體同質性錯覺**（illusion of out-group homogeneity）。

此種知覺偏見相當普遍、屢見不鮮。不管是男性和女性（Park & Rothbart, 1982）、對手大學的學生（Quattrone & Jones, 1980）、年輕人和年長者（Brewer & Lui, 1984）、不同職業的人（Brauer, 2001），彼此之間皆有看法偏頗的現象。Quattrone（1986）指出，與外團體成員的接觸有限、和內團體成員的接觸頻繁，是偏見產生的罪魁禍首。和外團體成員的接觸經驗越少，越不可能有機會看見或欣賞外團體成員內存在著重要的個別差異。

●● 團體刻板印象與形象

內團體成員常帶著刻板印象看外團體（見第 5 章）。雖然刻板印象確實有某些優點（例如，加速資訊處理），但過度依賴刻板印象的結果，反而助長對外團體的錯誤印象。首先，刻板印象常誇大或強調內團體和外團體的差異，使得團體間的差異看似難以跨越（Eiser, 1984）。此外，許多刻板印象隱含蔑視對方的意味，認定外團體的成員具有負面的特質，「天下烏鴉一般黑」。

個體也常高估自己和內團體的相似性，以為自己和內團體的差異，絕對比自己和外團體的差異來得小。因此，會對外團體冠上和自我與內團體相反特質的刻板印象，如：他們很小氣、我們很慷慨，反倒強化內團體和外團體之間不合理的對比，凸顯了差異還點燃團體間的衝突（Riketta, 2005）。例如，認為所屬團體愛好和平、樂於合作，外團體則是咄咄逼人、逞兇鬥狠（Bronfenbrenner, 1961）。

刻板印象的另一個重要特徵為基模複雜度低（low schematic complexity）。亦即，過分簡化和脫離現實（Linville & Jones, 1980）。基模複雜度低使得內團體成員忽略和誤解有關外團體的新訊息。當這些訊息和刻板印象不一致時，更是視若無睹。例如，外團體主動示好，但由於內團體對外團體抱持的刻板印象，內團體成員反而將外團體的友好行為解讀為居心不良，非但不領情還嫌惡討厭。

●● 終極歸因錯誤

有些研究也發現另一種知覺偏見，Pettigrew（1979）稱為**終極歸因錯誤**（ultimate attribution error）。當所屬團體的成員表現優異，行為令人激賞，就歸功於該成員的內在穩定特質（如：品行好）。倘若同一人卻表現出令人厭惡的負面行為，就略過不談，歸咎於外在不穩定的因素（如：那是因為她今天運氣不好，壓力太大了）。然而，若對方是外團體的成員，看法馬上逆轉，把外團體成員的正向行為歸因於不穩定的外在因素（如：情境壓力或運氣好）。換句話說，結果不好，就怪罪外團體；結果好，就歸功內團體（Cooper & Fazio, 1986; Hewstone, 1990; Taylor & Jaggi, 1974）。此類歸因錯誤繼續保留雙方對彼此的負面觀點。

●● 團體表現評價偏頗

內團體成員常犯的另一種偏見是偏袒內團體的表現，即使找不出客觀證據來支持這項差異（Hinkle & Schopler, 1986）。稍早提到的 Robbers Cave 實驗就是團體表現評價偏頗。當其時，老鷹隊和響尾蛇隊的敵對關係劍拔弩張，實驗者故意安排這群小男孩進行撿豆子比賽。他們把豆子灑在地上，限時一分鐘。每位男孩要把撿起來的豆子放進束口麻袋內，這樣他們就無從得知豆子的數目。稍後，實驗者把每位男孩撿豆子的過程投射到螢幕上。每個團體的小男孩都要估算其他人撿起的豆子數目。影片播放的時間非常短，不給他們仔細計算的時間。事實上，實驗者每次都播放各個小男孩撿到一樣的豆子數目（35 顆），只是略為更動畫面安排。小男孩們的估算顯現出強烈的偏私內團體傾向：他們高估所屬團體成員撿起的豆子數目，低估外團體成員撿起的數量。此種厚此薄彼的偏袒心理，加劇內團體和外團體間的差別（Brewer, 1979）。

團體表現評價偏頗的影響不一。它可以激勵內團體成員更加努力、提高團體士氣、避免成員沾沾自喜（Worchel, Lind, & Kaufman, 1975）。不過，高估內團體成員的表現，可能導致團體做出錯誤的決策或陷入團體迷思的困境（Janis, 1982; 見第 13 章）。高估內團體解決問題的能耐，也可能造成團體過於自信自滿，而不願放下原本可以化解的爭端。

化解團體間衝突

團體間衝突無法單靠「逆轉」衝突原因來化解。要消除潛在的利害關係對立、減少我族優越感，或預先阻止嫌惡事件發生，往往是不可能的任務。儘管如此，研究者和實務工作者也發展出各種技巧，想化解團體間衝突。本節將介紹四種策略。

●● 崇高目標

化解團體間衝突最有效的技巧，首推形成所謂的**崇高目標**（superordinate goal）。崇高目標意指雖面臨團體衝突，但所有團體都想達到的目標。若缺乏其他團體的協力支持，這個目標將無法單靠一個團體達成。研究指出，若能訂定出崇高目標，通常可以減少內團體偏見和團體間衝突（Bettencourt, Brewer, Croak, & Miller, 1992; Gaertner et al., 1999; Sherif et al., 1961）。

在 Robbers Cave 實驗中，當老鷹隊和響尾蛇隊的衝突居高不下時，研究者介紹他們幾個能滿足雙方需求的目標。首先，研究者先中斷兩隊的供水系統，要找出問題所在、恢復供水，兩隊必須攜手合作。接下來，運送食物的貨車卡在路上，動彈不得，想要有東西吃，兩隊也必須齊心協力，將沉重的卡車推上陡坡。透過這些團隊間的合作機制、精心設計的崇高目標，降低了雙方的敵意（Sherif et al., 1961）。

崇高目標通常無法立竿見影化解衝突，但卻能慢慢積累效果。一個接一個、逐步完成數個目標的成效，會比只達成單一目標好。積少成多之下成就的崇高目標，集合起來發揮的效果不容小覷（Blake, Shepard, & Mouton, 1964; Sherif et al., 1961）。

為何崇高目標可以奏效？首先，崇高目標會重新調整團體的關係。崇高目標創造內團體和外團體之間相互合作、依賴的機會。將「非贏即輸」的敵對狀態，轉化成合力解決問題、雙贏的局面，緩和團體間的矛盾不和。由於大家都是朝向同一個目標貢獻心力，內團體成員也開始重視外團體成員的付出。

第二，崇高目標通常能增加內團體和外團體成員互動的機會。接觸機會增加不能保證減少偏見或敵意，但若在與外團體互動的過程中，有個別交流聯繫的機會，而非僅以完成任務目標為導向，或提供能削弱刻板印象的訊息，崇高目標即可減少偏見與敵意（Bettencourt et al., 1992; Brewer & Miller, 1984; Worchel, 1986）。

第三，崇高目標可以形成一個新的、所有成員共享的社會認同。這樣的崇高目標軟化了內團體（「我們」）和外團體（「他們」）之間鮮明的界線分野，創造一個適用於所有團體成員的共同身分。根據重新歸類理論（theory of recategorization）的主張〔又稱「共同內團體認同模式」（common in-group identity model）〕，當分屬不同社會團體的個人，使其再重新歸屬於同一個社會類別時，他們對彼此的態度將趨於好轉（Dovidio, Gaertner, Isen, & Lowrance, 1995; Gaertner et al., 1993; Gaertner, Mann, Murrell, & Dovidio, 1989）。之前被視為外團體的成員，如今看來可親多了；偏袒內團體成員的心態，也擴展到新組合而成的團體上。

●● 團體間接觸

增加對立團體間成員的接觸與交流，亦可緩和團體衝突。根據**團體接觸假說**（intergroup contact hypothesis），增加接觸機會應可減輕刻板印象、降低偏見，進而沖淡團體間的敵意（Allport, 1954; Pettigrew & Tropp, 2006）。例如，研究發現，越與無家可歸者接觸（有無家可歸的親戚、到庇護所服務、閱讀相關文章，甚至住家附近就有許多無家可歸者），越對無家可歸者心懷同情，因而越願意付出協助無家可歸者（Lee, Farrell, & Link, 2004）。

雖然團體間接觸有助於減少偏見與衝突，但事實不容過分樂觀（Brewer & Kramer, 1985; Herek & Capitanio, 1996; Hewstone & Brown, 1986; Pettigrew, 1997; Riordan, 1978）。以廢止學校種族隔離政策為例，雖能增加黑人和白人學生的接觸機會，但也無法完全改善團體關係（Cook, 1984; Gerard, 1983）。在某些情況下，團體接觸機會增加，反倒製造更多的衝突（Brewer, 1986）。有鑑於此，社會心理學家現已把重點放在辨識哪些情況的團體間接觸能降低偏見和衝突，而哪些則否。

持續的密集接觸

研究發現，如果不同團體成員的接觸持續時間夠久、夠深入個人經驗，不要流於短暫且膚淺的接觸，才能有效地降低偏見（Amir, 1976; Brown, & Turner, 1981; Levin, van Laar, & Sidanius, 2003）。親密程度低的接觸互動，無益於減少團體偏見和刻板印象（Segal, 1965）。

持續的密集接觸之所以能降低偏見，理由如下。第一，認知失調導致態度改變。抱持負面態度的個體，若迫於情境壓力不得不與外團體互動。但互動的結果還不錯、

令人滿意，他們的行為最終需與態度符合一致，才不會處於認知失調的狀態（見第6章）。認知失調理論預測，這些人最後會改變他們的態度——對外團體成員越來越友善——這樣才能合理化自己的行為。

第二，在密集接觸期間，不同團體的成員相繼自我揭露。自我揭露一多，通常能提升彼此的好感。前提為對方揭露的是正面的訊息——至少不能是讓人聽了厭惡的內容（Collins & Miller, 1994）。

第三，不同團體成員間的持續密集接觸，有助於打破刻板印象。當然，與外團體的單一或「象徵性」人物接觸，恐怕不足以撼動團體刻板印象，因為此人只能視為團體的例外，不能代表整個團體（Weber & Crocker, 1983）。但持續地與不同的外團體成員密集接觸，久而久之，就有足夠多樣的相反訊息進來，讓人不得不改變舊的刻板印象。

平等地位接觸

若內團體和外團體成員同處於平等地位，團體間的接觸更能降低衝突（Riordan, 1978; Robinson & Preston, 1976）。早在第二次世界大戰期間，即進行了一項證實平等地位接觸的經典研究（Mannheimer & Williams, 1949）。當其時，美軍仍實施種族隔離制度。此研究顯示，經過兩場並肩奮力作戰後，白人士兵對黑人士兵的態度180度大轉變。詢問士兵將黑白種族編在同一連的看法時，取消種族隔離政策的單位，只有7%的白人士兵對此持負面態度。相反地，實施完全隔離政策的單位，卻有62%的士兵反對黑人加入。在其他情況下，平等地位接觸也能有效減少偏見，如：黑人與白人兒童同樂的跨種族夏令營（Clore, Bray, Itkin, & Murphy, 1978）、跨種族住宅環境（Hamilton & Bishop, 1976）。

想知道平等地位為何如此重要，只需想想地位不平等的情況下，雙方接觸可能產生的後果（Cohen, 1984）。地位不平等時，地位較高的團體成員以地位較低的團體能力或經驗不足為由，不情願屈居學習或接受他們的影響力。當一方不願意接受他方的影響力，越會有貶低對方能力的預期想法，導致刻板印象更難改變。為產生影響力，地位較低的團體只得不斷地向地位較高的團體證明他們各方面的條件並不差。綜合以上所列因素，若不同團體的成員能一視同仁、擁有平等的地位，團體間的接觸方能有效減少偏見與衝突。

制度性的接觸

最後，若能善用社會規範，促進團體間的平等，才能削弱刻板印象，創造正向的態度（Adlerfer, 1982; Cohen, 1980; Williams, 1977）。有支持開放、友善和相互尊重的規範，這樣的接觸才有可能改變態度、降低偏見。

制度性的接觸——亦即，透過外在權威的要求或建立社會常規，製造出來的接觸機會，較能帶來正向的改變。沒有制度的支持，團體內的成員或許不大願意跟外團體互動，因為他們認為這樣有違常理，或不覺得有此必要。但在制度的支持下，團體間的接觸顯得更有正當性、強制性，值得去做。以種族融合政策的國民小學為例，有證據顯示，若教師（也就是權威）贊成而非反對種族融合政策，學生才有動力去接觸，並從中獲益（Epstein, 1985）。

總之，若有制度或權威做後盾、各團體亦處於平等的地位，再加上親身經驗而非淺嘗輒止的交流，團體間的接觸方有助於減少衝突。

摘　要

■ 何謂團體？

團體指的是包含兩人以上的社會單位，並具有某些明確的屬性，包括：成員資格、成員互動、共享目標、共享規範。初級與次級團體的目標和親密程度殊異。有凝聚力的團體，表示成員深受團體吸引，能留住成員。相互依賴與正向情感，能提高凝聚力。兩種重要的凝聚力型態為：社會凝聚力與任務凝聚力。團體的凝聚力程度，會影響成員的互動。高凝聚力團體比低凝聚力團體花更多的時間交流，高凝聚力團體的成員對彼此發揮影響力，互動起來更為友善、互助合作。團體目標是團體成員視為重要且想共同達到的結果。團體目標和個人目標不見得一模一樣，但仍可相容並存。

465

■ 服從團體規範

規範是指團體成員在特定情況下，應當遵從的行為準則。團體規範能協調成員的行動，提供團體成員解讀環境的認知參考架構。從眾意指個體遵循團體的規範和期待。Asch 的從眾範式實驗採用簡單的視覺區辨任務，研究個體服從多數人判斷的

狀況。團體同時以規範式影響和訊息式影響的方式，對個別成員施壓，令其服從。Sherif 的自發動作效應研究可看出訊息式影響對團體成員發揮的影響力。有若干因素會影響 Asch 這類實驗情境的從眾程度，如：提高團體裡多數人的規模（至少三人），全體眾口一詞、異口同聲。當成員深受團體吸引，且從眾可以得到其他成員的好感與接納時，團體成員也較容易屈服。此外，從眾性也會受到對未來互動的承諾影響。最後則是工作能力，相信自己比其他成員更優秀的人，較抗拒得了從眾的壓力。

■ 團體間衝突

團體間的衝突會改變團體內部的歷程發展。衝突升高會影響團體的凝聚力，成員萬眾一心、同仇敵愾，但也可能引發團體內成員的爭權角力。競爭白熱化的結果，導致領導階層更為好戰。衝突通常會改變團體內部的規範結構，向成員施壓令其服從團體規範，也越來越難容忍反對者的異議。

■ 團體間衝突的發展過程

團體間衝突的原因如下數點：（1）團體的利害關係對立，妨害彼此同時達到目標，造成嫌隙、敵意與公開衝突。（2）團體內部自我認同程度高、我族優越感作祟，團體間互看不順眼、歧視對方，衝突節節升高。（3）其中一方團體受到威脅或被剝削，此時一個嫌惡事件即可能讓潛在的敵意演變成公開衝突。

■ 僵持不下的團體間衝突

雖然有些團體間衝突消失得很快，但有些衝突依然經年累月存在。造成團體間衝突僵持不下的機制有：內團體成員對外團體的評價偏頗。偏見多來自於資訊不足，以及過度依賴刻板印象，誤解外團體的性格與意圖，也高估了內團體的能耐。

■ 化解團體間衝突

有幾種技巧可用來減少團體間衝突。其一是訂定出崇高目標，此種目標無法單靠一個團體達成，相互對立的團體必須攜手合作共同努力，重新調整彼此的關係。另一個技巧是增加團體間的接觸。若能進行持續且密集、站在平等地位的接觸，加上制度的支持，可以有效的降低偏見和衝突。

重要名詞與概念列表

外團體同質性錯覺（428 頁）　　　　目標同形（413 頁）

多數人影響（415 頁）　　　　　　　次級團體（409 頁）

我族優越感（426 頁）　　　　　　　事先指點（420 頁）

初級團體（409 頁）　　　　　　　　歧視（426 頁）

訊息式影響（417 頁）　　　　　　　崇高目標（430 頁）

從眾（414 頁）　　　　　　　　　　現實團體衝突理論（425 頁）

終極歸因錯誤（429 頁）　　　　　　規範（413 頁）

規範式影響（417 頁）　　　　　　　最小團體範式（426 頁）

嫌惡事件（427 頁）　　　　　　　　團體（408 頁）

團體目標（412 頁）　　　　　　　　團體接觸假說（431 頁）

團體間行為的社會認同理論（426 頁）　團體間衝突（421 頁）

團體凝聚力（410 頁）

思辨能力技巧　增進高階認知技巧

　　閱讀本章的時候，你有沒有停下來問自己一些問題？你會問哪些問題？倘若有測試同學是否瞭解本章內容的機會，你又會問對方什麼問題呢？研讀的時候，你有多認真？

　　開始學習至今，有利於瞭解與記憶的思辨能力，對讀者而言應該不陌生了。不過，以下的練習讓你有機會退一步省思，並評估你可以自問自答的問題，以更深入地連結所學內容（Bloom, 1956）。

　　最基本層次的問題，在測試你的記憶能力。例如：「團體有哪四個屬性？」、「規範的定義為何？」這些問題僅要求你回想一些特定的資訊。記住這些訊息並不代表真的瞭解學習內容，或僅需稍稍明白記得的資訊即可。例如：「何謂團體間衝突？說明其如何影響團體歷程」，或「請用你自己的話，簡要說明××隊如何化解團體間衝突，成為眾志成城的隊伍」。

　　高階問題需要的認知技巧，包括懂得應用、分析、綜合及評估。

　　應用式問題指的是將所學的概念，遷移到新的問題情境。例如：「你隸屬於哪一

個團體？請說明它何以符合團體的四個屬性。」要回答這個問題，你不但要知道團體的四個屬性（低階認知技巧），也要動用高階認知歷程，將團體的概念應用到切身相關的問題情境。

分析式問題意指將所學內容或資訊分門別類，再將之整合歸納。例如：「運用現實團體衝突理論，舉例說明當代社會中由來已久的團體間衝突。」同樣地，要回答這個問題，你必須知道現實團體衝突理論、該理論的觀點，還要能夠串聯理論觀點來支持你所舉的例子。

綜合式問題意指將看似無關或獨立的知識聚合在一起，形成一個更為完整的概念全貌，提高學習效能。例如：「本章探討服從團體規範。從眾又和哪些團體議題（如：凝聚力、目標、團體間衝突）有關？將這些概念連結起來，如何有助於我們瞭解團體與從眾性？」

最後是評估式問題。評估式問題指的是判斷各項看法的價值，依據特定的準則發表意見。例如：「你的室友需要你的幫忙。他聽說你正在修社會心理學，希望你能提出解決方案，教他該如何化解另外兩位室友相處上的衝突。請根據本章所提的理論，提出有效的解決方法。」此類問題也能激勵你發揮創造力來解決問題，是另一種高階認知技巧。

總之，問問自己上述問題，保持學習的敏銳度。不過，我們也必須懂得評估問題的類型。雖然學習知識很重要，但高階認知技巧問題才能培養思辨能力。在專注、記憶與理解之後，你的學習成果將更豐碩。

你會問自己哪類問題呢？如果你問的都是高階認知技巧問題，那麼恭喜你！也請你繼續持之以恆。如果不是，就想想該怎麼運用這裡教你的方法，調整你的學習策略吧。

chapter 13
團體歷程

．．．．．．．．．．．．．．．．

引　言

．．．．．．．．．．．．．．．．

審訊結束了，現在是陪審團商議的時刻。你認為被告有罪，但也想知道其他人怎麼想。有罪判決非同小可，你逐一望著其他坐在桌前的陪審團成員。

- 艾力克斯是耶魯大學四年級學生，總是拿第一名。他準備畢業後報考醫學院。
- 蘇菲雅看起來很疲倦。她有三個小孩，一整天的庭審讓她很難集中精神。她很想念家裡的孩子。
- 拉多雅想趕快回去安養院工作。她擔心自己不上班期間，那些年長的患者和家屬該怎麼辦。
- 夏洛特吃飯時不發一語，但你的眼睛離不開她美麗的臉龐。你聽到她跟蘇菲雅說，她剛定下一個在紐約的模特兒工作。
- 馬丁是當地連鎖超市的副總裁。從他一縷縷的白髮判斷，他快要 50 歲了吧。他的言行舉止自信滿滿，難怪事業那麼成功。

法官請你們六位陪審團員推舉一名主席，維持陪審團的運作，必要時須和法院交流意見。你們六人相互打量。你會選誰呢？這個選擇會如何影響陪審團員的行為和團體最終的決定？

社會心理學家研究類似陪審團這種小團體長達 50 年了。研究發現陪審團的討論結果，並非亂槍打鳥碰運氣，而是有跡可循的架構——是可預期的團體歷程。團體成員（性別、種族、年齡、職業、吸引力）和團體本身（集體任務、指定主席）的特質，都會影響團體成員的個人行為和團體達成目標的效能。

本章將介紹各種社會心理學家特別感興趣的團體歷程，並探討下列問題：

1. 團體領導者是如何產生的？領導者有哪些類型？為什麼要在團體中擔任這些角色？

2. 誰在團體中的地位較高？為什麼？個別成員的多樣性會如何影響團體運作？

3. 團體如何做出決定？從社會心理學的觀點來看，為什團體有時會做出錯誤的決定？團體會如何影響個別成員的意見？

4. 為什麼有些人在團體中握有較多權力，有些人較為依賴？要如何建立信任與承諾

關係？團體內的互動如何影響成員間的情感連結？

5. 人們用來判斷公平與否的原則是什麼？若結果或過程不公平，他們會有何反應？

有系統的研究團體

雖然社會心理學家對團體以及團體對個人的影響抱持莫大的興趣（Allport, 1924; Cooley, 1902; Simmel, 1902），但直到 20 世紀中葉，Robert Bales（1950）開始詳細記錄小團體的互動內容，才對團體歷程進行有系統的研究。Bales 在耶魯大學擔任副研究員時期，須研究酒精濫用者的團體治療歷程。他觀察到這些團體和參加成員在團體裡的行為，不僅和成員本人的個性有關，也和團體的特性有關。他發展出互動歷程分析法（Interaction Process Analysis, IPA），有系統地記錄團體成員的行為，深入瞭解團體的模式。採用互動歷程分析法時，Bales 的重點不是團體成員的特定談話內容，而是成員之間的說話型態（玩笑話、建議、批評）、哪個成員說出來的、指稱的對象是誰。圖 13.1 為他的編碼格式。

研究團體歷程的學者，其研究對象通常為一群學生或社區居民（Milgram, 1974; Zimbardo, 1973）——在實驗裡盡量控制情境條件。Bales 也不例外。他的研究參與者通常是哈佛大學社會關係系的學生。Bales 要求研究參與者分組，完成一項**集體任務**（collective task）——須全體參與成員合作方能達成的任務。例如，Bales 會要求團體像陪審團一樣，討論一個犯罪案例並達成共識，做出判決。雖然討論不全然是集體任務，但達成共識的決定即是集體任務。當團體進行討論的時候，Bales 和研究助理會觀察、仔細歸類、記錄團體成員的每個動作行為。

Bales 研究的小團體都是**同質性的**（homogeneous）——也就是具有相似點。如都是白人的大學男生（哈佛大學在 1977 年之前是男校），通常是二年級學生。

Bales 和研究團隊會事先篩選參與者，確定學生互不認識團體其他人。他希望所研究的團體動力，絕對不會受到研究團隊不能操控和觀察的其他因素影響。Bales 發現當這群陌生人聚在一起組成一個同質性的團體，開始坐下來討論問題後，特殊的互動型態會漸漸浮上檯面。舉例來說，當成員最初的平等關係消失，個人的差異特色很快就會冒出來。

Bales 注意到有些參與者比其他人更為投入，在團體決策上發揮更多的影響力。問題解決團體中最常發言的成員，主動開口的舉動約佔整體溝通行為的 40～45%，次

472

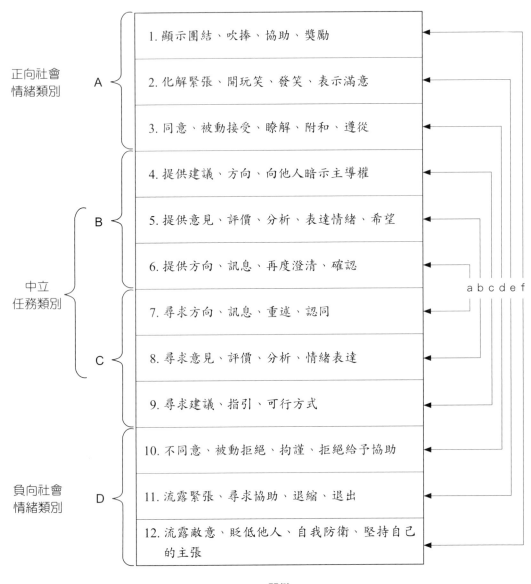

正向社會 情緒類別	A	1. 顯示團結、吹捧、協助、獎勵
		2. 化解緊張、開玩笑、發笑、表示滿意
		3. 同意、被動接受、瞭解、附和、遵從
中立 任務類別	B	4. 提供建議、方向、向他人暗示主導權
		5. 提供意見、評價、分析、表達情緒、希望
		6. 提供方向、訊息、再度澄清、確認
	C	7. 尋求方向、訊息、重述、認同
		8. 尋求意見、評價、分析、情緒表達
		9. 尋求建議、指引、可行方式
負向社會 情緒類別	D	10. 不同意、被動拒絕、拘謹、拒絕給予協助
		11. 流露緊張、尋求協助、退縮、退出
		12. 流露敵意、貶低他人、自我防衛、堅持自己的主張

a b c d e f

關鍵

a 溝通問題　　　　A 正向反應
b 評價問題　　　　B 嘗試回答
c 控制問題　　　　C 詢問
d 決定問題　　　　D 負向反應
e 緩和緊張問題
f 重整問題

圖 13.1　互動歷程觀察分類格式

資料來源：改自 Bales (1950), *Interaction Process Analysis: A Method for the Study of Small Group.*

常發言的成員約佔 20～30%。從表 13.1 可以明顯看到這樣的模式。表 13.1 摘要出三到八位人數的團體中，每位成員主動發言的比率。隨著團體人數增加，最常發言的成員開口的比重仍多，不常說話的成員則完全被排除在外了（Bales, 1970）。

表 13.1 每位成員依團體大小而變化的主動發言比率

473

成員編號	團體大小					
	3 人	4 人	5 人	6 人	7 人	8 人
1	44	32	47	43	43	40
2	33	29	22	19	15	17
3	23	23	15	14	12	13
4		16	10	11	10	10
5			6	8	9	9
6				5	6	6
7					5	4
8						3

註：資料取自 167 個 3～8 位人數的團體，共 134,421 個溝通行為。

資料來源：改自 Bales, 1970, 467-474.

這些模式一旦形成，即趨於穩定發展（Fisek, 1974）。在互動開始幾分鐘就主動發言的成員，往往會一直發言下去。此外，這些模式也適用整個團體歷程。如果同樣的團體成員再聚會幾次，在第一次團體就相當活躍的成員，也可能在接下來的聚會中持續投入參與。

當然，Bales 看重的是溝通的質勝於量。他想知道的是團體成員會表現出哪些特殊的溝通型態，這些型態如何影響成員對團體其他人的看法。觀察者採用圖 13.1 的分類格式，記錄評定溝通的型態。在團體討論結束後，請成員填寫問卷並相互評比。評比項目包括：「團體裡誰的意見最棒？」、「誰最會帶領團體討論？」以及「哪個團體成員最受歡迎？」。

不出所料，關於上述問題的答案，團體成員間頗具一致性。簡言之，最先發言的成員——通常也是發言最多的人——常被當成團體的任務領導者（帶領團體討論、意見最棒）。但這位任務領導者通常不是最受歡迎的成員。事實上，有時還是最討人厭的那位。在多數的團體中，次常發言的成員才是最受歡迎的。為什麼會這樣呢？

一般而言，最常發言的人就是帶領團體達成目標的人。這個人做出的是任務導向的舉動（見圖 13.1 左側的情緒與任務類別）。因此，社會心理學家常把這類成員

稱為**任務專家**（task specialist）。不過，為了達成任務，任務專家不得不表現某些負面行為。此類領導者習於固執己見，甚至公然與其他成員為敵。雖然他能左右團體意見，但這樣的攻擊行為卻讓團體充滿緊張的壓力。

474

重要的是，任務專家的負向行為反倒為某些人開了一道門。這位**社會情緒專家**（social-emotional specialist）擅長緩和緊張局面，安撫團體的受傷情緒。此種人的行為通常可以化解成員的不安，鼓勵大家團結一致（見圖 13.1 正向社會情緒類別 A）。社會情緒專家善於隨機應變、適時說些笑話，協助成員釋放緊張的壓力，維持團體的士氣。難怪這位社會情緒專家常成為團體中最受歡迎的人。

由此之故，任務團體的兩個基本功能 —— 完成任務，維持關係和諧 —— 通常需要不同人才來達成。當團體成員依上述功能就位，團體的**角色分化**（role differentiation）就形成了。雖然角色分化相當常見，但也非必然發生。在實驗室的個案研究中，約有 20%～30% 的團體是由同一人同時擔任任務專家和社會情緒專家兩種角色（Lewis, 1972）。而在非實驗室的自然情境中，混合兩種角色的團體更是屢見不鮮（Rees & Segal, 1984）。

不管是正式或非正式的團體，為了追求效率，往往需要角色分化。要所有的團體成員都執行同樣的任務，是很沒有生產力的。相反地，團體成員最好能各司其職、各安其位。

角色（role）意指成員被團體賦予擔任某一特定職務，且應當遵守一些規則或期待，以達成其職責。這是團體認為成員應執行的功能。由於團體成員對於誰該有什麼樣的行為表現，懷有某些角色期待，他們自認以此來相互要求是件合情合理的事。例如，銷售部門的成員期待業務人員要去接觸潛在顧客、確認顧客的需求、提供顧客產品以滿足需求。如果因為某些理由，有位業務人員突然不想跟顧客接觸，其他組員就會認為他違反角色期待，一定會採取行動導正這個局面。

身分地位與期待

進行團體參與研究時，Bales 和研究生團隊發現了一個奇怪的現象。在某些團體裡，角色和身分地位（status）差異（以成員的參與程度、對團體決策的影響力、溝通的型態來衡量）很慢才浮現，而在其他團體中，角色和身分地位差異一下子就看出來了。經過一番探討後，研究團隊才明白這些團體存在一個重大差別：團體中有些成

員遠比其他人學識豐富。

還記得 Bales 的團體組成都是陌生人嗎？他仔細挑選互不認識的年輕人為研究參與者。不過，他卻沒留意這群年輕人來到實驗室後的情形。偶爾，這群研究參與者在實驗開始前，還有些聊天的時間。就像你在等候室跟其他學生聊天一樣，他們詢問對方來自哪裡、讀幾年級、主修什麼科系等等。在哈佛大學，幾乎所有的學生四年來都住在校園裡，彼此之間也會詢問對方住在哪棟宿舍。這些宿舍像兄弟會般聲名遠播。研究者這才恍然大悟，即使住在哪棟宿舍跟眼前的任務無關，團體成員仍會據此認定誰夠格成為領導者（Willer & Walker, 2007）。

再回頭看看本章一開始的陪審團案例。就算你不認識其他陪審團成員，但從一些蛛絲馬跡，你覺得誰最有可能被選為主席呢？

475

●● 身分特徵

剛形成的團體，成員的社會屬性並非一致時，會發生什麼事？有些團體，如陪審團，組成成員的性別、種族、年齡、教育程度、吸引力、職業各不相同，又會變得如何呢？我們每天都和不同的團體打交道——家長會、學生委員會、鄰里委員會、教會等等。社會心理學家發現，許多的異質性團體之所以會有參與程度和影響力的差別，和成員的特徵有關。

身分特徵（status characteristic）意指對個人的任何社會屬性所形成的評價與看法。當特徵和身分價值糾結在一起，某些身分特徵會比其他身分特徵更具價值（Ridgeway & Walker, 1995）。例如，在美國，性別、種族、教育程度皆是身分特徵：男性常被認為優於女性、白人優於黑人、大學生優於高中職生、耶魯大學的畢業生優於南康乃狄克州立大學的畢業生。

這些和身分特徵有關的文化信念也被帶進小團體裡，影響團體的人際互動。以 Bales 的問題解決團體為例，成員會期望身分地位較高的個體多多發言，他們的發言也顯得較有價值。這些期望形成團體的權勢位階（power and prestige order），團體中地位較低的人通常會聽從地位較高的人所做的決定（Berger & Webster, 2006）。

身分特徵的類型

有兩種身分特徵會影響表現期望，分別是：擴散的身分特徵與特殊的身分特徵。

擴散的身分特徵（diffuse status characteristics）影響的是對一般能力的看法。

例如，絕大多數的文化都認為男性在各方面（如分析能力、對話、開車等）比女性優秀。因此，男性這個身分特徵成了受惠者，在各個領域都比女性還要能得到更多尊重（Ridgeway, 2011）。事實上，由於舉證過程（burden-of-proof process）困難之故，擴散的身分特徵已蔓延應用到許多情況，除非這些屬性和任務表現結果毫無關聯（Berger, Cohen, & Zelditch, 1972）。換句話說，團體成員傾向假設由男性擔任主席，表現會比女性好。除非有證據顯示性別和任務無關，或由女性來擔任的話表現結果會更好。

特殊的身分特徵（specific status characteristics），如數理能力、運動天賦等，也會影響表現期望。不過，這些特徵必須和特定任務有關，才得以影響期望。這些屬性更為明確、精準地指出個人在團體任務表現上的能力水準。例如，相對於逃漏稅案件，若審判內容是護理師意外給錯藥，陪審團或許會認為拉多雅具備特殊的身分特徵（她的護理背景經驗），覺得她更有資格擔任主席，或暗自認定她的決定能影響判決。

© monkeybusinessimages/iStock

性別是一個擴散的身分特徵。無論團體任務為何，男性在團體中往往被視為較有能力的人。然而，若團體任務為女性化的工作，如服裝設計，那麼女性或能對團體決策發揮更多的影響力。

●● 身分類化

　　研究顯示，身分特徵地位較高者，會比其他成員更受到尊敬，也較常被選為領導者。他們的貢獻被賦予更高的評價、有更多的機會參與團體討論，也更有影響力左右團體的決策（Balkwell, 1991; Berger, Cohen, & Zelditch, 1972; Webster & Foschi, 1988）。成員的身分特徵具有影響團體結構和互動的傾向，稱為身分類化。

　　當身分類化（status generalization）的情形發生，成員在團體外的身分，也會影響他在團體內的地位。亦即，在社會上擁有較高身分地位的人，也容易在團體裡獲得較高的地位（Cohen & Zhou, 1991）。

　　例如，你，說不定就像其他美國人一樣，開始認為具有專業經驗的馬丁，會比全職媽媽蘇菲雅更適合擔任主席。由於受到身分特徵中權勢位階的影響，你和其他的陪審團員多半已經認定馬丁應該擔任主席。雖然主席並非正式的領導者角色，但你和其他的團體成員會慢慢地聽從他的意見。作為一位主席，他可能會越來越常發表言論（Ellison & Munro, 2010）。其他的陪審團員開始詢問他的想法，逐漸讓步，以他建議的判決為依歸。這項推論不單適用於以學生為實驗對象。從陪審團候選人資料庫中抽取各行各業組成的模擬陪審團，研究結果亦支持上述傾向（Strodtbeck, Simon, & Hawkins, 1965）。社會心理學家發現，在模擬陪審團中，男性比女性更常帶動發言。此外，職業地位較高的成員（不管男性或女性），都比職業地位較低的成員更為活躍。實驗結束後，由模擬陪審團員填答問卷，表達他們對其他成員的看法，包括：「誰最有助於達成判決結論？」這份問卷反映出每位成員對團體決策的影響力。問卷結果和團體的參與程度十分類似。一般說來，在其他陪審團員的眼中，男性比女性更有力、職業地位高者比職業地位低者有力。

　　總之，從這個陪審團研究可看出身分類化的影響：性別、職業等身分特徵較高的成員，容易站上團體的高層位階。

　　雖然這個研究發現看似簡單明瞭，但關於身分類化的解釋，還是遭到質疑。批評者主張，個人在團體內的身分地位不受團體外的身分地位影響。相反地，人格特質或個性，才會影響個人在團體外的身分地位。例如，有一假設認為，智力程度較高的人，把智力轉化為高職業地位和對團體的貢獻。若此假設為真，就不是外在的職業地位影響一個人在團體的地位。倒不如說，團體內外的身分地位，是受到第三個因素——智力的影響。

　　為檢核是否有其他混淆視聽的因素在影響實驗結果，有幾個研究開始進行實驗，

477

探討多重身分特徵。其中一個研究（Moore, 1968）將女性參與者配對，給兩位女性看一系列由小黑白長方形組成的圖形。參與者以為實驗要測試她們對顏色對比的敏感度，判斷到底是黑色還是白色在圖形中占的面積較大。這項任務難在於黑色或白色的面積事實上相差無幾，答案模稜兩可。

這群參與者無法看到彼此，也不能交談，只能透過燈光按鈕（現已改成電腦網路）傳送信號，告訴對方自己的初步判斷為何。參與者可以在知道對方的判斷後，再做出最終的決定。實驗者告訴參與者，她們應該衡量自己和對方的判斷，再做出最後自認正確的答案。

但參與者被蒙在鼓裡的地方是，燈光事實上是實驗者在背後控制。實驗者操弄參與者知道配對夥伴和自己的判斷不一致的比率，接著記錄參與者更改個人答案的次數。

478

所有的實驗參與者都是灣岸地區的專科學生。為了操弄身分特徵，實驗者告訴其中一半的參與者，她的配對夥伴是高中生（低身分地位），再跟另外一半的參與者說，她的配對夥伴是史丹佛大學的學生（高身分地位）。研究結果顯示，誤認為配對夥伴屬於高身分地位的人，更常更改自己的答案。換句話說，低身分地位者容易受到高身分地位者的影響，高身分地位者則抗拒被低身分地位者影響。隨機分派的實驗設計，排除了智力或能力差異對判斷作業的影響。

實驗過後數年，研究者發現還有其他許多身分特徵，也會影響研究參與者是否更改最初的答案，抑或堅持自己原先的判斷。這些身分特徵包括：外表吸引力、種族、

479

軍階、性取向、年齡、職業等（Webster & Foschi, 1988）。對身分特徵的研究，也擴展到是否會影響其他判斷結果，如雇用與否或薪資多寡。

●● 克服身分類化

團體成員常認為擴散的身分特徵和表現期待有關（其實沒有），但身分類化對個人來說，有時並不是好事（Forsyth, 1999）。例如，男女性皆有的團體中，女性或許認為自己和男性一樣有資格討論問題，但卻在團體決策時被拒之門外。由於先前談到的舉證過程困難，無法明確證明性別和表現無關，就算口頭抗議性別不平等，終究是徒勞無功（Pugh & Wahrman, 1983）。身分類化不僅影響我們對他人的看法，也影響

480

我們對自己的表現期待、抱負——導致許多年輕女性不敢立志成為數學家（Correll, 2001, 2004）、自我期許低落（Lovaglia, Lucas, & Thye, 1998; 見第 5 章對「刻板印

象威脅」的討論）。既然無關的擴散身分特徵置個體於不利的境地，研究者因而想探討，面對面的人際互動，是否能克服或減弱身分類化的弊端。

早期的研究試圖提升低身分地位者對自身在團體任務解決上的表現期待，反過來迫使他人改變看法，想以此克服身分類化。可惜，這種方法效果不彰。社會心理學家發現，要克服身分類化，低身分地位者和高身分地位者雙方都必須改變表現期待。一個克服身分類化的有效方法是，提供所有團體成員和表現期待相牴觸的訊息，以抗衡擴散的身分特徵（Berger, Rosenholtz, & Zeldith, 1980; Cohen & Roper, 1972; Riordan & Ruggiero, 1980）。

不過，要克服身分類化不是件容易的事。因為對某身分團體的表現期待與評價，往往反映出一個文化普遍的刻板印象（Berger, Rosenholtz, & Zeldith, 1980; Ellard & Bates, 1990; Meeker, 1981）。雖然我們不覺得自己這麼冥頑不靈，但如同先前章節所提到的，我們的行為下意識地受到信念的影響（Fiske, Lin, & Neuberg, 1999）。

再進一步思考，團體不但依文化信念進行人際互動，人際互動也會增強文化信念。如果馬丁被選為陪審團的主席，影響團體最終的決定。你和其他陪審團員離開法庭後，馬丁（和其他具備類似身分特徵的人）在你們的心目中，早已留下是位優秀領導者的印象，他肯定了你們對身分的看法。這樣的身分信念，再加上權勢位階的作用，形成了自我應驗預言。這種特殊的邂逅經驗，依舊強化延續了身分不平等的身分信念（Ridgeway & Smith-Lovin, 1999）。

●● 身分建構與身分價值

透過社會化的歷程，我們學到許多文化信念，但某個特別的屬性和身分之間又是怎麼產生關聯呢？根據 Cecilia Ridgeway（2006, 2011）的說法，我們對身分的信念，是在日常生活互動中形成的。遇到一個新的名詞屬性、不知道它的身分意義何在時，我們會去找尋線索，瞭解它的屬性類別處在身分階層的哪個位置。例如，如果對校內的兄弟會一無所知，你會盡可能地蒐集相關資訊（入會誓言、資產、名氣），藉此判斷哪個兄弟會身分地位高、哪個兄弟會身分地位低。事實上，這就是在建構你自己的身分階級，而這樣的身分信念，也會影響你對不同團體的表現期待。當你將這樣的表現期待套在團體上，把這樣的身分信念帶入人際互動中，等於你自創了一個身分系統。

與已知的重要身分特徵（種族、性別、性取向）屬性相異的他人互動時，我們

也同時在闡述與維持身分意義。因為我們會留意和身分有關的證據。男性的工作薪資高，擁有較多的自主權、影響力、受人敬重。我們這才恍然明白，原來男性的身分地位較高，不是沒有原因的。我們不但把這些信念帶進互動中，還加以實踐。這樣的歷程持續建構與再建構身分系統。

如同屬性一般，物件也具備身分價值。與高身分地位人士沾上邊的物件，價值遠高於與低身分地位人物扯上關係的物件（Thye, 2000）。當威廉王子與凱特王妃夫婦，偕同小王子喬治的家庭照曝光後，王妃身上穿的 79 美金服裝（約合新台幣 2,400 元），馬上銷售一空。隔月，這件服裝的價格被調漲一倍。雖然公開家庭照是銷售成功的幕後功臣，但身分價值也居功厥偉。當這些服飾、品牌和高身分地位（如公爵夫人）產生連結，價值立刻翻漲。買家相信公爵夫人穿過的衣服價值不只 79 美金。

團體決策

社會心理學家當初研究團體決策時，並未留意特定身分和個體的影響。撇開其他因素不談，團體決策歷程應該非常簡單，只需幾個步驟即可（Janis & Mann, 1977）。為有效做出決定，團體成員須：（1）找出可能的選項；（2）蒐集這些選項的相關資訊；（3）彼此分享資訊；（4）仔細評估考慮每個選項的所有可能後果；（5）計算每個選項的整體價值。完成上述步驟後，（6）由團體挑選出最誘人的選項，作為團體的選擇。

然而，實際運作時，團體決策歷程可沒那麼單純、直截了當。不僅每個選項的資訊取得不易，造成考量這些選項時無法面面俱到；即使個別成員已獲得所有的相關訊息，也可能沒有傳達給其他人知道（Stasser, 1992; Stasser & Titus, 1987）。若成員抱持的價值觀不同，要決定哪個是最佳選項，恐怕也難以達成共識。在意見分歧的情況下，爭論與各說各話在所難免。前述章節曾提到，有些團體成員對團體的影響力較大。團體內瀰漫著一股順從的壓力，迫使成員縮短或削減深思熟慮的時間。發生這種情形時，團體討論可能做出欠缺周詳或不切實際的決定。

●● 團體迷思

任何團體都有可能做出錯誤的決定，連企業或政府高層也難以倖免。以惡名昭

彰的豬玀灣入侵事件（Bay of Pigs invasion）為例，就是政府內部的一小群高官，在
1961 年甘迺迪總統任內做出的決議。這群高官包括當時國內公認最「足智多謀」的
菁英分子，加上五角大廈與中央情報局（CIA）的代表。這群人決定將 1,400 名古巴
的流亡分子組成一支軍隊，加上美國海軍、空軍、CIA 的掩護，在 1961 年 4 月大舉
入侵古巴豬玀灣。結果，這項入侵行動根本欠缺思慮。卡斯楚的空軍擊沉了補給艦，
流亡軍被裝備精良的兩萬名古巴士兵團團圍住，短短三天流亡軍就被全數俘虜和殲
滅。美國遭受前所未有的潰敗，在全世界面前顏面掃地，而卡斯楚共產政權經此一役
後，更加頑強地屹立於加勒比海的島嶼上。

482

　　為什麼會發生這種事？為什麼這一群有能力、有經驗的人所組成的團體，會做
出如此糟糕的決定？經由事後分析，Janis（1982）指出一個名為「團體迷思」的特
殊團體歷程，可能就是這個差勁決定的元凶。雖然豬玀灣入侵事件的檔案記錄公布之
後，還有些學者對 Janis 的解釋表示懷疑，但他的團體迷思一說仍歷久不衰（Esser,
1998）。

　　團體迷思（groupthink）意指團體成員因順從一致性的壓力，畏於以實事求事的
態度評估其他替代行動方案，導致錯誤的思考模式。換言之，團體成員因不敢打破共
識，疏於嚴格地評估其他替代方案，未能審慎地權衡得失利弊。一旦發生團體迷思的
狀況，最典型的下場就是思慮不周的決定。

團體迷思的徵兆

　　研究各種外交重要的政治決策後，Janis（1982）終於查明團體迷思發生時的徵
兆，包括：

1. **無敵幻想**（illusions of invulnerability）：團體成員誤以為他們是無懈可擊、不可
   能失敗的。過度樂觀、盲目涉險。
2. **道德幻想**（illusions of morality）：自以為道德優越，不容他人質疑，無視決定
   可能帶來的道德倫理後果。
3. **集體合理化**（collective rationalization）：輕忽警示訊號，未能重新審視原先想
   當然耳的假設。
4. **對敵方的刻板印象**（stereotyping of the adversary）：在政治意識形態作祟下，認
   定敵方領導者過於邪惡，絕不會真心參與協商談判；或輕視敵方領導者，以為他
   們無力反抗。

5. **自我審查**（self-censorship）：對任何偏離團體共識的想法進行自我審查。成員只能漠視個人內在質疑的聲音。

6. **對異議者施壓**（pressure on dissenters）：團體的多數人直接對任何反對刻板印象，或不夠忠誠的異議或反對者施壓。

7. **思想防堵**（mindguarding）：有些團體成員自封為「思想調查員」，為維護團體決策的效力和正當性，不惜歪曲或隱藏不利團體的資訊。

8. **表面同意**（apparent unanimity）：儘管有所疑慮，成員仍對團體的決定毫無異議。

483　　　　Janis 認為豬玀灣入侵事件的決策過程，就出現上述諸多徵兆。例如，會議中彌漫著共識已定的氣氛，成員只好對計畫中顯而易見的缺點視若無睹。雖然有幾位甘迺迪總統的資深顧問強烈質疑，但團體氛圍卻不允許他們出聲反駁。團體中有幾位成員自栩為「思想調查員」，箝制反對言論。主張入侵的決定已經拍板定案，每個人都應該支持總統，做總統的後盾，而不是從中作梗。公然質疑或追根究底是不智之舉，最好打消這種念頭。連應急方案都顯得不切實際，例如，若流亡分子在豬玀灣的軍事目標失利，那就加入古巴中央山脈地區（Escambray Mountains）的反卡斯楚游擊隊員就可以了。顯然，沒有人正視高山峻嶺間那 128 公里長、根本無法通行的沼澤和叢林。

　　　　若不是團體一再發生決策錯誤，可能沒有人留意到團體迷思的狀況。Janis 注意到，豬玀灣入侵事件並非團體迷思造成的單一慘敗行動案例。團體迷思也在其他的政府高層決策摻上一腳，包括韓戰、珍珠港事變、越戰、水門案等等。近年來，亦有學者提出，「挑戰者號」太空梭升空爆炸事件（Esser, 1995; Moorhead, Ference, & Neck, 1991）、2003 年的伊拉克戰爭（Badie, 2010; Rinehart & Dunwoody, 2005）等，都是團體迷思作用下的惡果。

團體迷思的成因

　　　　團體迷思的原因很多，包括：成員的同質性高、團體的處境孤立、團體內缺乏明確的規則來引導制定決策的行為，以及團體正處於高壓的狀況（Hensley & Griffin, 1986; Manz & Sims, 1982; Moorhead & Montanari, 1986）。另一個促發因素是領導者過於干涉──當團體面臨問題時，領導者積極推動個人偏好的解決方案，忽略其他可能的解決方法（Leana, 1985; McCauley, 1989）。根據 Janis 的說法，每個因素都可能

造成團體迷思。若這些條件同時出現，團體迷思幾成定局。

Janis 也主張，凝聚力高的團體特別容易發生團體迷思現象，但並沒有足夠的證據支持這項假設（Aldag & Fuller, 1993; Michener & Wasserman, 1995; Park, 1990）。凝聚力與團體迷思間的關聯是否存在，眾說紛紜，部分原因在於實驗室誘發出來的團體凝聚力，難以和真實情境相提並論。

避免團體迷思

既然團體迷思會引發錯誤的決策和後果，究竟該怎麼防患未然呢？避免團體迷思發生的方法如下（Janis, 1982）：

1. 團體領導者應該鼓勵團體成員發表不一樣的意見，自在地表達個人的反對與質疑。
2. 領導者應當公平無私，不可偏袒任一選項或計畫。客觀地描述問題，而非極力推薦解決方法。領導者應培養公開討論和探究的氛圍。
3. 團體本身應該分成幾個獨立的次團體，分別處理同樣的問題，各自達成獨立的決定。如此一來可防止大團體做出不成熟的共識。
4. 達成暫時的共識後，團體應該舉行「會後會」。在確立最後決定前，再給每位成員表達疑慮的機會。
5. 團體可以任命一位「魔鬼代言人」，專門挑戰其他成員的觀點。即使他也同意，也要絞盡腦汁提出反對意見（Hirt & Markmann, 1995）。

這些方法之所以有效，原因在於它們讓團體有機會獲得做決定的充分資訊，審慎地評估各種訊息。遵循這些步驟，最終方能做出更好、更明智的決定。

●● 風險偏移、謹慎偏移、團體極化

即使團體的決定沒有問題，也依循相當理性的過程，仍有可能產生出人意料的結果。例如，有證據顯示，比起獨自做決定，團體討論有可能會使個體做出更為大膽或謹慎的決定（Stoner, 1968; Vinokur, 1971）。

實驗研究（Stoner, 1968）請參與者回答 12 題選擇困境，每個問題的風險程度各異。答完這些題目後，參與者以六人為一組，重新討論這些題目，達成團體共識。接著，再將參與者分開，再度詢問同樣的題目，做出個人的決定。研究發現，經過一番

團體討論後做出來的決定，平均而言會比討論前個人的決定還要大膽。此外，個體在團體討論後做出的第二次決定，也比討論前的第一次決定激進。這種在團體討論後更為冒險的傾向，稱為**風險偏移**（risky shift）。許多研究都證實風險偏移的現象的確存在（Cartwright, 1971; Dion, Baron, & Miller, 1970）。

其他研究採用類似的方法，不過，發現的結果卻與風險偏移完全相反。在某議題上，若成員更為慎重或不想冒險，團體討論反而會讓成員採取較之前來得保守的做法（Fraser, Gouge, & Billig, 1971; Stoner, 1968; Turner, Wetherell, & Hogg, 1989）。此種在團體討論後，反倒更為謹慎的傾向，稱為**謹慎偏移**（cautious shift）。因此，雖然團體的結論還是偏向極端，但不一定是更為冒險的決定。

風險偏移和謹慎偏移都是**團體極化**（group polarization）的表現形式（Levine & Moreland, 1998）。極化意指經過團體討論後，成員的觀點雖和討論前類似，但卻變得更為極端。因此，若團體討論前，成員的立場稍微偏向冒險躁進的一端，在團體討論後，會出現更趨於冒險的極化現象。同樣地，如果成員一開始就偏向溫和謹慎的立場，在團體討論後，就出現更趨於謹慎的極化現象（Myers & Lamm, 1976）。

團體討論偏向極端的現象，其實頗為常見。政治立場（Paicheler & Bouchet, 1973）、陪審團判決（Isozaki, 1984; Myers & Kaplan, 1976）、新產品的消費者滿意度調查（Johnson & Andrews, 1971）、身體檢查診斷（Vidmar, 1974）、道德決定（Horne & Long, 1972）、對他人的看法（Myers, 1975），以及人際協商與談判（Lamm & Sauer, 1974）等，都可看到團體極化的傾向。

社會交換

與 Bales 同時期的學者，研究的是團體決策和團體人際互動型態。George Homans（1958, 1961）則嘗試發展出一套團體互動中人類行為的通用理論。Homans 認為人與人之間的互動，應該視為一種交換——名之為「社會交換」（social exchange）。

傳統對於交換的看法，通常是以物易物。例如，雷恩和傑森兩位大學生達成交易，雷恩答應週末時借車給傑森，傑森則送雷恩音樂會的票。不過，在社交時，我們交換的通常是無形的東西。你對路人微笑，路人也微笑以對；你告訴朋友她穿的新洋裝很漂亮，她有可能大方地跟你道謝，或客氣地迴避你的讚美。以本章一開始的故事為例，馬丁說出自己的意見，有些陪審團員點頭認同、有些不以為然。以此觀之，所

有的人際互動都是透過**關係**（relation）——兩個人之間的連結——來進行，雙方互有往來，有付出、也有收穫。由於人是自私自利的動物，因此 Homans 主張，禮尚往來、投桃報李，方是人際互動之道。例如，若傑森沒有拿任何東西來交換，雷恩可能就不大想借車給傑森了。相互回報是雷恩和傑森行為表現的決定因素。

社會交換論（Cook, 1987; Homans, 1974; Kelley & Thibaut, 1978）的重點包括：（1）參與交換的**行為人**（actors）；（2）交換的**資源**（resources）；（3）交換發生的**過程**（process）；（4）交換的**結構**（structure）（Molm, 2006）。它同時也假設個體有自由選擇權，經常得在社交情境的各種選項間做出選擇。例如，雷恩可以選擇要不要借車給傑森。

486

任何行動都能獲得某些酬賞，但也要付出某些代價。即使傑森沒給雷恩什麼有形的回報，雷恩仍然是得利的一方。傑森或許自覺虧欠雷恩，或雷恩覺得能幫上朋友，心情大好，或想讓心儀的女性覺得他真是個好人。付出的代價形式不一，雷恩可能會因為沒車，沒辦法出外採買日用品或跟朋友見面，這可是損失慘重的代價。如果他選擇不借車給任何人，整個週末車子閒置不動，損失的代價倒是不大。人會選擇帶來好處、避開壞處的行動。

如此一來，社會交換彷彿是操作制約與增強理論的翻版。這些理論主張，若能給予獎賞或移除令人厭惡的刺激，人會更願意表現某些特定行為。同樣的，若施加嫌惡刺激或奪走獎賞，人就會不想表現某些特定行為。

交換理論常令人想到約會與婚姻關係中的「獲利」。其中一種情況是，男性提供身分地位和財富資源，換得女性的青春與美貌。分析個人徵婚廣告，亦可看出此種供需的性別化趨勢。異性戀女性傾向以吸引力換取成功男性的注意力；異性戀男性剛好相反，以成就換取女性的吸引（Davis, 1990）。
© leaf/iStock

這樣的人類行為看似過於合理、精打細算。但社會交換理論認為，是否採取某一行動，人往往未多加思索，因為這是制約下的結果——習得的正向或負向反應行為後果（Mazur, 1998; Skinner, 1953）。無論在意識或潛意識層面，人類皆有學會行為自然後果的能力，表現出能將代價減至最低、獲取最大酬賞的行為（Emerson, 1972）。

社會心理學家研究的是相互依賴與重複發生的社會交換關係。換句話說，社會心理學並不探討僅此一次、往後不會再有見面機會的交換行為（如：加油員和機車騎士），而是著重在像雷恩和傑森這樣持續進行交換關係、相互獲益的朋友。

●● 權力與依賴

如同 Robert Bales 系統化的研究團體，Richard Emerson 也從 Homans 的論點得到靈感，透過實驗詳加研究並檢視社會交換現象，使理論更臻完善。

Emerson（1972）最主要的貢獻之一為強調交換的關係網絡（Thibaut & Kelley, 1959）。兩人關係不可能自絕於其他人，總有其他可替代的交換對象。試想雷恩的另一位室友馬克斯，週末時也想向雷恩借車。在決定借車給誰之前，雷恩必然想知道馬克斯或傑森能拿出來交換的內容是什麼。

Emerson 認為，比起人格特質，個體在網絡中的地位（position），才是影響交換行為的關鍵。即使不知道彼此的交換結構或相對地位亦然（Emerson, 1981）。或許很難相信，地位——特別是在你未覺察的情況下——竟然比人格特質更能影響你的行為。但社會心理學的研究顯示，真相確實如此。權力地位較高的人，能夠從交換中得到更多的利益與好處。但權力（power）從何而來？社會交換論主張，**權力**（指示或影響他人行為的能力），不在於行為人的特質，而在於地位高低。在交換的關係網絡中，權力（部分）取決於替代交換對象的能力（和吸引力）（Molm, Peterson, & Takahashi, 2001; Skvoretz & Willer, 1993）。

倘若馬克斯和傑森都想跟雷恩借車，雷恩就處於較有權力的位置。這個權力來自於馬克斯和傑森對他有所求、有所依賴（見圖 13.2A）。記得嗎？傑森本來想用音樂會的票來換車。不過，若聽聞其他人也想借車，這時，傑森就必須提高誘因，好讓雷恩選擇把車借給他。除了給音樂會的票之外，傑森可能會加碼，說他還可以幫雷恩洗衣服。

根據 Emerson（1962）的說法，傑森可以採取四種方法來削弱雷恩的權力，讓彼此的地位更為平衡。

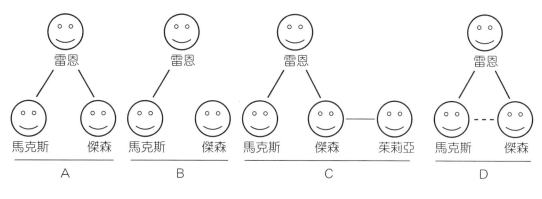

圖 13.2 交換關係如何達成平衡

傑森和雷恩的關係在（A）狀況中是不平衡的，因為雷恩有馬克斯這一個替代選項。為使關係平衡，傑森可以不要那麼依賴雷恩的車（B），尋找其他有別於車子的替代方案（C），或與馬克斯聯手（D）。

第一，週末不跟雷恩借車了，說服自己留在學校讀書。雷恩之所以有權力，是因為傑森對他有所求。只要傑森沒有交換的意願，雷恩的權力就消失了（見圖13.2B）。

第二，傑森另找一個替代方案。聽說他的化學課學伴茉莉亞也有車，何不跟她借呢？這麼一來就可以改變雷恩和傑森的交換關係結構（見圖13.2C）。結構改變將可降低雷恩對傑森的影響力，因為它讓傑森有別的選擇，減少對雷恩提供的資源（車子）的依賴。

第三，提高雷恩借車給他的意願。如果雷恩去音樂會的渴望，和傑森想借車的渴望不相上下，交換關係就會平衡。當然，若雷恩非常想去音樂會，想去得不得了，巴不得借車給傑森，好換得音樂會的票，此時權力關係就會逆轉，傑森改而位居上風。這是雷恩有求於傑森，勝過傑森有求於雷恩的情況。

最後，傑森可以跟馬克斯結盟。他們可以在雷恩知情或不和情、借給誰都行的情況下，協議共用車子。只要馬克斯和傑森願意聯手，就能降低雷恩運用權力耍弄他們兩人的機會（見圖13.2D）。藉由兩人攜手合作，減少單方對雷恩的依賴，相對權力即可大於雷恩。

488

●● 承諾與信任

近期關於交換的研究，重點較少放在權力與依賴上，而是著重於交換帶來的情緒

結果——亦即，對交換對象抱持何種情感，以及這些情緒如何影響行為。其中的兩種情緒結果為信任與承諾。由於它們是在持續的交換關係中逐漸發展出來的，故被視為**自然萌發結果**（emergent outcome）。

測量承諾的方式有二。第一種是行為測量。採用這種數字化的測量方法，可看出個體雖有其他替代交換對象，但個體依然信守承諾，頻仍地與固定對象進行交換（Cook & Emerson, 1978）。以每週四固定碰面吃午餐的兩位同事為例。辦公室其他同仁大多出去吃，但這兩位同仁卻相約在每星期四的同一時間、同一地點享受午餐時光。此種重複發生的行為，可以解釋為對交換關係的承諾。

另一種測量承諾的方式為情緒依附，即對交換對象懷有好感（Lawler & Yoon, 1996）。這種相互支持的感覺是很重要的。對交換關係抱持情緒承諾的人，會更願意維持關係、投入關係。例如，一項針對教師的研究發現，願意和校內其他教師產生連結的老師，越願意投注時間金錢在專業發展、擔任指導者提攜後進、接受教學技巧訓練等（Price & Collett, 2012）。比起對學校沒有什麼感情的老師，這些教師也更有意願留在原校繼續服務。

信任是交換的另一個自然萌發結果。社會交換靠的是彼此的信任，確實執行交換。不過，交換也能促進信任。若交換對象能一再履行諾言，我們就越覺得他值得信任。回到前述雷恩和傑森的例子。雷恩和傑森必須在整個協議過程中（交換音樂會的票與車子鑰匙）相互信任，才能成功完成交換。不過，這樣的交換經驗也能建立信任。只要雷恩和傑森兩人在先前的協議中都信守承諾，幾次下來，他們會越來越能信任對方。

信任是在關係中漸漸培養出來的。初期的交換通常不怎麼需要信任，隨著關係發展，對方也表現出他值得信賴的一面，信任在交換關係中涉入的程度也越來越吃重（Molm, 2006）。當你初識某人，可能只會跟他分享一些表面的個人資訊。然而，只要對方持續釋出善意，表現出接納與真誠的態度，你也會漸漸開始分享更多私人的經驗。再以雷恩和傑森為例。如果雷恩和傑森才剛認識沒多久，雷恩其實不太可能整個週末都將車子借給傑森。但若雷恩和傑森已經同為室友一陣子了，放心借車這種情況才比較有可能發生。在同住的過程中，傑森已向雷恩證實他是個有借有還、愛物惜物之人，不論是牙膏、筆、隨身碟、皮夾克皆然。過去的交換經驗影響了雷恩對傑森的信任。

●● 交換的形式

交換須經過數段過程才能完成。社會心理學家發現，就算所有條件相等，交換的形式仍對承諾、信任等其他情感與認知結果產生重大影響（Molm, Collett, & Schaefer, 2007）。社會心理學家研究最為深入的交換形式，分別為：協商交換、互惠交換、類推交換、產出交換等四種。如圖 13.3 所示。

協商交換

進行協商交換（negotiated exchange）時，行為人共同商議出決定，如討價還價、確認與同意交換（Molm, 1997）。你和教授決定，若你同意參加社會心理學實驗，學期分數就多給你五分，這就是協商交換。每個人的義務責任清楚明確。

互惠交換

在沒有和對方直接協商的情況下就進行交換，分別給對方好處，稱為互惠交換（reciprocal exchange）。例如，你和朋友間形成一個互惠默契，在酒吧的飲料優惠時段，第一次由你請客。兩星期前你已經付過一次了，上星期是你的朋友請客，這星期該輪到你了。你心想下星期應該換朋友請客了吧，但又不確定。你在不知道對方是否會回報的情況下付出。

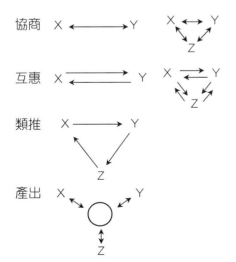

圖 13.3　交換的形式

圖中顯示兩或三人間交換網絡關係的四種主要交換形式——協商交換、互惠交換、類推交換、產出交換。

類推交換

大家都知道，類推交換（generalized exchange）其實就是「讓愛傳出去」（pay it forward）。在類推交換關係裡，施予者與接受者並非成對出現。互惠交換時，好處與代價在兩位行為人之間交互流動；但在類推交換時，好處（與代價）流向交換對象，再接二連三地流向另一對象（也有可能回到你身上）。若走在前面的人幫你扶著門，接著你也幫下一個人扶著門，他又幫下一位扶著門，你們就是在進行類推交換行為。

產出交換

令社會心理學家感興趣的最後一種交換形式為產出交換（productive exchange）。進行產出交換時，交換對象間須聯合製造出成品，以從中得利。例如，學生聚在一起，合力完成課堂作業。每個成員表面上都做出了貢獻，也從團體合作中得到分數。合作是重要關鍵，每個人都必須投注心力、結合各種資源，方能生產出集體作品（Lawler, 2001）；單靠一個人是做不出來的。

490

●● 當代的交換理論

有兩個著名的理論欲探討交換形式對情感和認知結果的影響（包括：承諾、信任，以及對公平的看法）。

社會交換情感理論（affect theory of social exchange）強調相互依賴（Lawler, 2001）。該理論主張，對於結果越有共同分擔責任的感覺——亦即，團體越想同心協力達成目標——交換的過程越能帶來正面的結果（如：團結、正向情緒、承諾行為）。該理論看重的無疑是共同分擔責任。測試該理論後，發現產出交換是四種交換形式中，最能產生正面結果的交換形式。不過，社會交換的情感理論也可以預測協商交換行為。協商時共同決議的過程和同意分擔責任，比互惠交換更能促進團結、提升正向情緒。但測試該理論的研究結果分歧不一（Lawler, Thye, & Yoon, 2008）。

與其著眼於互相依賴，互惠理論（reciprocity theory）關心的是衝突、風險、交換價值。互惠理論認為，交換過程中產生的衝突，會限制信任感發展、削弱交換對象彼此間的團結和正向情緒。來來回回的交涉，就像協商交換一樣，似乎是一種比賽競爭。因此，比起協商交換，類推交換和互惠交換策略是稍微不具競爭性的交換形式，

較能培養出信任感和正向情緒。若某方在協商交換時出爾反爾，這種行為會被解讀為企圖利用他人以獲取好處。然而，因互惠交換而建立的關係，即便沒有切實遵守，通常只會被視為疏忽大意，而不是非得履行的任務。沒有回報的行動不至於構成大忌。設想前述的兩個例子。如果雷恩在傑森拿出音樂會的票之後，仍然拒絕借車給傑森，片面終止協議；或是你先請客了，但你的朋友卻沒有回請。這兩種情節發展將大不相同。

互惠理論也主張，互惠和類推交換必然存在較多風險——因為不能保證得到回報。但這樣的風險亦能培養出信任感。在互惠和類推交換中，施予之所以能增進彼此的情感，原因在於施予（或互惠）這種不具明言協議的行動，顯現出超越工具性利益之外的價值（Molm, Collett, & Schaefer, 2007）。協商交換則缺乏此種象徵價值。

公平與正義

2013 年 10 月 1 日，美國政府陷入關門狀態。雖然國會議事停滯不前，但爭論的重點仍圍繞在政府是否應該撥款同意「可負擔醫療法案」（Affordable Care Act），俗稱「歐巴馬健保法案」（Obamacare）。其中受到關注的議題為，如果政府以薪資為基準提供健保補助，僅能嘉惠部分美國民眾，其他人則被排除在外。為什麼某些人的利益，可以凌駕於其他人之上呢？

491

●● 分配正義原則

分配正義（distributive justice）意指公正合理地分配酬賞。用來判斷分配正義的原則很多（Deutsch, 1985; Elliott & Meeker, 1986; Saito, 1988），最常見的三種原則是公平原則、均等原則和相對需要原則。

當團體成員遵循「**公平原則**」（equity principle）時，他們依成員的貢獻比例來分配酬賞。例如，如果三個人一起創業，依公平原則，投資最多資源的人，期待分到最多的獲利。

當團體成員採用「**均等原則**」（equality principle）時，無論成員的貢獻程度如何，他們都將酬賞均等分配給每位成員。依照這個原則，上述三位共同創業的朋友將均分獲利，不管其付出的金錢或時間多寡。

最後，若團體成員遵循的是「**相對需要原則**」（relative needs principle），則依個人的需要來分配酬賞（Lamm & Schwinger, 1980）。例如，誰的負債最多、家人最多或有其他需求，就分給他最多獲利。由於相對需要原則在西方文化中較為少見——例如依收入多寡提供補助——故常飽受質疑或棄之不用。

要分配酬賞給成員時，團體通常只採用其中一個原則，或同時採用好幾個原則。這些正義原則雖然分配酬賞的方式不一，但卻可組合兼用。例如，共同創業的合夥人可依公司盈餘每月均等分配獲利，但又可依公平原則來分配賣掉公司後的獲利。如此一來，每個合夥人從賣掉公司中的獲利比例，將依個人初期投注的創業基金多寡而定。

果不其然，這些原則的相對重要性，會因團體而異、因情境制宜。例如，當團體成員間彌漫著一股應該團結、避免衝突的氣氛時，通常會採用公平原則（Leventhal, Michaels, & Sanford, 1972）。重視關係甚於經濟考量的文化亦然（Mannix, Neale, & Northcraft, 1995）。有些證據顯示，女性比男性更為偏好均等原則（Leventhal & Lane, 1970; Watts, Messe, & Vallacher, 1982）。朋友之間也比陌生人更偏向採用均等原則（Austin, 1980）。研究也發現，比起人數眾多的團體（大於 12 人），少於三人的小團體傾向支持均等原則（Allison, McQueen, & Schaerfl, 1992）。

相對需要原則通常用於關係親密的朋友、伴侶和親戚之間。不過，也有其他採此一原則的背景脈絡。以提倡共產主義相對需要原則的卡爾・馬克思（Karl Marx）為例，就認為應依個人的能力付出貢獻，並依個人需要接受酬賞。

公平原則通常用於職場，因為多數的員工都希望個人的貢獻度能反映在薪資酬賞上。例如，在美國，一家工業集團的員工，若認為他的工作要求高端技術或更多工時，當然就會希望比其他人獲得更多報酬（薪水、股利）。同樣地，如果一位女性覺得自己對家庭的貢獻比伴侶還多，但卻只得到些許的協助或愛，她一定會深感不平。如這些案例所示，團體成員通常會用公平原則，將自身的付出與結果和他人做比較（Brockner & Wiesenfeld, 1996; Greenberg & Cohen, 1982; Homans, 1974; Walster [Hatfield], Walster, & Berscheid, 1978）。

說得更具體些，同一間公司裡雇用了兩位女性員工。其中安妮塔的薪水較高，每年還有一個月的帶薪假、公司專用停車位、鋪著厚地毯和視景佳的辦公室。但另一位同齡的女性員工凱蒂絲待遇就差多了。不但薪水少、沒有帶薪假、專屬停車位，而且只能待在吵雜沒有窗戶的地方辦公。

安妮塔和凱蒂絲會認為這樣的酬賞分配公平嗎？如果她們對公司的貢獻不分上

下，這樣的安排肯定會讓人忿忿不平，尤其是凱蒂絲。例如，假設兩個人一週都工作 40 個小時、學歷不分伯仲、工作經歷相當，安妮塔的待遇沒理由比凱蒂絲好。凱蒂絲之所以氣憤難平，就是因為酬賞分配不公，安妮塔的心裡也會不自在、有罪惡感。

但，假設安妮塔對公司的貢獻比凱蒂絲大多了。她每週工作 60 個小時、擁有 MBA（工商管理碩士）學位、12 年的相關工作經歷。此外，安妮塔需承受高度的工作壓力，因為她得負擔公司重大失敗和營利損失的風險。光是這幾點，就可看出安妮塔不但「投資」（教育、經驗）較多，還要承受較大的「代價」（每週 60 個工時、高壓工作）。在這樣的情況下，安妮塔和凱蒂絲兩個人可能都會覺得她們的收入雖然不一樣，但卻是公平的。

●● 對不公平的反應

不公平會引發負向情緒（憤怒、罪惡感），降低生產力和對團體的承諾。不公平有兩種：酬賞不足和過度酬賞。**酬賞不足**（underreward）意指個人的獲利結果和他人的付出比較起來，相對太低了；**過度酬賞**（overreward）則是個人的獲利結果和他人的付出比較起來，相對太高了。兩種情況都會造成不公平，亟欲改變。

對酬賞不足的反應

酬賞不足的人通常會不滿或生氣（Austin & Walster [Hatfield], 1974; Cropanzano, 1993; Scher, 1997; Sweeney, 1990）。酬賞不足的程度越嚴重，越覺得不服氣，越想重新公平分配。要恢復公平，可以提高酬賞不足者的獲利結果、減少酬賞不足者的付出，或提高過度酬賞者的付出。例如，覺得自己薪水比同事少的人，迫切地希望老闆加薪（增加獲利結果），抑或減少個人的努力（降低付出）。後者會導致團體生產力滑落（Andrews, 1967; Lawler & O'Gara, 1967）。酬賞不足招致的負面結果另有：竊取公司財物，或用其他方式怠工（Greenberg & Scott, 1996）。

不是每個人都會以外顯行為的方式抗議酬賞不足。有些人會轉化想法，試圖緩解負向情緒。他們將不公平轉嫁到外界，例如公司有一套新進員工的薪資等級制度。當不公平可以歸因於外在因素時，個體較不會表現出外顯的攻擊行為。

對過度酬賞的反應

在關係中，若一方的獲利結果遠比付出還多，會發生什麼事？這個人還是會心

滿意足的享受好處嗎？雖然過度酬賞不像酬賞不足那麼令人心煩意亂（Greenberg, 1996），但仍會引起不公平的感受，通常是罪惡感（Perry, 1993; Sweeney, 1990）。為了緩和負向情緒，受罪惡感苛責的人可能會試圖糾正不公平的現象（Austin & Walster [Hatfield], 1974）。

495 　　研究發現，在某些情況下，過度酬賞者會犧牲個人利益以增加他方的獲利。不過，通常不會全面重新分配，只會部分調整（Leventhal, Weiss, & Long, 1969）。某些證據顯示，過度酬賞者偏愛用提高己方付出的方式來恢復公平。例如，在職場中，過度酬賞者努力提高生產力，作為抵銷不公的手段（Goodman & Friedman, 1971; Patrick & Jackson, 1991）；如此就能在不犧牲任何獲益的情況下，恢復公平的狀態。

　　研究者雇請一群學生擔任校對工作，欲探究上述過程（Adams & Jacobsen, 1964）。研究者告訴第一組的參與者，由於他們的資歷、經驗不足，故工作績效不佳，但他們仍可得到和專業的校對者一樣的報酬。另外，研究者告訴第二組的參與者，由於他們缺乏資歷，所以得降低他們的酬勞。最後，研究者告訴第三組的參與者，他們的資歷和能力足以勝任這個工作，得到的酬勞相當於專業的校對者。也就是說，第一組參與者是過度酬賞者，但第二和第三組參與者則得到相對公平的酬勞。測量參與者的工作品質，顯示過度酬賞者校對出的錯誤，比酬勞公平的參與者還多。事實上，過度酬賞者太過兢兢業業，常將對的認為是錯的。這些發現顯示得到過多酬賞的參與者會加倍努力以恢復公平。相關的研究也得到類似的研究發現（Adams & Rosenbaum, 1962; Goodman & Friedman, 1969）。

●● 程序正義

　　社會心理學家漸漸發現，分配或獲利公平，只是量度公平的其中一種方法。人們也會用程序或分配的過程來評估公平與否，這也就是常聽到的**程序正義**（procedural justice）。程序正義包含兩個不同的要素——作用（instrumental）與關係（relational）。

　　作用一詞，指的是個體自覺能掌控過程、決定結果公平與否的程度（Thibaut & Walker, 1975, 1978）。個體越握有掌控權，就越相信程序是公平的。假使一位青少年因夜歸而受到處罰，若家長在制定罰則前能先跟孩子討論，孩子會覺得受到處罰是件公平的事。例如，家長詢問孩子的意見，怎樣才算公平，孩子會覺得過程更為公允合理。

程序正義之所以重要，乃因若能讓個體覺得過程是公平的，他也會覺得結果是公平的（Tyler, Boeckmann, Smith, & Huo, 1997）。換句話說，同樣是受到沒收手機或禁足的處罰，如果能讓孩子參與制定罰則的過程，會比家長單方面宣告處罰，更能讓孩子心服口服。

早期關於程序正義研究，多關注在上述的作用層面。然而，隨著程序正義概念的擴展，學者也開始考量過程除了要讓個體握有掌控權之外，是否也能讓個體有參與感、受到重視。關注過程中關係因素的社會心理學家主張，讓孩子對處罰參與討論，是給他們「**發聲**」（voice）——有說出個人意見的機會（Greenberg & Folger, 1983）。即使最後的結果仍然一樣，但擁有發言權是很重要的。如果能有發言的機會，即使結果早已決定，我們還是會覺得過程比較公平（Lind, Kanfer, & Earley, 1990）。若家長能讓孩子表達不滿，而不是只叫他滾回房間，孩子仍會認為父母親行使處罰的過程是公平的。若能改善團體成員的關係、讓他們感覺自己是團體的一分子、清楚團體的中立立場，團體成員也會傾向認為程序是公平的（Lind & Tyler, 1988; Tyler & Lind, 1992）。

分配過程若能依循一些準則，如：排除偏見、一致、顧全所有人的利益、資訊透明正確、合乎倫理、可以彈性修正等，會讓人覺得較為公平（Leventhal, Karuza, & Fry, 1980）。例如，如果父母親能確保正值青春期的孩子知道違反禁足規定的訊息（資訊透明正確）、所有手足一體適用（排除偏見）、和先前的規定相似（一致）、遵守倫理（合乎倫理）、若過程發生問題或出現新的訊息，可以有商討改變的空間（彈性修正），那麼孩子也比較會心甘情願地接受處罰。

程序正義與分配正義也和社會心理學的其他概念息息相關。例如，近期社會交換的研究發現，採用互惠交換的人，會覺得獲利結果比協商交換公平（Molm, Peterson, & Takahashi, 2003）、互惠交換的對象較為公正無私（Molm, Collett, & Schaefer, 2006）。由於不公平經常引發衝突（Deutsch, 2000），因此互惠交換的衝突就比協商交換少了（Molm, 2010）。社會心理學家也探討歸因（見第 5 章）和對不公平的反應之間的關聯。若個體將不公不義歸咎於外在因素，而非歸咎於個人，就比較不會升起不公平的感受（Utne & Kidd, 1980）。這就是為什麼程序公平、但結果卻令人失望的事情，更容易引發負向情緒。若過程有瑕疵，可想而知獲利分配也有瑕疵；若過程是公平的，但結果卻獲利不公，這就令人費解了。

496

摘　要

■ 有系統的研究團體

Robert Bales 是有系統的研究團體的先驅。他運用互動歷程分析來記錄團體成員的溝通型態與溝通對象。他的研究顯示，就算剛開始是同質性團體，但身分地位和影響力的差異，會在團體中慢慢浮現出來，維持穩定的團體生態。隨著時間過去，團體成員開始在團體中擔負特定的角色。會影響團體動力的兩種角色分別是任務專家與社會情緒專家。

■ 身分特徵與期待

絕大多數的團體都不是同質性的。團體的多元性會影響團體內的發展過程。身分地位較高者，在團體中的影響力更大。身分特徵意指透過身分類化歷程，和團體成員的期待、評價、表現有關的屬性。擴散的身分特徵是指能影響多數任務表現期望的屬性，而特殊的身分特徵僅能影響明顯和團體任務有關的表現期望。

■ 團體決策

團體要做出決策，通常需經過一連串的步驟和歷程。團體決策歷程偶有走偏的時候。其中一個有問題的團體決策，就是團體迷思。這種錯誤的思考模式，常引發思慮欠周的惡果。社會心理學家發現諸多團體迷思的徵兆與成因，也提出數種避免落入團體迷思陷阱的方法。團體決策與討論也可能導致團體極化現象，造成團體成員做出更為謹慎或更加冒險的決定。

■ 社會交換

社會心理學家認為交換是一種過程，個體透過互動，互相交換利益與酬賞。社會交換的宗旨是透過交換歷程，行為人在交換網絡裡交換（有形或無形的）資源。社會交換理論研究的是關係的屬性與地位。早期的社會交換研究雖然著重在交換網絡的結構、權力與依賴等面向，但近期的研究主要檢視交換的形式、信任與承諾。

公平與正義

　　評估正義是否公平公配的三種原則是：公平、均等與相對需要原則。當個體覺得酬賞不足或過度酬賞時，會產生不滿的感受，不得不以轉念或採取行動的方式來恢復公平的狀態（得其應得）。程序公平也是評估公正與否的重要因素。程序能讓參與者控制過程與結果，感覺自己是團體很重要的一分子，才會覺得這樣的團體是最公平的。

重要名詞與概念列表

互惠理論（458頁）	分配正義（459頁）
任務專家（442頁）	同質性的（439頁）
角色（442頁）	角色分化（442頁）
身分特徵（443頁）	身分類化（445頁）
社會交換情感理論（458頁）	社會情緒專家（442頁）
風險偏移（452頁）	特殊的身分特徵（444頁）
程序正義（462頁）	集體任務（439頁）
過度酬賞（461頁）	酬賞不足（461頁）
團體迷思（449頁）	團體極化（452頁）
擴散的身分特徵（443頁）	謹慎偏移（452頁）
關係（453頁）	權勢位階（443頁）

思辨能力技巧　把理論當作橋樑

498

　　許多關於團體歷程的研究都仰賴實驗室研究。但如本書所見，實驗室幾乎不可能完全複製外面的世界（實驗主義者不喜歡用「真實世界」這個詞，因為實驗室就是真實世界的縮影）。然而，複製外在世界並非實驗的目標（Zelditch, 1969）。相反地，進行實驗研究的社會心理學家，關注的是驗證理論——理論的根據從何而來，以及要如何將理論應用到外在世界。

　　社會心理學家會思考他們所見的社會歷程。例如，為什麼你對現任男友的信任，會比前男友還多呢？請用一個理論來解釋這個現象。是因為兩人的性格不同嗎——現任男友本人就值得信賴，還是有什麼社會歷程在起作用？回想過去的關係，或許你們一直膩在一起，沒有分開的機會來測試兩人的信任。在現任的關係中，你有自己的生活、興趣和朋友，給了你和男友有建立信任的機會。你認為前後任關係的差異在於信任程度不同。你該如何驗證？

　　如果要你設計一個實驗，你得進行抽象思考。異地戀為何能增進伴侶間的信任？是哪些因素增進了在其他情境和關係中的信任？

　　你可以假設一個理論——陳述這個社會關係的現實——說明關係中信任的成因。根據你的經驗，你認為信任來自於：（1）風險與不確定（例如，伴侶分隔兩地）；（2）對方不會利用你的信任欺騙你（例如，伴侶很忠誠）。

　　事實上，Linda Molm 也有相似的理論。不過，她並沒有邀請一對對伴侶到實驗室來，而是召募一批參與者，讓他們在低風險或高風險的過程中交換意見（Molm, Schaefer, & Collett, 2009）。參與實驗的學生並不知道他們交換意見的對象是電腦。有些電腦的程式設計成可靠的態度，其他則設計成不可靠的態度。Molm 的發現支持了她的理論。獲得最高信任分數的，是在高風險的情況下，但伴侶依然表現出可靠的態度。她聲稱這項研究支持了她的「互惠理論」（theory of reciprocity）。

　　Collett 與 Avelis（2011）也採用 Molm 的理論，用實驗研究伴侶的關係。他們不是採納實驗的結果（與不同的電腦交換意見，會造成不同程度的信任），而是採用理論（在風險情境下，可靠的態度可以增進信任感與關係）。這就是理論之所以能成為橋樑的原因——理論連結了實驗室和外面的世界。

　　雖然本書舉了相當多的範例，其中最著名的，當屬 Latané 與 Darley 的旁觀者介入理論。他們的研究其實是從實驗室外面的世界得到靈感——即社區居民對 Kitty Genovese 受到攻擊的反應。他們提出責任分散效應理論，用來解釋為何沒有人出手相助。他們用一系列的實驗測試，沒有一個實驗情境涉及攻擊或鄰人，而是學生和發生在校園實驗室的緊急事件。對於今日想應用該理論的研究者而言，重點不是 Latané 與 Darley 的實驗場景（冒出滾滾白煙或學生癲癇發作）。運用理論作為橋樑，研究者可以想出無數的情境，來解釋個體為何不對緊急狀況伸出援手（或相反地出手相助）。

　　你會如何運用本章所提的理論，去探究實驗室外面的生活世界呢？

名詞彙編

第 1 章

中程理論（middle-range theories）：狹隘、聚焦的理論架構，解釋特定社會行為發生的條件。見「理論觀點」（theoretical perspectives）。

公平（equity）：朝向團體目標努力時，每個人得到的酬賞，與其付出的成本比例相符。

自我（self）：同為反身行為的起點與對象。

自我反思（reflexive self）：行為表現的對象可向著自己的能力，可同時扮演主體和客體的角色；是人類獨有的特質。

角色取替（role taking）：在符號互動論裡，角色取替意指想像自己身處他人的位置，從他人的眼光看環境和自己；想像他人的態度和預期他人反應的過程。

制約（conditioning）：一種學習過程。因表現某一特定反應而得到增強，就會增加該反應出現的機會。

社會心理學（social psychology）：系統性的研究人類社會行為的本質與成因。

社會交換論（social exchange theory）：基於增強原理，主張人會選擇能帶來最大獲益、耗費最小成本的行動。

社會學習論（social learning theory）：主張學習者毋須親身經歷，只要觀察他人（楷模），即可學到新的反應。此一學習歷程，又稱為模仿（imitation），它的特色是學習者不需要實際做出反應，也不需要增強。

重要他人（significant others）：讓我們相當在意其看法和態度的人。重要他人的觀點深深影響個體的自我概念與自我調節。

情境身分（situated identity）：在情境中與他人互動時表現出來的模樣。

理論（theory）：一套相關的論點，串連與解釋一系列眼前所見的現象；理論的假設可以作為預測的根據。

理論觀點（theoretical perspectives）：對人性提出特定假設，據此檢視各種社會行為。見「中程理論」（middle-range theories）。

符號互動理論（symbolic interaction theory）：主張人性和社會秩序都是人與人之間用符號溝通的產物。又稱「符號互動論」（symbolic interactionism）。

基模（schema）：將複雜的人物、團體和情境訊息組織起來的特殊認知結構。基模
　　會影響我們對環境的知覺，組織記憶裡的訊息，也會影響我們對人事物的推論和判
　　斷。

捷思法（heuristics）：讓個體可以迅速選用基模到新的或模稜兩可情況的心智捷徑。

演化心理學（evolutionary psychology）：主張某些社會行為是基因代代相傳、並經過
　　自然天擇而保留下來的理論觀點。

認知理論（cognitive theory）：基本前提是：個體的心理活動（知覺、記憶、判斷）
　　是行為表現的重要決定因素。

認知結構（cognitive structure）：任何形式的概念與信念組織。

認知歷程（cognitive processes）：個體的心理活動，包括：知覺、記憶、判斷、問
　　題解決、決策過程等。

第❷章

內化（internalization）：將原本為外在的行為規範，轉變成內在指引個人日後行為的
　　過程。

內在動機行為（intrinsically motivated behavior）：行為的動機是個體內心認為值得去
　　做。

文化常規（cultural routines）：參與日常社會生活重複和可預測的活動。

出生世代（birth cohort）：出生於同時期或年代的一群人，約在同樣年紀遭逢特殊的
　　歷史事件。

外在動機行為（extrinsically motivated behavior）：行為的起因是為了得到他人的獎賞
　　（食物、稱讚）或逃避懲罰（挨打、批評）。

正規生命階段（normative life stage）：指個體在某段生命時期，應從事與年齡相符的
　　角色活動。

正規轉換（normative transition）：社會上多數人期待的轉變。

生命事件（life event）：標示生命歷程的轉捩點，需啟動因應機制與重新適應。

生命歷程（life course）：個體在社會制度規範下，擔負一系列與年齡相符的社會角
　　色。

生涯（career）：是一連串在人生旅途上予以實踐的角色（每個角色又包含各種活
　　動）。生涯最主要落實在三個社會領域：家庭和朋友、教育、工作。

自我增強（self-reinforcement）：運用內化的標準來評價自身的行為及自我酬賞。

行為塑造（shaping）：先增強較不像期望反應的行為，稍後則在給予增強前，進一步要求學習者的行為和期望反應趨於一致。

依附關係（attachment）：成人與嬰兒間溫暖、親近的關係，能提供嬰兒安全感和激勵作用。

性別角色（gender role）：與性別有關的行為期待。

社會化（socialization）：個體學習技巧、知識、價值觀、動機和角色，以適應團體或社會的過程。

規範（norm）：在團體裡，明確規定成員在特定場合中該遵守的標準或規則；對特定人士、特定場合而言，哪些行為可接受、哪些不可接受。

道德發展（moral development）：兒童具備道德判斷能力的過程。

模仿（imitation）：觀察他人的反應並留意增強結果的學習過程。

增強（reinforcement）：個體的行為反應帶來有利的結果。增強可以激發反應──亦即，增加反應重複出現的機率。

增強理論（reinforcement theory）：主張社會行為受外在事件控制，特別是透過獎賞或懲罰。

壓力（stress）：加諸在個人身上的要求超過其應對處理的能力。

懲罰（punishment）：用以減少目標行為發生頻率的痛苦或不適刺激。

觀察學習（observational learning）：透過觀察他人的行為和行為後果而習得行為。亦稱「模仿」（modeling）。

第 ❸ 章

工具制約（instrumental conditioning）：回應刺激而得到獎勵或懲罰，以此習得行為的過程。

比賽階段（game stage）：Mead 提出的第二個社會經驗階段。這個階段的兒童參加有組織的活動，同時練習想像其他人的觀點。

代入角色（altercasting）：強加角色或身分在他人身上以為己所用的策略。

汙名（stigma）：在他人眼中具有難以克服的特性，使個體無法表現出適當能力或合乎道德的行為。

自我（self）：同為反身行為的起點與對象。

自我表現（self-presentation）：個體意圖在社會互動中操弄他人對自己的印象。

自我基模（self-schema）：是關於自我的認知組織架構或想法；主要會影響和自我有

關的訊息處理。

自我揭露（self-disclosure）：向他人揭露個人感受與行為的過程。自我揭露有時可作
　為印象管理的策略。

自我落差（self-discrepancy）：個體的真實我和理想我或應當我牴觸相反。

自我覺察（self-awareness）：自我成了注意力投注的對象，在意起自身的外表、行
　動和想法。

自尊（self-esteem）：是評量自我概念的要素。個人對自己的正面評價和負面評價。

（自尊的）條件（contingencies〔of self-esteem〕）：與自尊有利害關係的自我特質
　或結果成敗。

免責聲明（disclaimer）：發表口語說明，以避免捲入迫在眉睫的負面消息，與之劃清
　界線、撇清關係，好維持原有的社會形象。透過免責聲明，即使接下來的行動帶有
　負面意涵，他們的所作所為不過是破例。

形象重挫（identity degradation）：因為重複犯錯或重大過失，導致當前形象破壞、社
　會地位降低。

角色取替（role taking）：在符號互動論裡，角色取替意指想像自己身處他人的位置，
　從他人的眼光看環境和自己；想像他人的態度和預期他人反應的過程。

角色認同（role identities）：個體對自我擔任某些社會角色的看法。

身分／認同（identity）：明定個人所屬的歸類。亦即，界定自己和他人的相對位置。

社會認同（social identity）：以社會團體的特性來界定自我。

前臺（front regions）：比喻印象管理的場所。前臺意指在人際互動場合中維持適當的
　外在言行舉止。與後臺相反，後臺是準備、排演和改編欲在前臺表演的行為，亦可
　在外人看不到的場所恣意地破壞前臺塑造的形象。

後臺（back regions）：比喻印象管理的場所。人不但可以在後臺準備、排演和改編
　欲在前臺表演的行為，亦可在外人看不到的場所恣意地破壞前臺塑造的形象。與前
　臺相反，前臺意指在人際互動場合中維持適當的外在言行舉止。

降級（cooling-out）：因為重複犯錯或重大過失，婉轉地說服他人接受另一個雖不討
　喜、但仍不失合理的形象。

框架（frame）：對短暫但頻繁出現的社交場合設定一套廣為人知或約定俗成的規
　則，表明該場合中應有哪些角色和合宜的行為舉止。

討好他人（ingratiation）：刻意運用一些詭計提升目標對象對我們的好感度，以獲取
　目標對象有權掌握的利益。討好他人的技巧如：附和意見、吹捧奉承、懇求籲請。

託詞（accounts）：做出傷害社會形象的行為後的說法。託詞大致可分兩種：用來減輕責任的藉口，以及辯稱行為動機值得嘉許的辯解。

勘正行為（aligning actions）：企圖將啟人疑竇的行為界定在文化常規範圍內，以修補社會形象、重塑情境意義、恢復人際和諧。

情境自我（situated self）：自我概念的部分集合，是在某特定情境下才會展現的自我。依情境的要求選取某些身分、個性和自我評價成為情境自我。

情境身分（situated identity）：在情境中與他人互動時表現出來的模樣。

情境定義（definition of the situation）：在符號互動論裡，指個體對情境中的人、事、物的解釋。身處其中的人對環境和行為的意義達成共識。

策略性的印象管理（tactical impression management）：選用自我表現策略，以操弄他人對自己的印象。

遊戲階段（play stage）：Mead 提出的第一個社會經驗階段。此階段的兒童會模仿周遭人的行為和活動。

認同控制理論（identity control theory）：行動者以個人身分認同的社會意義作為參照點，判斷當下的狀況。

整體他人（generalized other）：團體成員對與之互動的對象抱持相同的態度和期許。

尷尬（embarrassment）：形象受損導致人際互動受到干擾時經驗到的感受。

懇求籲請（supplication）：說服目標對象你需要或值得他幫忙的印象管理策略。

鏡中自我（looking-glass self）：Cooley 自創的名詞，說明我們以自認在他人眼中的模樣來建立自我基模。

顯著性（salience）：某一特殊角色在自我基模中的相對重要性。顯著性階層意指個體依各個角色身分的重要性來排序。

第 4 章

心情（mood）：一般的心理狀態，特徵是數小時甚至幾天來的情緒經驗。心情不像情緒那般具體明確。

社會情緒（social emotions）：從社會的角度來理解或定義情緒；社會情緒為：（1）涉及到個人在社會脈絡中對自身的覺察；（2）至少有一個互動對象；（3）常起因於對照某些社會標準。

表達規則（display rules）：文化對情緒表現的規範，告訴我們必須修正臉部表情，好符合特殊場合的要求。

個人主義文化（individualistic cultures）：看重個人、強調個人成就的文化。見「集體主義文化」（collectivist cultures）。

動作單位（action units, AU）：可識別的臉部肌肉動作。

情感（affect）：對人事物的主觀正負向評價。情感隨指向的對象、強度與活動水準而有所不同。

情緒（emotions）：對刺激的立即性反應，包括四個要素：（1）情境刺激；（2）生理變化；（3）某些動作表現；以及（4）足以識別上述三者的標籤。

情緒偏差（emotional deviance）：個體在特殊場合的情緒表現不當、情緒表現強度過高或過低。

情緒勞工（emotional labor）：情緒勞動是工作的必備條件或期許。

情緒勞動（emotion work）：試圖改變情緒的強度或調整心情，使之符合場合的要求。

集體主義文化（collectivist cultures）：看重團體甚於個人，強調人與人之間的連結，特別是社會關係和身分彼此相互依存。見「個人主義文化」（individualistic cultures）。

感情（sentiment）：情緒的社會面向。以此區分人類的反應與動物的反應。

感覺規則（feeling rules）：規定某些角色身分在特定場合應表現何種情緒。

認知標籤理論（cognitive labeling theory）：主張情緒經驗是遵循下面三個步驟而產生的結果：（1）環境中的事件引發生理反應；（2）事件當事人注意到該生理反應，欲尋找適當的解釋；（3）細察情境線索後，對這個生理反應賦予情緒標籤。

第❺章

內隱人格理論（implicit personality theory）：一些未曾言明、但卻認定人格特質間互存關聯的假設。

月暈效應（halo effect）：以偏概全的好惡傾向，會影響後續對他人特定性格的評估。月暈效應會導致對他人的特質與表現判斷失準。

共變原則（principle of covariation）：某因素存在則行為發生，某因素欠缺則行為不發生。

印象形成（impression formation）：把不同的訊息加以組織，統合對他人印象的過程。

自利偏誤（self-serving bias）：歸因成就表現時，把成功歸因於個人本事，失敗歸因

於外在因素。

自我應驗預言（self-fulfilling prophecy）：以既有標籤（印象）來對待他人，由此誘發他人的回應，反過來印證原初的印象。

行為人─觀察者差異（actor-observer difference）：一種歸因錯誤。行為人通常認為自身的行動受外在環境影響，但觀察者卻會將行為人的行動歸因於個人內在的特質。

亞型（subtyping）：為刻板印象團體另建一個次類別作為例外法則，如此一來就不必全盤推翻固有的刻板印象。透過這樣的認知策略來排除矛盾的訊息，保住刻板印象。

初始效應（primacy effect）：形成印象時，最早接收到的訊息，影響力最強。初始效應可說明第一印象為何特別深刻。

刻板印象（stereotype）：視所有隸屬於某一團體或社會類別的成員擁有共同的特質；對某團體的成員抱持簡化、死板的看法。

刻板印象威脅（stereotype threat）：團體成員隱約覺得他的表現評價受他人對該團體的刻板印象影響。

性格歸因（dispositional attribution）：觀察者把他人的行為表現歸因於個人內在的狀態，而非外在環境因素。見「情境歸因」（situational attribution）。

社會知覺（social perception）：透過各種感官蒐集到的資訊，建構對社會的理解；狹義而言，意指對他人的特質和性格形成印象的過程。

信念堅定（belief perseverance）：即使相反的證據攤在眼前，但依然堅持原本的印象才是對的。

原型（prototype）：在自我知覺中，代表某一「典型」類別或團體的抽象概念。

時近效應（recency effect）：形成印象時，最新接收到的訊息，影響力最強。

核心特質（trait centrality）：能左右整體印象的人格特質。例如，「溫暖／冷漠」就是核心特質。

基本歸因謬誤（fundamental attribution error）：低估環境因素影響力、高估個人因素（性格）的重要性的傾向。

基模（schema）：將複雜的人物、團體和情境訊息組織起來的特殊認知結構。基模會影響我們對環境的知覺，組織記憶裡的訊息，也會影響我們對人事物的推論和判斷。

捷思法（heuristics）：讓個體可以迅速選用基模到新的或模稜兩可情況的心智捷徑。

情境歸因（situational attribution）：觀察者將他人的行為表現歸因於外在的環境因素，而非個人的內在狀態。見「性格歸因」（dispositional attribution）。

減法規則（subtractive rule）：要將行為歸因於個人的性格因素時，觀察者會先扣除情境的影響力。

聚焦偏誤（focus-of-attention bias）：高估注意對象對因果的影響力。

確認偏誤（confirmation bias）：只注意與信念有關的訊息，忽略與信念無關的訊息之傾向。

複雜—極端效應（complexity-extremity effect）：越不複雜的基模，越容易導向極端偏差的判斷和評價。

歸因（attribution）：推論行為起因或他人態度的過程。

歸類（categorization）：把刺激理解成一整組類別，而非單一、獨特的存在；把刺激歸類的行為。

第 6 章

主觀規範（subjective norms）：個體覺知他人是否贊同其行為，以及願不願意服從他人的期待。

平衡理論（balance theory）：說明認知系統的三項要素如何維持一致性的理論。

行為控制知覺（perceived behavioral control）：我們的行為不只受到意圖的影響，還有是否願意將意圖付諸行動。

性別歧視（sexism）：基於性別而產生的偏見或歧視。

契合度（correspondence）：態度與行為的行動、情境脈絡、目標對象和時間四者相符的程度。

計畫行為理論（theory of planned behavior）：理性行為理論修正後的模式。主張當個體自覺能控制行為，意圖和行為的關聯就越強。

原始信念（primitive belief）：依據個人經驗或可靠權威所建立起來的信念。

偏見（prejudice）：強烈喜歡或討厭某特定團體成員的心態。

情境約束（situational constraint）：因顧及他人對行為的正負向評價，而影響了我們的行為表現。

理性行為理論（theory of reasoned action）：行為是由行為意圖所決定，而行為意圖又分別受態度和主觀規範影響。

態度（attitude）：對特定事物表現出喜歡或不喜歡的傾向。

認知（cognitions）：是認知結構的要素，認知包括：態度、信念和行為知覺。

認知一致性原理（principle of cognitive consistency）：在認知理論裡，若個人的各種認知理念不協調或不一致，其所經驗到的不舒服或衝突，將促使個人改變信念，以維持一致性。

認知失調（cognitive dissonance）：認知要素關係失衡所造成的心理緊張狀態。

認知失調理論（theory of cognitive dissonance）：認知系統內有兩個（含）以上的認知成分不一致。說明認知失調的原因與後果的理論。

第 7 章

人際空間（interpersonal spacing），或稱空間距離（proxemics）：一種非語言溝通線索，意指和他人互動時的各種距離或角度。由於人際空間關係到人與人之間的距離，故又稱空間距離。

口語（spoken language）：社會團體成員普遍認可的聲音與意義對應系統。

互為主體性（intersubjectivity）：為達成有效的溝通，每位參與其中的溝通者都需知道對方的訊息。

召喚—回應序列（summons-answer sequence）：以言語開啟對話最常見的方式。其中一人當召喚者，負責提問或打招呼，另一人則出聲回應，表示願意讓對話繼續下去。這樣的序列表示說者和聽者必須承擔輪流說話的相互義務。

合作原則（cooperative principle）：聽者慣常假設說者會以下列原則試著以合作的行為展開對話：（1）訊息豐富，（2）心口如一，（3）言之成理、具體明確。

言語行為理論（speech act theory）：主張說出來的話都帶有陳述意見和執行某種行為意涵的理論。

言語協調理論（theory of speech accommodation）：在互動時調整言語行為（腔調、用詞、語言）來表現與對方的親疏程度或好感度。喜歡或贊同的話，語言行為就調整得和對方趨於一致；不想靠近或不同意時，就強調彼此的言語行為差異。

社會語言能力（sociolinguistic competence）：具備說出符合社會內隱規則話語、符合聽者社會知識的能力。

肢體語言（body language），或稱身體動作（kinesics）：以無聲的身體動作（皺眉、微笑、點頭、瞪視、手勢、腿部動作、轉換姿勢、撫摸、拍打等）傳達訊息。由於肢體語言必定涉及動作，故又稱身體動作。

非正規途徑回饋管道（back-channel feedback）：說者在說話時，聽者在不搶著發言

的情況下，表現出的細微語音和視覺線索。聽者的反應包括：「是」、「啥？」、「嗯哼」、點頭、微笑、接話等。非正規途徑回饋管道是讓對話順利開展下去的重要訊號。

非標準口語（nonstandard speech）：詞彙貧乏、發音不準、文法錯誤的說話風格。

副語言（paralanguage）：除了字詞之外的語音特質，包括：聲量、抑揚頓挫、說話速度、重音、氣息、拉長音或咕噥其詞等。

符號（symbols）：指稱各種想法、感覺、意圖或任何對象的形式。

意圖模式（intentionalist model）：視溝通為交換溝通的意圖，訊息只是達成目的的手段。

溝通（communication）：傳達想法、感覺、意圖等資訊給他人的過程。

溝通的正確性（communication accuracy）：聽者對訊息的解讀，和說者的意圖相符的程度。

語言的團體偏誤（linguistic intergroup bias）：描述自己人和圈外人時使用的語言，帶有微妙和一貫性的差異。

標準口語（standard speech）：詞彙豐富、發音精準、文法正確，可以表達抽象意涵，而且考慮到聽者觀感的說話風格。高社經地位、有權有勢的人多使用標準口語。見「非標準口語」（nonstandard speech）。

編碼—解碼模式（encoder-decoder model）：主張溝通是一種直線過程的理論。訊息來源者將想法或感覺編碼，傳遞給接收者，再由接收者解碼。

觀點取替模式（perspective-taking model）：主張溝通是運用符號交換訊息的理論。符號的意義會隨著互動而變化。

第 8 章

五大性格因素模式（five-factor model）：將各種人格特質分成五大因素或類別的心理模式。這些因素和相關的特質分別是：合群（溫暖、友善）、盡責（勤勉、可靠）、外向（開朗、自我肯定）、開放（好奇心強、觀察敏銳）、神經質（自信、敏感）。又稱「人格五大特質」（Big Five）。

主觀期望價值（subjective expected value, SEV）：就威脅而言，指威脅的可信度乘以懲罰的強度所得的結果；就保證而言，指保證的可信度乘以獎勵的強度所得的結果。

目標對象（target）：就社會影響而言，指的是來源意欲影響的對象。就攻擊而言，指

的是攻擊行為指向的對象。見「來源」（source）。

來源（source）：就社會影響而言，指的是刻意表現說服、威脅、保證等行為，促使他人改變初衷。見「目標對象」（target）。

服從（compliance）：在社會影響下，目標對象的行為屈從來源的要求或命令。

社會影響（social influence）：促使他人轉變心意或改變原本想表現的行為。

社會衝擊理論（social impact theory）：可解釋說服與服從的理論架構。該理論主張，一個影響企圖的衝擊力道，是實力、直接性以及影響力的來源數量，三者直接作用下的結果。

保證（promise）：一種影響他人的溝通技巧，常見的句型如下：「如果你⋯⋯（按我的期望去做），我也會⋯⋯（達成你的期望）。」見「威脅」（threat）。

威脅（threat）：一種影響他人的溝通技巧，常見的句型如下：「如果你不⋯⋯（按我的期望去做），我就要⋯⋯（違背你的期望）。」見「保證」（promise）。

逆反作用（reactance）：企圖說服他人時，目標對象卻因自主性受到威脅而造成反效果。

溝通者的可信度（communicator credibility）：說服的時候，目標對象認為溝通者是訊息可靠來源的程度。

溝通—說服範式（communication-persuasion paradigm）：以來源、訊息、目標對象、反應四項要素闡明說服意圖的研究範式。亦即，誰（who）用什麼表現方式（medium）對誰（whom）說了什麼（what），產生了什麼效果（with what effect）。

落差訊息（discrepant message）：說服的時候，訊息聲明的觀點和目標對象認定的不一樣。

態度免疫（attitude inoculation）：告知目標對象爭論點的弱點，使其免於被說服的過程。

態度改變（attitude change）：對某些議題、人士或情況的態度發生改變。

說服（persuasion）：提供訊息或論點，改變目標對象的想法、態度或行為。

權威（authority）：某個團體成員擁有發號施令的能力——亦即，因為角色而被賦予指示或規定其他成員行為的權力。

第 9 章

互惠規範（norm of reciprocity）：一種社會規範，主張人應該：（1）幫助曾經出手相

助的人；（2）不用幫助那些因毫無正當理由而斷然拒絕提供協助的人。

同理心（empathy）：感同身受地回應他人的情緒。人飢己飢，人溺己溺。

利己主義（egoism）：受自我滿足感驅使而表現的助人行為。

利他（altruism）：自動協助他人的行為，不企求得到回報或酬賞（但可以獲得做好事的內在滿足感）。

利社會行為（prosocial behavior）：泛指考量他人利益的行為，能為社會帶來正向的結果。包括：捐款給慈善機構、合作互助、分享交流、志願服務、犧牲奉獻等。

助人（helping）：對他人提供幫助或改善他人處境的行為。

社會責任規範（social responsibility norm）：一種普遍的規範，它告訴個體應當幫助前來求助的人。

個人規範（personal norms）：個體因內化的價值系統，自覺有道義責任而表現特定的行為。

旁觀者介入（bystander intervention）：目擊緊急情境，迅速協助他人脫離險境的反應。

旁觀者效應（bystander effect）：旁觀人數越多，越不會對緊急情境伸出援手的傾向。

責任分散（diffusion of responsibility）：因他人在場而分散介入的責任，使得旁觀者不在緊急情況採取行動的現象。

第 ⑩ 章

反芻（rumination）：耽溺於傷心事，反覆不斷地思索壞的結果，卻不去克服解決。

目標對象（target）：就社會影響而言，指的是來源意欲影響的對象。就攻擊而言，指的是攻擊行為指向的對象。見「來源」（source）。

攻擊（aggression）：故意傷害他人、讓人避之唯恐不及的行為。

性侵害（sexual assault）：在未獲得對方同意的情況下，以脅迫、操縱、恐嚇或武力的方式，達到性觸碰或性交的目的。外力或造成的傷害越大，侵害就越嚴重。

怪罪受害者（victim-blame）：譴責性侵害事件的受害者（而非加害者）。

武器效應（weapons effect）：一種認知激發效應。看見武器時，會觸發與攻擊有關的意念或行動。

非暴力色情（nonaggressive pornography）：在影片、照片或故事中公然呈現合意性行為的內容。見「暴力色情」（aggressive pornography）。

宣洩（catharsis）：藉由表現攻擊行為來排解攻擊欲望。宣洩假說主張，透過攻擊行為體驗強烈情緒，反而可以化解敵意情緒。

重傷害（aggravated assault）：蓄意造成他人身體受傷的攻擊行為。

挫折（frustration）：目標導向的活動受阻。根據挫折—攻擊假說，挫折會導致攻擊。

挫折—攻擊假說（frustration-aggression hypothesis）：主張挫折會導致某種形式的攻擊，每一個攻擊行動都肇因於先前的受挫經驗。

情感攻擊（affective aggression）：因反感而引發的攻擊行為。很多人誤以為發動攻擊就可以讓心情變好。

替代性攻擊（displaced aggression）：攻擊的目標並非原先引發攻擊的始作俑者。激發攻擊情緒的源頭和攻擊目標毫無關係，但卻將攻擊轉向弱勢或身邊根本毋須對最初反應負責的對象。

厭惡情緒（aversive affect）：一種會想減少或消除的負向情緒。

模仿（imitation）：觀察他人的反應並留意增強結果的學習過程。

暴力色情（aggressive pornography）：在影片、照片或故事中公然呈現威嚇或強迫他人進行性行為的內容。見「非暴力色情」（nonaggressive pornography）。

第 11 章

人際吸引（interpersonal attraction）：對另一人懷有好感。

公平的關係（equitable relationship）：在關係當中的每個人都認為得到的獲利結果均等。

比較水準（comparison level, CL）：依據個人過去相關關係的經驗，評估關係獲利結果的標準。

同質性規範（norm of homogamy）：要求朋友、情侶和配偶在年齡、種族、宗教與社經地位上相似相近的社會規範。

吸引力刻板印象（attractiveness stereotype）：認定「美就是好」；假設外貌姣好或俊帥的人必有令人喜愛的特質。

孤單（loneliness）：因為缺乏令人滿意的社會關係，產生主觀的不悅感受。

信任（trust）：相信某人既誠實又善良。

浪漫愛情理想（romantic love ideal）：五個關於愛情的信念，包括：（1）一見鍾情；（2）真命天子（天女）才是真愛；（3）真愛無敵；（4）情人眼裡出西施；（5）應該跟著感覺走。

配對假說（matching hypothesis）：假設每個人都在尋找和個人魅力約為同一水平的對象。

單純曝光效應（mere exposure effect）：重複暴露在同一刺激下，就足以產生好感。

替代性比較水準（comparison level for alternatives, CLalt）：在所有的替代關係中，個人可以接受的最差結果。可以在所有替代關係中獲得的最佳利益。

愛情故事（love story）：愛情應該像什麼的故事（腳本）。包含人物角色、情節與主題。

態度相似（attitudinal similarity）：兩個人的想法、觀念、好惡近似。

潛在交友對象（availables）：有機會接觸並發展為朋友或情侶關係的人。

調整（accommodation）：在親密關係中，以建設性的方式回應伴侶可能會危及關係的行為。

激情愛（passionate love）：一種強烈的生理激發反應，渴望和對方合而為一。

雙邊撤出（dyadic withdrawal）：因為對彼此的關係感到滿意，因而逐漸依賴伴侶，同時也漸漸減少依賴他人的現象。

第 12 章

外團體同質性錯覺（illusion of out-group homogeneity）：內團體成員高估外團體成員同質或相像的傾向。

目標同形（goal isomorphism）：在團體裡，團體目標和個人目標相似接近，能達成團體目標的行動，亦有助於達成個人目標。

多數人影響（majority influence）：團體裡多數人對個別成員施加壓力，使其服從某議題或採取特定立場。

次級團體（secondary group）：較正式、缺少人情味，是透過工具性的目標而組織起來的團體。見「初級團體」（primary group）。

我族優越感（ethnocentrism）：在團體關係中，認為自身所屬團體是世間萬物的中心，並以此標準評價其他外團體；覺得內團體比所有外團體還要優秀高等的心態。

事先指點（priming）：一種隱微的認知效應，藉由接觸某一刺激，來影響個體對另一刺激的反應。

初級團體（primary group）：情感連結深厚、禁得起時間考驗的團體。相較於其他團體，隸屬於此種團體的成員雖沒那麼正式，但卻親密許多。見「次級團體」（secondary group）。

歧視（discrimination）：毫無正當理由地公然以不公平、貶損的態度和行為對待特定外團體的成員。

訊息式影響（informational influence）：團體的影響形式之一。團體成員接受他人提供的訊息，作為判斷現實的合理證據。周遭環境曖昧不明或缺乏客觀的判斷標準時，訊息式影響更有效力。

崇高目標（superordinate goal）：雖面臨團體衝突，但所有團體都想達到的目標。若缺乏其他團體的協力支持，這個目標將無法單靠一個團體達成。

從眾（conformity）：個體遵循團體的規範，使其行為表現落在大眾可容許的範圍內。

現實團體衝突理論（realistic group conflict theory）：解釋團體間衝突的理論。從各個團體的目標來看衝突的形成與化解，其中心論點為：團體之間的利害關係對立，是引發團體衝突的主因。

終極歸因錯誤（ultimate attribution error）：發生在團體間關係的知覺偏誤。把外團體成員的負面行為歸因於穩定、內在的因素（如：討人厭的個性），但外團體成員的正向行為則歸因於不穩定、外在的因素（如：情勢有利或運氣好）。導致內團體成員怪罪外團體造成負面結果，好的結果則略過不談。

規範（norm）：在團體裡，明確規定成員在特定場合中該遵守的標準或規則；對特定人士、特定場合而言，哪些行為可接受、哪些不可接受。

規範式影響（normative influence）：團體的影響形式之一。團體成員為獲得社會酬賞或為了逃避懲罰而順從規範。

最小團體範式（minimal group paradigm）：無論是先入為主或微不足道的團體差異，也會引發內團體和外團體之別，造成團體間的歧視。

嫌惡事件（aversive event）：在團體間的關係中，因外團體引發的情境或事件，造成目標團體成員負面或不快的結果。

團體（group）：包含兩人以上的社會單位，並具備以下各個屬性：共享目標、成員互動、共享規範、成員資格。

團體目標（group goal）：團體成員視為重要且想共同達到的結果。

團體接觸假說（intergroup contact hypothesis）：主張增加團體間的接觸機會，可減輕刻板印象、降低偏見，進而沖淡團體敵意的假說。

團體間行為的社會認同理論（social identity theory of intergroup behavior）：描述團體間關係的理論。該理論假設個體有自動將社會歸類為不同團體的傾向（特別是內團

體和外團體）。當個體所屬的內團體地位高於外團體，個體的自尊也跟著提升。

團體間衝突（intergroup conflict）：團體之間因為利益衝突而採取敵對行動。

團體凝聚力（group cohesion）：團體的屬性之一，尤指團體成員渴望留在團體、不想離開的程度。凝聚力高的團體成員願意奉獻自己的時間、精力、忠誠與承諾。

第 ⑬ 章

互惠理論（reciprocity theory）：著重在衝突、風險、交換價值的交換理論。

分配正義原則（distributive justice principles）：團體成員公正合理地分配酬賞的標準。判斷分配正義的三種重要原則是：公平原則、均等原則、相對需要原則。

任務專家（task specialist）：在團體中發言最為踴躍、帶領團體達成目標的人。

同質性的（homogeneous）：重要特質相似。

角色（role）：團體認為成員應執行的功能；成員被團體賦予擔任某一特定職務，且應當遵守一些規則或期待，以達成其職責。對於在某一社會結構下擔任特定職務，有一套行為期待。

角色分化（role differentiation）：團體內形成特定的角色或分工。

身分地位（status）：個人的身分在社會上的排名。

身分特徵（status characteristic）：對個人的任何社會屬性所形成的評價與看法。這些屬性包括：種族、職業、年齡、性別、教育程度等。

身分類化（status generalization）：因成員的身分特徵差異，造成對各個成員有不同的表現期待。成員在團體裡的身分，反映了其在團體外的身分。

社會交換情感理論（affect theory of social exchange）：說明社會交換過程中引發的情緒，以及情緒的認知與行為結果的理論。

社會情緒專家（social-emotional specialist）：致力於維持團體成員和諧關係，擅長緩和緊張局面、安撫團體受傷情緒的人。

風險偏移（risky shift）：團體做決策時，經過團體討論後做出的決定，反倒比討論前個別成員做出的決定更為冒險的傾向。見「謹慎偏移」（cautious shift）。

特殊的身分特徵（specific status characteristics）：與任務表現期望有關的特徵（如數理能力）。見「擴散的身分特徵」（diffuse status characteristics）。

程序正義（procedural justice）：用程序或分配的過程來評估公平與否。

集體任務（collective task）：團體成員需採納其他成員的觀點，才能成功達成目標。

過度酬賞（overreward）：個人的獲利結果遠高於付出。見「酬賞不足」

（underreward）。

酬賞不足（underreward）：個人的獲利結果遠低於付出。見「過度酬賞」（over-reward）。

團體迷思（groupthink）：在一個有凝聚力的團體中，團體成員因順從一致性的壓力，畏於以實事求事的態度評估其他替代行動方案，導致錯誤的思考模式。

團體極化（group polarization）：團體做決策時，經過團體討論後，成員的觀點雖和討論前類似，但卻變得更為極端。風險偏移和謹慎偏移都是團體極化常見的現象。

擴散的身分特徵（diffuse status characteristics）：因個人的社會屬性而影響了他人對其一般能力的評價與看法。見「特殊的身分特徵」（specific status characteristics）。

謹慎偏移（cautious shift）：團體做決策時，經過團體討論後做出的決定，反倒比討論之前個別成員做出的決定更為謹慎的傾向。見「風險偏移」（risky shift）。

關係（relation）：人與人之間為了交換利益而產生互動與連結。

權勢位階（power and prestige order）：在任務團體中出現的影響結構。團體中地位較低的人通常會聽從地位較高的人所做的決定。

國家圖書館出版品預行編目（CIP）資料

社會心理學／John D. DeLamater, Daniel J. Myers, &
Jessica L. Collett 著；陳增穎譯 . -- 初版 . --
新北市：心理 . 2019.04
　面；　公分 . --（心理學系列；11049）
譯自：Social psychology, 8th ed.
ISBN 978-986-191-860-0（平裝）

1. 社會心理學

541.7　　　　　　　　　　　　　　108002930

心理學系列 11049

社會心理學

作　　　者：John D. DeLamater、Daniel J. Myers、Jessica L. Collett
譯　　　者：陳增穎
執行編輯：林汝穎
總　編　輯：林敬堯
發　行　人：洪有義
出　版　者：心理出版社股份有限公司
地　　　址：231026 新北市新店區光明街 288 號 7 樓
電　　　話：(02) 29150566
傳　　　真：(02) 29152928
郵撥帳號：19293172 心理出版社股份有限公司
網　　　址：https://www.psy.com.tw
電子信箱：psychoco@ms15.hinet.net
排　版　者：龍虎電腦排版股份有限公司
印　刷　者：龍虎電腦排版股份有限公司
初版一刷：2019 年 4 月
初版二刷：2021 年 12 月
I S B N：978-986-191-860-0
定　　　價：新台幣 580 元